古代歷史文化研究輯刊

八 編

王明蓀 主編

第 2 冊

楚國卜筮祭禱簡研究

邴尚白 著

國家圖書館出版品預行編目資料

楚國卜筮祭禱簡研究／邴尚白 著 — 初版 — 新北市：花木蘭
文化出版社，2012〔民 101〕
目 4+284 面；19×26 公分
（古代歷史文化研究輯刊 八編：第 2 冊）
ISBN：978-986-254-963-6（精裝）
1. 簡牘學　2. 易占
618　　　　　　　　　　　　　　　　　　101014963

ISBN-978-986-254-963-6

古代歷史文化研究輯刊
八 編　第 二 冊　　　　　　　ISBN：978-986-254-963-6

楚國卜筮祭禱簡研究

作　　　者　邴尚白
主　　　編　王明蓀
總 編 輯　杜潔祥
出　　　版　花木蘭文化出版社
發 行 所　花木蘭文化出版社
發 行 人　高小娟
聯絡地址　新北市永和區中正路五九五號七樓
　　　　　電話：02-2923-1455／傳眞：02-2923-1452
網　　　址　http://www.huamulan.tw 信箱 sut81518@gmail.com
印　　　刷　普羅文化出版廣告事業
初　　　版　2012 年 9 月
定　　　價　八編 22 冊（精裝）新台幣 35,000 元

楚國卜筮祭禱簡研究

郰尚白　著

作者簡介

邴尚白，臺灣大學中文所博士，新竹教育大學中文系助理教授。主要研究方向為出土簡帛、文字學、聲韻學、楚辭。著有《葛陵楚簡研究》、《楚國卜筮祭禱簡研究》及學術論文十餘篇。

提　　要

　　本論文以楚國卜筮祭禱簡為研究對象，各章內容如下：

　　第一章是「導論」。首先簡介楚簡及卜筮祭禱簡；其次為前人研究評述；再次則介紹卜筮祭禱簡的形制、探討楚國簡冊制度、解說卜筮祭禱簡內容和格式；最後說明本文的研究重點、研究方法及篇末附錄。

　　第二章是「楚簡中的卜筮問題綜論」。首先分別卜、筮材料，探討其與貞人的關係，並考釋部分材料。接著探討卜筮常制與用語，包括貞問時限與類型、卜筮與祭禱的關聯、筮占的卦畫等問題。

　　第三章是「三種禱祠的差異與祭禱問題瑣議」。本章先檢討前人論述，再分析簡文所反映三種禱祠的差異，最後討論齋戒、祭禱人員的職司、娛神儀式等問題。

　　第四章是「祭禱與『攻解』的對象」。本章考釋簡文中的鬼神、靈怪，討論享祭制度，並歸納出楚簡中祭禱諸神排列的原則。

　　第五章是「楚國社會中的卜筮祭禱活動考略」。本章探討貞人與求貞者的社會階層、卜筮祭禱與擇日的關係、從事相關活動者的觀念與心態等問題。

　　第六章為「結論」。本章綜述本文主要論證，並對相關研究未來的展望，提出個人建議。

　　附錄一是「本文所考釋或析論之楚簡文字索引」。附錄二的「楚曆問題綜論」，則探討了楚曆建正、歲首的沿革及紀年法、紀月法等相關問題。

目

次

第一章　導　論

第一節　楚國卜筮祭禱簡的發現與研究價值

一、楚簡的豐富內容與楚簡研究的興起

春秋戰國時期，併國最多而雄踞中國南方半壁的楚國，以兼收並蓄、發展創新的精神，創造了豐富多彩卻又有獨特風格的燦爛文化。後來，楚國雖爲強秦所滅，但楚文化並未因此而斷絕。「楚雖三戶，亡秦必楚」，〔註1〕以楚人爲主的勢力終於推翻了秦帝國，建立了漢朝，而楚文化也就融入內涵更豐富的漢文化之中，成爲漢文化的主要構成要素之一。因此，要深入了解中國古代文化，就不能不認識楚文化。

文崇一的《楚文化研究》，是較全面探索楚文化的早期著作，其初版發表於 1967 年。文氏在 1990 年的重印版序言中說：

> 近年來大陸大量楚墓的發掘，對物質文化的了解雖增加甚多，對非物質文化或史料卻並無太多的發現。這一點，使我們對楚文化的深一層認識，仍有某種程度的限制。〔註2〕

其實，這樣的看法，是有些片面的傳統觀點，因爲就像李學勤所說的：「考古

〔註1〕　語出《史記・項羽本紀》。〔漢〕司馬遷撰、〔南朝宋〕裴駰集解、〔唐〕司馬貞索隱、張守節正義：《史記》（北京：中華書局，1982 年 11 月，二十四史點校本），卷 7，頁 300。

〔註2〕　文崇一：《楚文化研究》（臺北：東大圖書公司，1990 年 4 月），重印序言，頁 1。

發現的物質遺存總是要體現精神的文化。」〔註3〕而我們即使不從這個角度去考慮，文氏的這一段話，在今天看來，恐怕仍然應該要改寫了。這其中最主要的原因，就在於幾次重要的楚簡出土。

近幾十年來，在楚國故地所發掘的大量戰國楚墓中，共發現了二十餘批竹簡，總計達數千支，字數超過八萬。〔註4〕僅就數量而言，楚簡文字資料已是現在所能見到的戰國文字之冠。

而更可貴的，則是這些楚簡包羅萬象的內容。除常見的遣冊外，還有卜筮祭禱記錄、政府公文、各類記事等，此外，尚有《老子》、〈緇衣〉〔註5〕、

〔註3〕 李學勤：《簡帛佚籍與學術史》（臺北：時報文化出版公司，1994 年 12 月），自序，頁 10。類似的意見，先見於氏著《東周與秦代文明》（北京：文物出版社，1991 年 11 月，頁 379），而此處所引的說法，則較爲簡要。

〔註4〕 滕壬生《楚系簡帛文字編》（武漢：湖北教育出版社，1995 年 7 月）共列舉了二十二批竹簡，據滕氏統計，該書所收的十八批簡帛（含子彈庫帛書），「總計字數爲二萬八千七百四十四文」（參看該書，序言，頁 3～13）。《楚系簡帛文字編》出版後，又陸續公布了一些新的楚簡資料，主要有九店簡及郭店簡。九店簡共約二千七百餘字；郭店有字簡則有七百三十枚，據張光裕等人統計，共一萬二千零七十二字。而滕書未能收入的慈利石板村簡及新蔡葛陵簡，簡數和字數也都相當可觀。此外，又聽說上海博物館還自香港購回一批因盜墓流出的戰國楚簡，數量超過一千二百支，約三萬五千餘字，內容爲數十種珍異的古籍。總之，已發現楚簡的總字數，雖不易確切掌握，但應早已超過了八萬。上述資料的介紹及統計，請參看：湖北省文物考古研究所編著：《江陵九店東周墓》（北京：科學出版社，1995 年 7 月），頁 339～340；荊門市博物館：《郭店楚墓竹簡》（北京：文物出版社，1998 年 5 月），前言，頁 1～2；張光裕主編、袁國華合編、陳志堅等助編：《郭店楚簡研究‧第一卷‧文字編》（臺北：藝文印書館，1999 年 1 月），緒言，頁 2；湖南省文物考古研究所等：〈湖南慈利石板村戰國墓〉，《考古學報》1995 年第 2 期（1995 年 4 月），頁 199～200；宋國定等：〈新蔡發掘一座大型楚墓〉，《中國文物報》1994 年第 41 期，第 1 版，1994 年 10 月 23 日。

〔註5〕 郭店簡本〈緇衣〉的內容與今本《禮記‧緇衣》大體相合，但兩者的分章及章次卻差別較大。〈緇衣〉的作者，過去有公孫尼子及子思二說。郭店所出其他簡書中，〈魯穆公問子思〉、〈五行〉等篇，也與子思一派有關，這對〈緇衣〉出於《子思子》的說法，是新的佐證。又郭店簡各篇的形制不盡一致，而簡本〈緇衣〉與〈五行〉，無論在竹簡的長度、形狀和編繩契口的間距，都大致相同（參看：同前註，《郭店楚墓竹簡》，頁 129、149）。這顯示二篇有抄自同一部書的可能，而這部書也許就是佚失已久的《子思子》。另外，我們還可以從簡文思想等方面，找到這類的線索。相關的討論，可參看：李學勤：〈荊門郭店楚簡中的《子思子》〉，《文物天地》1998 年第 2 期（1998 年 3 月），頁 28～30；姜廣輝：〈郭店楚簡與《子思子》——兼談郭店楚簡的思想史意義〉，《哲學研究》1998 年第 7 期（1998 年 7 月），頁 56～61；李學勤：〈從簡帛佚籍《五

《日書》、記事性史書及其他有關儒家、道家思想的各種珍罕佚籍或古籍版本。〔註6〕這使得楚簡不僅是考古學、古文字學及古文化史等學科的重要一手材料；對於學術史和文獻學的研究，也有著罕與相匹的重要史料價值。正因為這些資料的豐富與珍貴，使得學界對於楚簡研究，投注了較多的心力，相關論著甚夥，勝義創見紛陳，令人目不暇給。

在這些楚簡當中，尤其值得一提的，是最近十餘年在包山、郭店等地的重要發現。包山及郭店楚簡的出土，豐富、修正、甚至於在某些方面推翻了我們過去對這個先秦南方大國的許多認識。而這些發現所帶來的新認識，不僅在於物質文化方面，更涉及到非物質文化的層面。像包山文書簡的內容，就包括了名籍管理、司法訴訟及審理、貸金糴種、土地買賣等關於楚國行政、司法制度許多方面的珍貴檔案，這些內容，大多是首度披露而前所未聞的新知識。另外，包山所出較完整的卜筮祭禱記錄，也讓我們更清楚地了解楚人卜筮祭禱的程序、體例，並得以深入研究許多相關的問題。又如郭店所出的珍異古書、佚籍，對於學術史、思想史的研究，意義頗為重大。而且它們不只涉及先秦學術中儒、道二家的傳承、流派問題；對於古書的形成過程等問題，也很有啟發。另外，據說上海博物館自香港文物市場購回的大批楚簡，內容為涵蓋儒、道、兵、雜等家的數十種珍異古籍，其學術價值更是難以估計。

還應該說明的是：這些楚簡的學術價值，有的更在其表面內容之外。例

行〉談到《大學》〉，《孔子研究》1998 年第 3 期（1998 年 9 月），頁 47～51；廖名春：〈郭店楚簡儒家著作考〉，《孔子研究》1998 年第 3 期（1998 年 9 月），頁 69～83。此外，楚地出土戰國簡冊，有些流落海外，其中也有〈緇衣〉殘簡；又上海博物館購回的楚簡中，亦有〈緇衣〉。相關的介紹與討論，可參看：饒宗頤：〈緇衣零簡〉，收入：王元化主編：《學術集林》卷九（上海：上海遠東出版社，1996 年 12 月），頁 66～68；黃錫全：〈楚簡續貂〉，收入：中國社會科學院簡帛研究中心編輯：《簡帛研究》第 3 輯（南寧：廣西教育出版社，1998 年 12 月），頁 77～82。

〔註6〕 郭店所出竹書，除《老子》、〈緇衣〉外，其他也分別與儒、道兩家有關。此外，長臺關一號墓所出竹書，學界原本多主張是屬於儒家的佚書。後來，廣州中山大學的學者在《太平御覽》所收《墨子》佚文中，找到與簡文相當的文字，但仍以全篇屬於儒家。李學勤則分析簡文中的用語及思想，以為這批竹書殘簡就是《墨子》佚篇。不過，李氏在後來寫的文章中，意見又有所保留，他認為「該簡究竟是《墨子》，還是仍係儒家，應該說尚未定論」。相關的討論，可參看：李學勤：《東周與秦代文明》（北京：文物出版社，1991 年11 月），頁 338～339；同註 3，頁 341～348；李學勤：《走出疑古時代》（瀋陽：遼寧大學出版社，1997 年 12 月），頁 14～15、350～351。

如包山簡中關於曆法、姓氏、官制、地理等方面的大量資料，就是研究這些問題重要的第一手素材。除此之外，楚簡中可能還有許多我們尚未查覺、估量到的價值。

由上述可知，楚簡是當代中國考古最重要的收穫之一，也是任何想認識或探究中國古代文化的人，都應該重視和珍惜的寶藏。王國維在〈最近二三十年中中國新發見之學問〉中曾說：「古來新學問起，大都由於新發見。」〔註7〕這句話正可用來說明楚簡的重要發現及楚簡研究的興起。楚簡與楚文化史的研究，分別屬於古文字學和上古文化史較年輕的分支領域，學者們或將相關的研究合稱為「楚學」。方興未艾且豐富多彩的「楚學」，非常值得我們投注更多精力，積銖累寸地去探索、鑽研。

二、楚國卜筮祭禱簡的名稱、研究價值與出土概況

在這些種類繁多、內容新奇豐富的楚簡中，有好幾批是戰國時期楚人進行卜筮和祭禱活動的實際記錄。對於這類記錄，過去最早認為是沒有固定格式的「疾病等雜事札記」，〔註8〕後來經由較細密的研究，並又陸續發現幾批同類的竹簡，才對簡文性質有較正確的認識。不過，目前學者們對於這類簡冊名稱的意見並不統一，或稱為「卜筮簡」，或稱為「卜筮祭禱簡」，其他還有「卜筮記錄」、「卜筮祭禱記錄」、「占卜簡」、「卜筮祝禱簡」、「卜筮禱祠簡」等多種不同的稱呼，但大多未說明其作如此稱述的原因。陳偉對於包山二號墓所出這類簡文的名稱問題，有如下的論述：

> 經整理，54 枚卜筮禱祠簡屬於 26 件簡書。其中 4 件專記禱祠之事；22 件記述卜筮之事，但內容往往涉及禱祠。整理小組將前者稱為「祭禱簡」，將後者稱為「卜筮簡」或「卜筮祭禱簡」，又將兩者合稱為「卜筮祭禱記錄」。這在稱述上容易引起混淆。李零先生指出：除 4 件「禱祠」簡外，「其他都是占問『禱祠』，並且『禱祠』只是兩次

〔註7〕 王國維：〈最近二三十年中中國新發見之學問〉，《靜安文集續編》，《王國維遺書》第 5 冊（上海：上海古籍出版社，1983 年 9 月，據商務印書館 1940 年版影印），頁 65 右。

〔註8〕 參看：中山大學古文字研究室楚簡整理小組：〈江陵昭固墓若干問題的探討〉，《中山大學學報》1977 年第 2 期（1977 年 3 月），頁 94；（中山大學）中文系古文字研究室楚簡整理小組：〈戰國楚竹簡概述〉，《中山大學學報》1978 年第 4 期（1978 年 7 月），頁 66。

占卜中第二次占卜的內容之一」，所記「『禱祠』是預卜中事。所以我們的看法是，這類簡文最好還是叫『占卜簡』，而不宜稱爲『禱祠簡』或『卜筮祭禱記錄』。」對於 22 件「卜筮」簡而言，此說極是。另外 4 件『禱祠』簡，依照我們的理解，實與「卜筮」簡有關，是對某些「預卜中事」的踐履，可以視爲「卜筮」簡的附錄。在這個意義上，以「卜筮簡」或「占卜簡」概括全部 26 件簡書，是有道理的。當然，爲了表明禱祠簡與卜筮簡的區別，將那 4 件簡書單獨稱爲「禱祠簡」，在對全部 26 件簡書合稱時使用「卜筮禱祠簡」或者「卜筮禱祠記錄」，應該也是可以的。〔註9〕

李零和陳偉認爲：占辭之後所記的禱祠，「不是對既有禱祠的客觀記錄」的看法，應該是正確的。〔註 10〕因此，那些記述卜筮之事的簡書，內容雖然往往涉及祭禱，但仍然可以僅稱爲「卜筮簡」。至於專記禱祠之事的簡書，陳偉認爲是「對某些『預卜中事』的踐履」，則是錯誤及非充分條件下的論證（相關的討論，請參看下一章第二節的第二小節），所以它們未必可以「視爲『卜筮』簡的附錄」，而也用「卜筮簡」這個名稱來概括。九店五十六號墓《日書》簡 26 有「禱祠」一語，〔註 11〕簡 41 又有「祭祀、禱祠」，因此，專記禱祠之事的簡書，似可依楚人自己的說法，稱爲「禱祠簡」。不過，望山一號墓簡中，除專記禱祠的簡書外（10、89、90），〔註 12〕還有一些簡可能是其他祭祀儀式的記錄，也未必與卜筮直接相關。例如：簡 113 記：「☐之日，月饋東宅公。」「月饋」當是指每月進獻祭品祭祀，而目前所見楚卜筮簡的祭禱擬構，並沒有明白說出日辰的例子，因此，這應該是屬於實際祭祀的記錄。這些專記禱祠和其他祭儀的簡書，性質相近，若用楚人自己的說法，似可合稱爲「祭禱

〔註 9〕　陳偉：《包山楚簡初探》（武漢：武漢大學出版社，1996 年 8 月），頁 150～151。

〔註 10〕　不過，二氏的論證皆不甚充分，一些相關的問題，也需要補充說明，我們將在下一章第二節的第二小節，再對卜筮與祭禱的關聯，作詳細的討論。

〔註 11〕　爲簡明起見，簡文隸定採寬式，古體字、異體字、假借字常改寫成通行字、本字；合文也常常逕以析書出現。例如此處的「禱祠」，原簡寫作「禱禩」，類似的情形，以下不一一說明，請參看原報告圖版。另外，釋文則綜合各家之說，間附愚管，凡有必要，均加以說明。

〔註 12〕　括號內數字爲各報告中的竹簡編號，以下同，請參看原報告圖版。陳偉指出：望山一號墓簡 89、90，「很可能專記禱祠之事」（參看：氏著：〈望山楚簡所見的卜筮與禱祠——與包山楚簡相對照〉，《江漢考古》1997 年第 2 期，1997 年 6 月，頁 73～74），所言甚是。除陳氏所舉出的簡 89、90 外，簡 10 應該也是專記禱祠之事。

簡」，「祭禱」即九店簡「祭祀、禱祠」的簡稱。本文將這類簡文稱爲「卜筮祭禱簡」或「卜筮祭禱記錄」，就是「卜筮簡（或記錄）」和「祭禱簡（或記錄）」的合稱。

卜筮和祭禱在先秦社會是相當重要的活動，除古籍及楚簡的記載外，出土文物中還有許多相關的材料，其中最有名的，自然首推甲骨文。殷周時代的甲骨文，大部分都是占卜問事所記錄的文辭，因此有人就乾脆稱甲骨文爲卜辭，其實，甲骨文中還有不少關於祭祀及其他方面的內容。而經過一百年的研究，「甲骨學」早已成爲一獨立且專門的學問。商代和西周時期刻於甲骨、銅器、陶器、玉器等的「數字卦」，則是關於早期筮法的重要發現。此外，春秋晚期晉國的侯馬盟書中，〔註 13〕也發現少量的「卜筮類」玉片，可能是盟誓中有關卜筮的一些記錄。

楚國卜筮祭禱簡的研究價值是多方面的。首先，就先秦數術史的研究而言，楚卜筮簡使我們得以更深入了解早期卜筮發展的許多關鍵問題，具有重要的學術意義。李學勤說：

> 過去有不少學者，爲了研究殷墟甲骨，對古代占卜法作過探索……但當時所見甲骨均屬商代，同文獻所記有時代差距，區別較大。五十年代以來，陸續發現了若干西周甲骨，有些也有卜辭，特別是對古代卜、筮間的關係提供了前所未知的依據。近年又在戰國時期楚墓中出土幾批竹簡，內有卜辭記錄，可與文獻比較，也可與商周甲骨卜辭互相參照。〔註 14〕

李零對於楚國卜筮祭禱簡這方面的研究價值，則有更明確的說明：

> 楚占卜簡與早期占卜記錄的關聯是多方面的。如：（一）早期占卜，過去大家注意較多的只是「卜」，特別是商代甲骨的研究……現已發現的東周龜甲，數量還很少，皆無刻辭，但楚占卜簡卻兼記卜、筮，並且以卜爲主，可以彌補其不足……另外，楚占卜簡提到多種卜龜，也是重要知識……（二）早期占卜中的「筮」，只是近年來由於商周「數字卦」的破譯成功，才開始被人們認識……界於商代、西周和西漢早期，情況如何呢？楚占卜簡正好回答了這個問題……另外，楚占

〔註 13〕 有關侯馬盟書之年代、主盟人等問題的討論，可參看：周鳳五師：〈侯馬盟書年代問題重探〉，《中國文字》新 19 期（1994 年 9 月），頁 111〜135。

〔註 14〕 李學勤：《周易經傳溯源》（長春：長春出版社，1992 年 8 月），頁 189。

卜簡提到多種筮策，也是商周甲骨和後世文獻都沒有提到的。（三）

楚占卜簡的占卜格式與商周卜辭也頗多相似⋯⋯對理解商周卜辭的

形式，以及解決「卜辭命辭是否問句」的爭論很有啓發。〔註15〕

我們對於部分問題的具體看法，雖然與李零不同，〔註16〕但李氏以較宏觀的視角，所揭櫫的這三項楚卜筮簡與其他早期卜筮記錄間之關聯，卻是相當正確而值得我們重視的課題。

其次，就楚文化研究而言，古籍中雖屢見楚人信卜好祀之類的說法，但所能提供的具體訊息，大多僅止於這樣的印象。現在能夠看到戰國時期楚人卜筮祭禱的實際記錄，若能細緻地加以研究，將可使我們對相關習俗，有更實際而深入的了解，這對於進一步認識楚文化，自然是很有裨益的工作。

第三，楚國卜筮祭禱簡還與其他古籍或出土材料間，有許多相關之處，可以互相印證、探討。像李零指出：

簡文所述禱祠及有關神祇，對於理解《史記・封禪書》和《楚辭》的

內容也很有幫助。楚占卜簡的研究價值還不僅是在占卜方面。〔註17〕

又如九店、睡虎地等地所出《日書》簡中，有一些關於對付各種鬼怪的方法及祭禱擇日之類的內容，也和卜筮祭禱簡有關。而這些相關之處都很值得研究。

第四，目前所發現卜筮簡的貞問事由，以疾病方面的問題最多，因此這類簡文的命辭和占辭中，有關病情的描述和術語，也頗為豐富。而這對於先秦醫學史、疾病史等方面的研究來說，也是很重要的資料。

此外，卜筮祭禱簡上的文字，本身就是戰國楚文字的重要材料，從古文字學的角度來看，其研究價值更是毋庸說明的。

由上述可知，楚國卜筮祭禱簡中，確實蘊含著許多值得深入探討的問題，而這也就是筆者選擇此論題的最主要原因之一。

寫到這裡，在本節的最後，有必要回過頭來把歷來各批卜筮祭禱簡的出土情況，略作介紹。

楚國卜筮祭禱簡的發現與研究，迄今不過三十餘年，關於這段歷程，應

〔註15〕李零：〈包山楚簡研究（占卜類）〉，《中國典籍與文化論叢》第 1 輯（1993 年
9 月），頁 444。

〔註16〕例如：我們認為楚簡與漢簡的卦畫，應是陰陽爻的變通畫法，已不屬於所謂
的「數字卦」。詳細的討論，請參看下一章第二節第三小節「筮占的卦畫」。

〔註17〕同註15，頁 444～445。

由望山簡的發現談起。1965 年冬至次年春，在湖北江陵楚故都紀南城西，八嶺山左脈東北麓的望山與沙塚兩處墓地，各發掘了四座東周楚墓，並在其中的望山一、二號墓中，各發現了一組竹簡，而一號墓簡內容，即爲卜筮祭禱的記錄。望山一號墓的墓主是楚王族後裔，名爲悼固，墓葬年代約爲戰國中期。這批竹簡的殘斷情況相當嚴重，已無法復原。後經拼接，整理爲二百餘枚殘簡，計 1093 字。〔註18〕

在此之後，1978 年在湖北江陵天星觀一號墓中，及 1986 年在江陵秦家嘴的一號、十三號和九十九號墓中，也都發現了這類竹簡。天星觀一號墓的墓主是邸陽君番勅，該批卜筮祭禱簡約有數十枚，2700 餘字，同出的還有遣冊簡；秦家嘴諸墓則共出殘簡四十一段，九十九號墓中還有少量遣冊。天星觀及秦家嘴諸墓的墓葬年代，也大致都在戰國中期。〔註 19〕這幾批簡有的可能過於殘碎，有的則不知是何原因，均遲遲未能正式公布，而僅在期刊的發掘簡報中略加介紹。再加上之前大陸十年「文革」的影響，許多研究被迫中斷，種種因素都使得楚國卜筮祭禱簡的研究，在望山簡出土二十年後，仍沒有太大的進展。

1987 年湖北荊門包山簡的出土，是楚簡研究史上的大事。包山墓地位於荊門市十里鋪鎮王場村的包山崗地之上，北距十里鋪鎮約 3 公里，南距楚故都紀南城約 16 公里。其東 2 公里處，鮑家河由北向南經長湖注入漢江。竹簡出於二號墓，墓主爲楚國左尹邵㳇，下葬年代爲西元前 316 年。該墓所出竹簡共計 448 枚，其中有字簡 278 枚，總字數 12472 個，另有竹牘一枚和數枚竹簽牌、木簽牌。〔註20〕

發掘工作結束後，包山楚墓整理小組以兩年的時間，迅速地完成報告的整理與編寫，並在 1991 年 10 月正式出版了《包山楚簡》及《包山楚墓》二

〔註18〕 參看：陳振裕：〈江陵望山一、二號墓所出竹簡概述〉，收入：湖北省文物考古研究所、北京大學中文系編：《望山楚簡》（北京：中華書局，1995 年 6 月），頁 3～6；湖北省文物考古研究所編：《江陵望山沙塚楚墓》（北京：文物出版社，1996 年 4 月），頁 1～3、108～109。

〔註19〕 參看：湖北省荊州地區博物館：〈江陵天星觀 1 號楚墓〉，《考古學報》1982 年第 1 期（1982 年 1 月），頁 71～72、109～111；荊沙鐵路考古隊：〈江陵秦家嘴楚墓發掘簡報〉，《江漢考古》1988 年第 2 期（1988 年 4 月），頁 36、42。

〔註20〕 參看：湖北省荊沙鐵路考古隊編：《包山楚簡》（北京：文物出版社，1991 年 10 月），頁 3～15；湖北省荊沙鐵路考古隊編：《包山楚墓》（北京：文物出版社，1991 年 10 月），頁 1、150～155、265～266、277、330～334。

書。這批數量龐大、內容豐富且字跡清晰的新材料公布後，無論在楚簡文字的考釋上，或各類簡文內容的理解上，都獲得了相當大的進展，也點活了過去較零碎、殘斷的簡文，楚簡之學因而大盛。包山簡的內容可分爲文書簡、卜筮祭禱簡及遣冊簡三類，其中卜筮祭禱簡共 54 枚，基本完好，據筆者計算，約 2600 餘字，與天星觀所出這類簡的字數大致相當。不過，包山卜筮祭禱簡爲連續三年較完整的記錄，體例清楚，價值又在天星觀簡之上。

滕壬生在其所編著的《楚系簡帛文字編》的序言中說：

江陵磚瓦廠竹簡。一九九二年在江陵磚瓦廠三七〇號墓出土，計殘簡六支（段），內容爲卜筮祭禱記錄。〔註21〕

案：磚瓦廠簡尚未正式公佈，但《楚系簡帛文字編》中輯錄有這批竹簡的句例，可供參考。茲引該書所收磚瓦廠簡句例於下：

☑與仟門之里人一賢告僕言謂（1）

某豎與僕兄之下□□□（1）〔註22〕

競梁而殺之，僕不敢不告（1）〔註23〕

見日。（2）

覩殺僕之兄李耆，僕未知其人，今僕察（2）〔註24〕

〔註21〕同註4，《楚系簡帛文字編》，序言，頁9。

〔註22〕「某」字亦見於長臺關、天星觀、包山及曾侯乙墓簡，在這裡用作姓氏，即「梅」。此字的考釋，可參看：劉雨：〈信陽楚簡釋文與考釋〉，收入：河南省文物研究所：《信陽楚墓》（北京：文物出版社，1986 年 3 月），附錄，頁 130；何琳儀：〈包山楚簡選釋〉，《江漢考古》1993 年第 4 期（1993 年 11 月），頁55。

〔註23〕「競梁而殺之」，《楚系簡帛文字編》句例多誤釋爲「競利天殺之」，而該書「梁」字下又收「競梁天殺之」，「而」字仍誤釋爲「天」。包山文書簡有「而慧殺之」（95）、「將至時而傷」（137 反）「慧」爲人名，「而慧殺之」、「而傷之」皆與此處句例相似。今根據該書所摹錄字形及包山簡中的類似句例改釋。

〔註24〕《楚系簡帛文字編》所收磚瓦廠簡 2 的句例有：「覩殺僕之兄李」、「李耆僕未知其人今僕察」，斷句有誤，疑原簡當讀爲：「覩殺僕之兄李耆，僕未知其人，今僕察」，簡 3 的相似句例亦是同樣的情況。這應是一件因其兄被殺而報案申冤的記錄，「李耆」即其兄之名，包山簡中也記有許多這類的訴訟案件。「耆」字原從𡗗，從甘，楚簡中從日與從甘之字常見混寫之例，而《說文》「耆」字籀文即從旨（香港：中華書局，1996 年 2 月，影印同治十二年陳昌治刊本，卷 14 下，頁 310 下右），故疑此字即爲「耆」。「李」字原篆作𣏟，於楚簡帛中習見。關於「李」字的考釋，請參看：鄭剛：〈戰國文字中的「陵」和「李」〉，「中國古文字研究會成立十週年學術研討會」論文，1988 年（原文未見，猶待檢索）；同前註，〈包山楚簡選釋〉，頁 57；劉信芳：〈從夾之字匯釋〉，收入：

☑人李□敢告於見日。(3)

親殺僕之兄李睪，僕不知其人，今僕敢之某 (3)

☑□□人李□敢告於☑ (4)

另有一些月、日記錄。這些句例的意思，有的雖不完全清楚，但很明顯地與卜筮祭禱簡並不相同，而我們在包山文書簡中，則看到許多類似的詞句。「見日」一詞首見於包山文書簡，陳偉指出：「見日」是楚人對當世楚王的尊稱，〔註25〕甚是。包山文書簡有：「敢告見日」(15)、「不敢不告見日」(17)、「敢告於見日」(132)、「僕不敢不告於見日」(135)，又有「僉殺僕之兄玥」〔註26〕(133、135) 等，這些詞句皆和磚瓦廠簡的句例相同或相似，二者當屬於同類簡文。因此，滕氏序言所述似有錯誤，磚瓦廠簡應非卜筮祭禱記錄，而很可能是司法文書簡。

在這裡應順帶一提的是：目前已發現的楚簡，依內容性質可大致分為遣冊、古書、卜筮祭禱記錄及文書等四類。其中，前三類都曾在多處楚墓出土；而文書簡則較為少見，學界或以為只在包山二號墓中發現。〔註27〕現在我們知道磚瓦廠簡的性質也是屬於文書，也就是說，包山文書簡的隨葬並非孤例。由此推測：官府文書的隨葬，在當時或許並不是罕見、特殊的現象，這類的

廣東炎黃文化研究會等合編：《容庚先生百年誕辰紀念文集（古文字研究專號）》（韶關：廣東人民出版社，1998 年 4 月），頁 612～615。又「察」字原篆作𢧵，亦為楚簡中習見之字，原釋作「對」。裘錫圭說：「此字似當讀為『察』。」（彭浩等：〈窮達以時釋文注釋〉，收入：同註4，《郭店楚墓竹簡》，頁 145，注釋 1 裘氏案語）裘氏的讀法，似可通讀所有的相關簡文，本文暫從其說。另外，考釋此字的文章尚有：薏英會：〈包山楚簡釋詞三則〉，收入：吉林大學古文字研究室編：《于省吾教授百年誕辰紀念文集》（長春：吉林大學出版社，1996 年 9 月），頁 175～176；胡平生：〈說包山楚簡的「謙」〉，收入：張光裕等編輯：《第三屆國際中國古文字學研討會論文集》（香港：香港中文大學中國文化研究所、中國語言及文學系，1997 年 10 月），頁 663～669。

〔註25〕參看：同註9，頁 29～30。

〔註26〕「僉殺」是指夥同殺害。「僉」字的考釋，請參看：劉釗：〈包山楚簡文字考釋〉，「中國古文字研究會第九屆學術研討會」論文（南京：南京大學，1992年 10 月），頁 11；周鳳五師：〈《奮罪命案文書》箋釋——包山楚簡司法文書研究之一〉，《國立臺灣大學文史哲學報》第 41 期（1994 年 6 月），頁 10～11。

〔註27〕例如：石泉在其主編的《楚國歷史文化辭典》前言中介紹楚國考古的重要發現時，就稱包山二號墓為「迄今唯一出土戰國時代司法文書的湖北荊門市包山大冢」。據石氏文末所署，該篇前言寫於 1995 年 6 月 30 日，當時江陵磚瓦廠三七〇號墓簡已出土約兩、三年。參看：石泉主編、何浩、陳偉副主編：《楚國歷史文化辭典》（武漢：武漢大學出版社，1996 年 1 月），前言，頁 3～4。

楚簡，以後還有繼續出土的可能。

　　本文初稿草成後，又讀到陳偉〈楚國第二批司法簡芻議〉一文，[註28]知陳先生已先對磚瓦廠簡有詳細的討論，附記於此，請讀者參看。

　　1994 年在河南新蔡葛陵所發掘的一座戰國中期前後封君墓中，又發現了卜筮祭禱簡，不過目前似只在《中國文物報》上報導了發掘簡訊，對簡文內容也沒有多加介紹。[註29] 而筆者所見相關論著中，則只有李家浩的一篇文章，曾簡單地提到該批簡。[註30] 宋國定在 1995 年的《中國考古學年鑑》中，比較詳細地介紹了新蔡葛陵墓的墓主身份與葛陵簡，現抄錄於下，以供參考：

> 從墓中出土的文字資料分析，墓主人是楚宣王時的封君——平夜
> 君……竹簡數量之多，也屬全國前列，字跡清晰書寫優美，內容豐
> 富，可分爲祭禱類文書、遣策等幾類。[註31]

除此之外，彭浩〈包山二號楚墓卜筮和祭禱竹簡的初步研究〉一文在簡介了望山、天星觀及包山所出的卜筮祭禱簡後，又說：「此外，在湖南常德和湖北江陵的小型楚墓中還零星發現過這類竹簡。」[註32] 所謂「湖北江陵的小型楚墓」，疑指秦家嘴諸墓；至於常德楚簡，則不知道是不是指 1984 年在常德德山夕陽坡二號墓所出的兩枚簡。根據董國安簡介，二簡共 55 字，「記敘了楚王對墓主的一次賞賜，係記事簡」，[註33] 並不是卜筮祭禱記錄。因此，究

〔註28〕　參看：陳偉：〈楚國第二批司法簡芻議〉，收入：同註 5，《簡帛研究》第 3 輯，頁 116～121。

〔註29〕　參看：同註 4，〈新蔡發掘一座大型楚墓〉。

〔註30〕　參看：李家浩：〈包山楚簡所記楚先祖名及其相關問題〉，《文史》第 42 輯（1997年 1 月），頁 19。

〔註31〕　中國考古學會編：《中國考古學年鑑（1995）》（北京：文物出版社，1997 年12 月），頁 168。此則報導爲宋國定執筆。

〔註32〕　參看：彭浩：〈包山二號楚墓卜筮和祭禱竹簡的初步研究〉，收入：同註 20，《包山楚墓》，附錄二三，頁 555。

〔註33〕　參看：中國考古學會編：《中國考古學年鑑（1985）》（北京：文物出版社，1985年 12 月），頁 197。此則報導爲董國安執筆。這批楚簡，楊啓乾有〈常德市德山夕陽坡二號墓竹簡初探〉一文討論，載於《求索》1987 年增刊《楚史與楚文化研究》（1987 年 12 月）；劉彬徽則在 1998 年 10 月的「紀念徐中舒先生誕辰一百周年暨國際漢語古文字研討會」中，宣讀了〈常德夕陽坡楚簡考釋〉一文，對簡文作了進一步的研討。其中，楊文尚未得見，猶待檢索。此外，《楚系簡帛文字編》卷末「引用書目」中，列有《考古》1985 年第 12 期的〈常德縣德山戰國墓清理簡報〉。但實際上該篇簡報所介紹的是常德官山戰國墓，而該墓並沒有出土竹簡。參看：湖南省常德地區文物工作隊：〈常德縣官山戰國墓清理簡報〉，《考古》1985 年第 12 期（1985 年 12 月），頁 1109～1113。

竟是彭氏所記有誤，還是常德另外出有未見報導的楚簡，抑或是已有報導而筆者未能檢索得見，尚待確定。

　　還應該提到的相關資料是子彈庫第二帛書。第二帛書與著名的長沙子彈庫楚帛書（第一帛書）同出於一墓，文字係朱書，可辨識的約有三十字，為四行不完整的句子。李學勤曾根據林巳奈夫及巴納（Noel Barnard）的摹本，〔註34〕對殘帛文字作了釋讀。〔註35〕茲錄二氏摹本（左林巳奈夫，右巴納）及李氏釋文於下頁：

……其朱左篆□……

……不能食，以司君子又𦥑古□……

……□從，可志□忎，尚攻……

……有憂於躬與山絲宮大子……

檢視二氏的摹本，我們發現李氏的釋文或許還有再斟酌的餘地。像第一行的

〔註34〕 參看：（日）林巳奈夫：〈長沙出土戰國帛書考〉，《東方學報（京都）》第 36 冊第 1 分（1964 年 10 月），期刊篇末所附摹本；（澳）巴納（Noel Barnard）：《一件古代中國文書的科學考察：楚帛書釋譯導論（*Scientific Examination of an Ancient Chinese Document as a Prelude to Decipherment, Translation, and Historical Assessment——The Ch'u Silk Manuscript*）》（坎培拉：澳大利亞國立大學太平洋研究系遠東歷史研究部（Department of Far Eastern History Research, School of Pacific Studies, Institute of Advanced Studies, The Australian National University），1972 年），頁 13。

〔註35〕 關於子彈庫第二帛書的介紹、討論，可參看：李學勤：〈長沙子彈庫第二帛書探要〉，《江漢考古》1990 年第 1 期（1990 年 2 月），頁 58～61。

第二個字應爲「未」字，〔註36〕第四個字下半所從不清，但應非从家；〔註37〕而第三行則似應改釋爲「□從可□心□父忑（？）尚（？）攻」。〔註38〕另外，我們也跟李學勤一樣，希望這些帛書殘片能有像第一帛書那麼清晰的紅外線照片公布。

李學勤說：

　　這段話雖已殘缺不全，但是如果和近年發現的幾批楚竹簡卜辭對

　看，性質就明白了。原來，這第二帛書所載也是卜辭。〔註39〕

　　第二帛書與卜筮祭禱簡的句例確實有些相似之處，但並不是那麼一致；而李氏文中所說的詞句對應關係，也不完全可信。像「未左笐」就應該並不是李氏所謂的「一種赤龜」。〔註40〕因爲楚簡前辭句例大致爲：「──（貞問時間），──（貞人名）以──（卜筮材料名）爲──（求貞者名）貞」，其中，卜筮材料名前均爲「以」字，與帛書「未左笐」前爲「其」字不同；且楚簡中常見的龜名「𥤪」，上半从爪，並非从竹。又帛書第三行的句義，也很不清楚。若第二帛書的性質確如李氏所言，則楚人卜筮祭禱的記錄，不僅書於竹簡，

〔註36〕 此字楚簡帛習見，用作地支、否定詞等，即「未」字。李學勤根據第一帛書「四時」篇第四行同一字，將此字釋爲「朱」，並以爲「帛書此字恐均以釋『朱』爲好」（參看：同前註，頁 59）。李氏這樣的看法其實並不妥當。因爲，雖然子彈庫帛書「四時」篇第四行「未□𤔲」的「未」，根據上下文，確應讀作「朱」，但這很可能只是抄手誤將「朱」寫成「未」，不該反過來認爲帛書中此字均應讀作「朱」。另外，「朱□𤔲」第二個字的位置，恰爲帛書斷裂拼接處，其字模糊，經拼接後作 ⬭ 形，學者或釋爲「四」。周鳳五師認爲：《爾雅·釋天》等所記可與帛書四時神名相對應的夏季別號爲「朱明」，由此看來，帛書「朱□𤔲」第二字或爲中間斷裂並略有缺損的「囧」字。「囧」、「明」二字關係密切，「囧」有光明之義，在古文字中，「明」字左旁或从「囧」，而二字上古音亦相近，《說文》云：「囧……賈侍中說讀與明同。」（同註 24，卷 7 上，頁 142 上右）因此，帛書 ⬭ 字釋「囧」，無論字形、字音、字義皆甚相合。

〔註37〕 李學勤說：「『左』下一字从『竹』，下所从不清，疑係从『家』。」其理由是楚卜筮簡中的龜名正有「寶簍」等（參看：同註 35，頁 59～60）。其實，楚簡龜名「𥤪」字上半从爪，並非从竹，而且帛書此句也與楚簡卜筮材料名的上下文不同，說詳下文。

〔註38〕 「忑」字所从下，與一般寫法不同，是否確爲「忑」字，猶待商榷。另外，李學勤說：「『尚』字林氏摹本相當清楚。」（同註 35，頁 59）但實際上，林巳奈夫摹本裡的這個字，與戰國楚文字中一般「尚」字的寫法頗有差異，所以也有存疑的必要。

〔註39〕 同註 35，頁 60。

〔註40〕 參看：同註 35，頁 60。

也有記於帛書之例。可惜這件帛書已過於殘碎，相關問題似乎還不能斷言。

本文研究的主要對象，爲包山、望山、天星觀及秦家嘴四地六座楚墓所出的卜筮祭禱簡。其中，包山、望山簡皆已有正式而完整的報告。天星觀與秦家嘴簡迄今雖尚未正式刊布，但滕壬生編著的《楚系簡帛文字編》，所摹錄的各字形下，皆附記出處及詞例、句例，可資參考。又該書卷末所附「楚簡原物照片選」中，附有「天星觀楚簡原大照片」四幀，更是重要的研究材料。〔註41〕本文中天星觀與秦家嘴簡的相關論述及引文，多根據該書，其中，秦家嘴簡已編號。另外，天星觀簡的發掘報告及部分相關的論著中，偶有引用天星觀簡文，或附有少量竹簡的圖版，〔註42〕這些也是研究時的參考資料。至於葛陵等地所出的卜筮祭禱簡，除李家浩提到的部分外，目前暫時還無法討論。

第二節　前人研究述評

關於楚文化及楚簡的研究論著相當繁多，而其中很多的討論或文字的考釋，都涉及到卜筮祭禱簡。以下對前人研究的介紹與檢討，無法將所有的相關論著逐一列舉，而只能從與卜筮祭禱簡直接相關的著作中，擇要述評。

商承祚主持的廣州中山大學古文字研究室楚簡整理小組，是較早研究卜筮祭禱簡的單位。1966 年望山簡出土後不久，商承祚等人即應邀至湖北省博物館，對竹簡進行研究。〔註43〕除對大陸學界的內部發表外，他們後來還曾在油印本《戰國楚簡研究（三）》中，發表過望山卜筮祭禱簡的釋文，並撰寫〈江陵昭固墓若干問題的探討〉及〈戰國楚竹簡概述〉等相關文章，刊於該校學報上。〔註44〕商承祚於 1991 年去世後，其子商志䃉等人整理其遺著，於1995 年出版《戰國楚竹簡匯編》，可視爲商氏所領導之楚簡整理小組研究戰國

〔註41〕　參看：同註4，《楚系簡帛文字編》，頁 1172～1175。

〔註42〕　附有圖版或引用簡文的論著，主要有：同註 19，〈江陵天星觀 1 號楚墓〉，頁 108～110；饒宗頤：〈殷代易卦及有關占卜諸問題〉，《文史》第 20 輯（1983 年 9 月），頁 7；黃錫全編著：《湖北出土商周文字輯證》（武漢：武漢大學出版社，1992 年 10 月），頁 286。

〔註43〕　關於望山簡及相關出土文物的整理、研究經過，請參看：同註18，《望山楚簡》，譚維四序，頁 1～2；同註 18，《江陵望山沙冢楚墓》，頁 3～4。

〔註44〕　參看：同註 8，〈江陵昭固墓若干問題的探討〉，頁 90～96；同註 8，〈戰國楚竹簡概述〉，頁 61。

楚簡的成果總集。〔註 45〕由於當時已發現的卜筮祭禱記錄僅有望山殘簡，研究者對這類簡文的認識還十分有限，因此，他們在竹簡的整理、拼接、簡文的考釋及相關論述上，都不免有較多的錯誤。不過，學術研究本來就是草創者疏，踵事者密，而他們的一些嘗試，特別是簡文考釋方面，對後續的研究，也有所裨益。

　　1966 年正式開始的「文化大革命」，影響到望山簡的研究，後來研究更被迫中斷，而商承祚等人的初步研究成果，也延遲約十年才公佈。1970 年代初期，當湖北省博物館重新來整理望山、沙塚楚墓所出土的文物時，邀請了北京大學中文系的朱德熙、裘錫圭和李家浩重新對望山簡進行考釋研究。朱氏等人在 1976 年寫成釋文與考釋的初稿，於 1987 年完成了修訂稿，後來正式出版時，又有所補正。朱德熙等人在古文字方面的根基頗為深厚，且在時間等條件上，也較商承祚等人研究時寬裕。因此，他們對竹簡的拼接復原較為正確，所作的考釋，也更加細密而成果豐碩，釋出了不少難字，對於正確地通讀這類簡文，有極大的助益。另外，朱氏等人又撰寫了〈望山一號墓竹簡的性質和內容〉、〈從望山一號墓簡文看悼固的身分和時代〉二文。〔註 46〕在前一篇文章中，他們較正確地指出望山一號墓簡的性質是屬於卜筮的記錄；而通過殘簡的綴合以及對相關簡文的參對比較，也大致正確地看出占卜之辭的格式。在後一篇文章中，他們認為悼固的身份是資歷較淺的楚王族後裔；並由其所祭祀先人的輩份關係，推測墓葬年代約在楚懷王前期。這些意見，都是比較合理的，也糾正了過去一些錯誤的看法（如：以為墓主悼固就是楚滅越功臣卓滑）。不過，當時對於這類簡文的了解，畢竟不能與今日相比，因此，他們還是難免有一些錯誤的論述。〔註 47〕但整體而言，這只是白璧微瑕，並

〔註45〕參看：商承祚編著：《戰國楚竹簡匯編》（濟南：齊魯書社，1995 年 11 月）。其中，頁 181～264 為望山一號墓簡的圖版、摹本及考釋。

〔註46〕二文收入：同註 18，《望山楚簡》，附錄，頁 134～136。後來二文又合稱為〈望山 1 號墓竹簡的性質和內容〉，並收入正式發掘報告《江陵望山沙塚楚墓》（同註 18，附錄三，頁 310～312）。

〔註47〕例如：朱氏等人認為：「當時主要是用筮或與筮相類的方法來為悼固占卜的，龜卜大概使用的不很多。」這是因為他們當時把常見的龜名「䛡」，誤讀為「著」的緣故。又如：他們說：「跟命辭緊接的以『占之吉』或『占之恆貞吉』開頭的占辭，都不記占人之名。大概作出這種占辭的人就是問卦的人自己。有些占辭之後，又出現『某某占之曰吉』的話，這種占辭大概是由另一個人作出的。」根據包山簡，我們知道這也是不對的看法。因為作出占辭的並非求貞者，而且占辭與再占辭都是由同一位貞人所作出的。以上的論述，參看：同

不影響他們研究的水準和價值。

　　需要說明的是：朱氏等人的稿本雖曾在湖北省文博單位的文物考古工作者間傳閱並被引用，但一直要到 1995 年 6 月，才在《望山楚簡》中正式發表。後來雖又陸續發現了天星觀及秦家嘴簡，但也都未能及時的正式刊布。這使得相關研究並沒有太大的進展，而在包山簡發現之前的這段期間，關於卜筮祭禱簡的論著，在質、量兩方面也都不甚理想。〔註 48〕相關論著中，較值得一提的是湯漳平的〈從江陵楚墓竹簡看《楚辭・九歌》〉。

　　湯氏此文的主要貢獻是將卜筮祭禱簡與《楚辭・九歌》連繫起來對比考察。雖然在神祇的對應關係、〈九歌〉的創作時地等主要論述上，有些較明顯的錯誤，〔註 49〕但楚簡中的部分神祇，確實與〈九歌〉神祇有著密切的關係，後來劉信芳的〈包山楚簡神名與《九歌》神祇〉，又根據新出的包山簡，將神祇對應關係，作了進一步的探討。〔註 50〕而這類的研究，對於深入理解卜筮祭禱簡或〈九歌〉，都有相當正面的意義。

　　接下來，應談到包山簡出土後的研究。1987 年初，包山墓地的發掘工作全部結束後，隨即正式展開遺物的室內清理、復原與報告的整理、編寫。在資料整理過程中，為使學界及早了解包山發掘的主要收穫，整理小組曾發表了幾篇報導、發掘簡報與竹簡概述。〔註 51〕

註 18，《望山楚簡》，附錄，頁 134～135。

〔註 48〕這段時期的相關論著，主要有：連邵名：〈望山楚簡中的習卜〉，《江漢論壇》1986 年第 11 期（1986 年 11 月），頁 79～80；何浩、張君：〈試論楚國傳統的貞卜方法〉，《安徽史學》1987 年第 2 期（1987 年 4 月），頁 55～59；湯漳平：〈從江陵楚墓竹簡看《楚辭・九歌》〉，收入：中國屈原學會編：《楚辭研究》（濟南：齊魯書社，1988 年 1 月），頁 248～259。其中，湯文篇末自記：「1984年元月初稿，5 月修改畢。」當時包山簡尚未發現。

〔註 49〕湯氏對於〈九歌〉創作時、地問題，有如下的論述：「兩墓竹簡（案：指望山及天星觀簡）沒有出現『東皇太一』這類主神，說明兩墓主人沒有資格進行這種祭祀，只有地位尊貴的楚王才能有這種資格。因此，〈九歌〉歌舞的出現，只能產生於楚國宮庭，而不能產生於沅、湘這樣偏僻的南楚之地。」（同前註，〈從江陵楚墓竹簡看《楚辭・九歌》〉，頁 258～259）且不說文學創作是否能用這樣的邏輯來繩墨、推論，此說仍不正確。因為，望山和天星觀簡中的神名「太」，應該就是〈九歌〉中的「東皇太一」，只是當時尚未釋出。

〔註 50〕參看：劉信芳：〈包山楚簡神名與《九歌》神祇〉，《文學遺產》1993 年第 5期（1993 年 9 月），頁 11～16。湯氏和劉氏對於神祇對應關係的論述，都有一些值得商榷之處，相關問題的詳細討論，請參看第四章第一節。

〔註 51〕荊沙鐵路考古隊：〈荊門市包山大冢出土一批重要文物〉，《江漢考古》1987年第 2 期（1987 年 6 月），頁 55～56；湖北省荊沙鐵路考古隊包山墓地整理

　　較早利用這些資料討論包山卜筮祭禱簡的學者是李學勤。李氏在整理小組的〈包山二號墓竹簡概述〉發表後不久，即先後撰寫了〈論包山楚簡中一楚先祖名〉及〈竹簡卜辭與商周甲骨〉兩篇與卜筮祭禱簡相關的文章。〔註52〕在前一文中，李氏討論簡文裡的楚先祖名「䗍酓」究竟是何人。他糾正了整理小組的「眾酓」（即「酓」姓諸王）之說，〔註53〕而認為「䗍酓」「乃是文獻中的鬻熊」。雖然此說目前還不能成為定論，但似乎是較為可信的意見。〔註54〕至於第二篇文章，則主要「就簡文裡一些占卜專用或習用的詞語，比照文獻加以解說」，並「同商周甲骨卜辭作一比較」。文中對占卜用語的解說大多可信，例如：李氏指出「占之恆貞吉」的「貞」，應訓為正、當；「以其故敓之」的「敓」，應讀為「說」，是向神陳論其事的意思，都是非常正確的訓解。後來的研究者雖對「貞」、「敓」等字的義訓，又提出了一些不同的看法，但其實應以李氏的意見為是。〔註55〕不過，李氏的研究也有一些失誤之處。像他對占卜格式的分析，以及對楚簡和商周甲骨卜辭異同的比較等，就並不完全正確。〔註56〕

　　1991 年 10 月，《包山楚墓》和《包山楚簡》同時出版。二書中均附載所有有字簡的圖版，而由劉彬徽、彭浩、胡雅麗及劉祖信共同整理撰寫的〈包山二號楚墓簡牘釋文與考釋〉亦收入其中，包山楚簡至此全部正式公佈。這些迅速發表的重要資料，使得卜筮祭禱簡乃至於整個楚簡研究，都邁入了新

　　　　小組：〈荊門市包山楚墓發掘簡報〉，《文物》1988 年第 5 期（1988 年 5 月），頁 1～14；包山墓地竹簡整理小組：〈包山二號墓竹簡概述〉，《文物》1988 年第 5 期（1988 年 5 月），頁 25～29。

〔註52〕 參看：李學勤：〈論包山楚簡中一楚先祖名〉，《文物》1988 年第 8 期（1988 年 8 月），頁 87～88；〈竹簡卜辭與商周甲骨〉，《鄭州大學學報》1989 年第 2 期（1989 年 4 月）。後來，前一篇文章收入氏著《李學勤集──追溯、考據、古文明》（哈爾濱：黑龍江教育出版社，1989 年 5 月，頁 262～265），後一篇文章則收入氏著《周易經傳溯源》（同註 14，頁 189～196）。

〔註53〕 參看：同註 51，〈包山二號墓竹簡概述〉，頁 26。

〔註54〕 「䗍酓」問題的詳細討論，請參看第四章第二節的第一小節。

〔註55〕 關於「貞」、「敓」等字義訓問題的詳細討論，請參看第二章第二節的第四小節「卜筮常制、用語餘論」。

〔註56〕 如：李學勤認為：楚簡中的每次貞事是先筮占、後龜卜；又說：「竹簡卜辭……在命辭中套敘筮占，也與周原卜辭類同。」（參看：同註 14，頁 194～196）其實，楚簡中所記的每次貞事的占辭與再占辭，都是由相同的卜筮材料所得出，並非先筮後卜。明確的證據是：若用筮占，則在簡文占辭中會有卦畫的記錄，而龜卜則無。又由命辭和再占辭中的貞人名記載可知，占辭與再占辭，都是由同一位貞人所作出，而楚簡中的每位貞人，或用龜、或用策，並無兼掌卜筮之例。相關問題的詳細討論，請參看第二章第一節第一小節。

的階段。

首先，整理小組的成員之一彭浩，根據體例完整的包山簡，撰寫了〈包山二號楚墓卜筮和祭禱竹簡的初步研究〉，收為發掘報告的附錄二十三，對卜筮祭禱簡本身的問題，作了較全面的探討。〔註 57〕彭文首先敘述卜筮和祭禱的體例，然後再分別討論卜筮和祭禱的幾個問題。他認為卜筮的體例包括前辭、命辭、占辭、禱辭和第二次占辭；祭禱的體例則僅有前辭和禱辭。彭氏對卜筮、祭禱體例的分析，除卜筮簡「禱辭」的說法或可再斟酌外，〔註 58〕其餘大致都是正確的。不過，他對於其餘問題的看法，如：卜筮材料的分類、貞問的時限、卜筮祭禱用語的解釋、三種禱祠的差異等，則都有許多值得商榷之處。〔註 59〕

李零的〈包山楚簡研究（占卜類）〉，是另一篇較全面討論包山卜筮祭禱簡的文章。該文原載於《中國典籍與文化論叢》第 1 輯，後來又以此修改後的意見，代替氏著《中國方術考》原來的第四章第三節。〔註 60〕李氏指出：識別卜筮材料種類的方法在於卦畫的有無，「一般說，簡文記有卦爻的是策，不記卦爻的是龜」；而貞人也可依此原則，分為卜人和筮人。將此原則以其他幾批簡檢驗，可知這應是正確的意見。〔註 61〕但他將貞問類型分為初占和習占，並以「卜瘳」概括全部的包山卜筮簡，則顯然不如陳偉的分類恰當（說詳後）。至於在一些用語或其他細節的說解上，李文亦有得有失。例如在術語的解釋方面：李氏認為「集歲」同「卒歲」，都是指一年，雖然說解簡略且未舉證據，卻應是正確的看法；〔註 62〕但他認為「以其故敓之」的「敓」，應讀作「奪」，則並不正確。〔註 63〕又如在祭禱的對象方面：簡 246 的楚王名，原誤釋作「酓繹」，李零認為應改釋為「酓鹿」，即古籍中的熊麗，甚是；但他

〔註 57〕 參看：同註 32，頁 555～563。該文又收入：楚文化研究會編：《楚文化研究論集（第一集）》（長沙：荊楚書社，1987 年 1 月），頁 325～347。

〔註 58〕 「禱辭」應如陳偉的意見，依簡文改稱「敓辭」（參看：同註 9，頁 157）。說詳本章第三節第二小節。

〔註 59〕 關於卜筮材料的問題，請參看第二章第一節；關於貞問時限的問題，請參看第二章第二節第一小節；關於卜筮用語的解釋，請參看第二章第二節第四小節；關於三種禱祠的差異，則請參看第三章第一節。

〔註 60〕 參看：同註 15，頁 425～448；李零：《中國方術考》（北京：人民中國出版社，1993 年 12 月），頁 255～278。

〔註 61〕 相關問題的討論，請參看第二章第一節第一小節。

〔註 62〕 關於卜筮時限問題的詳細討論，請參看第二章第二節第一小節。

〔註 63〕 「敓」字讀法的詳細討論，請參看第二章第二節第四小節的第二部分。

以爲「二天子」是指時王的祖考，即楚宣王和楚威王，則不可信。〔註64〕

　　關於李零這篇文章，應該指出的還有兩點，也是優缺點各一：第一，這篇文章常有說解草率或舉證不確實的現象，〔註65〕這些雖然可能與撰寫時間倉促等因素有關，但仍是一篇學術論文應盡可能避免的情況。第二，這篇論文的主要價值，除解決了部分問題外，更在於較明確地提出了不少值得探究的問題。例如：他指出卜筮簡中所記的禱祠，只是預卜中事，而不是對既有禱祠的客觀記錄。此說雖然不是李氏最早提出，〔註66〕其論證也不甚充分，但這卻是關係到我們對於楚人整個卜筮祭禱習俗認識、理解的重要問題。李氏較明確地提出，引起後續研究者的注意、討論，〔註67〕自然是很有意義的

〔註64〕　李零在後來寫的一篇文章中則說：「二天子。不詳。但簡文列於『大水』和『坐山』之間，似屬地祇。」已改變舊說。參看：氏著：〈考古發現與神話傳說〉，《學人》第5輯（1994年2月），頁120。關於祭禱對象的詳細討論，請參看第四章第一、二節。

〔註65〕　例如：李零欲證明「以其故散之」的「散」，應讀作「奪」，而舉證說：「『奪』，古書亦作『說』……睡虎地秦簡《日書》乙種也提到『說盟（盟）詛（詛）』（簡23壹）。」（同註15，頁435）其實，睡虎地《日書》乙種簡17就有「說盟詛」一詞，同簡後面又說「人必奪其室」。簡文中「說」、「奪」並未混用，可見「說盟詛」的「說」，似不應讀爲「奪」。李零不引此簡，反而引較後的簡23壹，似有隱匿反證之嫌。又如：李零說：「八月（亦作「秋二月」），九月（亦作「秋三月」）。」（同註15，頁432）其實，楚國古文字資料中，從未見「秋二月」的稱呼，「亦作」之說，純屬李氏虛構。另外，楚簡中的「秋三月」也不是指「九月」，而是指整個秋季的三個月（詳細的討論，請參看第二章第二節第二小節）。

〔註66〕　李學勤曾在文章中簡單提及同樣的看法，李氏說：「『以其故說之』至『斯攻解於不辜』是卜問以此事禱告於神，期望免除憂患。」（同註14，頁195）可見李學勤也認爲散辭所記，並不是實際祭禱、「攻解」的記錄。可惜其說過於簡略，而並未引起注意。另外，朱德熙等人說：「絕大多數占辭還指出墓主仍有禍祟，應該採取哪些措施加以禳除。簡文中雖有不少關於祭祀鬼神之辭，多數顯然屬於占辭，意思是說爲了解除禍祟該用什麼方法來祭祀哪些鬼神，或是說如果禍祟得以解除，應該如何答謝鬼神。」（〈望山一號墓竹簡的性質和內容〉，收入：同註18，《望山楚簡》，附錄，頁135）可見他們亦是持類似的看法，只不過此文較晚正式發表。還應當說明的是：由於望山簡殘斷較甚，因此朱氏等人並不能從中看出楚卜筮簡的完整格式，當時他們可能並不知道楚卜筮簡的每次貞事，常記有第二次占卜。其實，多數的「祭祀鬼神之辭」，似乎較不適合稱爲占辭，而應視爲再占辭的命辭（本文從陳偉之說，逕稱爲「散辭」，說詳後）。

〔註67〕　像陳偉討論到這個問題時，即以爲此說是李零首先提出，而未提及李學勤或朱德熙等人的說法（參看：同註9，頁4、150）。關於卜筮與祭禱間關聯的詳細討論，請參看第二章第二節第二小節。

事。另外，像前面提過的楚卜筮簡與其他早期卜筮記錄間之關聯，也都是李文所提出，而很可研究的課題。

黃人二的碩士論文《戰國包山卜筮祝禱簡研究》，似是迄今唯一以研究楚國卜筮祭禱簡為主的專書，〔註68〕而且，黃氏也是大陸以外地區研究楚國卜筮祭禱簡的少數研究者之一，十分難得。由於該書是屬於研究生的習作，自然不免存在較多需要再斟酌的論述，這裡沒有必要逐一列舉。黃氏論文中最值得一提的，是占了全書最大的篇幅的第二章——「包山卜筮祝禱簡集釋」。在這一章裡，黃氏將諸家意見，羅列於相關簡文之下，並斷以己意。雖然在前人論點的列舉方面，有少數遺漏；對於各家說法的去取及黃氏個人的意見，也有不少可議之處。但這樣的集釋工作，對於後續研究而言，仍是檢索相關論述方面，極為便利的參考資料。

最後，還應該略作評介的，是陳偉的論文及專著。陳氏的相關著述，是目前較全面研究卜筮祭禱簡的論著中，比較晚出的。他曾撰寫〈試論包山楚簡所見的卜筮制度〉和〈望山楚簡所見的卜筮與禱祠——與包山楚簡相對照〉兩篇論文；〔註69〕其中，前一篇文章經修改後，收入氏著《包山楚簡初探》，並增加「神祇系統」和「享祭制度」兩節，共同構成該書的第六章「卜筮與禱祠」。〔註70〕由於討論望山卜筮祭禱簡的那篇文章，其內容多半只是檢驗他在研究包山卜筮祭禱簡時所提出的論點，而較少有新的認識，因此，下面將以介紹《包山楚簡初探》中的相關論述為主。

《包山楚簡初探》一書，主要是希望在考釋文字、讀懂簡文、恢復簡書原貌之餘，進一步「發掘資料的內在聯繫，探討一些帶有規律性的問題」。〔註71〕從這個目標來看，陳偉的研究顯然是相當成功的。就卜筮祭禱簡的部分而言，陳氏不僅分別了「歲貞」和「疾病貞」兩種卜筮類型，並對每次貞事均施用奇數貞提出解釋，對於簡文所反映之享祭制度，也有很好的分析，且根據其研究的結論，把竹簡編次作了修正和調整，這些都是大致上相當正確的

〔註68〕 參看：黃人二：《戰國包山卜筮祝禱簡研究》（臺北：國立臺灣大學中國文學研究所碩士論文，1996年6月）。

〔註69〕 參看：陳偉：〈試論包山楚簡所見卜筮制度〉，《江漢考古》1996年第1期（1996年2月），頁86～89；同註12，頁73～75、72。

〔註70〕 參看：同註9，150～180。另外，該書第一章「歲首與簡書年代」中（頁1～20），也有一些與卜筮祭禱簡相關的論述。

〔註71〕 參看：同註9，前言，頁3。

新見解。另外，在前人意見的去取、裁斷，及簡文考釋等方面，還有不少細緻的觀點。李學勤在《包山楚簡初探》序中，對該書特點有所評論，李氏說：

> 這是學術界第一部對包山楚簡全面討論的專著。《包山楚簡初探》的特點是，在詳細考釋竹簡文字的基礎上，對簡文所體現的楚國制度作系統的考察分析。在文字、制度兩方面，都提出了新穎的見解……
>
> 包山楚簡的研究，無疑由這部書的出版劃了一個新階段。〔註72〕

李氏對此書的評價，大致上頗爲適切，但我認爲若能將「新穎的見解」改成「許多正確而新穎的見解」，可能更爲恰當。

當然，任何涉及面較寬的研究都很難毫無瑕疵，陳氏此書自然也不例外。〔註73〕不過，正如陳偉在該書前言所說：

> 學術研究是一個長期探索的過程，不能期待計日成功。這類研究又是一種群體性的事業，必須反復辨難切磋，才能逐步取得進展……
>
> 基於這一信念，我們才敢於把一些探索性的看法發表出來。〔註74〕

整體而言，陳書中與卜筮祭禱簡相關的篇幅雖不多，但多能要言不煩地切中關鍵問題，「使一些紛繁複雜的事物條理化」，〔註75〕確實是相當成功的「初探」。

除此之外，周鳳五師〔註76〕、吳郁芳〔註77〕、許學仁〔註78〕、劉信芳〔註79〕、

〔註72〕 同註9，李學勤序，頁3。

〔註73〕 陳氏相關論述最主要的疏失，可能集中在「神祇系統」一節。他過度推論「同神異名」的現象，對於祭禱諸神排列原則的看法，恐怕也不正確。有關神祇系統與祭禱排列等相關問題的詳細討論，請參看第四章「祭禱與『攻解』的對象」。另外，卜筮簡的保存等問題，陳氏的看法也不盡可信。相關問題的討論，請參看第二章第二節第四小節的第四部分。

〔註74〕 同註9，前言，頁3。

〔註75〕 郭德維語。參看：氏著：〈《包山楚簡初探》評介〉，《江漢考古》1997年第1期（1997年3月），頁95。

〔註76〕 參看：周鳳五師：〈包山楚簡文字初考〉，收入：王叔岷先生八十壽慶論文集編輯委員會：《王叔岷先生八十壽慶論文集》（臺北：大安出版社，1993年6月），頁361～377。該文初稿題目爲〈包山楚簡考釋〉，曾在「中國古文字研究會第九屆學術討論會」（南京：南京大學，1992年10月）中宣讀。周師此文雖不是專門討論卜筮祭禱簡的論著，但文中所考釋之字，多半與卜筮祭禱簡相關，有益於通讀這類簡文。尤其應該一提的是：周師文中所引用的簡文，多譯成現代口語，雖限於文例，對於之所以如此翻譯的理由，大半並未作詳盡的解釋。但只要仔細閱讀，就可以發現其中有一些語譯，是不同於一般看法、而頗值得推敲的細緻觀點。例如：楚簡占辭常見的用語「恆貞吉」，學者多認爲是「長期（貞問）來說是吉」的意思，而周師文中則將其意譯爲「大

曾憲通〔註80〕、湯炳正〔註81〕、許道勝〔註82〕、孔仲溫〔註83〕、李家浩〔註84〕等，也都還有一些相關的論著。不過，因爲這些論著有的並不是專門討論卜筮祭禱簡，有些則是代表性或重要性相對來說較低，限於篇幅，此處就不再一一評介。

綜觀三十年來學界對楚國卜筮祭禱簡的研究成績，許多學者都貢獻了一己的心力，其中尤以陳偉及望山簡整理小組的朱德熙、裘錫圭、李家浩等位先生建樹最多。而經由以上的評介，我們也不難發現，儘管前人對於楚國卜筮祭禱簡的研究，已經作了頗多重要的工作，但簡文裡其實仍有許多尚待發掘的秘蘊和爭論未決的問題，需要進一步地探究。另外，有些問題雖已有學者曾提出正確的論點，但新的論著中，有時仍會出現不同的意見，這些問題，

體無礙」，這就是關係到「恆」、「貞」二字訓釋，和這一常用語確切含義的問題（「恆貞吉」訓解的詳細討論，請參看第二章第二節第四小節的第一部分）。

〔註77〕 參看：吳郁芳：〈包山二號墓墓主昭佗家譜考〉，《江漢論壇》1992 年第 11 期（1992 年 11 月），頁 62～64；〈《包山楚簡》卜禱簡牘釋讀〉，《考古與文物》1996 年第 2 期（1996 年 3 月），頁 75～77。

〔註78〕 參看：許學仁：〈戰國楚墓卜筮類竹簡所見「數字卦」〉，《中國文字》新 17 期（1993 年 3 月），頁 263～282；〈包山楚簡所見之楚先公先王考〉，收入：臺灣師範大學國文系所、中國文字學會主編：《魯實先先生學術討論會論文集》（臺北：萬卷樓圖書公司，1993 年 6 月），頁 52～61。

〔註79〕 參看：同註 50，頁 11～16。

〔註80〕 參看：曾憲通：〈包山卜筮簡考釋（七篇）〉，收入：常宗豪等編輯：《第二屆國際中國古文字學研討會論文集》（香港：香港中文大學中國語言及文學系，1993 年 10 月），頁 405～424。

〔註81〕 參看：湯炳正：〈從包山楚簡看離騷的藝術構思與意象表現〉，《文學遺產》1994 年第 2 期（1994 年 3 月），頁 4～10。

〔註82〕 參看：許道勝：〈包山 2 號墓竹簡卦畫初探〉，收入：楚文化研究會編：《楚文化研究論集（第四集）》（鄭州：河南人民出版社，1994 年 6 月），頁 668～686。

〔註83〕 參看：孔仲溫：〈望山卜筮祭禱簡文字初釋〉，收入：私立東吳大學中國文學系、所編：《第七屆中國文字學全國學術研討會論文集》（臺北：萬卷樓圖書公司，1996 年 4 月），頁 237～251；〈再釋望山卜筮祭禱簡文字──兼論其相關問題〉，收入：國立彰化師範大學國文系所、中國文字學會主編：《第八屆中國文字學全國學術研討會論文集》（彰化：國立彰化師範大學國文學系，1997 年 3 月），頁 37～56；〈望山卜筮祭禱簡「癘、𧗁」二字考釋〉，收入：中山大學中國文學系、中國訓詁學會主編：《訓詁論叢》第三輯（臺北：文史哲出版社，1997 年 5 月），頁 819～829；〈楚簡中有關祭禱的幾個固定字詞試釋〉，收入：同註 24，《第三屆國際中國古文字學研討會論文集》，頁 579～598。

〔註84〕 參看：同註 30，頁 7～19；李家浩：〈包山楚簡「䤵」字及其相關之字〉，收入：同註 24，《第三屆國際中國古文字學研討會論文集》，頁 555～578。

也還要再補充論證，並詳加考辨。

第三節　楚國卜筮祭禱簡的形制及內容、格式簡介

　　經由前人的研究，我們已經對楚國卜筮祭禱簡中的許多問題，有了相當程度的認識。本節將根據前人的研究成果，對卜筮祭禱記錄的內容和格式，作簡要的介紹，使讀者對於卜筮祭禱簡能有基本的瞭解，以作為進一步討論的基礎。不過，在概述竹簡內容、格式之前，想先簡介卜筮祭禱簡的形制，希望能讓我們對於這類資料有更全面的認識。

一、形　制

　　楚簡均係由成竹劈破成條，去節殺青，刮削整治而成，簡上文字則多是用墨書寫於竹黃一面，少數亦書寫在竹青一面。當時的製簡及文書工具有：鋸、錛、削、夾刻刀、刻刀、錐、磨石和毛筆等，在信陽長臺關一號墓及江陵望山一號墓，均有以木質工具箱儲放的成套用具出土，其中以長臺關墓所出較為完備，望山墓則僅有製簡工具，而沒有毛筆。〔註85〕而在長沙左家公山十五號墓，則曾出土毛筆、鐵削等書寫用具，〔註86〕包山二號墓亦出土一支毛筆。〔註87〕另外，在一些其他的墓中，還有發現零星的這類工具。就出土三類竹簡的包山二號墓簡來看，書寫卜筮祭禱記錄和文書的竹簡，製作較為精細，遣冊簡的整治則相對粗糙。〔註88〕

　　天星觀卜筮祭禱簡整簡長64～71公分，寬0.5～0.8公分。簡的左側上下各有一個三角形的契口，用以固定編繩。簡文一般書於竹黃上，不留天頭。〔註89〕包山卜筮祭禱簡的形制，與天星觀簡大致相同。簡長約在67.1～69.5公分，寬

〔註85〕　相關文物資料的介紹，請參看：同註22，《信陽楚墓》，頁64～67；同註18，《江陵望山沙冢楚墓》，頁106～108。

〔註86〕　參看：湖南省文物管理委員會〈長沙左家公山的戰國木槨墓〉，《文物參考資料》1954年第12期（1954年12月），頁8；〈長沙出土的三座大型木槨墓〉，《考古學報》1957年第1期（1957年3月），頁96。鐵削除製簡時刮削之用外，書寫有誤時，亦可以其削去。也正由於削是當時重要的文書工具，所以古籍中常與筆連言，而有「筆削」、「刀筆吏」一類的說法。

〔註87〕　參看：同註20，《包山楚墓》，頁264。

〔註88〕　參看：同註20，《包山楚墓》，頁266。

〔註89〕　參看：同註19，〈江陵天星觀1號楚墓〉，頁109。

一般在 0.7～0.85 公分之間，個別寬至 0.95 公分，厚度約 0.1～0.15 公分。竹簡黃面一側的邊緣，也有兩個三角形的小契口。而文字主要亦書於竹黃一面，也由頂端起書，不留天頭和地腳。〔註90〕望山一號墓簡殘斷較甚，原本的形制並不完全清楚。經過整理、拼接後，仍無一枚完簡，最長的殘簡為 52.1 公分。竹簡寬 1 公分左右，厚度約 0.1 公分。三角形小契口則似有上、中、下三個，簡文亦書於篾黃一面，但在頭、尾兩端，一般似不書寫文字。〔註91〕秦家嘴簡則殘斷更甚，整理者也沒有提供形制方面的資料。

　　歸納各類竹簡的形制，有助於我們了解戰國時期楚國的簡冊制度。〔註92〕過去，廣州中山大學古文字研究室楚簡整理小組，曾分析史書記載的出土簡書長度和當時實際發現的楚簡長度，並提出「列國簡策並無制度規定，長短由人」的結論。〔註93〕且不論此說是否正確，但以他們當時掌握的資料，其實並不足以得出這樣的結論，試說明如下。

　　首先，史籍中關於戰國簡書長度的記錄並不多，〔註94〕廣州中山大學楚

〔註90〕　參看：同註 20，《包山楚墓》，頁 266～267。

〔註91〕　參看：同註 18，〈江陵望山一、二號墓所出竹簡概述〉，頁 4～5。

〔註92〕　前人分析簡牘形制，多依據傳世文獻記載及出土漢簡尺寸而論，所得結論可說是漢簡的形制，而與楚簡形制不盡吻合。這方面較詳細的綜合討論，可參看：馬先醒：《簡牘學要義》（臺北：簡牘學會，1980 年），頁 87～118。

〔註93〕　參看：同註 8，〈戰國楚竹簡概述〉，頁 64。

〔註94〕　先秦簡冊原物的發現，見於史書記載的，有以下四次，分別是：漢景帝時（一說武帝），魯共王壞孔子宅壁所出古文《尚書》、《禮記》、《論語》、《孝經》；漢宣帝時（一說武帝），河內女子於老屋得「逸《易》、《禮》、《尚書》各一篇」；晉武帝時，汲縣民不準盜發魏王冢得《竹書紀年》、《穆天子傳》等大量簡書；南齊高帝時，襄陽古墓盜掘所出〈考工記〉等簡書。相關的記載，可參看：《漢書·藝文志》（北京：中華書局，1962 年 6 月，二十四史點校本，卷 30，頁 1706）、《論衡·正說》（黃暉：《論衡校釋（附劉盼遂集解）》，北京：中華書局，1996 年 11 月，卷 28，頁 1124～1125）、《晉書·束晳列傳》（北京：中華書局，1993 年 10 月，二十四史點校本，卷 51，頁 1432～1433）、荀勖〈穆天子傳序〉（〔晉〕郭璞注：《穆天子傳》，上海：上海書店，1989 年 3 月，重印四部叢刊初編本，頁 3 右）、《南齊書·文惠太子列傳》（北京：中華書局，1995 年 8 月，二十四史點校本，卷 21，頁 398）。另外，漢代還有中古文本《易》、伏生壁藏之古文《尚書》、出於魯淹中的《禮古經》、河間獻王所得古文先秦舊籍、北平侯張蒼所獻古文《左傳》、昭帝時魯國三老所獻古文《孝經》、杜林於西州所得漆書古文《尚書》一卷等古文舊籍，而這些古文典籍中，可能有部分是屬於轉寫本。相關的記載，可參看：《漢書·藝文志》（卷 30，頁 1704、1710）、《史記·儒林列傳》（卷 121，頁 3124～3125）、《漢書·景十三王傳》（卷 53，頁 2410）、《說文解字·敘》、許沖〈上《說文解字》表〉（同註 24，

簡整理小組也認爲歷代發現的幾批先秦典冊,「其形狀編制雖偶見記載,但既不詳盡,亦未必可信」。〔註95〕所以,我們最好不要將結論過於擴大。用「列國簡策」這樣概括的論述,並不恰當。

其次,當時已發現的楚簡僅有七批,出於六座墓葬。其中,五里牌遣冊簡、長臺關竹書簡及望山一號墓卜筮祭禱簡,均已全部殘損;〔註96〕只剩下性質不詳的楊家灣簡,〔註97〕以及仰天湖、長臺關和望山二號墓所出的遣冊簡有部分完簡。〔註98〕以這樣的資料來討論簡冊制度,自然很不可靠。

現在我們能看到的楚簡,遠比二十年前多;對於楚簡的種類、性質,也比二十年前清楚,有較足夠的條件重新來探討戰國時期楚國的簡冊制度。郭店簡的整理者就指出:

> 郭店楚簡的長度比荊門包山楚簡要短許多,前者是傳抄的古書,後者是公文、文書、卜筮祭禱記錄和遣策。它們的不同應是楚國簡冊制度的反映。〔註99〕

戰國時楚國傳抄古書較其他各類簡冊短,大致上應是正確的觀察。在已發現

《說文解字》,卷15上,頁315下右;卷15下,頁320上)、《後漢書・杜林列傳》(北京:中華書局,1995年3月,二十四史點校本,卷27,頁937)。上述資料的整理,主要參看:王國維:〈漢時古文本諸經傳考〉、〈漢時古文諸經有轉寫本說〉,皆收入:《定本觀堂集林》(臺北:世界書局,1991年9月,據民國二十九年長沙全集本校正影印),卷7,頁320~330。而其中,僅有〈穆天子傳序〉及〈文惠太子列傳〉有關於簡書長度的記錄。

〔註95〕 參看:同註8,〈戰國楚竹簡概述〉,頁64。

〔註96〕 參看:中國科學院考古研究所編著:《長沙發掘報告》(北京:科學出版社,1957年8月),頁55;同註22,《信陽楚墓》,頁67;同註18,〈江陵望山一、二號墓所出竹簡概述〉,頁4~5。

〔註97〕 楊家灣簡,陳夢家認爲是「妝奩冊或算籌」(參看:氏著:《漢簡綴述》,北京:中華書局,1980年12月,頁291)。然而,該墓所出五十枚有字簡中,近半數文字模糊或不完整,且每枚簡各只有一或二字。因此,簡冊的性質似乎並不能確定。相關的資料,請參看:湖南省文物管理委員會:〈長沙楊家灣M006號墓清理簡報〉,《文物參考資料》1954年第12期(1954年12月),頁29~30;同註86,〈長沙出土的三座大型木槨墓〉,頁99;同註45,頁271。

〔註98〕 參看:湖南省古墓葬清理工作隊:〈長沙仰天湖戰國墓發現大批竹簡及彩繪木俑、雕刻花板〉,《文物參考資料》1954年第3期(1954年3月),頁53;湖南省文物管理委員會:〈長沙仰天湖第25號木槨墓〉,《考古學報》1957年第2期(1957年6月),頁91;同註22,《信陽楚墓》,頁67;同註18,〈江陵望山一、二號墓所出竹簡概述〉,頁8~9。

〔註99〕 同註4,《郭店楚墓竹簡》,前言,頁1。

楚簡中屬於傳抄古書的，除郭店簡外，還有長臺關竹書簡及九店簡、石板村簡等，這幾批簡整簡長皆在 50 公分以下，〔註100〕郭店簡長更是不足 35 公分。〔註101〕另外，南齊時出土於襄陽的楚簡〈考工記〉，「簡廣數分，長二尺」，〔註102〕折合今制，簡長大約將近 50 公分，〔註103〕與九店《日書》簡長度相近。至於其餘的各批楚簡，整簡長則均約在 60 公分以上，例外的僅有仰天湖簡，其性質爲遣冊。〔註104〕由此看來，楚國書籍類簡冊的長度雖無一定規格，但一般比官府文書、卜筮祭禱記錄這類帶有檔案性質的簡冊爲短。猜想其中緣由，不知道是否因爲書籍較常閱讀、展捲，不宜過長，以免不便。至於製作目的即爲隨葬之遣冊簡的長度，可能也比較隨意，就如同其竹簡的修治作工，相對來說亦較爲粗糙一樣。〔註105〕

〔註100〕 長臺關竹書簡及石板村竹書簡，均無完簡，據整理小組估計，原簡長均約在 45 公分左右。九店五十六號墓簡，可依其內容大致分爲兩類：簡 1 至 12「與農作物有關」，其餘則「記數術方面的內容，與雲夢秦簡《日書》性質相同」。不過，前一類簡皆已相當殘斷，原簡長難以推知；《日書》簡整簡長則約爲 46.6 ～48.2 公分。相關資料的介紹，請參看：同註 22，《信陽楚墓》，頁 67；同註 4，〈湖南慈利石板村戰國墓〉，頁 199；同註 4，《江陵九店東周墓》，頁 339。

〔註101〕 郭店簡各篇形制不盡一致，就長度而論，可分作三類，分別是：32.5 公分左右、26.5～30.6 公分及 15～17.5 公分。參看：同註 4，《郭店楚墓竹簡》，前言，頁 1。

〔註102〕 同註 94，《南齊書》，卷 21，頁 398。

〔註103〕 尺制的折算，參看：丘光明編著：《中國歷代度量衡考》（北京：科學出版社，1992 年 8 月），頁 66～69。

〔註104〕 仰天湖簡整簡長僅 22 公分。參看：同註 98，〈長沙仰天湖第 25 號木槨墓〉，頁 91。

〔註105〕 莊淑慧〈曾侯乙墓出土竹簡考〉在分析竹簡形制時，所掌握的傳抄古書一類之楚簡，僅有長臺關竹書，而並未論及當時已正式發表或公布尺寸的九店、石板村等批楚簡。因此，莊文著重於討論遣冊的形制。莊氏說：「貴族所用遣策之長度，並未因地位之高低而有嚴格之規定；似乎屬於中上階級之貴族，均可使用三尺（案：指戰國時期楚國尺制）之遣策形制。」（參看：莊淑慧：〈曾侯乙墓出土竹簡考〉，《國立臺灣師範大學國文研究所集刊》第 40 號，1996 年 3 月，頁 80～86）案：莊氏所說的「中上階級之貴族」，包括望山二號墓墓主。望山二號墓與仰天湖二十五號墓的墓葬規模大致相同，均有封土堆和斜坡墓道，而前者一槨三棺，後者則棺槨各二層（參看：同註 98，〈長沙仰天湖戰國墓發現大批竹簡及彩繪木俑、雕刻花板〉，頁 53；同註 98，〈長沙仰天湖第 25 號木槨墓〉，頁 99；同註 18，《江陵望山沙冢楚墓》，頁 111～113）。因此，二墓墓主的身份，也應該大致相當。然而，二墓所出遣冊簡的長度，卻相差約四十公分，所以莊氏此說恐怕未必可信（除非將「均可使用三尺之遣策形制」，解讀爲可用可不用，但這樣的結論則並沒有多大意義）。

二、內容和格式

　　學者們對於楚國卜筮祭禱簡的研究，以望山及包山簡爲主。由於望山簡較爲殘斷，且其主要內容及貞問類型，似乎並沒有超出包山簡的範疇。因此，下面就根據前人的研究成果（主要爲陳偉、彭浩二位先生），簡介包山卜筮祭禱簡的內容和格式，以作爲第二章開始正式討論的基礎。

　　陳偉指出：包山卜筮簡的貞問類型，依其內容，可以明顯地分爲「歲貞」和「疾病貞」二類。「歲貞」是占卜一年的吉凶，所以大致每年舉行一次；「疾病貞」則是貞問疾病之事，施行與否，自然視病情而定。〔註106〕兩種貞問類型的格式，一般都可分爲：前辭、命辭、占辭、敘辭及再占辭五個部分，以下逐一說明。

　　前辭包括貞問的時間、貞人名、卜筮材料和求貞者名，包山簡中「歲貞」與「疾病貞」的前辭並沒有區別。貞問時間所記含年、月、日，記年用楚國的大事年名，記月用楚月名，記日則用干支。〔註107〕而目前所出楚卜筮簡的求貞者，應皆爲墓主。

　　命辭所記爲貞問的事由，是「歲貞」與「疾病貞」的主要差異所在。陳偉指出：包山簡「歲貞」的命辭只是在詳略、句序和用字上小有出入，基本內容則完全一致，寫作：「出入侍（或「事」）王（本句或在下句後，也有省略之例），自型层（或「夏层」）之月以臺集歲之（或無「集歲之」三字）型层（或「夏层」）之月，盡集（或「卒」）歲，躬身尙毋有咎。」〔註108〕「疾病貞」的命辭則爲病情的敘述，隨著病況的不同而有變化，並以「尙毋有恙」（221、223）、「尙毋有咎」（207）、「尙速瘥，毋有祟」〔註109〕（236、239、

〔註106〕參看：同註9，頁151～156。要說明的是：陳偉對於「歲貞」時限的看法雖是正確的，但由於學界對此問題的看法，意見較爲紛歧，特別是「集歲」、「卒歲」等關鍵用語的解釋。因此，仍有必要詳加考辨、補充論證，並對陳偉的部分論述略作修正。詳細的討論，請參看：第二章第二節第一小節。

〔註107〕楚曆問題頗爲複雜，詳細的討論，請參看篇末附錄二〈楚曆問題綜論〉。

〔註108〕參看：同註9，頁152。此外，根據新發表郭店中的用例，我們知道「臺」字可以讀作「戚」和「就」；而在上引楚簡的類似句例中，周鳳五師認爲「臺」當讀爲「就」或「通」，作「至」解。相關的討論，可參看：朱德熙：〈釋臺〉，收入：朱德熙著、裘錫圭、李家浩整理：《朱德熙古文字論集》（北京：中華書局，1995年2月），頁1～2；彭浩等：〈五行釋文注釋〉，頁152，注釋15、〈六德釋文注釋〉，頁189，注釋1裘錫圭案語，皆收入：同註4，《郭店楚墓竹簡》。

〔註109〕「速」字的考釋，請參看：同註80，〈包山卜筮簡考釋（七篇）〉，頁422～423；

242～243、245、247）或「尚毋死」（249）等希望之語結尾，〔註110〕也有省略期望之語的例子。

占辭是根據卜筮所得兆、卦而作的判斷，如用筮占，則會有所揲出卦畫的記錄。無論「歲貞」或「疾病貞」，占辭大致皆以「占之：恆貞吉」起頭，接著就是所貞問事由之吉凶休咎的預測。

若貞問結果顯示有憂患、不順或鬼神作祟等不吉之徵象，則會在占辭後附有禱祠、「攻解」或其他祭儀的記載，李零將這類記錄視為第二次占卜的命辭。〔註111〕就實質上來說，李說並沒有錯；但由於這些求福去凶的辦法也是針對前面的命辭、占辭而來，若稱為「第二次命辭」或「再命辭」，恐怕會引起誤會。因這一部分皆以「以其故敓之」起頭，為便於稱述、避免誤會，本文從陳偉之說，將此部分逕稱為敓辭。敓辭記的是消除凶咎、求得福祐的辦法，包山簡中的「歲貞」和「疾病貞」絕大部分都附有敓辭。若沿用過去的敓辭，則有「與──（貞人名）之敓」、「迻──（貞人名）之敓」、「迻故籤」等說法。〔註112〕不過，如果占卜結果並無凶咎，則該次貞問的記錄就只到占辭為止，而沒有以下的敓辭及再占辭，包山簡234～235就是如此。

再占辭是預測敓辭所能產生功效的記錄。包山簡的再占辭大多是：「──（貞人名。因為與作出前面占辭的貞人是同一人，所以有時會省略貞人名）占之曰：吉」，〔註113〕有時則會在此句之後附有更詳細而實際的預言。像「歲

「瘇」為痊癒之意，此字的考釋，請參看：同註75，〈包山楚簡文字初考〉，頁361～363。

〔註110〕「尚」的意思是庶幾。李學勤指出：文獻所見古代卜筮辭的命辭，多有以「尚」冠首的語句。參看：同註14，頁193。

〔註111〕參看：同註15，頁430～431。

〔註112〕關於「迻敓」、「與敓」、「迻故籤」等用語的詳細討論，請參看第二章第二節第四小節的第二、三部分。

〔註113〕包山簡198的再占辭則說「占之：甚吉」。「甚」字原篆作 🔲，劉彬徽等人釋為「當」（參看：劉彬徽等：〈包山二號楚墓簡牘釋文與考釋〉，收入：同註20，《包山楚墓》，附錄一，頁364），《楚系簡帛文字編》則收在「尚」字下（參看：同註4，頁76～77），均不正確。黃德寬、徐在國根據郭店簡的眾多用例（《老子》甲簡5、36、〈緇衣〉簡15、〈成之聞之〉簡7、〈尊德義〉簡37、〈性自命出〉簡32、42、43），將此字改釋為「甚」，甚是（參看：黃德寬、徐在國：〈郭店楚簡文字考釋〉，收入：吉林大學古籍整理研究所編：《吉林大學古籍整理研究所建所十五週年紀念文集》，長春：吉林大學出版社，1998年12月，頁99）。「甚」字在郭店簡中又常寫作 🔲（〈唐虞之道〉簡24、25、〈語叢四〉簡25），還有 🔲（〈性自命出〉簡42）的寫法。另外，包山簡158

貞」的預言有「期中有喜」(198)、「享月、夏柰有喜」(200)、「至九月喜爵位」(204)、「三歲無咎，將有大喜，邦知之」(211) 等；「疾病貞」的預言則有「聖层且見王」(208) 等。

　　需附帶一提的是：一些學者認為這類較實際的預言，有的是屬於驗辭。如：彭浩說：

　　　這次貞問墓主人立爵之事（案：指包山簡 201～204），「占之曰吉」，
　　　十分靈驗，「九月憙（喜）靃（爵）立」。〔註114〕

即有以「至九月喜爵位」為驗辭之意。曾憲通則說的更明白：

　　　此句（案：指包山簡 204「凡此籤也，既盡逡」）書於簡末，字體特
　　　大，字距較寬，與本簡文字明顯不同，當屬於事後的補記。句前且
　　　有「至九月憙靃立（爵位）」之驗辭。〔註115〕

這樣的看法其實有待商榷。包山卜筮簡中確實有一些文句是在卜筮之後補記的，像簡 204 的「凡此籤也，既盡逡」、簡 202 反的「親父既成，親母既成」、簡 215 的「太、后土、司命、司禍、大水、二天子、坓山既皆成。期中有喜」、簡 249 反的「不知其州名」，應該都是補記的。這些句子與前面的簡文相距較遠，甚至寫於竹青一面。而由內容推測，這些文句大多數可能是在舉行祭禱後，補記於相關的卜筮記錄之下。不過，像前面所引的「享月、夏柰柰有喜」、「三歲無咎，將有大喜，邦知之」、「聖层且見王」，從內容及語氣上來看，都應該不是在事情發生之後補記，也就不會是驗辭，而應該是屬於再占辭。至於「至九月喜爵位」和「期中有喜」，雖然無法從文意明確看出其是否為事後追記，但該句緊接在「占之曰：吉（占之：甚吉）」之後，並不和後面的補記文句在一起，且字體和字距也與前面的簡文無異，所以它們可能也是屬於再

　　有「畢得廁為右弁於莫囂之軍，死病甚」，「甚」是嚴重、厲害的意思，全句
　　略謂畢得廁在莫囂軍中任右弁之職，因病重而死。應附帶一提的是，郭店所
　　出簡書，原簡均無篇題，除《老子》與〈緇衣〉可與今本相對照外，其餘各
　　篇篇名均為整理者依據簡文內容所擬加，適切與否，是需要討論的問題。另
　　外，簡書的綴合、編次等整理工作，也可能還有再斟酌調整的必要。例如：〈成
　　之聞之〉就是問題較大的一篇（相關的討論，參看：郭沂：〈郭店楚簡《天降
　　大常》（《成之聞之》）篇疏證〉，《孔子研究》1998 年第 3 期，1998 年 9 月，
　　頁 61～68；周鳳五師：〈郭店楚簡《天常篇》疏證〉，稿本）。不過，由於相
　　關的討論目前還沒有定論，因此，本文所引郭店簡之篇名及簡號，皆暫依整
　　理者的意見。

〔註114〕同註 32，頁 559。
〔註115〕同註 80，〈包山卜筮簡考釋（七篇）〉，頁 411～412。

占辭的一部分。

下面就從包山簡的「歲貞」和「疾病貞」中各舉一例，對卜筮簡格式作具體的說明。

> 宋客盛公𫤹聘於楚之歲，型屎之月，乙未之日，石被裳以訓䰬爲左尹
> 𧊒𧊒貞：自型屎之月以豪型屎之月，盡卒歲，躬身尚毋有咎。占之：恆
> 貞吉，少外有憂，志事少遲得。以其故敓之，罷禱於卲王特牛，饋
> 之；罷禱文坪夜君、𨛫公子春、司馬子音、蔡公子豪各特豢、酒食；
> 罷禱於夫人特䐧。志事速得，皆速賽之。占之：吉。享月、夏柰有喜。
> （199～200）
>
> 大司馬悼愲以逄楚邦之師徒以救郙之歲，型屎之月，己卯之日，五生以
> 丞德以爲左尹𧊒貞：既腹心疾，以上氣，不甘食，尚速瘥，毋有祟。
> ☷☷。占之：恆貞吉。疾變，病窔。以其故敓之，舉禱型王自會鹿以豪武
> 王五牛、五豕。思攻解於水上與𨁗人。五生占之曰：吉。〔註116〕（245
> ～246）

簡 199～200 是屬於「歲貞」，前辭是「宋客……爲左尹𧊒貞」；命辭是「自型屎之月……躬身尚毋有咎」；占辭是「占之：恆貞吉……志事少遲得」；敓辭是「以其故敓之……皆速賽之」；再占辭是「占之：吉。享月、夏柰有喜」。簡245～246 則是屬於「疾病貞」，前辭是「大司馬悼愲……以爲左尹𧊒貞」；命辭是「既腹心疾……毋有祟」；占辭是「☷☷。占之：恆貞吉……病窔」；敓辭是「以其故敓之……思攻解於水上與𨁗人」；再占辭是「五生占之曰：吉」。

祭禱簡的體例較卜筮簡簡單，可分爲前辭和禱辭兩部分。如：包山簡 224云：

> 東周【之】客龔縊歸胙於栽郢之歲，夐月，丙辰之日。攻尹之𥘏執事
> 人覗舉、衛妝爲子左尹𧊒舉禱於親王父司馬子音特牛，饋之。臧敢

〔註116〕「病」字的考釋，請參看：同註76，〈包山楚簡文字初考〉，頁363～365。「窔」爲深幽之意，「病窔」即所謂病入膏肓。「思」字的考釋，則請參看：李學勤、王宇信：〈周原卜辭選釋〉，《古文字研究》第4輯（1982年12月），頁250、251；〔美〕夏含夷：〈試論周原卜辭⊕字，兼論周代貞卜之性質〉，《古文字研究》第17輯（1989年6月），頁304～308；同註22，〈包山楚簡選釋〉，頁60。不過，學者們對「思」字的訓解並不相同。陳偉透過比較簡文，指出楚簡中「思」字的用法，與「命」字相當（參看：同註9，頁31～32），應該是較正確的意見。

為位，既禱至命。〔註117〕

前辭是「東周【之】客……丙辰之日」；禱辭則是「攻尹之□執事人……既禱至命」。〔註118〕祭禱簡體例雖簡，但內容卻不見得容易完全掌握，像前引簡文中「攻尹之□執事人暊□、衛妝」及「臧敢」在祭禱儀式裡的職司，就是值得注意的問題，〔註119〕本文將在第三章第二節第二小節再作詳細的討論。

第四節　本文的研究重點與研究方法

　　前面已經提過，本文研究的主要對象，為包山、望山、天星觀及秦家嘴四地六座楚墓所出的卜筮祭禱簡。正如前文分析卜筮祭禱簡的研究價值時所說，這類簡文值得探討的相關問題很多，但限於種種條件，本文暫時無法全部討論。因此，擬將研究重點放在與戰國時期楚國卜筮祭禱習俗直接相關的問題上。具體而言，約可分為以下三個方面：其一是簡文中常用、專用術語的解釋以及卜筮祭禱常制的推求；其二是簡文中專有名詞確切名義的考釋，主要是為數眾多的卜筮材料名及祭禱、「攻解」對象名；其三則是結合其他相關材料，探討卜筮祭禱簡中所反映的一些現象。圍繞著這三個重點，並以「導論」中對卜筮祭禱簡及前人研究的簡介為基礎，本文將以下列的次序展開討論。

　　在第二、三章中，將分別針對楚簡中卜筮、祭禱兩方面的各類基本問題，試著逐一釐清、探討。透過這樣的討論，希望盡可能地確切掌握簡文中的每一個細節。其中，第二章為楚簡卜筮問題之綜合研究。首先討論貞人與卜筮材料，在將卜用及筮用材料分類，並探討卜、筮分職等與貞人相關的問題之餘，還試著考釋部分卜筮材料的名義。其次討論卜筮常制及用語的問題，而這是我們正確、深入理解楚人卜筮習俗的重要關鍵。第三章則以祭禱問題為討論對象。先分析楚簡中所反映「罷禱」、「□禱」與「賽禱」三種禱祠的差異，再討論其他的祭禱問題。不過，也屬於祭禱問題的祭禱、「攻解」對象及相關之問題，因為相當繁雜，將留待第四章再作探討。

〔註117〕【　】中的字，乃根據相關簡文及上下文所補出。

〔註118〕彭浩認為祭禱簡前辭包括「舉行祭禱的時間及祭禱人」；禱辭則記「祭禱先君、先祖之辭及設牲者」（參看：同註32，頁557）。但由實際句例來看，所謂「祭禱人」與後面的禱辭並不能分割，應為禱辭的一部分，而不屬於前辭。

〔註119〕依彭浩對祭禱簡體例、內容的分析，可知彭氏稱「攻尹之□執事人暊□、衛妝」為「祭禱人」，又以為「臧敢」是「設牲者」（參看：同註32，頁557）。然而，這些意見其實都很值得商榷。

　　第四章專門討論卜筮祭禱簡中繁多的祭禱與「攻解」對象。除設法逐一考釋這些鬼神、靈怪外，並附帶論及與其密切相關的享祭制度問題。另外，還將以前面的討論為基礎，嘗試歸納楚簡中祭禱諸神排列的原則，以使我們對楚簡鬼神及祭禱習制有更深入而有系統的認識。

　　第五章則以卜筮祭禱簡所反映的現象出發，結合傳世古籍及其他出土材料，探討貞人及求貞者的社會階層、卜筮祭禱與擇日的關係、從事卜筮祭禱活動者的觀念與心態等問題，希望能夠較深刻地描繪出戰國時期楚國社會中卜筮祭禱活動的面貌。

　　第六章為結論，除綜合敘述本文的主要論證外，並對相關研究未來可以繼續努力的論題及方向，提出個人的一些建議。

　　以上簡單說明了本文各章所要討論的主要問題，接下來再對處理這些問題的方法略作介紹。關於本文的研究方法，主要可歸納為下列五點，以下的說明，僅限於一些重要的原則或作法，太過細碎的部分，則難以備舉。

　　一、相關材料的蒐集、揀選：本文所研究的楚簡中，天星觀簡僅見部分圖版，而秦家嘴簡更是全部根據《楚系簡帛文字編》的摹寫與句例，其正確性問題，在這裡應略作說明。為使可能的錯誤降至最低，凡引用自《楚系簡帛文字編》的每一句例中的每一字，皆檢視其所摹錄字形，以確定句例所釋、所錄是否無誤。若該書釋文有誤，則本文引用時會加以說明，並予以改正。不過，有時也會出現句例中的某一字或某幾字，未見於該字字頭下的情況，這可能是由於以下幾種原因：第一，該書序言說：「凡殘缺過甚者，模糊不清者，均不收錄。」〔註120〕因此，有可能是原簡該字雖能辨識，但較為模糊、殘缺，所以並不在該書摹錄的字形之列。第二，該書釋文偶有不盡一致之處，若是這種情況，通常較容易處理。因為依據該句例的其他寫法，一般仍可找到其所摹錄的字形。第三，該書難免會有一些漏收及其他各種技術上的失誤，而這是任何工具書都很難完全避免的。對於這類句例，除第二種情況外，本文通常的處理方式是：仍會在文中的相關部分引用該句例，並說明可能的狀況，但暫不討論。

　　二、文字的釋讀：這是運用古文字資料作任何研究前，最基礎、亦最重要的一步工作。因為如果文字釋讀有誤，則以下的推論再精彩，也不過是蜃氣樓臺。本文所引古文字資料的釋讀，綜合各家之說，間附愚管，凡有必要，

〔註120〕同註4，《楚系簡帛文字編》，序言，頁12。

均加以說明。至於考釋古文字的方法，前輩學者有許多經驗之談，都很有參考價值，此處不必一一引述。總的來說，不外從多方面考慮，盡可能做到使形、音、義三要素在所有相關的資料中都能有妥適的照應。由於本文所考釋或析論的楚簡文字，分散在各章節之中，爲便於檢索，將編「本文所考釋或析論之楚簡文字索引」，作爲附錄一，置於全文之末。

　　三、相關簡文的歸納與比對：這也就是陳偉所說的：

　　　通過反覆的推敲和比勘，進一步恢復簡書原貌，讀懂簡文，並進而
　　　發掘資料的內在聯繫，探討一些帶有規律性的問題。〔註 121〕

當然，我們也不能忽視這種方法的局限性。因爲我們現在所能看到的材料相當有限，而通過推敲、歸納、比對相關簡文而得出的常制，究竟在多大的程度上符合當時實際的情況，誰也沒有絕對的把握。因此，只有盡可能地增強證據，審愼地作出結論，並不斷地接受新材料的再檢驗，以修正、補充、甚至放棄論點，才能得到較爲可信的結論。另外，在重視通則、常制的探求之餘，也不應忽略一些特殊簡文的解釋和探討。

　　四、以卜筮祭禱簡與其他文獻、文物相參證：這是王國維所提出的「二重證據法」之應用。〔註 122〕即不只以「地下之新材料」與「紙上之材料」相印證，也將不同的「地下之新材料」互相比對、參證。至於各個問題當以何種材料爲主要討論的對象，則應視問題的性質與各種材料的內容、性質、多寡等因素而定。

　　五、前賢意見的辨析、去取：這是貫穿整個研究過程的重要工作之一。辨析各種論點的最主要標準，自然是視其論據是否正確、充分；不過，證據不足甚至錯誤的看法，倒也不見得一定不對，只是還需要爲其補充理據或修正論點。本文對許多前輩學者的論說，提出了較直率的檢討，自然只是就事論事，並非有任何不敬之意；至於這些不同於先進意見的論述，有當與否，則有待於博雅折衷論定。還應該說明的是：一些論點可能先後有好幾位學者都曾提出，但實際立說的時間，有時並不易確定。因此，各家說法提出的先後，除少數特例外，〔註 123〕大多只能依其論著正式發表或出版的時間爲準。

〔註 121〕同註 9，前言，頁 3。
〔註 122〕參看：王國維：《古史新證——王國維最後的講義》（北京：清華大學出版社，1994 年 12 月），頁 1～4。
〔註 123〕如：包山簡中神名「坐山」的「坐」，劉彬徽等人說：「裘錫圭先生釋坐爲坐。」（同註 113，頁 388，考釋 419）據此得知「坐」爲裘氏所釋。

　　以上所說的這五點，雖然都只是很淺顯的基本研究方法，但若能善加運用，並抱持著嚴謹、誠實的態度，對所討論的問題，作盡可能周備的觀照、考慮，則所得到的研究成果，當可大大降低主觀、武斷、附會等弊病。

　　此外，只要稍微深入研究楚文化的任何一個方面，就常常不可避免地會涉及到楚曆問題。以楚國卜筮祭禱簡的研究而言，像簡文的編排次序以及我們對「歲貞」施行時間的理解等問題，就與楚曆以何月爲歲首有關；另外，卜筮與祭禱的關聯、卜筮祭禱簡的絕對年代等，也都與楚曆問題密切相關。陳偉說：

> 只有較好地解決包山楚簡反映的曆法問題，才能對簡書的相對順序
> 和絕對年代作出更有說服力的分析，從而爲相關領域的研究奠定比
> 較可靠的基礎。〔註124〕

這是很正確的意見。關於楚國曆法，學者們已作了許多有益的探討，不過，由於相關問題十分複雜，使得學界對一些關鍵問題的看法相當紛歧，仍有必要再作進一步的梳理。也正因爲楚曆問題頗爲繁雜，無法在正文中附帶作全面的討論，因此，筆者將在篇末附錄二中，綜論楚曆問題，以作爲正文中有關楚曆論述的詳細說明。

〔註124〕同註9，頁1。

第二章　楚簡中的卜筮問題綜論

第一節　貞人與卜筮材料

在湖北江陵的望山、天星觀、秦家嘴及荊門的包山共六座楚墓出土的卜筮簡中之貞人，總共約有二十多種姓氏，〔註1〕計四十餘人；卜筮材料則約有三十種，而貞人和材料又皆以天星觀簡中所出現的最爲多樣。以下就相關的一些問題，試作討論。

一、卜用、筮用材料的分類及其與貞人的關係

包山簡中的十種材料，有卦畫的「央蓍」〔註2〕、「丞德」、「共命」爲筮用，其他則是卜用。〔註3〕天星觀簡中，則已知「郗」、「長箁」〔註4〕、「大英」

〔註1〕 巫雪如《包山楚簡姓氏研究》（臺北：國立臺灣大學中國文學研究所碩士論文，1996 年 5 月）所考證的姓氏，涵蓋了大多數的貞人姓氏，可以參看。另外，本論文初稿寫定後，又得見張恒蔚〈包山楚簡卜筮祭禱記錄研究〉一文（「第十七屆中部地區中文研究生論文研討會」論文，彰化：國立彰化師範大學，1999 年 4 月 24、25 日）。張氏說：「天星觀簡則有 34 位貞人，23 種卜筮工具。」（頁 13）案：這個統計數字是有問題的。由張文篇末所附的「天星觀簡貞人與卜筮工具對應表」來看，可知他完全根據《楚系簡帛文字編》的釋文和斷句，只要是釋文或斷句有異，即視爲不同的貞人（如：「弇丑」和「臭丑」、「邞酩尹迖」和「尹迖」，張氏就視爲 4 位不同的貞人）。然而，《楚系簡帛文字編》所收的釋文和斷句，偶有不盡統一之處，需要更精細的比對。實際上，天星觀簡所見貞人應僅有 20 餘位。

〔註2〕 「蓍」字的考釋，請參看：林澐：〈讀包山楚簡札記七則〉，《江漢考古》1992 年第 4 期（1992 年 12 月），頁 84。

〔註3〕 參看：李零：〈包山楚簡研究（占卜類）〉，《中國典籍與文化論叢》第 1 輯（1993

有卦畫，爲筮用，「新丞命」無卦畫，爲卜用。〔註5〕

　　天星觀簡中另有「丞命」，而在卜筮材料名稱前冠「新」字的，還有「寶彖」及「長刺」。《周禮・春官・龜人》：「凡取龜用秋時，攻龜用春時，各以其物入於龜室。」〔註6〕「新丞命」可能是指新取得或新攻治的「丞命」，而非早已攻治、儲放備用的。「新寶彖」及「新長刺」也應是指新的卜筮材料。《卜法詳考》裡所記清代吳中卜法，有龜甲「藏久則枯朽者亦不用」的說法。〔註7〕楚簡中的卜龜，有的特別強調其「新」，不知道是否也跟這種道理有關。

　　歸納各批簡中的卜筮材料，我們可以發現有多種材料的後一個字是相同的，而它們應該是屬於同類。如：包山簡中有「駁靈」、「長靈」，均爲卜用之龜名；天星觀簡亦有「長靈」，並還有「白靈」、「御靈」；秦家嘴十三號墓簡則有「尨靈」、「坓靈」、「黃靈」；此外，「黃靈」又見於望山一號墓簡及秦家嘴九十九號墓簡。這些都應是以「靈」爲名的龜類，用來代指其所修治成的卜甲，並以前一字形容彼此間不同的特點。又如：包山簡中卜用的「寶彖」，也見於望山及天星觀簡，而天星觀簡中還有「新寶彖」，這兩批簡中又有「愴彖」、「楉彖」（皆見於望山簡）和「丞彖」（見於天星觀簡）。而包山簡中的「小

<hr>

年9月），頁432～433；陳偉：《包山楚簡初探》（武漢：武漢大學出版社，1996年8月），頁158。黃人二《戰國包山卜筮祝禱簡研究》認爲：「即使有卦象的地方，也難保其不爲龜卜。屈萬里先生〈易卦源於龜卜考〉一文就是採用這種看法。」（臺北：國立臺灣大學中國文學研究所碩士論文，1996年6月，頁12）這是不正確的，且亦非屈先生的原意。該文收入：屈萬里：《書傭論學集》（臺北：聯經出版事業公司，1984年7月），頁48～69。

〔註4〕根據饒宗頤〈殷代易卦及有關占卜諸問題〉所引天星觀簡文，知**郣筓**、「長筓」有卦畫（參看：《文史》第20輯，1983年9月，頁7）。此外，該文誤將「**郣筓**」隸定爲「**庎筓**」，可能是未能目驗原簡，而所見晒藍影本又不夠清晰的緣故，茲依《楚系簡帛文字編》所摹錄之字形，予以改隸。關於「**郣**」字的考釋，請參看：劉雨：〈信陽楚簡釋文與考釋〉，收入：河南省文物研究所：《信陽楚墓》（北京：文物出版社，1986年3月），附錄，頁134。

〔註5〕根據滕壬生《楚系簡帛文字編》（武漢：湖北教育出版社，1995年7月）卷末所附「天星觀楚簡原大照片」，得知「大英」、「新丞命」有無卦畫（見該書頁1173～1175）。「大英」的「英」，或作「央」，或從攵作「**敓**」，應該都是指相同的筮占材料。

〔註6〕〔漢〕鄭玄注、〔唐〕賈公彥疏：《周禮注疏》（臺北：藝文印書館，1993年9月，影印清嘉慶二十一年阮元重刊宋版十三經注疏本）卷24，頁374。本文所引十三經注疏，未特別說明者，均據此版本。

〔註7〕參看：〔清〕胡煦：《卜法詳考》，收入：王雲五主編：《四庫全書珍本五集》（臺北：臺灣商務印書館，未註明出版年月），卷4，頁2右。

寶」，與天星觀簡的「長寶」，也應該都是卜用。〔註8〕此外，還有些後一字與包山簡材料相同的例子，但因爲各只出現一種，且名稱所指較不顯明，尚不宜遽斷其應爲同類。

經過上面的討論，剩下較難推斷爲卜用或筮用的材料還有：天星觀簡的「荅彤」、「長刺」（新長刺），及望山簡的「輨惻」、「少簡」、「牆☑」等，〔註9〕只好暫時存疑。

包山簡中的貞人，用龜的並未用策，反之亦然，因此可以區分爲卜人和筮人，〔註10〕望山和秦家嘴簡所見到的情況也與包山簡同。天星觀簡中使用兩種以上卜筮材料的貞人有：弁丑、軑牊志、盬丁、盬犾、陳獻、陳憙、陳賈及陳遺等人，而他們所用的卜筮材料皆是龜。由於楚簡所記施用二貞以上的貞事中，需由不同的貞人各施一貞；因此，一位貞人或擅長卜、或通曉筮，以其一名家，並沒有兼掌的必要。再考量簡文中所出現貞人之多，專業分工也就更爲可能。所以，根據諸批簡文中呈現的現象，再衡之以常理，推測卜、筮分職可能是一般的情況。這與《周禮》中，大卜以下的職官，分掌卜、筮的情況相類似。《淮南子・說林》云：「卜者操龜，筮者端策。」〔註11〕也是

〔註8〕　這裡需要說明的是：文獻中「寶龜」的「寶」，是珍貴之意，似未見如「小寶」、「長寶」，單以「寶」代指龜名的例子。然而，周鳳五師曾指出：楚人語法中，在文意明確、不至於產生誤解的情況下，有單以形容詞代指其所形容的名詞，而將名詞省略的用法。如〈離騷〉「皇覽揆余初度兮」，即以「皇」代指「皇考」；又如〈湘夫人〉「與佳期兮夕張」，則以「佳」代指「佳人（湘夫人）」，皆其例證。

〔註9〕　「少簡」的「簡」，或从攴作「敟」。朱德熙等人認爲「少簡」應讀爲「小筭」，疑即〈離騷〉中用來筮占的「莛」之類，可備一說。參看：朱德熙等：〈一號墓竹簡釋文與考釋〉，收入：湖北省文物考古研究所、北京大學中文系編：《望山楚簡》（北京：中華書局，1995 年 6 月），頁88，考釋9。但要注意的是：包山簡中筮占的卦畫，多記於占辭之開頭（201、229、232、239、245），僅簡 210 記在占辭之末；饒宗頤所舉天星觀簡中兩個有卦畫的例子，記於占辭頭、尾的各有一例（參看：同註 4，〈殷代易卦及有關占卜諸問題〉，頁 7）；而《楚系簡帛文字編》所附天星觀簡照片中的卦畫，則是在占辭之首。可見楚簡筮占的卦畫，多記於占辭之首，這應該是因爲後面的占辭本來就是根據所揲出的卦而作的判斷。由於望山一號墓九號簡以「少敟」施貞的占辭之首，並沒有卦畫。因此，「少簡」是否如朱氏等人所說，爲筮占的「莛」之類，目前似尚難斷定。此外，望山一號墓簡 11 云：「苛憺以牆☑。」以下竹簡殘斷。但由上文及相關簡文推斷，「牆☑」亦應爲卜筮材料名。

〔註10〕　參看：同註3，〈包山楚簡研究（占卜類）〉，頁 433。

〔註11〕　劉文典撰、馮逸、喬華點校：《淮南鴻烈集解》（臺北：文史哲出版社，1992

卜、筮分職，可相參看。

不過，卜與筮畢竟關係密切，古籍中習見卜筮、龜策或蓍龜連言，而兩種數術也常常並用，《漢書·藝文志·數術略》就將卜筮之書同歸於「蓍龜家」。又殷周甲骨上，有些也刻有筮數，即是為了要與卜兆相參照的。〔註12〕楚簡中卜、筮兼用，且所記卜與筮的用語、形式，除卦畫的有無外，並沒有差異，也反應出二者密切的關係。

有人根據包山簡，認為各貞人有一定的職掌工具，不能輕易替代；並以此為理由，懷疑簡文所載「越俎代庖」的同名異姓貞人，姓氏應為誤記。〔註13〕案：這些都是不夠審慎的推論。包山簡中的卜筮材料，雖然大多只有一位貞人使用，但並不是絕對。像使用「寶豪」的貞人就有鹽吉、瞀吉和觀義；而使用「長惻」的則有苛光和苛嘉。又根據天星觀簡，更可確定此說絕不可信。在天星觀簡中，多位貞人使用同樣卜筮材料的情況更多，例如：使用「丞豪」的有鹽狂、陳道、軛朡志；使用「新丞命」的有鹽丁、陳獻、陳憙和陳道；使用「白靈」的則有郘瑑、陳獻、陳憙、軛朡志；此外，還有幾種材料也有兩人以上使用。

根據包山簡，我們知道每次貞問的占辭與再占辭，都是由同一位貞人所施貞。然而，包山簡228～229的貞問中，命辭是「陳乙以共命為左尹舵貞」，再占辭卻是「五生占之曰：吉」，若非竹簡繫連有誤，則貞人名或有誤記。我們從簡239的卦畫，知道「共命」為筮用材料，而簡229不但有卦畫，文義也與簡228吻合密接，再考慮包山簡的完整性，推測應以貞人名誤記的可能性較大。簡232～233所記同日的「歲貞」，是五生所貞，而由於同一天中施用二貞以上的同一件貞事，需由不同的貞人各施一貞。因此，簡229的「五生」很可能是「陳乙」之誤。

一些研究者認為楚簡中的卜筮材料，不易或不必一一落實考釋，因為有許多材料「苦無對證，難明所指」，且「考釋又多少帶有不確定性」。〔註14〕我覺得審慎的考釋嘗試仍是需要的，若能抱持著闕疑慎言的態度，將可降低

年10月），卷17，頁557。

〔註12〕 殷周甲骨上之筮數與卜兆關聯的討論，可參看：李學勤：〈西周甲骨的幾點研究〉，《文物》1981年第9期（1981年9月），頁11；宋鎮豪：〈殷代「習卜」和有關占卜制度的研究〉，《中國史研究》1987年第4期（1987年10月），頁95。

〔註13〕 參看：同註3，《戰國包山卜筮祝禱簡研究》，頁166～167、169。

〔註14〕 參看：同註3，《戰國包山卜筮祝禱簡研究》，頁206；〈包山楚簡研究（占卜類）〉，頁433；《包山楚簡初探》，頁158。

不確定性，並免於穿鑿妄臆之譏。像前面對卜用和筮用種類所作的區分，和準確的識字等基本原則，就是考釋材料名稱很重要的基礎。〔註 15〕以下就對部分已知龜策種類的材料，試作考釋。至於一些前人已有解說或名稱顯明易懂的卜筮材料，如：「黃靈」〔註16〕、「白靈」、「長靈」、「長寶」、「小寶」等，則不再贅論。

二、部分卜筮材料試釋

（一）「尨靈」、「坒靈」與「御靈」

「尨靈」見於秦家嘴十三號墓二號簡。「尨」字原篆作，從犬，從彡，滕壬生《楚系簡帛文字編》隸定為「犬」，並不正確，應改隸為「尨」。楚簡中從彡之字，多省作二，如「彫」、「形」、「彭」等皆是，其例甚多，不煩枚舉。《左傳‧閔公二年》：「衣之尨服。」杜注：「尨，雜色。」〔註17〕「尨靈」可能是指雜色的靈龜。

包山簡有「駁靈」（234、247），「尨靈」或應與之有別，就如同《爾雅》中毛色不純的馬，亦各有異名。《說文》：「牻，白黑雜毛牛。」〔註18〕古書中

〔註15〕 有些前人對卜筮材料名稱所作的考釋，並未先區別龜策，而僅就字音通假及所從偏旁揣度，答案自然不易正確。如：劉彬徽等所撰〈包山二號楚墓簡牘釋文與考釋〉（收入：湖北省荊沙鐵路考古隊編：《包山楚墓》，北京：文物出版社，1991 年 10 月，附錄一）讀「寶豪」為「苞著」（頁 384，考釋 339）；劉信芳〈包山楚簡近似字辨析〉（《考古與文物》1996 年第 2 期，1996 年 3 月）則讀為「苞葭」，又讀「長惻」為「長前」、「彤筓」為「彤簬」，以為皆是筮占用具，這都是不正確的。另外，劉信芳又讀「央著」為「英藠」（見該文，頁 81、86），則是依錯誤的釋文立說，亦不可從。

〔註16〕 曾憲通〈楚月名初探——兼談昭固墓竹簡的年代問題〉（《古文字研究》第 5 輯，1981 年 1 月）一文，似最早指出望山簡中的「黃靈」為龜名（頁 307）。較詳細的相關討論，可參看：李學勤：《周易經傳溯源》（長春：長春出版社，1992 年 8 月），頁 192。董作賓說：「蓋神、靈、寶之名，不過卜用龜之美諡。」（氏著：〈商代龜卜之推測〉，收入：李濟總編輯、傅斯年等編輯：《安陽發掘報告》，臺北：南天書局，1978 年 3 月，頁 67）黃人二也說：「《周禮‧大祝》云『辨六號，……四曰牲號』，注云『號謂尊其名，更為美稱焉』。雖然卜筮工具和『牲』不同，但尊美頌揚的文化思想卻是一樣的。」（同註3，《戰國包山卜筮祝禱簡研究》，頁 206）楚簡中以「靈」為龜名，雖帶有美稱的觀念，但與其他龜名，應該還是有實質種類上的區別。

〔註17〕 《春秋左傳正義》，卷 11，頁 193 上右。

〔註18〕 〔漢〕許慎撰、〔宋〕徐鉉校定：《說文解字》（香港：中華書局，1996 年 2 月，影印同治十二年陳昌治刊本），卷 2 上，頁 29 上左。

也常以「尨眉」形容人眉雜白黑的老態。所以，「尨靈」或許是指色雜白黑的靈龜。而由於古人對「駁」色爲何，有較多不同的說法，﹝註 19﹞「駁靈」究竟爲那些顏色相雜，不易推測。或許也有可能只是泛指顏色斑駁的靈龜。

「坒靈」見於秦家嘴十三號墓八號簡。《說文》云：「坒，艸木妄生也。」﹝註 20﹞顯然與此無關。據《說文》，「坒」「讀若皇」。楚簡有「皇」字，又有「黃」、「坒」二姓氏，在文獻上同寫作黃。﹝註 21﹞而秦家嘴十三號、九十九號墓簡及望山一號墓簡，則都有「黃靈」。因此，「坒」、「皇」、「黃」三字於楚簡中的用法爲何，是否有混用的情況？「坒靈」是否就是「黃靈」？爲首應釐清的問題。

「黃」字多指黃色，或爲姓氏。而由包山簡可知，「黃」、「坒」二姓氏判然有別。﹝註 22﹞「皇」字則多見於遣冊，如：信陽簡有「十皇豆」（25）、「皇胐二十又五」﹝註 23﹞（26）；望山二號墓簡有「四皇俎」、「四皇豆」（45）；包山簡有「五皇槃」﹝註 24﹞、「四皇桓」（266）。由各簡的詞例類似推測，「皇」字應爲相同的涵義。過去有人認爲「皇」在簡文中應訓爲「大」，﹝註 25﹞但以遣冊與隨葬

﹝註 19﹞《爾雅·釋畜》：「驈白，駁。」邢疏：「孫炎曰：『驈，赤色也。』謂馬有驈處、有白處者曰駁。」（卷 10，頁 193 下右）《詩·秦風·晨風》：「隰有六駁。」孔疏：「陸機疏云：『……其樹皮青白駁犖，遙視似駁馬，故謂之駁馬。』」（卷 6 之 4，頁 244）「駁」通「駁」，可見古人對一些動物的名稱與顏色，確實是有著不同的說法。只不過，二說皆爲馬名，與僅指顏色時未必相同，就如同「驈」是指「面顙皆白」的馬，而未言其體色（《爾雅》中黑白雜毛的馬名「駂」）。又玄應《一切經音義》云：「《通俗文》：『黃白雜謂之駁犖。』」（北京：中華書局，1985 年，叢書集成初編影印海山仙館叢書本，卷 17，頁 777）所說的是雜色牛。此外，《漢書·梅福傳》載梅福上書云：「一色成體謂之醇，白黑雜合謂之駁。」（北京：中華書局，1962 年 6 月，二十四史點校本，卷 67，頁 2920）則是以「駁」泛指雜色，並用白黑二色，強調與「醇」相對的用法。

﹝註 20﹞同註 18，卷 6 下，頁 127 上右。

﹝註 21﹞參看：何浩：《楚滅國研究》（武漢：武漢出版社，1989 年 11 月），頁 219～222；同註 1，《包山楚簡姓氏研究》，頁 70。

﹝註 22﹞參看：同註 1，《包山楚簡姓氏研究》，頁 69～70、108～109。「坒」用作姓氏，有時或加人作「俒」，加邑作「鄪」；爲地名時，亦加邑旁。

﹝註 23﹞信陽簡說：「皇胐二十又五，□胐二十又五。」（26）與隨葬品比對，可知「胐」指的是俎。該墓中有漆木俎，分爲二式，各二十五件。參看：同註 4，《信陽楚墓》，頁 33。

﹝註 24﹞「槃」字下半原从示，爲从木之誤，左上的舟旁亦稍訛，但由上下文可知整理小組所釋不誤。胡雅麗以爲當釋作「祭」（〈包山二號墓遣策初步研究〉，收入：同註 15，《包山楚墓》，附錄十九，頁 514），不可從。

﹝註 25﹞參看：同註 15，〈包山二號楚墓簡牘釋文與考釋〉，頁 396，考釋 602。

品比對來看，這個說法恐怕有待斟酌。〔註26〕朱德熙等人根據禮經中的鄭注，認爲「皇」可能是指紋飾取象於鳳皇羽，〔註27〕可備一說。另外，雨臺山竹律管有「坪皇」（2），曾見於曾侯乙鐘磬銘文，是楚樂律名。〔註28〕「坒」字除姓氏、地名及「坒靈」的用法外，尚見於望山二號墓遣冊（9、15），雖詞義不明，但可看出與同批遣冊中「黃」、「皇」的用法有別。

　　由以上用例的討論，可知三字在楚簡中並不混用。所以，「坒靈」當與「黃靈」不同，也不應讀爲「皇靈」。

　　楚簡中名爲「——惻」的卜筮材料有「長惻」、「軞惻」，與「長靈」、「坒靈」相對比，則「軞」與「坒」很可能是相同的形容詞。曾侯乙墓遣冊中，屢見「小軞」（18、126、169）、「乘軞」（42、167）、「軞車」（120、197）、「行軞」（120、154～158）等車名，天星觀簡的遣冊裡，也有「乘軞」。裘錫圭、

〔註26〕　如：信陽簡記有「皇膃二十又五」、「□膃二十又五」（26），而二式漆木俎的尺寸並無明顯差異；又同墓中的「十皇豆」也沒有較「二鐀豆」來得大。參看：同註4，《信陽楚墓》，頁33～35、38～39。又林清源說：「楚簡表示器物大小的意思，都是直接用『大』、『小』二字形容。」（參看：氏著：《楚國文字構形演變研究》，臺中：私立東海大學中國文學研究所博士論文，1997年12月，頁51）亦認爲遣冊簡裡的「皇」字不應訓作大。另外，胡雅麗以爲「四皇桓」應讀爲「四隍豆」，指無蓋的豆。（參看：同註24，〈包山二號墓遣策初步研究〉，頁514）案：胡氏此說過於迂曲，不可從。「隍」字指無水的城壕，所以《爾雅》以「虛」釋之。但其意爲內部虛空，並不能引申爲無蓋之意。

〔註27〕　參看：朱德熙等：〈二號墓竹簡釋文與考釋〉，收入：同註9，《望山楚簡》，頁123，考釋85。又望山簡整理者之一李家浩在另一篇文章中，依據鄭玄的說法，進一步認爲「《禮記》獻豆之『獻』與簡文皇豆之『皇』的義訓正好相應，疑獻豆、皇豆是同一種豆的異名」，「獻」也是刻畫鳳凰之象的意思。參看：李家浩：〈包山二六六號簡所記木器研究〉，收入：袁行霈主編：《國學研究》第2卷（北京：北京大學出版社，1994年7月），頁20～22。另外，陳邦懷則只說「皇」字爲修飾詞，而並未多作解釋。參看：氏著：〈戰國楚文字小記〉，《一得集》（濟南：齊魯書社，1989年10月），頁125。

〔註28〕　參看：譚維四：〈江陵雨台山21號楚墓律管淺論〉，《文物》1988年第5期（1988年5月），頁39～42。「坪」字，饒宗頤釋爲「重」（參看：氏著：《隨縣曾侯乙墓鐘磬銘辭研究》，香港：中文大學出版社，1985年，頁24～27；〈關於重字與平夜君問題〉，《文物》1995年第4期，1995年4月，頁47～50），並不正確。子彈庫帛書「四時」篇第五行有「九州不平」，「平」字原作「坪」，爲嚴一萍首先釋出（參看：氏著：〈楚繒書新考（中）〉，《中國文字》第27期，1968年3月，頁10）。此外，辨正饒氏說法的文章，可參看：裘錫圭、李家浩〈談曾侯乙墓鐘磬銘文中的幾個字〉（收入：裘錫圭：《古文字論集》，北京：中華書局，1992年8月，頁420～422）。比較楚簡中從「平」和從「甬」的字型，更可證明應以嚴氏釋「坪」爲是。

李家浩考釋出「軨」讀爲「廣」，〔註29〕這是正確的。「坒」可能亦讀爲「廣」，加車旁則是強調其爲車名，就如同「乘」字下方也常加車，亦是爲了說明其與車有關。「軨惻」應與車無關，卻仍保留其外加的偏旁，這樣的例子，在楚簡中也很常見。又《古錢大辭典》收有「坒坪」圓錢，〔註30〕何琳儀認爲應讀作「廣平」，爲戰國趙地，今河北曲周。〔註31〕因此，「坒靈」或許是指體型較寬大的靈龜。

新發表的郭店楚簡中，亦有「皇」字及「坒」字，其用例可以進一步證明我們先前的釋讀，補記於下，以供參考。「皇」字見於〈緇衣〉四十六號簡，在簡文中讀爲「況」；「坒」字則見於《老子》乙十一號簡和〈性自命出〉六十五號簡。《老子》乙的用例，對照今本及馬王堆帛書乙本，可知應讀作「廣」；至於〈性自命出〉的用例，原釋文僅依形隸定而未作解說。案：該簡文句爲：「君子執志必有夫坒坒之心。」「坒」似亦應讀作「廣」。《荀子・解蔽》云：

> 人何以知道？曰：心。心何以知？曰：虛壹而靜……恢恢廣廣，孰知其極。罩罩廣廣，孰知其德。涫涫紛紛，孰知其形……心者，形之君也，而神明之主也。〔註32〕

文義與簡文相關，且以「恢恢廣廣」、「罩罩廣廣」等來形容「心」，可相參看。

「御靈」見於天星觀簡。「御」在此或許是畜養之意，通「圉」。《左傳・昭公二十九年》：「古者畜龍，故國有豢龍氏，有御龍氏。」杜注：「豢、御，養也。」孔疏：「御亦養也。養馬曰圉……御與圉同。」〔註33〕《史記・龜策列傳》云：「余至江南……江傍家人常畜龜飲食之。」〔註34〕記載了漢代沿江百姓畜龜之風俗。疑「御靈」可能是指貞人或求卜者所養的靈龜。

但若考慮楚簡中的其他靈龜，均以顏色或體形的特徵爲名，則「御」似

〔註29〕 參看：裘錫圭、李家浩：〈曾侯乙墓竹簡釋文與考釋〉，收入：湖北省博物館編：《曾侯乙墓》（北京：文物出版社，1989 年 7 月），附錄一，頁 513，考釋 78。

〔註30〕 參看：丁福保：《古錢大辭典》（北京：中華書局，1989 年 1 月，影印民國二十七年上海醫學書局原刊本），上編，頁 839。據拓本，此幣爲圓孔圓錢，張頷編纂的《古幣文編》（北京：中華書局，1986 年 5 月），「坒」字下誤記爲方孔圓錢（頁 107），應予改正。

〔註31〕 參看：何琳儀：《戰國文字通論》（北京：中華書局，1989 年 4 月），頁 118。

〔註32〕 〔清〕王先謙：《荀子集解》（臺北：華正書局，1993 年 9 月），卷 15，頁 263～265。

〔註33〕 《春秋左傳正義》，卷 53，頁 922 上左。

〔註34〕 〔漢〕司馬遷撰、〔南朝宋〕裴駰集解、〔唐〕司馬貞索隱、張守節正義：《史記》（北京：中華書局，1982 年 11 月，二十四史點校本），卷 128，頁 3225。

乎亦有可能應讀作「俁」，二字上古音同屬魚部疑母，可通用。《說文》云：「俁，大也。」〔註35〕「御靈」是指大靈龜。《爾雅・釋魚》：「二曰靈龜。」郭注：「涪陵郡出大龜，甲可以卜，緣中又似瑇瑁，俗呼爲靈龜，即今觜蠵龜，一名靈蠵，能鳴。」〔註36〕楊孚《異物志》云：「蟕蠵如龜，生南海，大者如籧篨。背上有鱗，鱗大如扇。」〔註37〕「籧篨」在這裡是指粗竹席，《方言》云：「簟……其粗者謂之籧篨。」〔註38〕「御靈」也許就是指這種似玳瑁、大如竹席的大靈龜。

（二）「𣎳」

楚簡中目前所見的卜筮材料，以「靈」爲名的最多，其次便是「𣎳」，二者皆爲卜用。關於此字字形結構，學界目前尚無定論，其中，朱德熙等人分析說：

> 「𣎳」字十七號簡（案：望山一號墓簡）作「𣎳」。「豕」「至」古音相近，疑此字當分析爲從「爪」，從「宀」，從「豕」或「至」聲……傳世有楚公𣎳鐘……摯紅即熊摯，據《史記》曾爲楚君。「摯」與「至」古音極近……疑楚公𣎳即熊摯。熊摯當周厲王時，與楚公𣎳鐘形制及字體所反映的時代正合。長沙楚帛書云「……不可以𣎳女取臣妾」。「𣎳女」當讀爲「嫁女」。因爲「𣎳」字包含「家」字的字形，所以又有「家」音。這和「羍（狄）」字包含「辛」字的字形，所以又有「辛」音，情形相同。〔註39〕

並又補充說：

> 江陵九店楚簡「亂」字作「𤔲」，與「𣎳」或「𣎳」結構相同。長沙

〔註35〕 同註18，卷8上，頁163上右。

〔註36〕 《爾雅注疏》，卷9，頁168上左。「叉」原作「文」，據郝懿行《爾雅義疏》改（上海：上海古籍出版社，1989年8月，清疏四種合刊影印同治四年郝氏家刻本，下之四，頁303下）。又《文選・蜀都賦》注：「劉（案：劉逵）曰：『……譙周《異物志》：「涪陵多大龜，其甲可以卜，其緣中又似瓁瑁，俗名曰靈。」』」（臺北：漢京文化事業公司，1983年9月，影印元古迂書院刊本，間取宋茶陵陳氏本、四部叢刊影宋本補其漫患，卷4，頁91上左）應爲郭注所本。參看：郝氏《義疏》，下之四，頁303下。

〔註37〕 〔漢〕楊孚撰、〔清〕曾釗輯：《異物志》（臺北：藝文印書館，1968年，百部叢書集成影印嶺南遺書本），頁7右。

〔註38〕 〔漢〕揚雄撰、〔晉〕郭璞注：《輶軒使者絕代語釋別國方言》（上海：上海書店，1989年3月，重印四部叢刊初編本），卷5，頁6右。

〔註39〕 同註9，頁87，考釋6。

楚帛書和包山楚簡「亂」字作「亂」。「亂」所從之「𤔔」即「𤔔」的簡寫。「亂」應當分析為從「爪」，從「宀」，從「𤔔」聲。古璽文字中有一個「𡩡」字……也與「家」或「室」結構相同……這些例子都可以證明考釋〔六〕（案：即前一段引文）對「家」或「家（案：應為室）」的字形結構的分析是正確的。〔註40〕

案：此說乍看似乎舉證歷歷、言之成理，仔細考究卻頗有問題。他們認為「家」或作「室」，所以分析此字結構應為從「爪」，從「宀」，從「豕」或「至」聲，而非從「爪」，從「家」聲。但是子彈庫帛書「家女」的「家」，所從為「家」聲，並不能以「至」代「豕」（「家」與「至」、「室」上古韻部不同）。因此，「家」與「室」是否可以互作，就顯得十分可疑。

「家」字在楚簡帛及金文中屢見，除為人名與卜用材料名外，九店五十六號墓日書簡亦數見「家（嫁）女」（24、29、41）或「家（嫁）子」（21）一詞，又有「徙家（家）室」（17）及「家（家）祭」（29）。〔註41〕此外，新發表的郭店簡亦有「邦家（家）」（《老子》丙，簡3；〈緇衣〉，簡20）、「修之家（家）」（《老子》乙，簡16）等用例。所從均為「家」聲，皆不能以「至」代「豕」。「室」字則僅見於望山一號墓十七號簡，為卜筮材料名「寶室」。〔註42〕所以，我認為「室」字可能是因「家」、「室」義近或「豕」、「至」音近而替代的訛誤字形，抑或根本與「寶家」為不同的卜筮材料。由於現在所知的卜筮材料名中，前一字為「寶」的，只有「寶家」及「寶室」，且望山簡中使用「寶家」與「寶室」的貞人似同為歸豹，〔註43〕再考慮「家」、「室」二字相近又相關的字形，推測二者仍應是一樣的卜用材料。也就是說，應以「室」字為訛誤字形的可能性較大。

〔註40〕同註9，頁104。

〔註41〕劉信芳說：「『室家』之『家』，尚未見楚文字之用例。」這是他忽略了當時已發表的九店簡日書材料。因此，文中認為包山簡習見官名「州加公」的「加」乃「家」之通假，「可以無疑」。實頗待商榷。參看：同註15，〈包山楚簡近似字辨析〉，頁82。

〔註42〕李零說：「望山簡和天星觀簡『寶家』亦作『寶室』。」（同註3，〈包山楚簡研究（占卜類）〉，頁433）據此，則天星觀簡似亦有「寶室」。但因並未見於《楚系簡帛文字編》所收天星觀簡詞例，因此，是否確如李氏所言，猶待查證。

〔註43〕望山一號墓簡17說：「歸豹以寶室為悼固貞」，簡13則說：「☑豹以寶家為悼固貞」，竹簡殘斷。歸豹於望山簡中數見，簡文中姓名具全，且名為豹的貞人僅有歸豹。因此，疑簡13之貞人可能亦是同一人。

　　綜上所論，可知「豪」字結構爲从爪，家聲，或即是「家」字異體。與文獻比對，疑楚公豪可能就是熊渠。「家」與「渠」古音極近，且熊渠於周夷王至厲王時在位，與楚公豪鐘形制、紋飾及字體所反映的時代正合。〔註44〕

　　本節初稿寫成後，又得見黃靜吟的博士論文《楚金文研究》及李學勤的〈釋戰國玉璜箴銘〉。〔註45〕黃氏亦有考釋「豪」字，其結論雖也認爲「豪」字結構應爲从爪，家聲，但卻以爲朱德熙等人論點的缺失，「在於強將『豪』、『窒』二字視爲異體字」，又覺得「豪」字既可从家聲，又可从豕聲，是一種矛盾的說法，則皆與本文持論不盡相同。〔註46〕李文則提到：「望山簡『豪』或寫成『窒』，也是因爲『家』、『室』互訓而誤。」〔註47〕言下之意，即並不贊同朱德熙等人的說法，其說雖簡，但持論則與本文相近。補記於此，以供參考。

　　至於卜用材料中的「豪」所指爲何，則頗爲費解。李零認爲：「『寶家』，可能即古書所說的『寶龜』。」〔註48〕並未說明持論的依據，可能只是從「寶」字及同爲卜龜推想。

　　案：「家」與「龜」上古音同爲見母，但分屬魚部及之部，主要元音並不相同，未必可以通假。不過，羅常培、周祖謨研究指出：

> （案：漢代）之、魚兩部通押，在韻文中不多見……但《易林》中這類的例子相當多，《淮南子》裏也有一些。西漢時江淮一帶和蜀郡、涿郡，之、魚兩部的聲音可能比較接近。其他的地方就不如此。〔註49〕

〔註44〕　參看：張亞初：〈論楚公豪鐘與楚公逆鎛的年代〉，《江漢考古》1984年第4期（1984年11月），頁95～96。李零則懷疑「楚公豪」可能是熊眴。然而，定此鐘爲春秋早期器，時代似嫌太晚；且其說以「古書所記楚君名可能有訛寫」爲前提，亦較爲牽強。李說見〈楚國銅器銘文編年匯釋〉，《古文字研究》第13輯（1986年6月），頁356～357。

〔註45〕　參看：黃靜吟：《楚金文研究》（高雄：國立中山大學中國文學研究所博士論文，1997年6月）；李學勤：〈釋戰國玉璜箴銘〉，收入：吉林大學古文字研究室編：《于省吾教授百年誕辰紀念文集》（長春：吉林大學出版社，1996年9月），頁159～161。

〔註46〕　參看：同前註，《楚金文研究》，頁182～185。

〔註47〕　參看：同註45，〈釋戰國玉璜箴銘〉，頁161。

〔註48〕　同註3，〈包山楚簡研究（占卜類）〉，頁433。

〔註49〕　羅常培、周祖謨：《漢魏晉南北朝韻部演變研究》（北京：科學出版社，1958年11月），頁114。

江淮在戰國時爲楚地，又二氏所列的《易林》韻譜中，魚部的「家」與之部字通押的例子，有十一例之多。〔註50〕此外，楊素姿也說：

> 先秦楚方言中，『之』部和『魚』部都是屬於較寬的韻部，『之』『魚』
> 合韻，在《詩經》中未見，而先秦楚方言中則出現有 4 次，可見此
> 二字的聲音關係應該較《詩經》音爲近。〔註51〕

雖說如此，但這對證明「寶𧰼」即古書所說的「寶龜」，證據仍稍嫌薄弱。因此，李零的說法，可備一解，是否確實如此，則猶待斟酌。

對於「𧰼」，我們可以從另一個角度略加探討。比較楚簡卜用材料中出現最多的「靈」與「𧰼」，可發現兩類的命名方式並不相同。「靈」似乎均以顏色、體型的特徵爲名；「𧰼」則看不出此種傾向。文獻中的龜類，也有不同的命名方式。《周禮・春官・龜人》孫詒讓《正義》云：

> 〈禮器〉孔疏引《爾雅》郭注有「卜龜黃靈、黑靈」之屬，《唐六典》
> 李注亦載《太卜令卜法》云：「春用青靈，夏用赤靈，秋用白靈，冬
> 用黑靈，四季之月用黃靈。」《初學記・龜部》引柳隆《龜經》說略
> 同。〔註52〕

可見文獻上的「靈」，亦常以顏色區別。《爾雅・釋魚》記載了兩套龜名，其中之一爲：

> 一曰神龜，二曰靈龜，三曰攝龜，四曰寶龜，五曰文龜，六曰筮龜，
> 七曰山龜，八曰澤龜，九曰水龜，十曰火龜。〔註53〕

這一套龜名，則大多以美稱及所生長的環境命名，〔註54〕與「靈」類並不相同。時代較晚的文獻中，也可看到這種情況。像《唐六典》有「龜之九類、五色」，「九類」以其所居環境、水域等命名，如「石龜」、「淮龜」等；「五色」則見於前引，以顏色區別，名爲「——靈」。〔註55〕因此，楚簡中的「𧰼」類，可能也是以美稱等方式區別的一套龜名。至於其實際的種類究竟爲何，是否

〔註50〕 參看：同前註，頁 270、272。
〔註51〕 楊素姿：《先秦楚方言韻系研究》（高雄：國立中山大學中國文學研究所碩士論文，1996 年 6 月），頁 120。
〔註52〕 〔清〕孫詒讓撰；王文錦、陳玉霞點校：《周禮正義》（北京：中華書局，1987年 12 月），卷 48，頁 1950。
〔註53〕 《爾雅注疏》，卷 9，頁 168 上左。
〔註54〕 請參看《爾雅・釋魚》郭璞及邢昺的注解（卷 9，頁 168 上左～下右）。
〔註55〕 請參看：〔唐〕李林甫等撰；陳仲夫點校：《唐六典》（北京：中華書局，1992年 1 月），卷 14，頁 412。

就是「龜」？則尚待稽考。

（三）「彤䇷」

「彤䇷」爲包山簡中的卜用材料之名，見於二二三號簡。循音、義推求，疑「䇷」似應讀爲「繹」，以下試作說明。

「䇷」通「絡」，《說文》䇷字段注云：「引伸爲籠絡字，今人作絡，古當作䇷。」〔註56〕「絡」與「繹」皆有聯絡接續之義，《說文》：「絡，絮也。」〔註57〕段注：「今人聯絡之言，蓋本於此……〈楊雄傳〉曰：『縣絡天地』，以絮喻也。」〔註58〕《論語》：「繹如也。」邢疏：「言其音落繹然，相續不絕也。」〔註59〕而从各與从睪得聲的字，亦往往互訓。如：《釋名・釋飲食》：「酪，澤也。」〔註60〕《廣雅・釋水》：「洛，驛也。」王念孫《疏證》：「《初學記》引《春秋說題辭》云：『洛之爲言繹也，言水繹繹光耀也。』繹，各本譌作驛，惟影宋本不譌。」〈釋木〉則云：「蘀，落也。」〔註61〕所以「絡」、「繹」二字義同音近（上古音俱爲魚部入聲、舌尖音字），可以通用。

《周禮・春官・龜人》云：「龜人掌六龜之屬，各有名物。天龜曰靈屬，地龜曰繹屬……。」〔註62〕彤是朱色，疑「彤䇷」可能是指朱色的繹龜。而以顏色命名，也與同爲「六龜之屬」的「靈」一致。若此說不誤，則《周禮》所言「六龜之屬」，於楚簡已見其中兩種。〔註63〕不過，〈龜人〉說「六龜之屬」「各以其方之色與其體辨之」，與楚簡中「靈」就有多種顏色、體型，並不相同。

〔註56〕〔漢〕許慎撰、〔清〕段玉裁注：《說文解字注》（臺北：天工書局，1992 年11 月，影印清嘉慶二十年經韻樓刊本），卷9，頁193 上左。

〔註57〕同註18，卷13 上，頁276 下左。

〔註58〕同註56，卷25，頁659 下右。

〔註59〕《論語注疏》，卷3，頁31。

〔註60〕〔清〕王先謙：《釋名疏證補》（上海：上海古籍出版社，1989 年8 月，清疏四種合刊影印清光緒二十二年思賢書局刊本），卷4，頁1053 上。

〔註61〕〔清〕王念孫：《廣雅疏證》（上海：上海古籍出版社，1989 年8 月，清疏四種合刊影印嘉慶元年王氏家刻本），卷9 下，頁640 下；卷10 上，頁691 下。

〔註62〕《周禮注疏》，卷24，頁374 上右。

〔註63〕李零《中國方術考》說：「簡文中的『丞睪』可能即〈龜人〉之『繹』。」（北京：人民中國出版社，1993 年12 月，頁229）案：李說並不正確，天星觀簡中數見的「丞彔」，「彔」字有一例作𢍷，應是訛誤之形。李零可能是將其上半誤看爲臭（《說文》：「臭……古文以爲澤字。」有關楚簡中「睪」、「臭」的辨析，可參看：同註15，〈包山楚簡近似字辨析〉，頁80）。

（四）筮用材料：「央蓍」、「大央」、「丞德」、「長箽」

「央蓍」見於包山二〇一號簡，天星觀簡則有「大央」、「大敓」及「大英」。先秦古籍中，「央」、「英」常互通。如《詩‧小雅‧出車》：「旐旟央央。」《釋文》：「央，本亦作英。」〔註64〕《史記‧匈奴列傳》：「殺代郡都尉朱英。」〔註65〕《漢書‧匈奴傳》「英」作「央」。〔註66〕「大英」、「大敓」和「大央」應該都是指同一種筮用材料，而「央蓍」也可能與其有關。

楚簡中的卜用材料有「寶豪」和「長寶」、「小寶」。「寶豪」的「寶」，是對龜名「豪」的美稱，而「長寶」、「小寶」，則可能分別是指長寶豪和小寶豪。將帶有「寶」字的龜名，與「央蓍」、「大央（英）」相比較，則疑「央蓍」應讀爲「英蓍」。《文選‧長楊賦》：「英華沈浮。」李善注：「英華，草木之美者。」〔註67〕「英蓍」的「英」，一如「寶豪」的「寶」，也是對卜筮材料（蓍草）的美稱，而「大英」則可能是指較大的「英蓍」。

「丞德」亦見於包山簡（209、232、245），「德」，簡文原作「悳」，爲其初文。劉信芳認爲讀如「蒸植」，他說：

> 《說文》：「蒸，折麻中榦也，从草、烝聲。」「植」之本義指戶植（見
> 《說文》），「蒸植」即麻榦。〔註68〕

案：此說有一些不妥之處。首先，戶植的「植」，是指閉門時，其上加鎖的中立直木，〔註69〕用在這裡顯然不適宜。其次，楚簡的卜筮材料中，名爲「丞——」的有「丞豪」、「丞命」和「丞德」。此處若從劉說，則已知爲龜名的「丞豪」、「丞命」之「丞」，勢必要另尋解釋，也較不恰當。最後，楚簡卜筮材料的名稱，似乎是以前一字形容後一字，標示其種類的實質名稱在後字，劉說亦與此衝突。所以，麻榦之說，結論雖看似合理，其實不宜輕信。

疑「丞德」應讀爲「烝菖」。「丞」與「烝」通，《莊子‧知北遊》：「舜問乎丞曰。」〔註70〕《列子‧天瑞》「丞」作「烝」。〔註71〕「德」通「福」（皆

〔註64〕《毛詩正義》，卷9之4，頁339上左。

〔註65〕同註34，卷110，頁2907。

〔註66〕同註19，《漢書》，卷94上，頁3767。

〔註67〕同註35，《文選》，卷9，頁174下右。

〔註68〕同註15，〈包山楚簡近似字辨析〉，頁86。

〔註69〕參看《說文》段注（同註56，卷11，頁255下左）。

〔註70〕〔清〕郭慶藩編；王孝魚整理：《莊子集釋》（臺北：萬卷樓圖書公司，1993年3月），卷7下，頁739。

〔註71〕舊題〔周〕列禦寇撰、〔晉〕張湛注：《沖虛至德眞經》（上海：上海書店，1989

爲之部入聲、清塞音字），《禮記・哀公問》：「君之及此言也，百姓之德也。」
鄭注：「德，猶福也。」〔註72〕《說文通訓定聲》云：「德……假借……爲福。」
〔註73〕而「菖」與「福」上古音同，所以亦可與「德」通。

《詩・大雅・文王有聲》：「文王烝哉。」《釋文》：「烝……《韓詩》云：『美
也。』」〔註74〕則「丞彖」與「寶彖」均爲對龜名「彖」的美稱。「菖」即是楚
人的筮占材料「薲茅」，〈離騷〉：「索薲茅以筵篿兮，命靈氛爲余占之。」洪興
祖《補注》：「《爾雅》云：『菖，薲茅。』注云：『薲、菖一種，花有赤者爲薲。』」
〔註75〕吳仁傑《離騷草木疏》：「《說文》……舜字解云：『艸也。楚謂之菖，秦
謂之薲。』」〔註76〕因此，懷疑「丞德」可能是〈離騷〉中「薲茅」的美名。

這裡再提出另外一種推測。「德」或即如劉信芳之說，讀作「植」，但不
宜訓爲戶植，而是泛指用來筮占的植物。「丞德」或許只是對筮占所用植物的
美稱，就如同說靈草、神草，並沒有專指某一種筮用材料。

「長篁」見於天星觀簡，「篁」應即「葦」，楚簡中「艸」和「竹」常互作。
饒宗頤認爲是指葦草，〔註77〕可從，試補充如下：

《論衡・卜筮》記有一段子路與孔子問答的故事：

> 子路問孔子曰：「豬肩羊膊可以得兆，蘿葦薰芐可以得數，何必以著
> 龜？」孔子曰：「不然，蓋取其名也。夫著之爲言耆者也，龜之爲言舊
> 也，明狐疑之事當問者舊也。」〔註78〕

接著王充又由此推論出著龜有名無實，未必神靈等等，在此可以不必深究。
而他說「葦」「可以得數」，或許亦有依據。《史記・龜策列傳》說各地的卜筮
材料：「或以金石，或以草木，國不同俗。」〔註79〕〈離騷〉中就以薲茅筮占，

年 3 月，重印四部叢刊初編本），卷 1，頁 6 左。
〔註72〕 《禮記正義》，卷 50，頁 849 上右。
〔註73〕 〔清〕朱駿聲：《說文通訓定聲》（臺北：藝文印書館，1994 年 1 月，影印清
同治九年刊本），頤部第五，頁 268 上左。
〔註74〕 《毛詩正義》，卷 16 之 5，頁 583 上右。
〔註75〕 〔漢〕王逸章句、〔宋〕洪興祖補注：《楚辭》（臺北：藝文印書館，1967 年，
百部叢書集成影印惜陰軒叢書本），卷 1，頁 28 左。
〔註76〕 〔宋〕吳仁傑：《離騷草木疏》（臺北：藝文印書館，1966 年，百部叢書集成
影印知不足齋叢書本），卷 2，頁 19 右。
〔註77〕 參看：同註 4，〈殷代易卦及有關占卜諸問題〉，頁 8。
〔註78〕 黃暉：《論衡校釋（附劉盼遂集解）》（北京：中華書局，1996 年 11 月），卷
24，頁 998～999。
〔註79〕 同註 34，頁 3223。

「葦」也是楚人的筮用材料。《詩‧豳風‧七月》：「八月萑葦。」孔疏：「初生為葭，長大為蘆，成則名為葦。」〔註80〕「長葦」應該就是用來筮占的長蘆葦。

以上試著詮釋了部分卜筮材料的名稱，需要再次強調的是：各名稱的解說，皆帶有不同程度的不確定性；而推論過程及論據，更可能有許多乖舛疏漏之處，還需要不斷地補充和修正。此外，已知為卜用材料名的還有「丞命」、「長惻」及「訓鼅」；筮用的則有「梨薈薈」、「共命」，則更是難明所指，尚待研究。〔註81〕

第二節　卜筮常制與用語

楚國卜筮簡的記錄格式，及其所反映的一些卜筮規則或習慣，雖然不是一成不變，但經過分析、比對、歸納，我們發現其中有很高的規律性，或許可以稱之為卜筮常制。另外，卜筮所用的術語，也同樣呈現頗為規律的現象。這些常制和用語，對我們深入了解卜筮簡的內容，以及戰國時楚人卜筮的習俗，都是非常重要的關鍵，有必要作細緻的研究。

關於楚簡中卜筮常制、用語的研究，在包山簡出土及迅速發表後，得到了很大的進展。經由學者們的分析考索，已解決了許多問題，也釐清了一些誤解。像陳偉不僅分別了「歲貞」和「疾病貞」兩種類型，並對每次貞事均施用奇數貞提出解釋，且根據其研究的結論，把竹簡編次作了修正和調整。〔註82〕此外，如李學勤對「以其故敓之」的解釋；〔註83〕彭浩對卜筮格式的分析等，〔註84〕

〔註80〕《毛詩正義》，卷8之1，頁282。
〔註81〕「長惻」，李學勤疑讀為「長側」，指龜的形狀（參看：同註16，《周易經傳溯源》，頁193），恐怕並不正確。「訓鼅」的「鼅」從黽，「梨薈」的「薈」從艸，應與其分別為卜龜、筮草名有關。楚簡中的龜名「靈」，原或作「𪓑」，亦從黽。新發表的郭店簡中，有「川」借作「順」的用例（〈唐虞之道〉，簡6；〈成之聞之〉，簡32、38；〈尊德義〉，簡12）。疑「訓鼅」的「訓」，或應讀作「川」，「訓鼅」也許是指河川中的一種龜。不過，楚簡中的卜用材料，似乎還未見以其生長環境命名的例子；且「訓」是否當讀為「川」，也還需要再考慮。因此，「川鼅」之說，只能算是一種猜測。另外，林清源先生指出：「訓鼅」的「訓」，亦有可能應讀作「順」，而也是對龜名的一種美稱。
〔註82〕參看：同註3，《包山楚簡初探》，頁151～157。
〔註83〕參看：同註16，《周易經傳溯源》，頁193～194。「以其故敓之」為楚國卜筮祭禱簡的習慣用語。其中的「敓」字，或作「𥄂」、「祝」，皆應如李學勤所言

也都是值得參考的意見。本節將在前人研究的這些基礎上，試著對楚簡中反映的卜筮常制與用語，作更進一步的探討。

一、貞問的時限與類型

關於這兩個問題，陳偉的看法大致上相當正確。但由於「集歲」等用語的解釋，學界的意見較爲紛歧，仍有必要補充說明，並對陳偉的部分論述略作修正。

「集歲」究竟是指三年還是一年，學界尚無定論，且讓我們先來看三年之說。認爲「集歲」指三年的意見，可以彭浩的說法爲代表，彭氏說：

> 簡文中較長的貞問時限有「集歲」。集歲一般指三年。集字簡文作𣝅，所從之亼《說文》云：「三合也……讀若集。」在貞問「集歲」吉凶的簡文中，第二占辭有「三戠（歲）無咎，牳（將）又（有）大憙（喜），邦智（知）之。」這裡所說的三歲也就是與前面「集歲」相呼應。天星觀一號墓竹簡有：「自十月以至來歲之十月集歲尚自利」，這裡的來歲應是二周年，實際上是占三個年頭。從今年十月至明年十月爲一年，來歲即此之後的第二年，距今年第三個年頭的十月爲止。這樣，「集歲」實際上也是包含了三個年份。〔註85〕

此說所依靠的幾個證據，其實都很薄弱。陳偉已經指出，「集」字本身並不具有「三」的計數意義，他說：

> 《說文》云：「亼，三合也。从人一，象三合之形。」這是解釋字形由來，即由三劃合成，而不是說本字有「三」的計數意義。《說文》從亼諸字，如合、僉、今等，皆無「三」的意思，亦可資證。〔註86〕

認爲「集歲」指三年的最主要依據，是包山簡211「三歲無咎」的再占辭。陳偉說：「占辭所說時間並不一定與命辭相等。」〔註87〕這應該是正確的看法。

讀作「說」，是向鬼神陳說的意思。因爲學者們對於此字的讀法，意見頗不一致，仍有需要補充說明。詳細的討論，請參看本節第四小節第二部分。

〔註84〕 參看：彭浩：〈包山二號楚墓卜筮和祭禱竹簡的初步研究〉，收入：同註15，《包山楚墓》，附錄二三，頁555～557。惟「禱辭」應如陳偉的意見，依簡文改稱「敓辭」（參看：同註3，《包山楚簡初探》，頁157）。

〔註85〕 同前註，〈包山二號楚墓卜筮和祭禱竹簡的初步研究〉，頁558。

〔註86〕 同註3，《包山楚簡初探》，頁152。

〔註87〕 同註3，《包山楚簡初探》，頁152。但他又說：「簡212～215命辭同樣說『集歲』，

秦家嘴九十九號墓就有「占之四歲無咎」（4），天星觀簡更有「卅歲無咎無祟」（「卅」原有合文號作「卅₌」）的說法，亦皆應為占辭。雖尚未見到原簡，但相信命辭應該不會是明白地問四年、甚至三十年的事。〔註88〕況且，如果「集歲」真的是指三年，那麼占辭大可以再說「集歲無咎」，而不必改用「三歲」。〔註89〕

另外，黃盛璋雖又結合與戶籍登錄有關的「集箸」一詞，且比附《周禮》所謂的「三年大比」，對三年之說作了進一步的論證，〔註90〕但實際上其說並不可信。周鳳五師說：

> 首先應該注意，「集歲」雖不妨解作三年，即以集為三，以歲為年。但「集箸」的集卻看不出有三年的意思。「集箸」當然也可以視為「集歲之箸」的省文，但這僅只於揣測而已，目前仍沒有具體的證據足資憑信。《說文》所謂「三合」，其實是眾多、會聚之意，楚簡與楚銅器銘文所見「集脰」、「集尹」、「集糈」、「集醼」等諸集字均作此解。其次，《周禮》所謂「三年大比」當是連續的三年。但《集箸》簡所見三個紀年，依整理者編次分別是「魯昜公以楚師後城鄭之歲」、「齊客陳豫賀王之歲」、「東周之客鄦經致胙於戚郢之歲」，其年

占辭則說『期中有憙』。『期』或指期年即一周年，或指期月即一整月，皆與『三歲』不同。算是一個明顯的例證。」則恐怕並不正確。包山簡中屢見的「受期」、「逃期不賽金」，「期」皆指期限。「期」在卜筮簡裡，應該也是指期限——即貞問的期限，或特別說明的期限（如：包山簡 221：「數月期中」、天星觀簡：「集歲期中」）。否則語意含糊，不知究竟是指一周年還是一周月，令人無所適從。

〔註88〕《楚系簡帛文字編》中所收秦家嘴及天星觀簡簡文，即未見其他有「四歲」、「卅歲」的詞例。不過，這當然也有可能是原簡命辭殘斷，或該書漏收的緣故。又信陽簡遣策有「杯豆卅₌」、「杯卅₌」（20），與隨葬品比對，可知「卅₌」確為三十的合文。根據發掘報告的介紹，天星觀簡有關於遷居之事的貞問（參看：湖北省荊州地區博物館：〈江陵天星觀 1 號楚墓〉，《考古學報》1982 年第 1 期，1982 年 1 月，頁 109），疑「三十歲無咎無祟」，應屬此類貞問的占辭。

〔註89〕孔仲溫認為「三歲無咎」是在再占辭之後，「恐怕未必是指前卜『集歲』之事，因此不能就此認定『集歲』即『三歲』。」案：占辭（或再占辭）所說時間雖並不一定與命辭相等，但再占辭仍與前卜『集歲』之事有關，因此，我們絕不贊成孔氏的辯說方式。參看：氏著〈再釋望山卜筮祭禱簡文字——兼論其相關問題〉，收入：國立彰化師範大學國文系所、中國文字學會：《第八屆中國文字學全國學術研討會論文集》（彰化：國立彰化師範大學國文學系，1997 年 3 月），頁 48。

〔註90〕參看：黃盛璋：〈包山楚簡中若干重要制度發覆與爭論未決諸關鍵字解難、決疑〉，《湖南考古輯刊》第 6 期（1994 年 4 月），頁 186～187。

代據《包山楚簡》一書考證爲公元前三二○年、公元前三一七年與
公元前三二一年（案：「公元前三一七年與公元前三二一年」當改爲
「公元前三二一年與公元前三一七年」。發表於期刊的周師此文，有
一些錯誤的改動。這是因爲期刊編輯校稿時，將此處三個年份核對
下面的敘述，發現並不相合，遂以爲下文有誤；而編輯以電話與周
師商議說明的時候，又沒有能充分溝通清楚的緣故。其實，誤書的
是此處的兩個年份，後面的敘述反而應照原稿）……如果上述年代
不誤，則《集著》簡的編次應以「東周之客瞻經」簡居前（案：原稿
爲「『齊客陳豫』簡居前」），其次「魯易公」簡，最後才是「齊客陳
豫」簡（案：原稿爲「『東周之客瞻經』簡」），但這三個年代之間仍
然有一個不連續。除非能將「齊客陳豫」簡（案：原稿爲「『東周之
客瞻經』簡」）的年代向前或向後（案：周鳳五師說：「或向後」三字
當刪）挪移改定在公元前三二二年或公元前三一九年，否則以集著
比附「三年大比」之說，恐怕是不能成立的。〔註91〕

這是很有條理的駁正。

三年之說不僅證據薄弱，還更有一些不易解釋的問題。首先，天星觀簡
有「從十月以至來歲之十月，集歲尙自利」，彭浩認爲「來歲」是指兩周年，
而跨越了三個年份。〔註92〕案：文獻中似未見以「來歲」指兩周年的用法。
如《禮記・月令》云：「季冬之月……天子乃與公卿大夫共飭國典，論時令，
以待來歲之宜。」〔註93〕〈月令〉所記爲一年之行事，所以「來歲」當然是
指明年。不過，〈月令〉反映的曆法是秦曆，與《呂覽》相同，因此，這裡所
說的「來歲」，是以四季爲標準。又如《呂氏春秋・季秋紀》：「爲來歲受朔日。」
高誘注：「來歲，明年也。秦以十月爲正，故於是月受明年曆日也。」〔註94〕
據《楚系簡帛文字編》所摹錄的字形和句例，可知天星觀簡中與前引句例相
同的，至少應還有一處。所以，句中「來」字或其他字有誤寫的可能性，似

〔註91〕周鳳五師：〈包山楚簡《集著》《集著言》析論〉，《中國文字》新21期（1996
年12月），頁25～26。

〔註92〕周鳳五師認爲：彭浩以跨越三個不同年份的兩周年來解釋「三年」，或許取自
於三年喪爲二十五個月之說的道理。又該簡「從十月」，彭文引爲「自十月」，
依《楚系簡帛文字編》改。

〔註93〕《禮記正義》，卷17，頁346下右、348下右。

〔註94〕〔秦〕呂不韋撰、〔漢〕高誘注：《呂氏春秋》（上海：上海書店，1989年3
月，重印四部叢刊初編本），卷9，頁2右。

乎也很小。天星觀簡的說法，反而可以作爲「集歲」指一年的重要證據。

其次，包山卜筮禱祠簡中的三個以事紀年的歲名，據研究可知，應是前後相連的三個年份。〔註95〕因此，「集歲」無論是指兩周歲（即第三個年份），或是三周歲，「東周之客響緅歸胙於栽郢之歲」所施的「集歲」之貞，都將與下一年「大司馬卲愲救郙之歲」的「集歲」之貞，有將近一年、甚至兩年的重疊，而顯得不近常理。如果認爲這兩個年份並非前後相連，則應該要有所論證，並對其間一或兩年未留下卜筮祭禱記錄的原因，試作說明。

接著討論「集歲」爲一年之說。持此說者，大多從通用或字義來解釋。這應該是因爲此說會產生的最主要疑慮，正是與相近句型的「卒歲」之貞，用了不同字的緣故。因此，論述的重點就落在說明用「集」或「卒」並無差異。如裘錫圭說：

> 「集歲」當讀爲「匝歲」，猶言「周歲」。《淮南子・詮言》：「以數雜之壽，憂天下之亂。」注：「雜，帀（匝）也。從子至亥爲一帀（匝）。」
> 〔註96〕

陳偉則說：

> 「羍」當從《考釋》讀「卒」，借作「萃」。《左傳》成公十六年：「而三軍萃於王卒。」杜預注：「萃，集也。」《方言》卷三：「萃，雜、集也。」這表明羍（卒）、集相通……古書中，「集」有會、合、成、就等意，表示事物的完整、事情的終結（案：後引裘錫圭之說略作補充）……至於「卒歲即盡歲」之說，曾憲通先生指出：這「與『盡卒歲』義嫌重覆」。讀「卒」爲「萃」，取「集」字之義，將「羍（萃）歲」解爲周歲，也避免了語言邏輯上的這一問題。〔註97〕

〔註95〕 請參看：王紅星：〈包山簡牘所反映的楚國曆法問題——兼論楚曆沿革〉、劉彬徽：〈從包山楚簡紀時材料論及楚國紀年及楚曆〉，分別收入：同註15，《包山楚墓》，附錄二十、二一，頁 525～529、542～544；同註3，《包山楚簡初探》，頁 9～20。三文中所考訂的絕對年代是可信的，然而，論證的過程及有關歲首、建正等楚曆問題的討論，卻似乎有值得商榷之處。由於楚曆問題牽涉較廣，在本文中只討論與卜筮祭禱較直接相關的問題，其餘的楚曆問題，將在篇末附錄二中，再作詳細的探討。

〔註96〕 同註9，〈一號墓竹簡釋文與考釋〉，頁93，考釋44。據朱德熙〈鄂君啓節考釋（八篇）〉知道這是裘氏的見解。參看：朱德熙著、裘錫圭、李家浩整理：《朱德熙古文字論集》（北京：中華書局，1995年2月），頁191。

〔註97〕 同註3，《包山楚簡初探》，頁 152～153。

由前面的討論可知，三年之說問題頗多，而天星觀簡「從十月以至來歲之十月，集歲尚自利」的說法，更是「集歲」指周歲的重要證據。至於同指一年，何以或用「集歲」或用「卒歲」，則可能與書寫者的不同習慣有關，以下試對此推測略作說明。

包山簡中只有「宋客盛公㸒聘於楚之歲」的貞事用了「卒歲」一詞，後面兩年則皆言「集歲」。望山及天星觀簡亦均用「集歲」，而未見「卒歲」。至於秦家嘴簡，則二者俱未見。比較包山簡言「卒歲」與「集歲」簡文間的句序、用字習慣和字體，可發現二者存在一些差異。較明顯的如：「出入事（侍）王」在簡文中的位置不同，且言「卒歲」的簡文均用「事」字，用「集歲」的簡文則寫作「侍」字；又前者「躬身」二字皆合文，後者則均非如此，這些差異，可能是由於書寫者習慣的不同。因此，「卒」與「集」，應該就像「事」與「侍」，也是這不同書寫習慣的反映。

綜上所論，「集歲」應該是指周歲，三年之說不宜輕信。

至於與「集歲」同指一年的「卒歲」，有些學者據三體石經，將「卒」釋為「狄」，並讀「卒歲」為「易歲」。〔註98〕

案：此字或可釋「狄」，但似仍以讀「卒」較妥。劉釗指出，包山簡 95 有「𣯔」字，從雜、從毛，應即「雜」字。他說：

> 在楚文字中，「卒」字常常用為「卒」字，如簡文「卒」用為「卒歲」
> 之「卒」，還如《古璽彙編》5560 號楚官璽文為「公卒之四」，李家
> 浩先生認為「公卒」應讀為「公卒」，其說極是……「雜」字《說文》
> 訓為「五彩相合」，故加「毛」旁為義。〔註99〕

包山簡 95 屬「疋獄」簡，為一件殺人案的指控記錄。其中，「謂杏雜其弟銘，而戀殺之。」〔註100〕可能是說：杏（人名）約原告的弟弟銘（人名）出來會

〔註98〕曾憲通：〈包山卜筮簡考釋（七篇）〉，收入：常宗豪等編輯：《第二屆國際中國古文字學研討會論文集》（香港：香港中文大學中國語言及文學系，1993年 10 月），頁 405～406；何琳儀：〈包山楚簡選釋〉，《江漢考古》1993 年第 4期（1993 年 11 月），頁 59～60。

〔註99〕劉釗：〈包山楚簡文字考釋〉，「中國古文字研究會第九屆學術研討會」論文（南京：南京大學，1992 年 10 月），頁 9。劉氏所引李家浩之說，請參看：李家浩：〈從戰國「忠信」印談古文字中的異讀現象〉，《北京大學學報》1987 年第 2 期（1987 年 3 月），頁 14。

〔註100〕「杏」字的考釋，請參看：高智：〈《包山楚簡》文字校釋十四則〉，收入：同註45，《于省吾教授百年誕辰紀念文集》，頁 183。

聚，而戁（人名）將芻殺害。「雜」爲會聚之義，《廣雅・釋詁》：「雜……聚也。」
〔註101〕《呂氏春秋・仲秋紀》：「四方來雜。」高誘注：「雜，會也。」〔註102〕
由此可以看出，楚簡中的「窒」、「集」、「雧」三字，字形、字義皆有相關之處。
且「歲貞」記錄中，大多皆用「集歲」，僅少數特例用「窒歲」。因此，陳偉
以「窒」通「集」的說法，可能更理想些。另外，新發表的郭店簡〈緇衣〉
中，所引《詩・大雅・板》「下民卒癉」（7）及〈小雅・節南山〉「卒勞百姓」
（9），「卒」字皆寫作「窒」。據此，「窒」似乎很可能就是「卒」字異體，而
未必需釋作「狄」。

　　楚簡中的「歲貞」，多在聎层之月施行。望山簡雖殘斷較甚，但與包山簡
相對照，大多仍能區分其貞問類型。其中可知施行月份的「歲貞」，皆在「聎层
之月」（29、32、33）。包山簡中則有兩個年份的「歲貞」，在聎层施行，僅「東
周之客響經歸胙於栽郢之歲」於聎层的下一個月夏层施行。至於前引天星觀簡
有施於「十月」的「歲貞」，則可能是因爲該批簡多施「月貞」，「歲貞」夾雜
於其間，所產生的情況。而根據包山簡及九店簡，並配合睡虎地秦簡〈歲〉
的「秦楚月名對照表」，應可確定戰國時楚曆以聎层之月爲歲首。〔註103〕也正
因爲聎层爲一年之始，所以「歲貞」多在此月施行。《呂氏春秋・孟冬紀》：「是
月也，命太卜禱祠龜策，占兆、審卦。」〔註104〕《呂覽》十二紀與〈月令〉
的性質相同，記的是各月之行事。秦以十月爲歲首，然其四季與月份的搭配
仍與夏曆同。因此，「孟冬」實即一年之始，這與楚簡多於首月「歲貞」正同，
可互相參看。此外，楚曆十月，恰爲一年的第七個月份，即下半年的開始。

〔註101〕同註61，卷3下，頁431下。
〔註102〕同註94，卷8，頁2左。
〔註103〕楚曆以何月爲歲首、建正爲何，眾說紛紜，莫衷一是。陳偉在檢討了前人依
　　　　據包山簡對楚曆歲首問題所提出的各種論點後說：「我們對於同一年中楚曆月
　　　　序，還是只了解聎层在前，夏层……鐑月依次爲序；以及冬柰栾居先，屈柰在後。
　　　　這兩組月序之間的關係，以及此外獻馬、遠栾兩個月份的位次，尚待進一步
　　　　排定。」這是相當謹慎、可取的說法。但他根據「卜筮、禱祠簡之間的某些
　　　　內在聯繫」，排定了所有月份的位次，其主要證據，卻也是非必然條件下的論
　　　　證。（陳說請參看：同註3，《包山楚簡初探》，頁1〜9）陳氏此說的辨析，請
　　　　參看本節第二小節。至於楚曆問題的詳細討論，請參看篇末附錄二。
〔註104〕同註94，卷10，頁2右。《禮記・月令》云：「孟冬之月……命太史釁龜筴，占
　　　　兆、審卦。」（卷17，頁340下右〜341下左）與《呂覽》大致相同。又《周禮・
　　　　龜人》：「上春釁龜。」鄭注云：「上春者，夏正建寅之月……秦以十月建亥爲歲
　　　　首，則〈月令〉秦世之書，亦或欲以歲首釁龜耳。」（卷24，頁374下右）

天星觀簡十月之「歲貞」，是否與此有關，為另一種習慣，則尚待進一步研究。

　　陳偉以犀利的判斷，將包山卜筮簡分作「歲貞」和「疾病貞」兩類型，明顯地較其他分類方式來的恰當。如果把其他幾批簡也列入考慮，則兩類型的名稱似可稍加修改、擴大。

　　望山與秦家嘴簡的貞問類型，似乎並不出包山簡的範疇；天星觀簡則除此二類外，尚有「月貞」及遷居之事的貞問。〔註105〕天星觀簡「月貞」前辭與命辭的格式是：「──（貞問時間），──（貞人名）以──（卜筮材料名）為君月貞：侍王盡──（月名），尚自利訓。」〔註106〕與包山簡「歲貞」相對比，可知「月貞」與「歲貞」的格式大致相同，應皆屬於「一般事務的周期性貞問」，可簡稱為「周期貞問」。而究竟施行「月貞」或「歲貞」，則可能與求貞者的身份、財富、迷信程度及當時的需求等因素有關。至於貞問遷居之

〔註105〕 參看：同註88，〈江陵天星觀1號楚墓〉，頁109。《楚系簡帛文字編》篇末所附「天星觀楚簡原大照片」的命辭中，有「既𩂣處其新室，尚宜安長處之」，應該就是貞問遷居之事。𩂣，滕壬生隸定作「說」，並不正確。此字數見於新公佈的郭店簡中，原釋文隸定作「詞」，亦不完全準確。案：此字應隸定作「𧥣」，從言，囘聲，可釋為「詞」。《汗簡》引裴光遠《集綴》「詞」作𧥣，引王庶子碑作𧥣，又三體石經《書・多士》「辭」字古文作𧥣，皆與楚簡字形極近。此外，《汗簡》還集有石經𧥣一形，則應是「𧥣」之訛變（參看：宋・郭忠恕；李零、劉新光整理：《汗簡》，北京：中華書局，1983年12月，卷上之1，頁3下左、6下右；卷中之2，頁25上右）。「詞」字在郭店簡中有多種用法：《老子》甲簡19有「詞制有名」，簡20又有「知止所以不詞」，與今本對照，知二「詞」字應分別讀為「始」、「殆」，讀作「始」的還有《老子》丙簡12和〈性自命出〉簡26。〈成之聞之〉簡32則有「君子詞人倫以順天德」，「詞」當讀作「治」，〈尊德義〉中的「詞」字，也都應該讀作「治」（5、6、12、23、25、31）。此外，「詞」字在〈緇衣〉簡7應讀為「辭」；在〈成之聞之〉簡5、23、〈性自命出〉簡22、46及〈語叢一〉簡108，則均讀如本字。上述用法中，「始」、「殆」、「治」皆從台聲，而「台」從㠯得聲，故可與「𧥣」相通。又從台聲與司聲的字，古籍中亦往往互通，如：《詩・鄭風・子衿》：「子寧不嗣音。」《釋文》：「嗣，如字，《韓詩》作詒。」（卷4之4，頁179下右）《左傳・莊公八年經》：「甲午治兵。」（卷8，頁143上右）《公羊傳》「治」作「祠」（卷7，頁85上左）。「詞」字在上引天星觀簡句例中當讀作「始」，該命辭是說：已經開始居住在新房子，希望適合安定長久地居住在其中。

〔註106〕 天星觀簡「月貞」前辭與命辭格式的歸納，主要根據《楚系簡帛文字編》篇末所附「天星觀簡原大照片」及黃錫全《湖北出土商周文字輯證》（武漢：武漢大學出版社，1992年10月）頁286所刊之天星觀簡圖版，並參考《楚系簡帛文字編》所收句例。

事，則應與「疾病貞」同歸入「特殊事件的不定期貞問」，可簡稱爲「遇事貞問」。這兩大類，是根據卜筮格式所作的區分，至於實際稱引時，前一類可依其貞問時限，後一類則可依其貞問事由，而分別稱爲「歲貞」、「月貞」、「疾病貞」、「遷居貞」等。

二、卜筮與祭禱的關聯

　　楚簡中的卜筮記錄，在前辭、命辭、占辭之後，往往因貞問結果顯示有憂患、不順或鬼神作祟等不吉之徵象，而附有禱祠、「攻解」或其他祭儀的記載。有的學者認爲，卜筮簡中所提到的禱祠，僅是一種「預卜中事」或計劃，「而不是對既有禱祠的客觀記錄」。最先較明確提出這類看法並試作證明的是李零，他說：

> 簡文內容雖有「禱祠」，但除簡（案：包山）205、206 和 224、225 是屬記錄「禱祠」，其他的都是占問「禱祠」，並且「禱祠」只是兩次占卜中第二次占卜的內容之一（簡文除「祠」還有「禳」）。此外，據望山簡和天星觀簡，這類「禱祠」，前面還往往標有「擇良日」一類詞（這批簡，簡 218 也有之），也說明「禱祠」是預卜中事。〔註107〕

後來陳偉也說：

> 卜筮簡記述的禱祠，乃是一種構擬或者說計劃，而不是對既有禱祠的客觀記錄。〔註108〕

並對李說作了一些補充論證。

　　應該說明的是：這個問題與李零、陳偉持不同看法的學者其實並不少。像彭浩說：

> 祭禱見於卜筮簡和單純的祭禱簡……在卜筮簡中，祭禱之辭均在「說」之後，在「鬼攻」之前，祭禱是爲了解脫禍患而舉行的，均不記主持者和「在位者」。〔註109〕

又如曾憲通說：「絕大部分的祭禱活動都伴隨著『以其古敓之』而進行的。」〔註110〕可見彭、曾二氏都以爲卜筮簡中所記祭禱，爲實際祭禱的記錄。只不

〔註107〕同註3，〈包山楚簡研究（占卜類）〉，頁431。
〔註108〕同註3，《包山楚簡初探》，頁4。
〔註109〕同註84，〈包山二號楚墓卜筮和祭禱竹簡的初步研究〉，頁560～561。
〔註110〕同註98，〈包山卜筮簡考釋（七篇）〉，頁408。

過他們可能並未看出這其中有值得推敲的問題，所以只是一語帶過，而沒有加以論述。由於李零和陳偉的看法能否成立，與我們對整個卜筮祭禱常制的認識、理解，有不小的影響，因此，有必要特別予以詳加辨析。

首先討論李零的說法。從前面的引文可知，其主要的推論依據在於：「這類『禱祠』，前面還往往標有『擇良日』一類詞。」

案：包山二一四號簡的「賽禱」前有「至秋三月」，亦可歸屬於這類構擬之詞。不過，現存望山簡中，則並非如他所說，也有「擇良日」一類詞。又他所提到的包山二一八號簡，原文是：「有祟，太見琥。以其故敓之。璧琥，擇良月良日歸之」，〔註111〕與天星觀簡「擇良日，歸玉玩、練車馬於悲中」〔註112〕相似，嚴格來說，應皆非禱祠，而是一種以玉等物為祭品的獻祭儀式。另外，秦家嘴一號墓三號簡有「至新父句，思紫之疾速瘥，紫將擇良月良日，將速賽」，〔註113〕應與包山簡「志事速得，皆速賽之」（200），望山簡「速瘥，賽之」（116）及秦家嘴九十九號墓簡「疾速瘥，速賽之」（14）等一樣，皆為一種祈禱福佑時的發願之說，不宜解釋為構擬。可見一些標有「擇良日」一類詞的簡文，未必與禱祠構擬有關。這些都應該要仔細區別，而不宜簡單地一概而論。

另外，占辭之後所記的祭禱前面，有許多並未加「擇良日」一類詞，李零也沒有加以討論，或許是視之為省略的形式。但反過來說，我們亦可以把前面有構擬之詞的祭禱，視為與一般常制不同的特別說明。且以已公布並較完整的包山簡來說，大多數占辭之後所記的祭禱前面，都沒有這一類構擬之詞。因此，這反而顯示了「特別說明」的看法，成立的可能性要來的大些。這或許也就是為什麼陳偉並未重申李零提出的這個推論依據，而試圖從其他角度來切入證明的原因。

〔註111〕神名「太」的考釋，請參看：劉信芳：〈包山楚簡神名與《九歌》神祇〉，《文學遺產》1993 年第 5 期（1993 年 9 月），頁 12～13；同註 3,〈包山楚簡研究（占卜類）〉，頁 438。

〔註112〕「練」，原篆作𥾌，從糸，東聲，滕壬生釋作「繫」，甚誤。「練」字在這裡應讀作「緟」，為增益的意思。詳細的考釋及討論，請參看第四章第二節的第五小節。

〔註113〕疑「紫」為人名，應是求貞者，可能就是此墓的墓主。而由在簡文中的位置研判，「句」應是祭品，疑讀為「鉤」。內公鐘鉤銘文：「內公作鑄從鐘之鉤。」「鉤」字原作「句」；望山二號墓遺冊有「一玉句」（50），所指應為置於頭箱的玉鉤。疑「句」即玉鉤的簡稱。以玉飾為祭品在卜筮祭禱簡中習見，望山簡中也有玉飾的進獻對象為先王及祖先等人鬼的例子（28、106、107、109）。

陳偉持此說的主要依據是「卜筮、禱祠簡之間的某些內在關聯」。他認為構擬的禱祠，「有的後來也曾得到實施」，屬於禱祠類的包山簡 205、206 和簡 224、225，「就是這方面的記載」。〔註114〕案：陳偉的說法，其實是錯誤及非充分條件下的論證，以下試作辨析。

首先，他認為包山簡 205、206 所記禱祠，是對簡 212～215 中祭禱構擬的踐履。但事實上，兩者並不相關。證據是：包山簡 205、206 記的是「罷禱邵王」及以下的祖神；簡 212～215 則是說「至秋三月，賽禱邵王」等祖神，禱祠類型並不相同。

需附帶一提的是，陳偉根據《楚辭‧九章‧抽思》「望孟夏之短夜兮」及睡虎地秦簡《日書》的「秦楚月名對照表」，認為楚八月既然是一年中「白晝最長、夜間最短的月份」，則楚八月也就是〈抽思〉所說的「孟夏即夏一月」；那麼，「冬柰必為秋三月」。而「簡 212～215 明確說到『至秋三月賽禱』，簡 205、206 記於冬柰之月，時間上正好吻合」。〔註115〕

案：如前所述，包山簡 205、206 與簡 212～215 所記的禱祠內容，並無所謂「踐履」的關係，自然也談不上「吻合」。除此之外，這段論述還有一些問題。第一，我們並不能從〈抽思〉所說的「孟夏之短夜」裡，得到孟夏是一年中「夜間最短的月份」的訊息。因為，那只不過是泛言晝長夜短，這點應該是很清楚的。第二，「秋三月」也不是指秋季的第三個月，而應是指整個秋季的三個月。「至秋三月，賽禱……」，即「在秋季的三個月裡，應賽禱……」之義。因為，楚簡中單指某個月份，都是直接用楚月名，與此有別。九店五十六號墓楚簡（39 上、40 上、55）及睡虎地秦簡《日書》中，屢見「春三月」、「夏三月」、「秋三月」、「冬三月」等一一列舉的說法，明顯地都是指各季的

〔註114〕參看：同註3，《包山楚簡初探》，頁 4～7。

〔註115〕參看：同註3，《包山楚簡初探》，頁 6～7。下面附上表格化的睡虎地秦簡《日書》「秦楚月名對照表」，以便於對照、理解。

秦	十月	十一月	十二月	正月	二月	三月	四月	五月	六月	七月	八月	九月
楚	冬夕	屈夕	援夕	刑夷	夏屎	紡月	七月	八月	九月	十月	爨月	獻馬
日	六	五	六	七	八	九	十	十一	十	九	八	七
夕	十	十一	十	九	八	七	六	五	六	七	八	九
楚	冬柰	屈柰	遠柰	䌒屎	夏屎	享月	夏柰	八月	九月	十月	夐月	獻馬

（表的最上列，為秦顓頊曆月譜，第二列為楚曆月譜，接下來的兩列，為日夕即晝夜比率，最下面的灰色部分，則附錄楚國古文字資料裡的楚月名寫法）

三個月，與包山簡同。所以，陳偉從其所謂「楚曆八月爲孟夏，冬柰爲秋三月」，而得到「楚曆的四季劃分要比夏曆晚出一個月……是一種後世失傳的先秦古曆」的論點，﹝註116﹞只是由實際上不存在的錯誤巧合，加上泥解古書文意所作出的推論，並不可信。﹝註117﹞

其次，按照陳偉的釋讀和斷句，包山簡 221～222 和簡 224、225 所記禱祠內容是一樣的，因此他認爲後者是對前者的踐履。

案：包山簡 224、225 是對「新王父」與「殤東陵連囂」的「舉禱」記錄。而依陳偉的釋讀與斷句，包山簡 222 應讀作：

> 郚釐占之：恆貞吉。有祟見新王父、殤。以其故敚之，舉禱特牛，饋
> 之；殤因其常牲。郚釐占之曰：吉。

這樣的讀法大致可信。他又認爲「殤」就是指「殤東陵連囂」，因此，有所謂踐履之說。然而，即使其解釋都是正確的，這仍有可能只是特殊的情況；甚至是因爲病情等緣由，再舉行了相同的禱祠，而不見得一定是彼此相應的禱祠踐履。像前述簡 205、206 的禱祠記錄，就未見其擬議的簡文，可見祭禱也有可能獨立施行，而未必與卜筮記錄相關。

不過，雖然李零、陳偉對此問題的論證皆不甚充分，但僅就簡文而論，占辭之後所記的祭禱，「不是對既有禱祠的客觀記錄」的看法，卻應該是正確的。因爲根據包山簡，我們知道當時常有針對同一件事，施用三貞，乃至五貞的例子。由於各次貞問所得的兆、卦不一定相同，因此每位貞人所提出解決問題的方案，自然也不會一樣。而這些不同的解決方案，彼此間甚至可能有互相矛盾、衝突的情況。舉一個最明顯的例子，像包山簡 234～235 所記「歲貞」的占辭是：「譽吉占之：吉，無咎無祟。」但當日「歲貞」的其他四次貞問，則均以爲有憂患，需舉行不同的祭禱或「攻解」。換句話說，各貞人的意見，勢必無法全部照辦，而會有所去取。一般的原則，可能是聽從多數的意見，所謂「三人占，

﹝註116﹞參看：同註3，《包山楚簡初探》，頁8～9。

﹝註117﹞關於楚曆歲首、月序問題，在這裡順便再補充一點看法，作爲本文中討論此問題的收尾。有些學者將卜筮記錄中的病情描述，作爲歲首、月序問題的推論依據之一。其實，楚簡中的病症敘述，頗爲簡略；更何況，病況有可能時好時壞，以此類敘述來推論各簡的先後次序，不但沒有多大的證據力，甚至還有可能造成誤導。這由主張不同歲首的學者，卻都有引用卜筮簡中的病情記錄爲證，就可以看得很清楚。總之，這類證據，最多只能非常謹慎地作爲輔助證據。其他關於楚曆問題的討論，請參看篇末附錄二。

則從二人之言」，〔註118〕也就是這個道理。而既然占辭之後所記的方案，無法全部照辦，那麼它們當然就不會是對既有祭禱的客觀記錄。

　　要說明的是：卜筮簡中所記的「敘辭」，雖然只是預擬的方案，但其中部分的禱祠、「攻解」或其他祭儀，應該在貞問結束後，很快即獲得了實施。因為卜筮的目的，原本就是為了去禍得福，尤其是攸關生命的疾病問題，更是會希望能早日痊癒。所以貞人所提出的方案，不應該會拖延過久而不予施行。《韓非子・外儲說右》云：「秦襄王病，百姓為之禱；病愈，殺牛塞禱。」又云：「今王病，而民以牛禱；病愈，殺牛塞禱。」〔註119〕有病祈禱而病愈塞禱的記載，正可與楚簡相參看。此外，包山簡所記「逐敘」均須「賽禱」，也顯示被移用之敘辭原本所提出的祭禱方案應已舉行。包山簡 202 反的「親父既成，親母既成」、簡 215 的「太、后土、司命、司禍、大水、二天子、峑山既皆成」等，應該就是占辭中預擬的祭禱實施後的記錄。

　　從文獻上對卜筮與祭禱的記載，也可看出貞問後對於作祟的鬼神舉行祭禱，應為常例。如《漢書・于定國傳》就有這樣的記載：

> 郡中枯旱三年。後太守至，卜筮其故，于公曰：「孝婦不當死，前太
> 守彊斷之，咎黨在是乎？」於是太守殺牛自祭孝婦冢，因表其墓，
> 天立大雨，歲孰。〔註120〕

東海郡新任太守貞問枯旱的緣由，于定國認為，可能是由於前任太守讓孝婦背負著殺害婆婆的罪名，而含冤被處死，於是新太守就於孝婦家前祭禱。另外，《左傳・襄公十年》云：「及著雍，疾（案：晉悼公）。卜，桑林見。荀偃、士匄欲奔請禱焉。」又〈哀公六年〉云：「昭王有疾。卜曰：『河為祟。』王弗祭，大夫請祭諸郊。」〔註121〕儘管兩次的祭禱，後來都分別因為大夫知罃及楚昭王本身的反對，而並未舉行。但仍可以看出貞問後針對憂患、兇祟舉行祭禱應是常制。《論衡・祀義》云：「是以病作卜祟，祟得修祀。」〔註122〕更是清楚簡明地道出「病作」、「卜祟」、「修祀」的程序。

　　湯炳正指出，楚簡中卜筮的程序，與〈離騷〉有關卜筮的環節相對照，

〔註118〕《尚書正義》，卷 12，頁 174 下左。

〔註119〕〔周〕韓非：《韓非子》（上海：上海書店，1989 年 3 月，重印四部叢刊初編本），卷 14，頁 3 左。

〔註120〕同註 19，《漢書》，卷 73，頁 3042。

〔註121〕《春秋左傳正義》，卷 31，頁 540 上右、卷 58，頁 1007 上左。

〔註122〕同註 78，卷 25，頁 1071。

基本上是一致的。其中，對於「為趨吉避兇而進行祈禱」這一環節，湯氏有如下的說明：

> 據楚簡，凡卜筮得到答案，為趨吉避凶，必祭禱神靈以求福祐……〈離騷〉於靈氛宣布吉凶之後，詩人作了一段自我抒情。接著就是：「欲從靈氛之吉占兮，心猶豫而狐疑。巫咸將夕降兮，懷椒糈而要之。百神翳其備降兮，九疑繽其並迎……。」上述「巫咸將夕降兮，懷椒糈而要之」這節詩，乃指祭禱，非言卜筮……〈九歌〉為祭神之歌，而〈湘夫人〉云：「九疑繽其並迎，靈之來兮如云」，竟與〈離騷〉此處同語，即其確證。〔註123〕

湯氏於屈賦浸淫既久，又能注意新出土的材料，所以可以別具慧眼地看出楚簡卜筮程序與〈離騷〉藝術構思間的關聯。而從〈離騷〉的結構，也更進一步證明了楚簡中的部分「敓辭」，確應在貞問結束後，很快就獲得了實施。

　　綜上所論，可知卜筮簡「敓辭」中所記載的禱祠、「攻解」或其他祭儀，確實應為擬議中事。不過，其中有一部分，可能在貞問之後，很快就獲得了實施。而無論某個方案是否確實施行，楚簡中所有的「敓辭」，都可以作為了解楚人祭禱制度的可靠資料。陳偉說：

> 敓辭中所述禱祠，均為擬議中事。但這些禱祠的提出，當具有內在根據……因此，敓辭所述可以作為了解楚人禱祠制度的可靠資料。
> 〔註124〕

這是很正確的看法。

三、筮占的卦畫

　　筮占的卦畫記錄，在天星觀簡有八組〔註125〕、包山簡有六組，每組皆由兩個六爻卦構成，於一行之中左右並列。張政烺認為，楚簡中的這些卦畫，皆為數字，是《周易》的前身。〔註126〕這個看法，似乎已為學界所承認，有

〔註123〕湯炳正：〈從包山楚簡看離騷的藝術構思與意象表現〉，《文學遺產》1994 年第 2 期（1994 年 3 月），頁 7。不過，湯氏認為卜筮簡所記祭禱，是實際祭禱的記錄，則並不正確。

〔註124〕同註3，《包山楚簡初探》，頁 159～160。

〔註125〕參看：張政烺：〈試釋周初青銅器銘文中的易卦〉，《考古學報》1980 年第 4 期（1980 年 10 月），頁 414，文末補記。

〔註126〕參看：同前註，頁 414～415。

的學者還結合《周易》等文獻，嘗試對楚簡中的「數字卦」，作具體的解說。〔註127〕張氏對於殷代、西周「數字卦」的正確解讀，使我們對於早期筮占，有了突破性的認識。〔註128〕不過，楚簡中所見的卦畫，恐怕與數字無關，而只是陰陽爻。以下不揣淺陋，試著作一點粗略的討論。

根據張政烺所見，天星觀簡卦畫中，各數目字的出現次數爲：「一」，37次；「六」，49次；「八」，5次；「九」，4次；另有一爻殘缺。〔註129〕他在另一篇文章中，實際舉了其中的五組例子，若依據此文，則似乎又有「七」。〔註130〕張氏在文中聲明：

> 我的根據是參觀後所作的筆記，字跡本來模糊不清，老來健忘又不
> 免顚三倒四，以下所引材料帶有很大主觀成分，希望大家不要作爲
> 科學依據，以免誤己誤人。〔註131〕

天星觀簡的保存狀況，並不如包山簡，可能確有一些漫漶不清的地方。像饒宗頤也曾舉簡文裡的兩組卦畫，所舉的第一組，似乎就是張氏文中的第三組。但右側最上一爻，張氏看成「九」，而饒氏認爲是「六」。〔註132〕因此，天星觀簡的卦畫，應等到材料正式公布後再作討論，較爲恰當。

包山簡的卦畫，若照學者們的理解和辨認，亦以所謂「一」、「六」最多，其他還有「八」和「五」。不過，儘管竹簡相當清晰，對一些卦畫的數字究竟爲何，部分學者仍有不同的辨識。像簡229左側上面第二爻，李零認爲是「五」，劉彬徽等人則以爲是「六」；又如簡239的卦畫「數字」，許道勝的看法也與

〔註127〕這類的論著有：許學仁：〈戰國楚墓卜筮類竹簡所見「數字卦」〉，《中國文字》新17期（1993年3月），頁263～282；許道勝：〈包山2號墓竹簡卦畫初探〉，收入：楚文化研究會編：《楚文化研究論集（第四集）》（鄭州：河南人民出版社，1994年6月），頁668～686。

〔註128〕關於殷周「數字卦」的討論文章很多，可以參看：張政烺：〈易辨——近幾年根據考古材料探討周易問題的綜述〉，《中國哲學》第14輯（1988年1月），頁1～15；同註16，《周易經傳溯源》，頁127～177；同註63，《中國方術考》，頁235～255。

〔註129〕參看：同註125，頁414，文末補記。

〔註130〕參看：同註128，〈易辨——近幾年根據考古材料探討周易問題的綜述〉，頁6～7。

〔註131〕同註128，〈易辨——近幾年根據考古材料探討周易問題的綜述〉，頁6。

〔註132〕參看：同註4，〈殷代易卦及有關占卜諸問題〉，頁7。饒氏説：「天星觀楚簡以一、八表陽爻與陰爻。」但仍認爲「一」、「八」二種卦畫是數字「一」和「六」。

劉彬徽等人不同。〔註 133〕

　　其實，這些畫記，應該只是陽爻與陰爻，與「數字卦」無關，這和漢代的簡帛《周易》是一樣的。金景芳指出，馬王堆與雙古堆所出簡帛《周易》之陰陽爻，「都是《易》的卦畫，而不是用數目字記爻」。〔註 134〕李學勤補充說：

> 其陰爻所以作那樣的形狀，只是由於竹簡或者帛書上的行欄很窄，
> 如作中間斷開的直線，易於模糊混淆，從而有所變通，和數字恐無
> 聯繫。〔註 135〕

這是正確的看法。對於楚簡的卦畫，我們也應該作同樣的理解。否則，楚簡上的卦畫，多以「六」表陰爻；漢代的簡帛《周易》，則以「八」表陰爻，〔註 136〕這又是如何演變的？或竟是出自二源？恐怕是難以釐清的疑問。

　　至於楚簡卦畫中所謂的「五」，只不過是一般陰爻畫記的稍微交叉；而所謂的「八」，則是一般陰爻畫記的稍微分開，這可從「八」的寫法來證明。

　　楚簡卦畫所謂「八」的左右兩斜筆多為直線，與商代、西周「數字卦」及楚簡中的「八」寫作兩曲線或弧線，有著明顯的差異。由此可知，它們既非「八」，也不是「六」，而僅是變通的陰爻畫法。殷周「數字卦」中，各數字的區別很清楚，「二」、「三」、「四」均積畫而成，易於混淆，即捨棄不用。這與楚簡卦畫所謂「五」、「六」、「八」等「數字」寫法相近，以至學者們有著不同的辨識，明顯地並非同類。又張政烺所說的「七」和「九」，則可能是因為卦畫漫漶不清所導致的誤認。而由楚簡卦畫為陰陽爻的證明，亦可推知金景芳、李學勤對漢代簡帛《周易》卦畫的理解應是正確的。

　　據顧頡剛以下學者的研究，可知《周易》經文的大致寫定，很可能在周

〔註 133〕參看：同註 15，〈包山二號楚墓簡牘釋文與考釋〉，頁 389，考釋 454、頁 390，考釋 471；同註 63，《中國方術考》，頁 254；同註 127，〈包山 2 號墓竹簡卦畫初探〉，頁 672。

〔註 134〕參看：金景芳：《學易四種》（吉林文史出版社，1987 年），頁 196。原書未見，轉引自：同註 16，《周易經傳溯源》，頁 215。

〔註 135〕同註 16，《周易經傳溯源》，頁 215。

〔註 136〕李零說：「近承雙古堆漢簡整理者韓自強先生告，〈簡介〉（案：文物局古文獻研究室、安徽省阜陽地區博物館阜陽漢簡整理組：〈阜陽漢簡簡介〉，《文物》1983 年第 2 期，1983 年 2 月）所說『陰爻作「八」形⋯⋯』是受張文（案：指張政烺〈試釋周初青銅器銘文中的易卦〉）影響產生的錯覺⋯⋯雙古堆漢簡《周易》的陰爻比馬王堆帛書《周易》更明顯是用『八』字表示。」（同註 63，《中國方術考》，頁 242）

初，而不會晚於西周中葉。〔註137〕這與現在所見到的殷周「數字卦」的下限年代，相去不遠。由此推測，早期「數字卦」在《周易》經文成型後，可能逐漸式微；而從「數字卦」演變爲陰陽爻，或許也就在西周到春秋這段期間。

當然，這只是就卦畫形式發展演變的推測，並不是說在《周易》經文成型後，其他的筮占書就完全被淘汰。《周禮・春官・大卜》云：

> 大卜……掌三易之灋，一曰《連山》，二曰《歸藏》，三曰《周易》，
> 其經卦皆八，其別皆六十有四。〔註138〕

《連山》、《歸藏》、《周易》即是指三種不同的筮占書。《周禮》一書著作的年代雖然可能較晚，不過，由《左傳》、《國語》中的筮占記錄來看，大部分固然是以《周易》爲占，但也有少數不見於《周易》的文句，就有可能是出自於其他的筮占書。〔註139〕

湯炳正以包山簡210的「遇『臨』之『損』」一爻變的例子，與《周易》「臨」卦上六的爻辭相對照，認爲：「楚簡所記，其吉凶並非以《周易》爲據。」〔註140〕案：阜陽雙古堆漢簡《周易》爻辭之後，還記有卜事之辭，整理小組

〔註137〕 關於《周易》經文著作年代的考證，可參看：顧頡剛：〈周易卦爻辭中的故事〉，收入：顧頡剛等：《古史辨》（上海：上海書店，1992年12月，民國叢書第四編影印樸社民國二十二年版），第三冊上編，頁1～44；屈萬里：〈周易卦爻辭成於周武王時考〉，收入：同註3，《書傭論學集》，頁7～28；同註16，《周易經傳溯源》，頁1～14。

〔註138〕 《周禮注疏》，卷24，頁369下右～370下左。

〔註139〕 《左傳》中不用《周易》，而別有引據之辭的筮占記錄，顧炎武認爲其依據就是《連山》或《歸藏》（參看：清・顧炎武撰、黃汝成集釋；欒保群、呂宗力校點：《日知錄集釋》，石家莊：花山文藝出版社，1991年8月，卷1，頁1～2）。顧氏的說法雖不一定正確，但這類記錄確實很可能是根據《周易》以外的筮占書。

〔註140〕 參看：同註123，頁9。許道勝也曾參照《周易》，探討過包山簡中的卦畫。然而，他並沒有深入了解簡文的內容，只根據「恆貞吉」等說法，而以爲楚簡筮占無論所得卦象爲何，皆「以『吉』示之」。實際上「恆貞吉」只是讓人寬心的套語（說詳下一小節第一部分），而楚簡卜筮的占辭，多認爲有凶咎、憂患，與許氏所言恰相反。此外，許氏認爲楚簡中卦畫，採用本卦在右，之卦在左的排列方式，與湯炳正的看法相反。案：楚簡卦畫均寫於一簡之上，因此，其書寫方式，應與一般文字相同，亦爲先寫左半、後寫右半，許說恐怕並不可信。但由於楚簡中僅列卦畫而未加解說，所以這個問題似也尚難論斷。若依許說，則包山簡210的例子，就當爲遇「損」之「臨」。「損」卦上九的爻辭爲：「弗損益之，无咎，貞吉，利有攸往，得臣无家。」（《周易正義》，卷4，頁96上右）爲吉爻，與楚簡有憂患的占辭亦不相合。許氏的論述，請參看：同註127，〈包山2號墓竹簡卦畫初探〉，頁672～684。

指出：

> 《漢志・六藝略》有《易經》十二篇，而〈數術略〉中另有《周易》
> 三十八卷、《於陵欽易吉凶》二十三卷、《大次雜易》三十卷等屬於
> 筮龜家的《易》，阜陽簡《周易》當屬此類。〔註141〕

由於當時有許多屬於著龜家的《易》，因此，楚簡卦畫未必與《周易》無關。
我們能說的只是：楚簡所記筮占，其吉凶應非以今本《周易》爲據。

接下來，將對其他的一些卜筮常制與用語略作探討，以結束本章對楚簡
中卜筮問題的討論。

四、卜筮常制、用語餘論

（一）「恆貞吉」

楚簡占辭的第一句，多是「占之：恆貞吉」，近於套語，很少有例外。「恆」，
學者多認爲是長、久之意，幾乎成爲定論。如劉彬徽等人說：

> 《易・序卦》傳：「恆者，久也。」恆貞即永貞，「貞問長期之休咎
> 謂之永貞」（高亨：《周易古經今注》）。〔註142〕

彭浩、朱德熙等人亦持此說。〔註143〕李零則說：

> 表示吉利，有「吉」（常見）、「貞吉」（亦常見，指有求必應）……
> 簡文還常常在這類詞的前面加上表示程度的字，如「貞吉」前加「恆」
> （常見，永久之義）。〔註144〕

兩說對「貞」字的解釋，似略有不同。前說引高亨的說法，將「貞」訓爲「貞
問」；李零的說法則較模糊。高氏研究《周易》，成一家之言，這裡並不擬討
論《周易》中「貞」字訓釋的問題。不過，就楚簡而言，將「恆」訓爲長、
久；而以爲「恆貞」就是「貞問長期之休咎」，似乎並不妥當。以下略爲申論。

彭浩說：

> 占辭都是先指出長期之休咎，然後指出近期的休咎。一般來說，長
> 期之內爲「吉」，近期則有「咎」或「慼（憂）」。〔註145〕

〔註141〕同註136，〈阜陽漢簡簡介〉，頁22。
〔註142〕同註15，〈包山二號楚墓簡牘釋文與考釋〉，頁385，考釋348。
〔註143〕參看：同註84，〈包山二號楚墓卜筮和祭禱竹簡的初步研究〉，頁556；同註
　　　　9，〈一號墓竹簡釋文與考釋〉，頁90，考釋22。
〔註144〕同註3，〈包山楚簡研究（占卜類）〉，頁435。
〔註145〕同註84，〈包山二號楚墓卜筮和祭禱竹簡的初步研究〉，頁556。

然而，接在「恆貞吉」之後的占辭，其實大多並看不出是指彭浩所謂的「近期的休咎」。又「恆貞吉」後，包山簡 236 接著說「疾難瘥」，簡 239～240 說「疾變，有𤻹，滯瘥」，〔註 146〕簡 243 則說「病滯瘥」。若把「恆貞吉」解釋

〔註 146〕「𤻹」，包山簡 247 作「𤻨」，亦見於望山及天星觀簡，又寫作「𤻹」、「𤻺」等形，或从心，作「𢠸」（望山一號墓簡 50），應皆爲一字。「𤻹」字與疾病有關，而繁體可省爲簡，故可隸定作「𤻹」。學者們對此字的釋讀頗爲紛歧，朱德熙等人疑當讀爲「瘏」或「瘖」，指「陰病」或「重疾」（參看：同註 9，頁 96，考釋 53）；劉彬徽等人則讀爲「瘳」，訓爲「病」（參看：同註 15，〈包山二號楚墓簡牘釋文與考釋〉，頁 390，考釋 473）；曾憲通以爲「𤻹」从「岜」聲，而「岜」有危高之意，故「𤻹」爲病情危重的意思（參看：同註 98，〈包山卜筮簡考釋（七篇）〉，頁 421～422）；孔仲溫亦讀爲「瘳」，但以爲應訓爲「憂」（參看：氏著：〈望山卜筮祭禱簡「瘳、𧟟」二字考釋〉，收入：中山大學中國文學系、中國訓詁學會主編：《訓詁論叢》第三輯，臺北：文史哲出版社，1997 年 5 月，頁 820～825）；陳秉新、李立芳則認爲「𤻹」是「瘳」之古文，簡文中借作「隤」，訓降，是指病情有降減的趨勢（參看：氏著：〈包山楚簡新釋〉，《江漢考古》1998 年第 2 期，1998 年 6 月，頁 76～77）。案：首先，諸家的訓釋，從上下文意來看，大多並不妥貼。如天星觀簡說「無咎，小有𤻹」、「夜中有𤻹」，應非「陰病」（生殖器方面的疾病）或「重疾」之意，也不會是指病情危重。而包山簡說「病有𤻹」（247）、天星觀簡說「疾有𤻹」，很顯然地，「𤻹」也不能訓爲「病」。又陳秉新、李立芳的說法更不可信，因爲「𤻹」在簡文中很明顯是病情不樂觀的意思，並非他們所說的「吉卜」。至於孔仲溫的說法，在簡文中雖勉強可通，但恐怕亦非正解，因爲「𤻹」字从广，當指一種病症，而不應是憂患之意。包山簡有「𧶔」字，多用爲人名（46、52、55、64、174），但還有其他用法。包山簡 120 云：「販馬於下蔡，遂𧶔之於陽城。」簡 152 云：「病於債，骨𧶔之。」李學勤指出：「𧶔」即「賣」，即今「鬻」字，在簡文中是賣的意思（參看：氏著：〈包山楚簡中的土地買賣〉，《中國文物報》1992 年第 11 期，第 3 版，1992 年 3 月 22 日），所言甚是（較詳細的論證及「販」、「遂」等字的釋讀，則請參看：周鳳五師：〈《𠴊羍命案文書》箋釋——包山楚簡司法文書研究之一〉，《國立臺灣大學文史哲學報》第 41 期，1994 年 6 月，頁 7～8）。又郭店簡〈窮達以時〉有「百里𨑔𧶔五羊」（7），裘錫圭說：「各書多言百里奚以五羊之皮賣身，『五羊』上二字疑當與『賣』義有關。疑第二字从『辵』『齒』聲，即『遺』字，讀爲『賣』，通『鬻』。第一字从『旦』聲，似可讀爲轉。《淮南子·修務》：『百里奚轉鬻。』」（彭浩等：〈窮達以時釋文注釋〉，收入：荊門市博物館：《郭店楚墓竹簡》，北京：文物出版社，1998 年 5 月，頁 146，注釋 9 裘錫圭案語）「𧶔」與「𤻹」内部相同，故「𤻹」字應分析爲从广，𧶔（鬻）聲，在簡文中疑讀爲「瘶」（「𧶔」、「瘶」上古音同爲侯部入聲舌尖音字，可以相通）。《易·繫辭下》：「覆公餗。」《釋文》：「餗……馬作粥。」（卷 8，頁 170 下左；周易音義，頁 207 上右）《文選·王命論》：「《易》曰：『鼎折足，覆公餗。』」李注：「《說文》：『鬻，鼎實也。』鬻與餗同。」（同註 36，卷 52，頁 962 下右）是束字聲系與鬻字聲系通用之例。《周禮·天官·疾醫》云：「冬時有嗽，上氣疾。」（卷 5，頁

為「長期（貞問）來說是吉」，則占辭更是自相矛盾。因此，「恆」字實在應該另尋解釋。

包山簡 207 說「占之：貞吉」，簡 249 則說「占之：恆貞」，而接著亦言不順或咎祟，可見它們與一般的「占之：恆貞吉」，涵義應是相同的。由「占之：恆貞」來看，「貞」字似乎也不宜訓為貞問。李學勤指出，「貞」「訓為正、當」，〔註 147〕這應是正確的訓解。張衡〈思玄賦〉：「乃貞吉之元符。」〔註 148〕「貞吉」就是正吉，與單言「貞」或「吉」大致相同。「恆」，則應為平常、一般之意，所以也可以省略，而與「貞問長期之休咎」無關。周鳳五師曾在文章中說：「（案：包山）239、240 簡……所得占辭略謂：『大體無礙……』。」〔註 149〕即以「大體無礙」解釋「恆貞吉」，是相當適切的意譯。

綜上所述，「恆貞吉」是為了使貞問者寬心，而近於套語的一句占辭，可意譯為「大體無礙」。

（二）「以其故敓之」與「逐敓」、「舉敓」〔註 150〕

「敓」字在楚國卜筮祭禱簡中習見，並與「繁」、「祝」混用無別。從「兌」諸字，於簡文中有多種用法，在各用法裡的大致涵義，由上下文均不難推斷。不過，在不同的用法中，各當讀為某字，學者們的意見並不一致，仍有稍加討論的必要。

「以其故敓之」，李學勤認為應讀為「以其故說之」。「說」，即《周禮·

---

73 下右）《黃帝內經素問·五藏生成論》云：「欬嗽上氣，厥在胸中。」（上海：上海書店，1989 年 3 月，重印四部叢刊初編本，卷 3，頁 12 右）我們在楚簡中，也可以看到類似的說法。包山簡最後一年的「疾病貞」命辭屢言「上氣」（236、239、242、245、247、249），故占辭言「有瘇」以相應；望山一號墓墓主悼固也有胸部方面的疾病，簡文言「胸脅疾」（37）、「孩心」（9）或「心孩」（17、37、38）等（「孩」字的考釋，請參看：同註 9，〈一號墓竹簡釋文與考釋〉，頁 89～90，考釋 20，朱德熙等人疑當讀為「駭」，可備一說）；又天星觀簡亦言「心孩」（「孩」字從疒），也和悼固有相同的病症。因此，將「有瘇」讀為「有嗽」，指咳嗽的症狀，在相關簡文中皆十分適宜。此外，「滯」字的考釋，請參看：周鳳五師：〈包山楚簡文字初考〉，收入：王叔岷先生八十壽慶論文集編輯委員會：《王叔岷先生八十壽慶論文集》（臺北：大安出版社，1993 年 6 月），頁 366～367。

〔註 147〕參看：同註 16，《周易經傳溯源》，頁 193。
〔註 148〕同註 36，《文選》，卷 15，頁 282 上左。
〔註 149〕同註 146，〈包山楚簡文字初考〉，頁 366。
〔註 150〕「舉」字的考釋，請參看：同註 99，〈包山楚簡文字考釋〉，頁 15。

春官‧大祝》中的「六祈」之一，是向鬼神陳說的意思。〔註 151〕劉彬徽等人亦持此說，並補充說：「魏一（案：應爲「三」）體石經《論語‧學而》以『敓』作『說』。」〔註 152〕曾憲通則以爲「敓」在此當讀爲「挩」，是解脫憂患或禍災的意思。〔註 153〕李零則說：

> 「奪」原作「敓」……古書亦作「說」（《周禮‧春官‧大祝》）或「兌」（《淮南子‧泰族》）。睡虎地秦簡《日書》乙種也提到「說孟（盟）詛（詛）」（簡 23 壹）……包山簡「文書類」的《疋獄》提到「以奪其後」（簡 93）、「以奪其妻」（簡 97），「奪」字亦作「敓」。這些都可說明，簡文此字只能讀爲「奪」，是攘奪之義。〔註 154〕

案：包山文書簡中的「敓」，沒有作「禜」或「祝」的例子，與卜筮祭禱簡並不相同。所以，文書簡雖當讀爲「奪」，不能證明卜筮祭禱簡亦是如此。睡虎地《日書》乙種簡 17 也提到「說盟詛」，同簡後面又說「人必奪其室」。簡文中「說」、「奪」並未混用，可見「說盟詛」的「說」，似不應讀爲「奪」。李氏不引此簡，反而引較後的簡 23 壹，有隱匿反證之嫌。又《淮南子‧泰族》云：「禱祠而求福，雩兌而請雨，卜筮而決事。」許注：「兌，說也。」〔註 155〕「雩」爲求雨之祭，「兌」爲向上天陳說之辭，許慎的注解相當適當。李零不同意舊注，卻也未加論證，而當作已證明之事，輕易帶過。此外，《周禮‧春官‧大祝》的「說」，也只是陳論其事，不應讀爲「奪」，李學勤已有論證，〔註 156〕可以參看。因此，李零的說法，其實並無根據。

此外，孔仲溫說：

> 「祝」是本字，「敓、禜」則是由「祝」孳乳的後起字，而「祝」即「祟」字……「敓」的本字疑是「禜」……「祝」指「殃祟」，作名詞，「禜」指「除殃祟」，作動詞。再考《說文‧又部》云：「叡，楚人謂卜問吉凶曰叡，从又持祟。」《說文》「叡」字，其本義或即是指卜問吉凶以除殃祟的意思。「祝」既是「祟」，「祝」加「攴」的偏

〔註 151〕 參看：同註 16，《周易經傳溯源》，頁 193～194。
〔註 152〕 參看：同註 15，〈包山二號楚墓簡牘釋文與考釋〉，頁 385，考釋 352。此外，馬王堆漢墓帛書《周易‧掾（遯）》：「共之用黃牛之革，莫之勝奪。」通行本《易》「奪」作「說」（卷 4，頁 85 上左），則爲以「說」爲「奪」之例。
〔註 153〕 參看：同註 98，〈包山卜筮簡考釋（七篇）〉，頁 406～408。
〔註 154〕 同註 3，〈包山楚簡研究（占卜類）〉，頁 435。
〔註 155〕 同註 11，卷 20，頁 665。
〔註 156〕 同註 16，《周易經傳溯源》，頁 193～194。

旁作「繠」，事實上，個人以爲就是「叔」，从攴从又，在古文字裡
是相通的。〔註157〕

案：暫且不論其對「祝」、「繠」、「敓」等字關係的揣測，是否可信。孔氏此說，
仍有許多疑點。首先，「祝」字除了有「有祟」、「無祟」的用法外，還有「以
其故祝之」、「迻——之祝」、「興——之祝」等用法，而這些用法很顯然都不能
讀作「祟」。因此，何以能斷言「祝」即「祟」字，而完全排除通用借字的可
能？其次，《說文》只說「卜問吉凶」，何以能推出「本義或即是指卜問吉凶
以除殃祟的意思」？對於這些疑點，孔氏都沒有提出適當的說明。因此，這
也是缺乏根據的論述。

　　由於从兌聲之字頗多，且其用法混雜，「敓」在此當讀爲何字，其他文獻
的證據，僅能作爲旁證，眞正的答案，還是應回到簡文中找線索。「故」的意
思是「事」，〔註158〕即指占辭中所顯示的不順、憂患或兇祟之事。若將「敓」
讀爲「奪」、「挩」或孔仲溫所謂「除殃祟」之義，那麼，「以其故敓之」所欲
「奪」、「挩」、「除」的即是此「故」，則「之」字不知應作何解釋，也似乎沒
有這樣的語法。若將「敓」讀爲「說」，則「之」即爲鬼神的代稱，「以其故
敓之」就是說「將此事向鬼神陳說」，文從字順，十分適當。因此，「以其故
敓之」中「敓」字的讀法，宜從李學勤之說。

　　關於「迻敓」與「興敓」，前人已有分析。如彭浩說：

　　　所謂移祝，即在某次貞問時，沿用以前貞問中的貞人之祝，祭禱同
　　　一祖先和神靈，祈求福佑……舉祝即一般是出現在同屬一組的前後
　　　二、三次貞問活動中，在後來的貞問中與前某次的貞問對舉。它與
　　　移祝的不同在於，舉祝的設祭對象只是部分與相對應的祭祀對象相
　　　同。〔註159〕

彭氏的分析，大致正確，更明確一點的說，「迻敓」是用過去貞事中不同貞人
之「敓」；「興敓」則是用同日貞事中不同貞人之「敓」。不過，彭氏認爲「迻
敓」與「興敓」的不同，又在於「設祭對象」，則並不可信。以包山簡來說，
簡 203～204 的「興敓」陳說對象，就與其所稱引的簡 200 全同；而簡 210～

〔註157〕孔仲溫：〈楚簡中有關祭禱的幾個固定字詞試釋〉，收入：張光裕等編輯：《第
　　　　三屆國際中國古文字學研討會論文集》（香港：香港中文大學中國文化研究
　　　　所、中國語言及文學系，1997 年 10 月），頁 588～590。
〔註158〕參看：同註 16，《周易經傳溯源》，頁 193。
〔註159〕同註 84，〈包山二號楚墓卜筮和祭禱竹簡的初步研究〉，頁 559～560。

211 和簡 214 所迻的郦會之敓，則皆只是其一部分而已。可見「興敓」及「迻敓」，都可以全部或部分稱引、移用。

　　不過，若是先前敓辭的陳說對象是一系列的鬼神，則後來稱引、移用時，似乎也需一系列的稱引、移用，包山簡中的「興敓」與「迻敓」，就均是如此。例如：屬於同一天之「疾病貞」的簡 240 與簡 248，敓辭皆有「塱禱邵公子春、司馬子音、蔡公子豪各特豢」，卻並未稱為「興敓」，可能就是因為前者所「塱禱」的，還有「邵王」及「文坪夜君子良」，而他們是一系列的祖神。簡 240 與簡 243，也有這樣的情況。又雖然陳說的對象相同，但獻祭之物不同時，也不稱為「迻敓」或「興敓」。此外，較靈驗的敓辭，才會被移用。因此，「迻敓」時需要賽禱以回報鬼神之福佑。

　　還需討論的仍是「敓」字的讀法。彭浩讀為「祝」，即向鬼神的祝禱之辭。〔註160〕曾憲通亦持此說，並引《說文》「一曰」為證，指出「祝」有从示、从兑不省的寫法。並說：

　　　祝融之祝於義為續若屬，簡文於祝融字从人口會意作祝，贊詞之祝
　　　則从兑悅神作祝，二者區分甚明。〔註161〕

案：包山簡 241 說：「興醯吉之敓，享祭，筲之高丘、下丘各一全豢。」可見「興敓」不一定只有祝禱，而是像普通的敓辭一樣，也可能包含其他的祭儀。因此，「迻敓」和「興敓」的「敓」，似應如「以其故敓之」的「敓」，也讀為「說」。

　　綜上所論，「以其故敓之」與「迻敓」、「興敓」的「敓」字，皆應讀為「說」。因此，本文以下引用或論及這幾個詞句時，即直接以「說」字代替。

　　此外，李零和陳偉都認為，簡文中還有「同敓」，為敓辭相同之意。〔註162〕案：「同敓」見於包山簡 220，簡文說：「不逗於郦昜，同敓。」與簡 219 的「逗於郦昜」，有對應關係。不過，兩次貞問的占辭並不同，處理方式亦不同，則「同敓」是否確為說辭相同之意，或許還要再考慮（說辭全同可稱「興某人之說」，如包山簡 223）。由於「同敓」似乎僅此一見，〔註163〕其涵義為何，尚待研究。

〔註160〕參看：同註 84，〈包山二號楚墓卜筮和祭禱竹簡的初步研究〉，頁 559～560。
〔註161〕參看：同註 98，〈包山卜筮簡考釋（七篇）〉，頁 418～419。
〔註162〕參看：同註 3，〈包山楚簡研究（占卜類）〉，頁 430；同註 3，《包山楚簡初探》，頁 155～156。
〔註163〕陳偉認為望山一號墓簡 88 也有「同敓」（商承祚所釋），然仔細觀察圖版，其字作⿱，兩斜筆均未超出第二橫畫。由於此簡左右兩側似有磨損，應釋為「尚」

陳偉又說：

> 逡敓、𨲠敓和同敓均在同一類卜筮中施行。由此也可以看出歲貞與
> 疾病貞均自成體系，互不相涉。與此對應，卜筮簡的編次大概也是
> 分類來作的，而不應合在一起。〔註164〕

就包山簡而言，「逡說」與「𨲠說」固然均在同一類卜筮中施行，但是，說辭
為何，或許只是與占辭所顯示的徵象有關，而不一定完全和貞問類型相關。
現在所見到的楚國卜筮簡的類型並不多，這可能是受到隨葬性質等因素的影
響。在當時，應該還有其他類型的「遇事貞問」，是否一一分類編次，值得商
榷。因此，雖然並不反對陳氏將兩類簡分開編次的作法，但在當時是否亦是
如此，則尚難推測。

另外，有人在討論「逡說」時，指出文獻中又有祕祝「移過於下」。〔註165〕
實際上，二者性質不同，所「移」亦不相同，並無關聯。關於「逡說」和「𨲠
說」，還有一些其他的意見，因錯誤較為明顯，這裡就不再討論。〔註166〕

本節初稿寫成後，又得見李家浩〈包山楚簡「𦀧」字及其相關之字〉一
文。該文亦認為「以其故敓之」與「逡敓」、「𨲠敓」中的「敓」字，均應讀
為「說」，並引《墨子》、《尚書》、《國語》、《晏子春秋》、《博物志》等書的相
關資料為證，援據甚廣，說亦精當。〔註167〕惟本文討論、證明「敓」字讀法，
主要是根據簡文中的線索，取徑並不相同，或有可補充李氏論文之處。

（三）「逡故𦀧」

包山簡213有「逡故𦀧」一詞，屬於「逡說」的一種。「𦀧」字，李家浩

或「同」，從上下文也不易推斷，宜暫時存疑。參看：商承祚編著：《戰國楚
竹簡匯編》（濟南：齊魯書社，1995年11月），頁246；陳偉：〈望山楚簡所
見的卜筮與禱祠——與包山楚簡相對照〉，《江漢考古》1997年第2期（1997
年6月），頁74。

〔註164〕同註3，《包山楚簡初探》，頁156。

〔註165〕參看：同註3，《戰國包山卜筮祝禱簡研究》，頁32。

〔註166〕例如：李零認為「逡說」是與前次的卜筮相承，而「逡」字的用法與「𨲠」
字相近。（參看：同註3，〈包山楚簡研究（占卜類）〉，頁430～431）他在另
一篇文章中又說：「『逡』表示遞嬗的關係，指把上一次的問題轉到下一次去
解決……『𨲠』……古音屬喻母魚部，同『逡』字的古音（喻母月部）非常
接近，應是通假字。」（李零：〈古文字雜釋（二則）〉，收入：同註157，《第
三屆國際中國古文字學研討會論文集》，頁761）這些都是不正確的意見。

〔註167〕參看：李家浩：〈包山楚簡「𦀧」字及其相關之字〉，收入：同註157，《第三
屆國際中國古文字學研討會論文集》，頁564～567。

及李零都指出應釋爲「筮」，〔註168〕這是正確的意見。新發表的郭店簡中，屢見「幣」（《老子》乙，簡14；〈緇衣〉，簡33、40；〈性自命出〉，簡22）、「敝」（〈六德〉，簡46）、「縤」（〈語叢〉三，簡55）等字，由上下文意得知，這些字在簡文中分別應讀爲罷敝的「敝」、幣帛的「幣」等。從這些用例，更可證明二氏的考釋是正確的。

不過，二文雖皆釋爲「筮」，但李家浩認爲應讀作「畢」，是竹簡之義；李零則以爲當讀作「弊」，是指「吉凶之斷」。案：二說應以前者爲是。「迻故筮」所移用的是過去簡文中的說辭，與一般的「迻說」相同，而說辭之後還有再占辭，因此並不宜視爲所謂的「吉凶之斷」。

猶需討論的是「故筮」一詞之確切含意。李家浩說：「『故畢』猶『故志』、『故記』等，指貞人卜筮時所用的卜筮書。」〔註169〕這恐怕並不正確。他認爲包山簡中「故畢」所祭禱的對象都是神祇，與一般「迻說」所祭禱的對象，主要是墓主人的祖先不同。然而，現在所見到的楚簡中，「迻故筮」僅一見，而一般「迻說」所祭禱的對象，也有非祖先神（如：包山簡214：「迻鄦會之說，賽禱宮后土。」），因此李家浩此一論斷未免缺乏憑據。況且，包山簡213「迻故筮」後，亦說應對鬼神舉行賽禱。可見「故筮」中的祭禱可能相當靈驗，因而在「迻故筮」時，需回報神福，這與一般的「迻說」情況並無差別。包山簡204云：「凡此筮也，既盡迻。」所欲迻用之「筮」，即簡202～204鄦會和石被裳的說辭。因此，「故筮」應該也只是指過去的卜筮簡（的說辭），而不是「貞人卜筮時所用的卜筮書」。

我認爲包山簡204「凡此筮也，既盡迻」的記載，對於我們理解「故筮」的確切含意，或許是重要的提示。簡202～204的說辭是由鄦會和石被裳二人所提出，日後若需移用時，因較不適合以一般的「迻某人之說」來稱引，或許就稱爲「迻故筮」。也就是說：「故筮」可能是指過去由兩位以上貞人所提出的說辭。此外，另一種可能是：由於一般的「迻某人之說」都是用過去貞事中不同貞人之「說」，因此，所謂「故筮」也有可能是指同一貞人自己以前所提出的說辭。以上兩種猜測究竟有沒有一種是對的？目前還無法判斷，只能等待新材料的驗證。

〔註168〕參看：同前註，頁555～572；同註166，〈古文字雜釋（二則）〉，頁760～761。

〔註169〕同註167，頁571。

（四）卜筮記錄的保存

李學勤根據《周禮・春官・占人》及鄭注，認為「將卜辭記在竹簡之上，應是古代通行的方式」。〔註 170〕《周禮》對於收藏這類簡書的解釋是：「歲終則計其占之中否。」〔註 171〕而隨葬在楚墓中的卜筮簡，往往分屬數個年份，它們為何會被保存，是值得探究的問題。最早提出討論的是陳偉，他說：

> 從簡 209～211「三歲無咎」的記述來看，有的占辭會涉及三年的事情。為了「計其占之中否」，有必要把卜筮簡保存三年……簡 212～215 中還有「逸故綳」的記載。據禱祠內容，所逸之綳，當非前一年（盛公鬞之歲）的簡書……這樣，卜筮簡的保存期限至少應該為 3 年。墓中只出有連續 3 年的卜筮簡，屬於簡 212～215 所說的「故綳」的簡書則不在其中。由此推測，楚人「逸敓」的最大間隔以及相應的對於卜筮簡的保存，大概正是以 3 年為限。〔註 172〕

天星觀所出的卜筮簡，分屬於四個不同的年份，因此，保存期限為三年的說法並不正確。不過，陳偉對保存原因的分析，及「逸說」間隔的推論，仍然值得參考。或許楚國的卜筮簡，並沒有一定的保存時限。

本論文初稿寫定於 1999 年 3 月。在呈請幾位老師審閱的期間，又見到張恒蔚〈包山楚簡卜筮祭禱記錄研究〉一文。張氏亦指出天星觀簡有四個年份，而推測「卜筮祭禱簡的保存時間並不一定是三年，可能沒有硬性規定」。〔註 173〕附記於此，以供參考。

〔註 170〕參看：同註 16，《周易經傳溯源》，頁 190。
〔註 171〕《周禮注疏》，卷 24，頁 375 下左。
〔註 172〕同註 3，《包山楚簡初探》，頁 159。
〔註 173〕參看：同註 1，〈包山楚簡卜筮祭禱記錄研究〉，頁 2。

第三章 三種禱祠的差異與祭禱問題瑣議

第一節 楚簡中所見「罷禱」、「舉禱」與「賽禱」的差異

楚簡中的禱祠種類，歸納起來，共有「罷禱」、「舉禱」與「賽禱」三種。〔註1〕「賽禱」一詞，文獻屢見，即「對神靈賜予的福佑給予回報」。〔註2〕至於「罷禱」和「舉禱」所指為何、彼此有何差異，則較為費解。學者們對此雖已有不少的考釋和說解，但似乎都有些未盡妥貼之處。所以本節將逐一檢討前人對此問題的意見，並試著就楚簡中所反映出三種禱祠的差異，及一些相關的問題，提出一己之管見。

一、前人意見的檢討

（一）「罷禱」

「罷」字從羽，從能，先見於鄂君啓節，並又見於新發表的郭店簡，而不

〔註1〕 過去有人認為楚簡中還有「胸禱」（如：中山大學古文字研究室楚簡整理小組：〈江陵昭固墓若干問題的探討〉，《中山大學學報》1977 年第 2 期，1977 年 3 月，頁 96；中文系古文字研究室楚簡整理小組：〈戰國楚竹簡概述〉，《中山大學學報》1978 年第 4 期，1978 年 7 月，頁 66），這其實是因為錯誤的斷句而產生的誤解。望山一號墓簡 52：「速□其胸，禱之，速瘥，賽☑」，胸字應屬上讀，可能是病情的敘述。

〔註2〕 參看：劉彬徽等：〈包山二號墓簡牘釋文與考釋〉，收入：湖北省荊沙鐵路考古隊編：《包山楚墓》（北京：文物出版社，1991 年 10 月），附錄一，頁 386，考釋 370。

見於字書。關於此字在各資料中的釋讀，諸家各執一辭，爭訟未休。鄂君啓車節銘：「車五十乘，歲罷返。」舟節則說：「屯三舟爲一舿，五十舿，歲罷返。」節銘中的「罷」字，在早期研究裡，或釋爲「膞」，或疑即「罷」字繁文，〔註3〕或以爲此字「從羽能聲，當是態之異文，在此讀爲能」，〔註4〕或釋爲「贏」，讀爲「盈」。〔註5〕這些說法，有的對字形分析已有錯誤，其餘從文義上看，也不很順適。在諸說之中，以望山簡整理小組的朱德熙、裘錫圭及李家浩三人的分析，最爲細緻。朱氏等人說：

> 此字從「羽」「能」聲。「能」古蒸部字，但與之部字關係極爲密切（之、蒸二部陰陽對轉）例如從「能」得聲的字有「態」，星名「三能」亦作「三台」。《說文》以爲「能」從之部的「㠯」得聲。「㠯」和「異」古音極近。《說文》「昪」下云「從収㠯聲」，而典籍多借爲「異」字。同書「厑」下云「從厂異聲，讀若枲」，「枲」從「台」聲，「台」又從「㠯」得聲。因此從「羽」「能」聲的「罷」很可能是「翼」的異體。銀崔山竹書《孫臏兵法・十問》有「延陣長（張）㠯」之文。「㠯」字從「羽」「巳」聲，從文義看也應是「翼」的異體，正與此同例。鄂君啓節的「歲罷返」似當讀爲「歲代返」。「代」從「弋」聲，「弋」和「翼」音近相通。《書・多士》「敢弋殷命」，馬融、鄭玄、王肅各本「弋」皆作「翼」可證。「歲代返」是說一歲之內分批輪流往返。《漢書・食貨志上》：「以趙過爲搜粟都尉。過能爲代田。一畮三甽，歲代處，故曰代田。」節文「歲代返」與「歲代處」文例相同。〔註6〕

朱氏等人的考釋頗有條理，他們認爲「罷」字從羽，能聲，很可能是「翼」字異體，可備一說。不過，在新發表郭店簡中，「罷」字數見，其用例可確定「罷」字經常讀作「一」。如：〈太一生水〉有「罷缺罷盈」(7)，〈五行〉云：「『淑人

〔註3〕　參看：殷滌非、羅長銘：〈壽縣出土的「鄂君啓金節」〉，《文物參考資料》1958年第4期（1958年4月），頁9～10。羅氏釋「膞」，殷氏疑「罷」字繁文。

〔註4〕　參看：郭沫若：〈關於鄂君啓節的研究〉，《文物參考資料》1958年第4期（1958年4月），頁4。

〔註5〕　參看：于省吾：〈「鄂君啓節」考釋〉，《考古》1963年第8期（1963年8月），頁444。

〔註6〕　朱德熙等：〈一號墓竹簡釋文與考釋〉，收入：湖北省文物考古研究所、北京大學中文系編：《望山楚簡》（北京：中華書局，1995年6月），頁100～101，考釋90。

君子，其儀龏也。』能爲龏，然後能爲君子。」（16），〈語叢〉四則有「龏家
事乃有貨」（25～26）彭浩等人指出：〈五行〉引詩見於《詩・曹風・鳲鳩》。
「龏」，馬王堆漢墓帛書本〈五行〉及今本《詩經》均作「一」，可證「龏」當
讀作「一」。而上引各簡中的「龏」，也都應讀作「一」。〔註7〕然而，「一」字
上古音屬脂部入聲影母，與「能」（之部泥母）、「翼」（之部入聲泥母）或「羽」
（魚部匣母）都有差距。「龏」字能讀作「一」，可能與楚方言有關。

　　彭浩等人又認爲：鄂君啓節銘「歲龏返」，「亦當讀作『歲一返』，意即年
內往返一次」，其意見雖然說的不很清楚，但讀法可能是正確的。〔註8〕不過，
應該注意的是，郭店簡裡的「一」字，還有「一」、「弌」等不同的寫法。「龏」
與「一」，只是字音上通假的關係，而非所有的「龏」字均需讀作「一」（周鳳
五師認爲：「龏」字也有可能是「一」字的大寫寫法，就如同我們今天的「壹」。
寫「龏」而不寫「一」的主要目的之一，可能是從事經濟等活動時防止塗改）。
像郭店簡〈成之聞之〉有「貴而龏纕」（18），即似應從裘錫圭之說，讀作「貴
而能讓」。〔註9〕又「龏禱」也不能讀作「一禱」。總之，關於「龏」字音讀的
分析，目前雖有可能的推測，但似乎還沒有圓滿的解答。（周鳳五師對於「龏禱」
和「嬰禱」，已有精闢的釋讀，請參看本節後記）

　　雖說如此，但我們還是可以對「龏禱」的涵義，作一初步的討論。且讓我
們先看看各家的意見。

　　廣州中山大學楚簡整理小組說：

> 龏禱，爲禱名。龏，一說即籠，《爾雅・釋器》：「旄謂之籠。」《疏》：
> 「旄牛尾一名籠，舞者所執也。」執籠作舞而禱告於先君神祇爲龏
> 禱。〔註10〕

〔註7〕　參看：彭浩等：〈太一生水釋文注釋〉，頁 126，注釋 11；〈五行釋文注釋〉，
　　　　頁 152，注釋 17，皆收入：荊門市博物館：《郭店楚墓竹簡》（北京：文物出
　　　　版社，1998 年 5 月）。

〔註8〕　參看：同前註，〈太一生水釋文注釋〉，頁 126，注釋 11。彭氏等人的意見其
　　　　實並不是非常清楚，所謂「往返一次」的，究竟是舟車或是其他，並沒有說
　　　　明。周鳳五師指出：「鄂君啓節銘文當讀作『歲一返』，意謂『一年返節一次』。」
　　　　參看本節後記。

〔註9〕　參看：彭浩等：〈成之聞之釋文注釋〉，收入：同註 7，《郭店楚墓竹簡》，頁
　　　　169，注釋 20 裘錫圭案語。

〔註10〕中山大學古文字研究室楚簡整理小組：《戰國楚簡研究（三）》（廣州：中山大
　　　　學，1977 年），頁 10。原文未見，轉引自：陳偉武：〈戰國楚簡考釋斠議〉，
　　　　收入：張光裕等編輯：《第三屆國際中國古文字學研討會論文集》（香港：香

案：此說並不可信。因為他們既未就「龘禱」與「𤴐禱」的差別提出說明，也沒有討論鄂君啟節中「歲龘返」的問題。另外，「龘」為歌部幫母字，與「能」（之部入聲泥母）、「羽」（魚部匣母）或「一」（脂部入聲影母）的上古音均差異頗大，字形上也與「龘」字不同。而所謂「執龘作舞而禱告於先君神祇」，似亦缺乏文獻上的依據。

劉彬徽等人認為：

> 龘似讀作嗣，《國語・魯語》：「苟卑姓實嗣」注：「嗣，嗣世也」。龘禱即後人對先輩的祭祀。從卜筮祭禱簡的記載來看，龘禱的對象只限於墓主人邵（昭）（案：簡文皆作卲）佗本氏的近祖及直系先人，包括楚昭王和高祖、曾祖、祖父母及父母等人。其它的人皆不在龘禱之列。〔註11〕

就包山簡來說，「龘禱」的對象確實只限於其近祖及直系先人。其他幾批簡的情況是否亦是如此，以下一一檢視。

現存秦家嘴簡未見「龘禱」；望山簡亦殘斷較甚，能確定為「龘禱」對象的，只有「先君東宅公」（112）與「王孫喿」（119）。「先君」在典籍中有三義：指已故的君主、祖先或父親，在這裡顯然並非第一義。「東宅公」和「王孫喿」應皆為墓主悼固的先人，根據朱德熙等人和陳偉的分析，他們可能分別為悼固的祖父和父親。〔註12〕

天星觀簡中的「龘禱」對象，則有「卓公」、「惠公」、「大禍」、「祗」、「西方」及「勞𠈃」六種。

「卓公」和「惠公」當為二人，發掘報告中認為皆是墓主的祖先。〔註13〕簡文有「龘禱卓公訓至惠公」，與秦家嘴九十九號墓十號簡「□禱之於五襟王父、王母訓至親父母」之句型類似。「訓」讀為「順」，二字上古音極近，古籍及楚簡中往往互通。〔註14〕「訓至」即「順著到」之意。「襟」，應讀為「世」，

港中文大學中國文化研究所、中國語言及文學系，1997年10月），頁652。

〔註11〕同註2，頁385，考釋359。

〔註12〕參看：朱德熙等：〈望山1號墓竹簡的性質和內容〉，收入：湖北省文物考古研究所編著：《江陵望山沙冢楚墓》（北京：文物出版社，1996年4月），附錄三，頁311；陳偉：〈望山楚簡所見的卜筮與禱祠——與包山楚簡相對照〉，《江漢考古》1997年第2期（1997年6月），頁74～75。

〔註13〕參看：湖北省荊州地區博物館：〈江陵天星觀一號楚墓〉，《考古學報》1982年第1期（1982年1月），頁110。

〔註14〕如：《尚書・洪範》「于帝其訓」（卷12，頁173下左），《史記・宋微子世家》

為世、代的意思。或作「殜」，見於秦家嘴一號墓二號簡，原篆作𣁋，左側歺旁稍訛，《楚系簡帛文字編》列為存疑字，詞例也是「五殜王父」。〔註15〕《玉篇》有「殜」字，為病的意思。〔註16〕然此處的「殜」仍當讀作「世」，而恐怕與《玉篇》「殜」字無關。平山中山王墓所出銅器銘文，如：中山王嚳鼎銘：「雖有死罪及三殊。」中山王嚳壺銘：「將與吾君並立於殊。」「殊」即「世」，亦增歺旁，與楚簡同。

陳偉曾根據包山及望山簡，推測：「連續祭祀五代先人，大概是戰國中期楚國貴族中的流行作法。」〔註17〕秦家嘴一號墓和九十九號墓均為有墓道的一棺一槨墓，〔註18〕可能是屬於士階級的下層貴族墓。〔註19〕二墓竹簡中所記禱祠

「訓」作「順」（北京：中華書局，1982 年 11 月，二十四史點校本，卷 38，頁 1614）；《大戴禮記・保傅》「師，導之教順」（上海：上海書店，1989 年 3 月，重印四部叢刊初編本，卷 3，頁 1 左），賈誼《新書・保傅》「順」作「訓」（上海：上海書店，1989 年 3 月，重印四部叢刊初編本，卷 5，頁 4 左）。包山及天星觀卜筮簡中習見的用語「不訓」、「尚自利訓」，「訓」均應讀作「順」。此外，九店五十六號墓簡（26）及郭店簡（〈尊德義〉，簡 39；〈性自命出〉，簡 27），也有「訓」讀作「順」的用例。

〔註15〕 新發表的郭店簡〈語叢〉四，有「足以終殜」（3）、「參殜之福」（3），「殜」亦讀為「世」，可參看。此外，郭店簡〈窮達以時〉云：「有其人，亡其殜，雖賢弗行矣。苟有其殜，何難之有哉？」（1～2）「殜」，裘錫圭說：「讀為『世』。古文字多借『法』為『廢』。『世』『枼』在古音上的關係，與『廢』『法』相類，與『蓋』『盍』也相類。」（彭浩等：〈窮達以時釋文注釋〉，收入：同註 7，《郭店楚墓竹簡》，頁 145，注釋 2 裘錫圭案語）甚是。應說明的是：「世」在〈窮達以時〉不是世、代的意思，而當訓為「時」。《尚書・呂刑》：「刑罰世輕世重。」（卷 19，頁 302 下左）「世」即訓為「時」，《後漢書・應劭列傳》就引作：「刑罰時輕時重。」（北京：中華書局，1995 年 3 月，二十四史點校本，卷 48，頁 1611）《荀子・宥坐》：「今有其人，不遇其時，雖賢，其能行乎？苟遇其時，何難之有？」（清・王先謙：《荀子集解》，臺北：華正書局，1993 年 9 月，卷 20，頁 346）與簡文略同。此外，類似的文句還見於《孔子家語・在厄》（上海：上海書店，1989 年 3 月，重印四部叢刊初編本，卷 5，頁 12 右）、《韓詩外傳》（臺北：藝文印書館，1966 年，百部叢書集成影印畿輔叢書本，卷 7，頁 4 右）及《說苑・雜言》（上海：上海書店，1989 年 3 月，重印四部叢刊初編本，卷 17，頁 12 右），皆可與簡文相參看。

〔註16〕 參看：〔梁〕顧野王撰、〔宋〕陳彭年等重修：《大廣益會玉篇》（北京：中華書局，1987 年 7 月，影印張士俊澤存堂本），卷 11，頁 58 上左。

〔註17〕 參看：同註 12，〈望山楚簡所見的卜筮與禱祠──與包山楚簡相對照〉，頁 75。

〔註18〕 參看：荊沙鐵路考古隊：〈江陵秦家嘴楚墓發掘簡報〉，《江漢考古》1988 年第 2 期（1988 年 4 月），頁 42。

〔註19〕 參看：郭德維：《楚系墓葬研究》，（武漢：湖北教育出版社，1995 年 7 月），頁 96～108。

的先人，亦爲先父母以上五代，可作爲對陳氏推論的又一補證。又墓葬形制相同的秦家嘴十三號墓所出竹簡，也有類似的文句。〔註20〕而由上述推想，天星觀簡的「卓公」與「惠公」應該並不是輩份相次，二者之間可能還有其他幾代。

「大禑」的「禑」，據《集韻》，爲「祮」之或體。〔註21〕《說文》云：「祮，告祭也。」〔註22〕段注：「自祪以下六字，皆主言祖廟。」〔註23〕不過，此或體之「禑」，既然是改換聲旁的後起字，則楚簡中的「禑」，也許和「祮」並非一字。疑「大禑」即文獻中的「大高」。《淮南子·氾論》云：

> 夫饗大高而豕爲上牲者，非豕能賢於野獸麋鹿也。而神明獨饗之，
>
> 何也？以爲豕者，家人所常畜而易得之物也。〔註24〕

高誘注：「大高，祖也。一曰上帝。」〔註25〕「禑」字所从示旁，可能是因與鬼神有關而加，就如同楚簡中作爲神名的「行」、「太」等，有時亦加示旁。在天星觀簡中，「大禑」所享用的祭牲爲「特牛」，與《淮南子》所說的「豕」不同。這可能是由於前者爲貴族，而《淮南子》講的是「家人」，即一般平民的情況。包山簡中所記的諸多鬼神裡，只有邵王的常制用牲爲「特牛」，而他可能是邵氏的始祖。〔註26〕望山及秦家嘴簡中，「特牛」的獻祭對象，亦均爲祖先神。〔註27〕天星觀簡中，雖然有較多使用「特牛」的對象，但根據前引《淮南子》高注，推測「大禑」似應與祖神有關。

〔註20〕 秦家嘴十三號墓簡有「賽禱五褋以至親父母肥豢」(1)、「□禱特牛於五褋王父、王【母】」(5)。此外，秦家嘴九十九號墓簡還有「賽禱於五褋王父、王母」(11)。這類的文句，顯示其禱祠的先人，均爲先父母以上五代。

〔註21〕 參看：〔宋〕丁度等編：《集韻》（上海：上海古籍出版社，1985年5月，影印述古堂影宋鈔本），卷6，頁399。

〔註22〕 〔漢〕許慎撰、〔宋〕徐鉉校定：《說文解字》（香港：中華書局，1996年2月，影印同治十二年陳昌治刊本），卷1上，頁8上左。

〔註23〕 〔漢〕許慎撰、〔清〕段玉裁注：《說文解字注》（臺北：天工書局，1992年11月，影印清嘉慶二十年經韻樓刊本），卷1，頁4下右。

〔註24〕 劉文典撰、馮逸、喬華點校：《淮南鴻烈集解》（臺北：文史哲出版社，1992年10月），卷13，頁459。

〔註25〕 同前註，卷13，頁459。

〔註26〕 參看：同註2，頁386，考釋360。關於包山簡中邵氏的考證論述，可參看：巫雪如：《包山楚簡姓氏研究》（臺北：國立臺灣大學中國文學研究所碩士論文，1996年5月），頁66～67。

〔註27〕 望山一號墓簡中，「特牛」的獻祭對象有「聖王」、「慇王」、「東宅公」、「☑哲王」（分別見於簡110及112）等。墓主慇固爲楚王族後裔，故所祭禱諸王皆屬於祖先神。秦家嘴十三號墓簡有「☑□訓至親父眾畏特牛、酒食」(4)、「□禱特牛於五褋王父、王【母】」(5)，「特牛」的獻祭對象亦均屬於祖先神。

　　「祗」字未見於《說文》，《篇海類編》云：「祇……或作祛、祗，並譌。」
〔註 28〕楚簡「祗」字應與此後起的「祇」字訛體無關。「祗」所享用的祭牲
也是「特牛」，其示旁似亦為外加，疑應讀為「丘」，為冢墓之意。《方言》
云：「冢……自關而東，謂之丘。小者謂之壟，大者謂之丘。」〔註 29〕據學
者研究，先秦已有墓祭的禮俗，而《左傳》中更有在祖先墓地祈禱告祭的記
載。〔註30〕另外，在放馬灘秦簡被稱為「墓主記」的簡文裡，也有「祠墓」
（5）的記載。〔註31〕因此，「祗」在簡文中，或許是指祖先丘墓，而可能與
「大禍」意義相近。

　　不過，「祗」似乎也有可能是「社」的異名。在天星觀簡中，「社」所享
用的祭牲亦是「特牛」。《莊子・應帝王》：「鼴鼠深穴乎神丘之下，以避熏鑿
之患。」成玄英疏：「神丘，社壇也。」〔註32〕因此，疑「祗」或即指「神丘」，
而為「社」之異名。又包山簡中有神名「高丘」、「下丘」（237、241），劉彬
徽等人以為是地名，〔註33〕李零曾以為是指高丘和矮丘，〔註34〕何琳儀則說：

　　　「高坴」即「高丘」，見《楚辭・離騷》「哀高丘之無女。」注「楚
　　　有高丘之山……或云：高丘，閬風山上也……舊說高丘楚地名也。」
　　　鄂君啟節「高丘」為地名，包山簡「高丘」則為山名。《文選・高唐
　　　賦》「妾在巫山之陽，高丘之岨。」應在三峽之中，為楚人膜拜之神
　　　山。屈宋賦與包山簡可以互證。〔註35〕

〔註28〕　（明）宋濂撰、屠龍訂正：《篇海類編》（上海：上海古籍出版社，1995 年，
　　　　　續修四庫全書影印北京圖書館藏明刊本），卷 19，頁 287 上右。
〔註29〕　〔漢〕揚雄撰、〔晉〕郭璞注：《輶軒使者絕代語釋別國方言》（上海：上海書
　　　　　店，1989 年 3 月，重印四部叢刊初編本），卷 13，頁 12 右。
〔註30〕　參看：王世民：〈中國春秋戰國時代的冢墓〉，《考古》1981 年第 5 期（1981
　　　　　年 9 月），頁 465。
〔註31〕　何雙全〈天水放馬灘秦簡綜述〉（《文物》1989 年第 2 期，1989 年 2 月）頁 28
　　　　　附有「墓主記」原簡圖版。
〔註32〕　〔清〕郭慶藩編；王孝魚整理：《莊子集釋》（臺北：萬卷樓圖書公司，1993
　　　　　年 3 月），卷 3 下，頁 291〜292。
〔註33〕　參看：同註2，頁390，考釋468。
〔註34〕　參看：李零：〈包山楚簡研究（占卜類）〉，《中國典籍與文化論叢》第 1 輯（1993
　　　　　年 9 月），頁 439。這是李零的舊說。在後來寫的文章裡，李氏改從何琳儀之
　　　　　說，認為「高丘」是「山陵之神」，「可能即《楚辭・離騷》中『哀高丘之無
　　　　　女』的『高丘』」。參看：李零：〈考古發現與神話傳說〉，《學人》第 5 輯（1994
　　　　　年 2 月），頁 119〜120。
〔註35〕　何琳儀：〈包山楚簡選釋〉，《江漢考古》1993 年第 4 期（1993 年 11 月），頁

諸說之中，似以何琳儀的意見較爲可信。包山簡「高丘」、「下丘」可能皆爲山名，而和「祇」無關。

「西方」，應爲方位之神。除「西方」外，在楚國卜筮祭禱簡中，還有講到其他方位的文句，像望山一號墓簡有「北方有祟」（76）、「南方有祟與謫」〔註36〕（77）；秦家嘴九十九號墓簡有「纓之吉玉北方」〔註37〕（11）；包山簡有「歸繡取、冠帶於南方」〔註38〕（231）；天星觀簡還有「且又惡於東方」。所提到的各方位，也應該都是方位之神。〔註39〕祭祀四方的習俗起源很早，在甲骨文中已有許多相關的刻辭。文獻中亦有禮祭四方之神的記載，如《周禮・春官・大宗伯》云：

> 以玉作六器，以禮天地四方……以青圭禮東方，以赤璋禮南方，以
> 白琥禮西方，以玄璜禮北方。〔註40〕

又如《禮記・曲禮下》：「天子祭天地，祭四方。」鄭注：

> 祭四方，謂祭五官之神於四郊也。句芒在東，祝融、后土在南，蓐
> 收在西，玄冥在北。〔註41〕

皆可與楚簡相參看。四方之神似屬於地祇，《國語・越語下》就說：「皇天后土、四鄉地主正之。」韋昭注：「鄉，方也。」〔註42〕「四鄉地主」或即四方之神。

「勞育」的「勞」，原篆作，亦見於包山簡16、189。滕壬生釋作「裝」，並不正確，應從劉彬徽等人釋「勞」。〔註43〕新公佈的郭店簡〈緇衣〉中，此

60。

〔註36〕簡文原作「南方又敚與宵」，朱德熙等人懷疑應讀爲「南方有祟與謫」，可從。
　　　　參看：同註6，頁98，考釋69。「謫」爲罪罰之意，睡虎地秦簡《日書》乙種
　　　　簡158：「高王父譴適。」「適」字亦應讀作「謫」。

〔註37〕「纓」字的考釋，請參看：饒宗頤：〈戰國楚簡箋證〉，收入：徐亮之編輯：《金
　　　　匱論古綜合刊》第1期（香港：亞洲石印局，未註明出版年月），頁64。

〔註38〕「繡取」疑應讀作「璚珥」，爲玉名，天星觀簡有「解於二天子與雲君以璚珥」。
　　　　一說「取」讀作「緅」，並與「冠帶」連讀（參看：同註35，頁62），似較不
　　　　可信。

〔註39〕李零指出包山簡中的「南方」，屬四方之神，應是正確的意見。參看：同註34，
　　　　〈包山楚簡研究（占卜類）〉，頁439。

〔註40〕《周禮注疏》，卷18，頁281下。

〔註41〕《禮記正義》，卷5，頁97上右。

〔註42〕〔吳〕韋昭注：《國語》（上海：上海書店，1989年3月，重印四部叢刊初編
　　　　本），卷21，頁9左。

〔註43〕參看：同註2，頁373，考釋47。

字凡三見，與今本《禮記‧緇衣》對照，可知確應釋作「勞」。又郭店簡〈尊德義〉（24）及〈六德〉（16，加豎心旁）兩篇，亦有「勞」字。「勞**肖**」在《楚系簡帛文字編》所收的諸詞例中，多寫作「褮□」。「□」號代表存疑或殘缺字。然該書「尙」字下所收詞例又有「賽禱褮尙特豢」，其中的「尙」字，依其摹寫，原篆作**肖**。〔註44〕楚簡中的「尙」字，無論作爲單字或偏旁，上方兩斜筆間皆爲一橫畫。所以，此字是否可釋爲「尙」，猶待斟酌。該書於釋文偶有不盡一致之處，此字或存疑、或釋爲「尙」，即其一例。「勞**肖**」，所指爲何，則尙待考究。

　　由上述討論可知，受「**龓**禱」的對象雖以祖先神佔大多數，但仍有如「西方」等非祖先神亦受到「**龓**禱」。因此，受「**龓**禱」的對象，應該不只限於祖先神，劉彬徽等人的「嗣禱」說恐怕並不正確。

　　除此之外，「嗣禱」之說還有更大的問題不能解決，那就是：受「**龓**禱」的對象，幾乎也都曾在同一批簡中受過「**趣**禱」。如果「**龓**禱」與「**趣**禱」的差別在於受禱對象，那這樣的情況又該如何解釋呢？劉氏等人認爲，「**趣**禱」是「殺牲盛饌」以祭，〔註45〕顯然並未解決此一疑問。因爲，實際上三種禱祠都有奉獻各種的犧牲和酒食。所以，「**龓**禱」與「**趣**禱」的區別，應該與受禱對象或祭品無關，而在於其他方面。

　　李零說：

> 「**龓**」字原从羽从能，能是之部字，**龓**是職部字，此以音近讀爲翌。
> 「翌」是表示次年、次月、次日。鄂君啓節也有此字，文例作「歲〜返」……「翌禱」則是來年的禱。殷墟卜辭有周祭制度，簡文所述或與之相似。〔註46〕

案：讀「**龓**」爲「翌」的論證，頗爲簡略。古籍中有「繹祭」，爲「祭之明日，尋繹復祭」〔註47〕之意。「翌」與「繹」通，然而簡文中的「**龓**禱」，和典籍中明日復祭的「繹祭」並不相符。因此，李氏便將所謂「翌禱」，解釋爲「來年的禱」。但簡文裡關於「**龓**禱」的記載，多半是卜筮後針對問題偶然提出的方案，不應該是所謂「來年的禱」或「周祭制度」。

〔註44〕　參看：滕壬生：《楚系簡帛文字編》（武漢：湖北教育出版社，1995 年 7 月），頁 78。
〔註45〕　參看：同註2，頁 386，考釋 375。
〔註46〕　同註34，〈包山楚簡研究（占卜類）〉，頁 437。
〔註47〕　《爾雅注疏》，卷 6，頁 99 下。

　　吳郁芳則有「罷禱」之說，認為是「殺牲以祭」的意思。〔註 48〕如前所述，實際上三種禱祠都有「殺牲以祭」，因此，這還是不正確的論點。

　　孔仲溫以為「罷」應讀為「熊」，而「罷禱」疑讀為「禜禱」，屬《周禮‧春官‧太祝》所掌「六祈」之一。〔註 49〕

　　案：《說文》云：

　　　禜，設綿蕝為營，以禳風雨雪霜、水旱癘疫於日月星辰山川也……

　　　一曰禜衛使灾不生。〔註 50〕

可知「罷禱」與文獻中的「禜禱」，在舉行的目的及祈禱的對象等方面，均不相同。因此，此說實嫌牽強附會，不可從。

　　此外，陳偉武認為：「罷」可視為「能」字異構，在此應讀作「仍」，訓為因仍、連續。「舉禱」義為初始祭神求福，「罷禱」則是因仍而祭禱之義。陳氏並舉了包山簡 202～204 及望山簡 119 這兩次先言「舉禱」，後言「罷禱」的簡文，作為例證。〔註 51〕

　　案：包山簡 197～198、199～200 及 201～204，為同一天的三次「歲貞」記錄。從其中的「興說」記載可知，石被裳的貞問（簡 199～200）應在鄙會的貞問（簡 201～204）之前舉行。石被裳卜問的結果，認為應「罷禱」邵王等祖神，而在此之前的貞問，卻並沒有提出應舉行「舉禱」，之後鄙會的貞問，才認為應舉行「舉禱」。由此可知，陳氏所謂時間先後順序之說，亦不可信。

　　以上，已將前人關於「罷禱」論述中並不妥當的地方，試著作了檢討。接下來，再簡單地就有關「舉禱」的意見，略加討論。

　　（二）「舉禱」

　　「舉禱」之「舉」，或從辵，作「遱」；或從犬，作「獎」。由詞例及字形推斷，應均為同字異構。在楚簡中，「舉」字除見於「舉禱」及人名、地名等專名外，還有其他的用法。包山簡 91 云：

〔註 48〕　參看：吳郁芳：〈《包山楚簡》卜禱簡牘釋讀〉，《考古與文物》1996 年第 2 期（1996 年 3 月），頁 75～76。黃人二《戰國包山卜筮祝禱簡研究》（臺北：國立臺灣大學中國文學研究所碩士論文，1996 年 6 月）對「罷禱」有著繁複的論說，但其主張及缺失皆與吳郁芳大體相同，故此處亦不細論。詳見該書，頁 74～90。

〔註 49〕　參看：孔仲溫：〈楚簡中有關祭禱的幾個固定字詞試釋〉，收入：同註 10，《第三屆國際中國古文字學研討會論文集》，頁 579～583。

〔註 50〕　同註 22，卷 1 上，頁 8 下左。

〔註 51〕　參看：同註 10，〈戰國楚簡考釋斠議〉，頁 652～657。

周雁訟付塦之關人周琛、周敚，謂葬於其土。琛、敚塦雁成，唯周
鼹之妻葬焉。

「付塦」爲地名，可能就是文獻中的「扶予」，地在今河南泌陽西北；〔註52〕
後一個「塦」字，則應讀作「與」，爲連詞。此簡文意略謂：周雁控告付塦之
關人周琛、周敚，說他們濫葬於其地。後來周琛、周敚與原告周雁達成和解，
只有周鼹仍濫葬其妻於周雁之地。〔註53〕望山一號墓十三號簡則有「不可以
動思塦身」的文句。「動」原作「違」，从辵，童聲，「童」、「重」古音同，先
秦古籍亦習見童、重通用之例。〔註54〕「動思塦身」應讀作「動思舉身」，《史
記・梁孝王世家》：「景帝跪席舉身曰：『諾。』」〔註55〕「舉身」謂起而正其
身，在簡文中則指因心疾而不能思考、起身之意。此外，望山二號墓四十八
號簡有「五□白之塦」。朱德熙等人疑「塦」應讀爲「篽」，〔註56〕可備一說。

　　新發表的郭店簡中，「塦」字亦有「與」、「舉」兩種讀法。前者如：〈緇
衣〉簡46：「其古之遺言塦（與）？」後者則如：〈五行〉簡43～44：「君子知
而塦（舉）之。」〈六德〉簡48：「得其人則塦（舉）焉。」〔註57〕而由上述
可知，「塦」是一個从與聲的字，在楚簡裡至少已有「與」、「舉」兩種讀法。

　　前人對「塦禱」的討論，並不像「罷禱」那麼熱烈，其中有些研究者，將
之解釋爲「殺牲盛饌」以祭。〔註58〕由於殺牲以獻並非「塦禱」的特點，且
「塦禱」亦屢見奉獻玉飾而非犧牲的例子，這些都已證明了此類看法並不正

〔註52〕參看：同註35，頁56；何琳儀：〈古兵地名雜識〉，《考古與文物》1996年第
　　　　6期（1996年11月），頁70～71；顏世鉉：《包山楚簡地名研究》（臺北：國
　　　　立臺灣大學中國文學研究所碩士論文，1997年6月），頁278～279。
〔註53〕相關的討論，請參看：周鳳五師：〈《眚罘命案文書》箋釋──包山楚簡司法
　　　　文書研究之一〉，《國立臺灣大學文史哲學報》第41期（1994年6月），頁10。
〔註54〕可參看周鳳五師〈包山楚簡文字初考〉一文對「重病」的釋讀（該文收入：
　　　　王叔岷先生八十壽慶論文集編輯委員會：《王叔岷先生八十壽慶論文集》，臺
　　　　北：大安出版社，1993年6月，頁364）。
〔註55〕同註14，《史記》，卷58，頁2091。
〔註56〕參看：朱德熙等：〈二號墓竹簡釋文與考釋〉，收入：同註6，《望山楚簡》，頁
　　　　133。
〔註57〕郭店簡裡，〈尊德義〉簡3亦有「塦」字。但由於此簡上半略有殘泐，文意並
　　　　不完全清楚。因此，是否如釋文讀作「舉」，或許還有再斟酌的餘地。
〔註58〕參看：同註2，考釋375；同註48，《戰國包山卜筮祝禱簡研究》，頁90～109。
　　　　本節初稿寫成後，又得見古敬恆〈《望山楚簡》札記〉（《徐州師範大學學報》
　　　　第24卷第2期，1998年6月）。古氏亦認爲「塦禱」爲「殺牲盛饌舉行祭祀」
　　　　（參看該文，頁38）。

確。因此，其部分論述，或猶有其他值得商榷之處，這裡也不再一一細論。

李零說：

「與禱」可能是始禱，與「賽禱」的「賽」是報答之義正好相反，

兩者有對應關係。〔註59〕

案：此說說解亦頗爲草率。且以包山簡而言，其中的「賽禱」也未必與「墨禱」相對應。如簡214～215所逐「石被裳之說」的「賽禱」，即與「罷禱」對應。因此，「始禱」之說恐怕亦非正解。

綜上所論，我們認爲前人對「罷禱」及「墨禱」的解說，均不甚理想。「罷禱」與「墨禱」的差異究竟爲何，實在有必要重新回到簡文中尋找答案。

二、楚簡中所反映三種禱祠的差異

前人論述禱祠名義問題的最主要缺失，多在於偏重字音通假的聯想，卻反而忽略了一個更單純的基本道理。那就是：三種禱祠的名稱既有不同，則彼此間必有差異。事實上，我們可以透過梳理簡文，大致掌握到此一差異的線索。

在每次貞事中，若占辭顯示貞問事項可能會有憂患、不順或鬼神作祟等不吉之徵象，則會建議舉行禱祠、「攻解」或其他禮祭儀式，以求得福去禍。經由歸納簡文得知，「賽禱」及「攻解」可以針對占辭所指出的各類負面結論；而其他的祭儀出現較少，種類亦較爲零散，尚不易歸納。至於「罷禱」及「墨禱」，則各有其專門針對的事項。

現存楚簡中的卜筮記錄，與疾病有關的，占了最大部分。然而，「罷禱」的目的，卻似乎都和去疾解祟無關。也就是說，簡文裡未見因爲求貞者有身體或鬼神作祟方面的隱憂，而建議應舉行「罷禱」的記載。由於望山簡殘斷較甚，而天星觀、秦家嘴簡又未完全刊布，所以，可供討論的，只有命辭、占辭及說辭皆較完整的包山簡。

包山簡205、206爲單純的「罷禱」記錄，可暫時置之不論。其餘的「罷禱」擬構，則皆出現於「宋客盛公鹍聘於楚之歲」的「歲貞」之後。爲便於討論「罷禱」的緣由，以下先摘引相關貞事的占辭與說辭。

石被裳以訓蘢爲左尹鉈貞……少外有憂，志事少遲得。以其故說之，罷禱於卲王特牛，饋之；罷禱文坪夜君、郚公子春、司馬子音、蔡公

〔註59〕同註34，〈包山楚簡研究（占卜類）〉，頁437。

子豪各特豢、酒食；罷禱於夫人特𤝐。（199～200）

鄗會以夬著爲子左尹𨒙貞……少有憂於躬身，且爵位遲踐。以其故說之，墨禱於宮地主一𦏊；裓於親父蔡公子豪特𤝐、酒食，饋之；裓親母肥冢、酒食；墨禱東陵連囂肥冢、酒食。與石被裳之説，罷禱於卲王特牛，饋之；罷禱於文坪夜君、郚公子春、司馬子音、蔡公子豪各特豢、酒食；夫人特𤝐、酒食。（201～203）〔註60〕

需要先稍作討論的是「少外有憂」的「外」字。劉彬徽等人引《禮記・曲禮》，認爲「外」是「旬之外」的意思。〔註61〕李零則認爲「少外」應讀作「少閒」，爲稍微之義。〔註62〕

　　案：劉彬徽等人的解釋並不可信；而楚簡中「閒」字作𨘷，或省作𫜪，也與「外」字作𫝫不同。當然，這裡的「外」字還是有可能是「閒」字的訛寫，但由類似的文例推測，此一可能性應該是比較低的。「少外有憂」或許是「少有外憂」的誤寫，也可能兩種説法並無差異，而都是通順、正確的。天星觀簡的類似句例有「少有外憂」、「少有外惡」、「少外有恩」，〔註63〕亦有「外」在「少」、「有」之間的用例。另外，天星觀簡尚有「且有外惡」、「且外又不順」、包山簡則有「且外又不順」（210、217），這些句例的涵義應大致相同。略謂：「稍微有外事的憂慮」或「且外事也有不順」，這可由諸簡的上下文意來證明。如：包山簡 210 是説：「稍微有憂慮於自身與房屋（躬身與宮室），而且外事也有不順遂」；〔註64〕；簡 217 則是説：「稍微有憂慮於自身，而且

〔註60〕　「冢」字的考釋，請參看：李家浩：〈戰國時代的「冢」字〉，《語言學論叢》第 7 輯（1981 年 7 月），頁 113～122；湯餘惠：〈包山楚簡讀後記〉，《考古與文物》1993 年第 2 期（1993 年 3 月），頁 75。

〔註61〕　參看：同註2，頁 385，考釋 358。

〔註62〕　參看：同註34，〈包山楚簡研究（占卜類）〉，頁 435。

〔註63〕　「恩」字原篆作𢟪，從心，夙聲，未見於字書，疑當讀爲「慽」。「夙」與「戚」古音同爲幽部入聲、舌尖塞擦音字；又「宿」從夙聲（佰，古文夙），而從宿與從戚得聲的字，古籍往往互通。如：《左傳・襄公十四年》：「孫文子如戚。」（卷32，頁 560 下右）《史記・衛康叔世家》「戚」作「宿」（同註 14，卷 37，頁 1596）；《儀禮・鄉飲酒禮》：「磬階閒縮霤。」鄭注：「古文縮爲蹙。」（卷10，頁 104 下左）《説文》云：「慽，憂也。」（同註 22，卷 10 下，頁 223 上右）因此，「少外有恩」應與「少外有憂」同義。

〔註64〕　「宮室」，在先秦爲房屋的通稱。《易・繫辭下》：「上古穴居而野處，後世聖人易之以宮室。」（卷8，頁 168 上左）在簡文中是指所居住的房屋，即家的意思。

外事也有不順遂」。簡文中的「外」與「躬身」、「宮室」相對，可見應是自身之外、家之外的意思。就包山簡而言，「外」所指的應即「歲貞」所問的「事王」之相關事務，包括「爵位」（202、204）、「志事」（198、200，即「所志之事」，也就是邵𬁽心中的願望。〔註 65〕綜觀諸簡，應與爵位有關）及名聲（簡 211 有「邦知之」）等。天星觀簡「月貞」所問，亦爲「侍王」之事，推測「外」所指的事務性質，也與包山簡相近。

上引簡文中，雖然簡 201 至 202 云「少有憂於躬身」，但歸納、比對相關簡文，並細讀上下文，可知這應非舉行「龍禱」的緣由。那次貞問所顯示的問題，有自身與爵位兩方面，而先提到的「舉禱於宮地主」、「褣於親父」、「親母」及「舉禱東陵連囂」，應即針對自身的憂慮；後面「輿石被裳之說」「龍禱」邵王以下的祖神，則是爲了爵位。

特別値得注意的是，在對「宮地主」與「東陵連囂」的「舉禱」之間，不說「舉禱」於「親父」、「親母」，而例外地寫作「褣」。「褣」，劉彬徽等人讀作「愙」，訓爲敬，〔註 66〕理由並不充分。陳偉分析此次貞事的享祭制度，指出：

> 蔡公子家用戠豬，規格應低於平素享用的戠豜；夫人用肥冢，應低於平素享用的戠豬。就是說，蔡公子家和夫人這次均採用減殺之牲。但與此同時，東陵連囂仍採用常牲肥冢，沒有作相應的減損。本簡記對蔡公子家和新母的禱祠之禮例外地寫作「褣」，也許在本次禱祠中只是對這二人採用了減殺之禮。〔註 67〕

陳氏對包山簡中諸祖神享祭常制的分析是正確的，也指出了此次禱祠對先父母的用牲爲減殺之禮。不過，他雖看到了這個狀況，卻沒有再作進一步的探究。

我認爲此次「舉禱」二人，之所以稱爲「褣」，而用減殺之禮，可能和兩種禱祠皆需祝禱相同的對象有關。石被裳貞問的結果，顯示在「志事」方面有憂慮，需「龍禱」邵王以下祖神，包括先父母。而同日酈會貞問的結果，則顯示除「爵位遲踐」外（即「志事」方面的問題），「躬身」亦有憂慮。所以，在「輿石被裳之說」之外，還需「舉禱」於「宮地主」、「親父」、「親母」及「東陵連囂」。然「親父」、「親母」已受「龍禱」，因此「舉禱」時可減等用牲，這

〔註 65〕參看：同註 54，頁 367。
〔註 66〕參看：同註 2，頁 386，考釋 378。
〔註 67〕陳偉：《包山楚簡初探》（武漢：武漢大學出版社，1996 年 8 月），頁 180。

種情況即稱爲「祫」。

包山簡 201～204酈會貞問後所舉行的「罷禱」與「嬰禱」，皆有祝禱於先父母。這正說明了在楚人的常制裡，「罷禱」與「嬰禱」確實各有其對應的事項，並不混用，彼此間也不能替代。

需要提出來說明的，是望山一號墓的一條殘簡。簡 28 說：「☑志事。以其故說之，享歸佩玉一環束大王；嬰禱⋯⋯。」乍看之下，似乎「志事」方面的問題，也可以舉行「嬰禱」。但實際上，此簡上部殘斷，且其原來的前後諸簡，也已經殘泐壞滅、散亂失次，而無法繫連，所以並不能下此論斷。根據較完整的包山簡推測，此次貞問所預示的憂患，應當還有身體或妖祟方面的問題。而「嬰禱」所針對的，應即這些事項，並非「志事」。

接著討論「嬰禱」的緣由，以下仍先摘舉相關的簡文。由於「嬰禱」擬構出現次數較多，爲免蕪雜，下面只列出各簡相關的占辭，即需「嬰禱」的問題、原因。在包山簡有：

少有憂於躬身。（201～202、217；簡 226～227 無「於」字）

少有憂於躬身與宮室。（210）

少有憂於宮室。（229；簡 233 此句後多一**鏺**字，不識〔註68〕）

有祟見親王父、殤。（222）

有祟見。（223）

有祟見於絕無後者與漸木立。〔註69〕（249）

疾難瘥。（236）

疾變，有瘧，滯瘥。（239～240）

病滯瘥。（243）

〔註68〕 李家浩將此字釋爲「痲」，可備一說。參看：氏著：〈包山楚簡「薮」字及其相關之字〉，收入：同註10，《第三屆國際中國古文字學研討會論文集》，頁 560、573～574。不過，李氏根據《集韻》，認爲「痲」是「腫滿」之義，即「身體有腫脹的毛病」。但這次貞問是屬於「歲貞」，而「歲貞」是貞問一般的事務，即使貞問的結果顯示有身體方面的憂慮，占辭也不會直接說出病症，而大致只會說「有憂於躬身」，像包山「歲貞」諸簡均是如此。況且，此字所從耑，與楚簡中其他「耑」的寫法，也並不完全相同。所以，此字是否確爲「痲」字，或許還需要再考慮。

〔註69〕 「絕」字的考釋，請參看：林素清師：〈讀《包山楚簡》札記〉，「中國古文字研究會第九屆學術研討會」論文（南京：南京大學，1992 年 10 月），頁 1～2。

疾變，病突。（245）

疾有癭。（247）

而望山簡有：

有祟。（54、81）

有癭，遲瘥。（62）

少遲瘥。（63）

又簡 116 云：「☐栽陵君肥豚、酒食；舉禱北子肥豢、酒食。急瘥，賽之」可知此次需「舉禱」的原因與疾病有關。另外，天星觀簡則有「有祟。說之，舉禱祓特牛」〔註70〕的文句。

從上引簡文，可以很明顯地看出，「舉禱」的緣由包括了「躬身」、「宮室」方面的憂慮、鬼神作祟及疾病的問題。望山簡 24 云：「憂於躬身與宮室，有祟。」天星觀簡亦云：「少有憂於躬身，有祟。」因此，「躬身」、「宮室」方面的憂慮，可能也與鬼神作祟有關。自身有祟，可能會生病、遇禍；而所居住的房屋有祟，其中的人自然也會有災殃。又在古人的觀念裡，或認為疾病、禍災為鬼神作祟所引起。這類觀念的記述，於《左傳》等文獻中屢見，在前一章討論「卜筮與祭禱的關聯」時，也略有引用。

上引簡文中，指出有鬼神作祟的包山簡，均屬於「疾病貞」，簡 218 也認為「有祟」為病因。而在望山簡中，除前引簡 62 外，這類的簡文還有一些，如：「☐癭，有見祟。」（50）「不死，有祟。」（54、60）「疾遲瘥，有祟。」（61）等。天星觀簡也有許多以為病症是因鬼神作祟所引起的文句，這裡就不再一一列舉。因此，我們可以這麼說：舉行「舉禱」的原因，大致上皆和鬼神作祟有關。

討論至此，可作一簡單的小結。「罷禱」所針對的問題為外事，就目前所見的楚簡而言，主要與功名事業有關；「舉禱」則與鬼神作祟有關。兩種禱祠的施用時機與目的不同，彼此間自然也不能隨意替代。

至於「賽禱」，前面曾經提到過，楚簡中的「賽禱」，可以針對占辭所指出的各類負面結論。然而，由於「賽禱」的性質為回報神福，常常施行於「逡說」之後。因此，前面所指出的現象，或許只是表面的情況。下面舉包山簡 212～215 為例，試作說明。

〔註70〕引自黃錫全編著：《湖北出土商周文字輯證》（武漢：武漢大學出版社，1992年 10 月），頁頁 286。

> 盬吉以寶豪爲左尹舵貞……少有惡於王事，且有憂於躬身。以其故
> 說之，迻故籤，賽禱太佩玉一環；后土、司命、司禑各一小環；大
> 水佩玉一環；二天子各一小環；望山一玦。迻郦會之説，賽禱宮地
> 主一𥚁。迻石被裳之説，至秋三月，賽禱卲王特牛，饋之；賽禱文
> 坪夜君、郚公子春、司馬子音、蔡公子豪各特豢，饋之；賽禱親母
> 特猪，饋之。（212〜215）

這次的貞問結果，顯示有「王事」及「躬身」兩方面的憂患，而消解的方法，
則是「迻說」並舉行「賽禱」。其所移用的三次說辭中，「故籤」原本記的是何
種禱祠，已無法確知，但應爲「盟禱」或「罷禱」之一。而所移用的郦會及石
被裳之說，則分別是針對「躬身」、「王事」（簡199〜200「少外有憂，志事少
遲得」，所言即事王之事）的「盟禱」和「罷禱」。因此，「賽禱」的目的除回
報神福外，或許也可以視爲另一種形式的「盟禱」或「罷禱」。

　　另外，本節初稿寫成後，又看到古敬恆〈《望山楚簡》札記〉一文，古氏
說：

> 《望山楚簡》賽禱10例，竟無一例標明祭禱用品者。推其原因，一
> 是由於簡文殘缺，有可能脫漏祭品名稱……第二個原因，是簡文作
> 者原本就未考慮寫進賽禱用品……這是否意味著，「賽禱」既然是酬
> 報神靈，那麼，進奉犧牲乃題中應有之義，故可略而不談呢？〔註71〕

其實，望山一號墓簡中提到「賽禱」的十例中，除下文嚴重殘斷的六例（52、
61、82、89、90、108）可置之不論外。簡88是「☐痁以黃靈習之。尙崇。
聖王、悤王既賽禱☐」，簡135則說「☐公既禱未賽」，二例都是在敘述是否已
舉行了賽禱；又簡116的「☐栽陵君肥豕、酒食；盟禱北子肥豢、酒食。急瘥，
賽之」，則是一種許願之說。這一類的句例，在其他幾批簡中也有出現。如：
天星觀簡有「既賽卓公」；包山簡200有「志事速得，皆速賽之」；秦家嘴一
號墓簡3有「至新父句，思紫之疾速瘥，紫將擇良月良日，將速賽」；秦家嘴
九十九號墓簡14也有「疾速瘥，速賽之」。我們可以很明顯地看出，它們都
不是實際賽禱或賽禱構擬的記錄，所以當然不必標明祭品。此外，望山一號
墓簡109說：「賽禱宮地主一犳☐。」「犳☐」字右旁雖並不十分清楚，但可確定
爲一種豕牲。〔註72〕因此，古氏其實是既未能確切理解簡文內容，又沒有眞

〔註71〕參看：同註58，〈《望山楚簡》札記〉，頁39。
〔註72〕「犳」字原簡寫作𥝋，右旁並不十分清楚，但與「古」字相近，疑即「黏」字。

的將簡文看清楚，而作了不必要的懷疑和討論。

三、後　記

　　本節的初稿，是全文各章節中，寫成最早的一篇。由於是首次正式撰寫古文字方面的習作，對於楚簡的了解也比現在更加粗淺，因此有著不少的錯謬及缺失。初稿請周鳳五師審閱後，周師也告訴我他對此問題的看法。周師的見解，鞭辟近裡，直指問題的核心，我自然是深感佩服。相形見拙的拙稿，原本應當廢棄，然而，對我個人而言，這畢竟是學習古文字淺暫的歷程中，一次值得紀念的記錄。況且，拙稿的論述雖然較為迂曲，且細節上錯誤頗多，但或許也勉強算是從另一個角度切入此問題，而不至於是白廢筆墨。這樣想想，也就自己說服自己，而把它留下來了。不過，基本的意見雖沒有什麼改變，但在行文、釋讀及論證上，則作了相當程度的刪修及補充。

　　至於周師的意見，已寫於〈讀郭店楚簡《成之聞之》札記〉（待刊）。下面就根據稿本，迻錄相關論述，以作為本節的收尾。

> 　　楚文字有因聲音通轉而一字歧讀的現象……朱德熙、李家浩曾經以臨沂銀雀山漢簡〈十問〉為證，指出此字此字從羽，能聲，很可能是「翼」字的另一種異體寫法，從而推論鄂君啓節銘文所見此字當讀作「代」。現在根據郭店楚簡大量出現的用例，可以確定此字經常讀作「一」，鄂君啓節銘文當讀作「歲一返」，意謂「一年返節一次」。但是，此字還有其他的讀法。在包山楚簡「卜筮禱祠」簡中，以此為名的一類禱祠應當讀作「代禱」，和「與禱」是配套的兩種禱祠方式。所謂「代禱」，就是由主持儀式者（通常就是巫覡）用其本人的名義，代替當事人向當事人的祖先神靈進行祭祀，並代為提出要求和承諾。見於文獻的例子，如《尚書・金滕》載武王有疾，周公「乃自以為功，為三壇同墠，為壇于南方北面，周公立焉，植璧秉珪，乃告太王、王季、文王，史乃冊祝曰：『惟爾元孫某，遘厲虐疾』」云云。至於「與禱」，顧名思義就是由當事人自己祭祀鬼神或祖先，並提出要求與承諾。文獻所見，如《左傳・哀公二年》載鐵之戰前，衛太子蒯聵親自祭祀祖先，「衛太子禱曰：『曾孫蒯聵敢昭告於皇祖文王、烈祖康叔、文祖襄

包山簡 207 有「薦於野地主一豠；宮地主一豠」，受祭禱的神祇、祭品皆與此簡相同。

公。鄭勝亂從，晉午在難，不能治亂，使鞅討之；蒯聵不敢自佚備持矛焉。敢告：無絕筋、無折骨、無面傷，以集大事，無作三祖羞；大命不敢請，佩玉不敢愛』云云。「與禱」的與，猶如《論語》「子曰：吾不與祭，如不祭」的與，應當作「參與」解，而相對配套的自然就是「代禱」了。此字如此釋讀，形、音、義兼顧，完全符合文字考釋的要求，而且具有古文獻的證據，應當可以成立。〔註73〕

周師將「龍禱」、「壘禱」釋讀爲「代禱」、「與禱」，不僅形、音、義兼顧，且具有古文獻的證據，可以信從。「代禱」和「與禱」的最主要差異，在於當事人是否自己參與祭禱，並提出要求與承諾。而我們在前面指出：楚簡中「代禱」所針對之問題爲外事，「與禱」則與鬼神作祟有關。需要「與禱」的問題之所以應親自與祭，可能就是因爲他們認爲這些問題和鬼神直接相關，都是受鬼神影響或觸犯了鬼神。因此，本文所論，與周師的論點或許並不牴觸，而可以算是從另一個角度切入，試著爲周師意見尋求簡文內透露的證據。

第二節　楚簡中所見祭禱問題瑣議

　　除三種禱祠外，楚簡中所記去禍得福的辦法，還有「享祭」（包山簡 238、241；天星觀簡）、「月饋」（望山一號墓簡 113、141）等各種禮祭儀式及「攻解」等。這些祭儀名稱的涵義，大多不難理解，如：「享祭」即供獻祭品祭祀；「月饋」則應是指每月進獻祭品祭祀，而當與古籍中的「月享」、「月祀」、「月祭」等同義。至於「攻解」，則是責讓作祟的鬼怪、神靈，以求解除災患，〔註74〕，並不使用祭牲。《論衡・順鼓》云：「告宜於用牲，用牲不宜於攻。告事用牲，禮也；攻之用牲，於禮何見？」〔註75〕可與楚簡相參看。

　　此外，包山簡 211 云：「思攻解於槑禮，且敓於宮室。」簡 229 云：「思攻敓於宮室。」簡 231 則又有「攻說」。劉釗說：

　　敓字應讀作「除」。除，去也。「除於宮室」即「被除於宮室」之意。

〔註73〕周鳳五師：〈讀郭店楚簡《成之聞之》札記〉（稿本）。

〔註74〕關於「攻解」的詳細討論，請參看：李學勤：《周易經傳溯源》（長春：長春出版社，1992 年 8 月），頁 193～194；曾憲通：〈包山卜筮簡考釋（七篇）〉，收入：常宗豪等編輯：《第二屆國際中國古文字學研討會論文集》（香港：香港中文大學中國語言及文學系，1993 年 10 月），頁 412～416。

〔註75〕黃暉：《論衡校釋（附劉盼遂集解）》（北京：中華書局，1996 年 11 月），卷 15，頁 690。

〔註76〕
這是很正確的意見。不過，研究者多以爲「攻解」、「攻除」及「攻說」（包山簡231）三詞，用字雖異，義卻相同，〔註77〕則是值得商榷的看法。

「攻解」的對象，是作祟的各種鬼怪、神靈；而由包山簡211、229來看，「攻除」的對象，皆是「宮室」，與「攻解」有別。因此，「攻除」可能是對宮室進行除凶去垢的儀式，期能去除屋內的不祥之物，而不只是責讓作祟的鬼怪、神靈。又「攻解」及「攻除」似乎都沒有奉獻祭品，而包山簡231云：「思攻說，歸繡紃、冠帶於南方。」因此，「攻說」則可能是包括了責問和獻祭的陳說之辭二者的儀式。總之，「攻解」、「攻除」及「攻說」三詞的涵義雖相近，但卻並不完全等同，而這也反映了楚人卜筮祭禱用語慎重、細密的一面。

經由上面的討論，我們看到楚人卜筮後求福去凶的作法，大致可分爲兩大類：三種禱祠和各種祭儀，皆有祭品，屬於向鬼神請求的一類；「攻解」、「攻除」等，沒有奉獻祭品，則是屬於責讓鬼怪、神靈的另一類。《論衡‧解除》云：「世信祭祀，謂祭祀必有福；又然解除，謂解除必去凶。」〔註78〕這一段話，恰好是對楚簡所記卜筮後求福去災的兩類作法，極爲簡潔的敘述。

楚簡中有關「攻解」的記述相當簡略，大多只記有「攻解」的對象，而很少對實際儀式、作法有更進一步的說明。〔註79〕睡虎地秦簡《日書》甲種有〈詰〉（24背～68背），是該批《日書》中字數最多的一篇，其內容記述對付各種鬼怪的方法，應與楚簡「攻解」有關，可以參看。〔註80〕至於楚簡中對於祭禱的相關記述，雖然算不上詳盡，但仍有一些值得注意的習制。因此，本節擬就以下三個楚簡中所見與祭禱有關的問題，略作考察。另外，楚簡中祭禱及「攻解」的對象，十分繁多，而與其相關的享祭制度、祭禱諸神之排列原則等問題，也頗爲複雜。因此，我們將在下一章中，再就這些相關問題，一併作詳細的探討。

〔註76〕 劉釗：〈包山楚簡文字考釋〉，「中國古文字研究會第九屆學術研討會」論文（南京：南京大學，1992年10月），頁16。
〔註77〕 參看：同註74，〈包山卜筮簡考釋（七篇）〉，頁413～415；同註48，《戰國包山卜筮祝禱簡研究》，頁42。
〔註78〕 同註75，卷25，頁1041。
〔註79〕 包山簡250云：「命攻解於漸木立，且徙其處而樹之。」這是目前所見唯一對相關作法有進一步說明的簡文。
〔註80〕 較詳細的相關討論，可參看：劉樂賢：《睡虎地秦簡日書研究》（臺北：文津出版社，1994年7月），頁225～268。

一、齋　戒

　　古代祭祀前需先齋戒，我們在望山一號墓簡中，也看到一些這方面的記錄，並分爲「內齋」（106、132、137、155）和「野齋」（156）。由於這幾枚簡皆已相當殘斷，除了齋戒日的干支外，並沒有提供太多其他的訊息。因此，下面的討論，將以《禮記》等文獻中的一些記載是否可能與楚簡所記有關，爲主要考察的問題。

　　商承祚認爲：「內齋」和「野齋」，就是《禮記》所說的「致齊」和「散齊」。〔註81〕朱德熙等人則說：「疑野指城外，內指所居宮室。或謂『內』當讀爲『入』。」〔註82〕前一種說法是否可信，有必要加以考察。

　　《禮記・祭義》云：

> 致齊於內，散齊於外。齊之日，思其居處，思其笑語，思其志意，
> 思其所樂，思其所嗜。齊三日乃見其所爲齊者。〔註83〕

所謂「致齊於內，散齊於外」，是商承祚持論的依據。「齊」即「齋」，是指舉行祭祀以前，清整身心的禮式。至於「內」、「外」所指爲何，孫希旦云：「致齊於內，專其內之所思也；散齊於外，防其外之所感也。」〔註84〕孫氏此說，只是引申的講法，這從《禮記》的其他篇章可以看出。〈檀弓〉云：

> 夫晝居於內，問疾可也；夜居於外，弔之可也。是故君子非有大故，
> 不宿於外；非致齊也，非疾也，不晝夜居於內。〔註85〕

很清楚地，「內」、「外」是指所居處的地方。鄭玄云：「內，正寢之中。」孔穎達則補充說：

> 故禮斬衰及期喪，皆中門外爲廬堊室，是有喪夜居中門外也……必
> 知正寢者，以其經云非致齊不居於內。致齊在正寢，疾則或容在內
> 寢，若危篤，亦在正寢……此齊在內，〈祭統〉云：「君致齊於外，
> 夫人致齊於內。」對夫人之寢爲外內耳。〔註86〕

〔註81〕　參看：商承祚編著：《戰國楚竹簡匯編》（濟南：齊魯書社，1995 年 11 月），
　　　　　頁 234～235、246。
〔註82〕　同註 6，頁 99，考釋 81。
〔註83〕　《禮記正義》，卷 47，頁 807 下。
〔註84〕　〔清〕孫希旦撰；沈嘯寰、王星賢點校：《禮記集解》（臺北：文史哲出版社，
　　　　　1990 年 8 月），卷 46，頁 1208～1209。
〔註85〕　《禮記正義》，卷 7，頁 129 上右。
〔註86〕　《禮記正義》，卷 7，頁 129 上。

由前引《禮記》本文來看，鄭、孔二氏的注疏應該是可信的。〈檀弓〉所說的「內」、「外」，是指中門之內外；而〈祭統〉的說法，則讓我們明瞭「內」、「外」只是相對的說法。由於「致齊」需居於正寢之中，因此，「散齊於外」當是在正寢之外的意思，雖然未必在服喪者所居的「廬堊室」之中，但應該是可以在日常的居室以外。〈曲禮〉孔疏云：「古者致齊各於其家，散齊亦猶出在路。」〔註87〕這應該是正確的意見。《太平御覽》卷五百三十引唐代成伯璵《禮記外傳》「散齋於外，致齋於內」，張幼倫注：「外者，公寢也；內者，寢中小室。」〔註88〕這樣的說法，似乎與先秦禮俗並不相同。

總結上述的討論，本文認爲《禮記・祭義》「致齊於內，散齊於外」的意思，應是說「致齊」需居於內，而「散齊」可以在外。至於「散齊」期間的限制，主要在於不能乘車馬，並且要停止音樂及喪弔活動。〔註89〕而由此看來，楚簡的「內齋」和「野齋」，確實有可能與《禮記》所說的「致齊」、「散齊」有關，商承祚之說可從。至於楚人齋戒日數等其他相關習制的細節，與古籍中的記載有沒有差異，目前則還無法得知。

二、主祭、助祭與祝告者

祭禱簡中所記錄的人名，在祭禱活動中的職司爲何，是需要討論的問題。目前能確定爲實際祭禱記錄的簡文並不多，主要見於包山簡，共有四枚。另外，望山一號墓簡中，雖也有一部分應屬於純粹的祭禱簡，但均已嚴重殘斷，而無法作進一步的討論。因此，下面將以包山祭禱簡爲討論對象，並配合古書中的相關記載，試作考察。

從內容來看，包山簡 205 和 206 應屬於同一日同一次祭禱的記錄，而包山簡 224、225 也是如此。爲便於討論，先將兩次祭禱記錄各引一簡於下：

> 東周之客䣄䠓歸胙於栽郢之歲，冬柰之月，癸丑之日。龗禱於卲王特
> 牛、大䝁，饋之。卲吉爲位，既禱至福。（205）〔註90〕

〔註87〕《禮記正義》，卷3，頁54上右。

〔註88〕〔宋〕李昉等：《太平御覽》（上海：上海書店，1989年3月，重印四部叢刊初編本），卷530，頁2左。

〔註89〕〈祭義〉鄭注云：「散齋七日，不御、不樂、不弔耳。」（《禮記正義》，卷47，頁807下左）

〔註90〕「大䝁」，劉彬徽等人說：「䝁，疑讀作牂，《廣雅・釋獸》：『吳羊……其牝……三歲曰牂。』」（同註2，頁387，考釋388）包山簡206「龗禱」的對象爲「文坪

東周【之】客薈䋣歸胙於栽郢之歲，叓月，丙辰之日。攻尹之䄡執事
人頧墨、衛妝爲子左尹㹸貶禱於親王父司馬子音特牛，饋之。臧敢
爲位，既禱至命。（224）

我們在第一章提過，祭禱簡可分爲前辭和禱辭，而彭浩對祭禱簡前辭有如下
的敘述：

前辭包括舉行祭禱的時間及祭禱人。記時的方法與卜筮簡組同（案：
應爲「相同」）。也有不記祭禱人的。〔註91〕

至於禱辭的內容，彭氏則認爲記的是「祭禱先君、先祖之辭及設牲者」。〔註92〕

　　彭浩的論述，有一些需要斟酌的問題。首先，由前引包山簡 224 來看，
彭氏所謂的「祭禱人」，與後面的禱辭並不能分割，應屬於禱辭的一部分，而
不屬於前辭。因此，祭禱簡前辭的劃分，宜止於祭禱年、月、日的記錄。

　　其次，將彭氏之說與簡文比對，可知他是將「攻尹之䄡執事人頧墨、衛
妝」稱爲「祭禱人」；而將「邵吉」或「臧敢」稱爲「設牲者」。這樣的稱述，
似乎也很有問題。我們認爲：古籍中有一些關於祭禱的記載，可和楚簡的祭
禱記錄相參看。《尙書·金縢》云：

既克商二年，王有疾弗豫。二公曰：「我其爲王穆卜。」周公曰：「未
可以戚我先王。」公乃自以爲功，爲三壇同墠。爲壇於南方，北面、

夜君」至「蔡公子豪」，與此簡「邵王」爲同一日同一次的「罷禱」記錄。簡206
所記的祭牲爲「各特豢」，是「文坪夜君」以下祖神的常制用牲，與此相應，「邵
王」也應當是享用其常牲「特牛」。所以，「大䆃」應該只是附於犧牲之後進獻的
酒食之類，而不會是羊牲「牂」，劉氏等人之說不可從。陳偉說：「䆃疑讀作湆或
脔。《儀禮·士昏禮》云：『大羹湆在爨。』鄭玄注：『大羹湆，煮肉汁也。大古
之羹無鹽菜。』……胡培翬《正義》引敖氏則説：『此上牲之肉汁也。以其重於
他羹，故曰大。』《左傳》桓公二年孔疏根據古書使用大羹的記載指出：『是祭祀
之禮有大羹也。』簡書『大䆃』似指大羹，是對邵王的特別禮遇。無論酒食或大
䆃，均是附於犧牲之後進呈的，沒有單獨供祭的例子。」（同註67，頁174～175）
陳氏之説大致可信。不過，「䆃」也有可能並不從立得聲，而是一個從臧聲的字。
「臧」（陽部精母）上古音與「湆」、「脔」（均爲緝部入聲溪母）相距較遠，而與
「羹」（陽部見母）較近。《尚書·梓材》：「戕敗人宥。」（卷14，頁211下左）
《論衡·效力》引作「彊人有」（同註75，卷13，頁579）。「戕」，上古音與「臧」
同爲陽部精母（《説文》以爲臧從戕聲。參看：同註22，卷3下，頁66上右），
「彊」則與「羹」同爲陽部見母。因此，「大䆃」也有可能應讀作「大羹」。

〔註91〕彭浩：〈包山二號楚墓卜筮和祭禱竹簡的初步研究〉，收入：同註2，《包山楚
　　　　墓》，附錄二三，頁557。
〔註92〕參看：同前註，頁557。

周公立焉。植璧秉珪乃告大王、王季、文王。史乃冊祝曰：「……。」
〔註93〕

〈金縢〉記武王有疾，周公乃以自身代替武王，向鬼神請求祭禱，史則以冊文祝告鬼神。與前引包山簡相比對，疑簡224的「攻尹之䋃執事人暊䮑、衛妝」就是〈金縢〉中「史」一類的祝告者。「攻尹」可能就是《左傳》等古籍中的「工尹」，其職掌應為管理百工，楚國地方政府亦設有「攻尹」一職。〔註94〕「䋃執事人」的職司，則可能與卜祝祭禱之事有關。《史記·龜策列傳》：「使工占之，所言盡當。」〔註95〕「工」是指卜者。《詩·小雅·楚茨》：「工祝致告，徂賚孝孫。」〔註96〕《楚辭·招魂》：「工祝招君，背行先些。」〔註97〕其中的「工」，毛亨、王逸皆以工巧之意來訓解，〔註98〕後代注家多從之。馬瑞辰《毛詩傳箋通釋》則說：

〈少牢饋食禮〉「皇尸命工祝」，鄭注：「工，官也。」〈周頌〉「嗟嗟臣工」，毛傳：「工，官也。」〈皋陶謨〉「百工」即百官。「工祝」正對「皇尸」為君尸言之，猶《書》言「官占」也。《傳》謂「善其事曰工」，失之。〔註99〕

馬氏從《儀禮》鄭注，將「工」訓為「官」，雖較工巧之說為長，但恐怕仍一間未達，並不完全正確。由楚簡及〈龜策列傳〉來看，「工」應與卜祝巫覡有關，楚簡「䋃執事人」的「䋃」增添示旁，即因其從事與鬼神交通之事。九店五十六號墓《日書》簡23下有「可以為少䋃」，也應該和卜祝祭禱之事相關。而《詩經》、《楚辭》等典籍中的「工祝」，可能也是指卜祝一類的官員。包山簡205、206在禱祠記錄之前並無人名，則進一步證明了這些人員並非祭禱活動的主角，而應該只是祝告者，所以可以省略。望山一號墓簡10記：「臩月，

〔註93〕 《尚書正義》，卷13，頁185下左～186。

〔註94〕 參看：劉玉堂：《楚國經濟史》（武漢：湖北教育出版社，1996年8月），頁184～185；文炳淳：《包山楚簡所見官制研究》（臺北：國立臺灣大學中國文學研究所碩士論文，1997年12月），頁63～65。

〔註95〕 同註14，《史記》，卷128，頁3236。

〔註96〕 《毛詩正義》，卷13之2，頁457下右。

〔註97〕 〔漢〕王逸章句、〔宋〕洪興祖補注：《楚辭》（臺北：藝文印書館，1967年，百部叢書集成影印惜陰軒叢書本），卷9，頁5右。

〔註98〕 參看：《毛詩正義》，卷13之2，頁457下右；同前註，卷9，頁5右。

〔註99〕 〔清〕馬瑞辰撰；陳金生點校：《毛詩傳箋通釋》（北京：中華書局，1989年3月），卷21，頁705。

丁巳之日，爲慇固舉禱柬大王、聖□☑」，也將祝告者省略。

《周禮・春官・大宗伯》云：「若王不與祭祀則攝位。」鄭注：「王有故代行其祭事。」〔註100〕「攝位」，就是代理主祭之位的意思，實際上就是主祭者。包山簡說「邵吉爲位」、「臧敢爲位」，邵吉、臧敢在祭禱儀式裡的職司，也很可能就是主祭者，這大致上可以和〈金縢〉中由周公主祭，爲武王的疾病祝禱的情況相類比。又《周禮・春官・小宗伯》亦屢見「爲位」的說法，並說「凡國之大禮佐大宗伯；凡小禮掌事如大宗伯之儀」，〔註101〕可見〈小宗伯〉裡的「爲位」，也是主其位的意思。不過，前引包山簡224還提到受禱者邵𧊟，所以我們似乎也不能完全排除邵𧊟親自參與並主持祭禱的可能。如此一來，則該簡的臧敢，或許就是助祭者。

經由以上的討論，可知祭禱簡的前辭記的是舉行祭禱的時間，而禱辭則包括祝告者名、受禱者名（有時也可能親自參與祭禱，而爲主祭者）、祭禱的鬼神、祭品和主祭者（若受禱者親自參與祭禱，則可能是助祭者）名，也有未記祝告者與受禱者的例子（包山簡205～206）。

三、娛神儀式

楚人祭禱鬼神，除祭品外，還有一些其他的娛神儀式，王逸〈九歌序〉云：

> 昔楚國南郢之邑，沅、湘之間，其俗信鬼而好祠。其祠，必作歌樂鼓舞以樂諸神。〔註102〕

〈九歌・東君〉云：「縆瑟兮交鼓，簫鐘兮瑤簴，鳴鶬兮吹竽，思靈保兮賢姱。」〔註103〕即爲列備眾樂，用以祭禱神靈的記載，這也就是《呂氏春秋・仲夏紀・侈樂》所說的「巫音」。〔註104〕曾侯乙墓所出鴛鴦形盒，左右兩側的漆畫「擊鼓圖」與「撞鐘圖」，可能也是在描繪祭祀時奏樂娛神的場景。

在楚簡中，似乎亦有這類的記載，像天星觀簡有「舉禱巫者豬、靈酒、鍢鐘，樂之」，所謂「鍢鐘」，或即與奏樂娛神有關。若這樣的理解不誤，則

〔註100〕《周禮注疏》，卷18，頁283下左。

〔註101〕參看：《周禮注疏》，卷19，頁295上。

〔註102〕同註97，卷2，頁1左。

〔註103〕同註97，卷2，頁17。

〔註104〕參看：〔秦〕呂不韋撰、〔漢〕高誘注：《呂氏春秋》（上海：上海書店，1989年3月，重印四部叢刊初編本），卷5，頁5左。

值得注意的是：截至目前，楚簡中的這類記錄僅此一見。這究竟是由於奏樂娛神爲常規儀式，而省略未記；或相反地，這是對特定鬼神或由於特殊因素才有的祭儀，還有待探究。

在本節的最後，想簡單地談談「鎖」字及相關諸字的問題。「鎖」字原篆作鍆。壽縣朱家集李三孤堆楚墓出土的鼎、匝、盤等銅器銘文中，皆有楚王名「酓夸」，後一字與「鎖」字右旁相同，又作夸、亻等形。此字諸家考釋頗不一致，有「貲」〔註105〕、「胐」〔註106〕、「肯」〔註107〕、「肓」〔註108〕、「齒」〔註109〕、「肯」〔註110〕、「前」〔註111〕等。經過長期的考辨、研究，部分說法早已被學界揚棄，〔註112〕較能言之成理的，似爲「肯」、「肓」及「前」三說，並皆以爲此楚王即是考烈王熊元。包山簡中亦有夸字，巫雪如說：

> 肓見於簡 145，字形作夸，此字又見於安徽壽縣楚墓出土的楚王酓
> 肓諸器銘文中……包山簡中「前」字作夸（簡 122），與肓字有別，
> 釋肓爲前，不確。肯字小篆作𠕎，《金文編》所收肯字則作𠕎（肯

〔註105〕 參看：寶楚齋主人（天津・李氏）：〈壽縣楚器出土記〉，《北平晨報附刊》（1934年 12 月）。原文未見，根據李景聃：〈壽縣楚墓調查報告〉，收入：李濟總編輯、傅斯年等編輯：《田野考古報告》第一冊（臺北：南天書局，1978 年 3月），頁 276、279。

〔註106〕 參看：胡光煒：〈壽春新出楚王鼎銘考釋（又一器）〉，《國風半月刊》第 4 卷第 6 期（1934 年 3 月），頁 2～4。

〔註107〕 參看：唐蘭：〈壽縣所出銅器考略〉，《國立北京大學國學季刊》第 4 卷第 1號（1934 年 12 月），頁 3～4；郭沫若：《兩周金文辭大系圖錄考釋》（北京：科學出版社，1957 年 12 月），頁 170。

〔註108〕 參看：商承祚《十二家吉金圖錄》（臺北：大通書局，1976 年 2 月）頁 348所引于省吾之說；夏淥：〈銘文所見楚王名字考〉《江漢考古》1985 年第 4 期（1985 年 11 月），頁 57～59。

〔註109〕 參看：劉節：〈壽縣所出楚器考釋〉，《古史考存》（北京：人民出版社，1958年 2 月），頁 116～118。

〔註110〕 參看：李裕民：〈古字新考〉，《古文字研究》第 10 輯（1983 年 7 月），頁 109～113；羅運環：〈論楚國金文「月」、「肉」、「舟」及「止」、「止」、「出」的演變規律〉，《江漢考古》1989 年第 2 期（1989 年 5 月），頁 67～70。

〔註111〕 參看：陳秉新：〈壽縣楚器銘文考釋拾零〉，收入：楚文化研究會編：《楚文化研究論集（第一集）》（荊楚書社，1987 年 1 月），頁 327～333。

〔註112〕 相關的討論，可參看：李零：〈論東周時期的楚國典型銅器群〉，《古文字研究》第 19 輯（1992 年 8 月），頁 144～145。

梁鼎），其字从∩从肉，而肯字从出从月，釋肯爲肯亦不確。李裕民則以爲肯字乃从出、月聲，月、元陰陽對轉，可以通假，是以楚考烈王熊元可寫作會肯。〔註113〕

巫氏的說法大致可信。包山簡「肯」字（145、184、193。該字在簡文中爲人名），與楚王名字形極近，應即一字。而簡文中「前」字凡四見，詞例均爲「既走於前」（122、123），意爲早已逃走，二字寫法判然有別，並不相混。郭店簡《老子》甲簡4，〈窮達以時〉簡9也都有「前」字，亦與「肯」字寫法有明顯的差異。因此，根據楚簡，楚王名此字，似不應釋作「前」。至於釋「肯」之說，雖然「六國古文，每有異於小篆，而轉爲魏、晉後俗書所本者」，〔註114〕但「肯」字應爲从出，从月，仍與「肯」字不同。因此，本文暫從釋「肯」之說。不過止、出及月、肉、舟等形近偏旁，大體上雖然有所區別，但仍有混寫、訛寫的現象，所以目前似乎也還不到定案的時候。包山簡中另有「銷」（126～128）、「繡」（100）等字，惜詞例亦均爲人名，對於相關問題的探討，並沒有太多助益。

「銷鐘」，可能是鐘名，待考。又長臺關遣冊簡218有「**𠂤**鐘」，與隨葬品比對，知其所指爲編鐘。李純一以爲前一字「當隸定爲肯，肯、可一聲之轉，義又相通」，「肯鐘」即「歌鐘」；〔註115〕郭若愚則說：

> 肯，《莊子·養生主》：「技經肯綮之未嘗。」註：「著骨肉也。肯，著也。」……「肯鐘」，肯有連著意，編鐘之謂也。〔註116〕

其實，「肯」、「可」上古韻部分屬蒸部和歌部，並不相近；而郭氏的說法亦嫌迂曲，因爲「肯」的「連著」義只是指貼附骨上的肉，似不能作如此的引申用法。

李家浩則認爲「**𠂤**鐘」應釋寫爲「前鐘」，由音義推求，應即《爾雅·釋樂》的「棧鐘」，也就是編鐘，而天星觀簡的「**鏇**鐘」，則當釋爲「鏃鐘」，與「前鐘」顯然是指同一種鐘。〔註117〕

〔註113〕同註26，《包山楚簡姓氏研究》，頁90～91。

〔註114〕同註107，〈壽縣所出銅器考略〉，頁3。

〔註115〕參看：李純一：〈關於歌鐘、行鐘及蔡侯編鐘〉，《文物》1973年第7期（1973年7月），頁15。

〔註116〕郭若愚：〈信陽長臺關楚墓遣策文字考釋〉，《戰國楚簡文字編》（上海：上海書畫出版社，1994年2月），頁87。

〔註117〕參看：李家浩：〈信陽楚簡「樂人之器」研究〉，收入：中國社會科學院簡帛

案：{字上半从止，下半則稍微有些模糊殘破，李家浩釋爲「前」，並指出「前鐘」就是「棧鐘」、「編鐘」，很可能是正確的意見。不過，{字右旁與楚簡「前」字寫法判然有別，是否能釋爲「鏂」，則非常值得懷疑。因此，天星觀簡「銷鐘」就是「前鐘」的說法，雖然不無可能，但目前還缺乏有力的證據。

研究中心編輯：《簡帛研究》第 3 輯（南寧：廣西教育出版社，1998 年 12 月），頁 1～3。

第四章　祭禱與「攻解」的對象

　　楚簡中受祭禱及「攻解」的對象，相當繁多。其中有一部分，前人已有很好的解說；又前一章第一節第一小節討論「罷禱」的對象時，也曾談到部分鬼神的名義。不過，由於許多鬼神為一系列的祭禱對象，關係密切，且為求能將楚簡中受祭禱及「攻解」的對象作較完整地呈現，因此，這些已有解說的鬼神，也將一一列舉。但在討論的繁簡方面，自然是有所不同的。

　　此外，享祭制度是與祭禱對象密切相關的問題。楚簡中的祭品，主要可分為玉飾、犧牲、酒食及衣冠等四類。陳偉對包山及望山簡中出現頻率較高的一些鬼神所享用祭品進行分析後發現：

> 這些物品的變化具有對應關係。例如在某一場合享用同一祭品的幾位神祇在另一場合祭品亦必相同，而在某一場合享用不同祭品的幾位神祇在另一場合祭品亦必不同。這顯示當時楚人對各種神祇的享祭用品應有一定的規範。〔註1〕

這是很正確的意見。由於陳氏對於楚簡中的祭品及享祭制度，已有相當細緻的分析，〔註2〕且其與受祭禱的神祇關係密切，若分開論述，在簡文摘引等方面，也有些複沓、不便之處。所以，關於享祭制度的問題，本文就不再另立專節討論，部分需要補充、修正的論點，則將在論及相關鬼神時，附帶提出。不過，楚簡所記祭物中，也有不能歸入犧牲等四類的罕見祭品，為引起注意，

〔註1〕　陳偉：〈望山楚簡所見的卜筮與禱祠──與包山楚簡相對照〉,《江漢考古》1997年第2期（1997年6月）, 頁75。
〔註2〕　參看：陳偉：《包山楚簡初探》（武漢：武漢大學出版社，1996年8月）, 頁174～180；同前註，頁75、72。

將在討論完所有祭禱的鬼神後特別補述。

第一節　「太」至「圣山」系列諸神（附論「蝕太」、「宮地主」、「野地主」、「社」及「雲君」）

　　在包山簡中，「太」、「后土」、「司命」、「司禍」、「大水」、「二天子」及「圣山」諸神，常同時一系列地受禱，有時則沒有「司禍」。爲便於討論，下面先摘錄相關的簡文。

　　　　賽禱太佩玉一環；后土、司命、司禍各一小環；大水佩玉一環；二天子各一小環；圣山一䴕。（213～214）

　　　　舉禱太一牂；后土、司命各一䍹；舉禱大水一牂；二天子各一䍹；圣山一䭃。（237，243 同）

此外，簡 219 有「歸冠帶於二天子」，簡 248 則有「舉禱大水一犧馬」。

　　這些神祇，在其他幾批簡中也有出現，像望山一號墓簡有：

　　　　舉禱太佩玉一環；后土、司命、司禍各一小環；大水佩玉一環。歸豹（54）

　　　　太一牂；后土、司命各一牂；大水☒（55）

　　　　☒一環；舉禱於二天【子】☒（55）

　　　　舉禱於太一環；后土、司【命】☒（56）

天星觀簡則有（引自《楚系簡帛文字編》所收句例，其中有些可能原屬於同一次的祭禱）：

　　　　舉禱太一羷。

　　　　舉禱太一精。（另有：「賽禱太一精」）

　　　　享袚太一璆環。〔註3〕

　　　　后土一牂。

　　　　后土、司命各一牂。

　　　　司命、司禍、地主各一吉環。

　　　　舉禱大水一精。（另有：「賽禱大水一精」）

─────────────

〔註3〕「享袚」應爲祭名，待考，可能與「享祭」大致相同。

享褖大水一璜環。

▨禱於二天子各兩牂。

解於二天子與雲君以璠珥。

此外，秦家嘴九十九號墓簡 14 有「▨禱太▨」，簡 11 則有「地主、司命、司禍各一殢」〔註4〕又簡 1 也有神名「司命」。

陳偉已經指出：上引望山一號墓簡 55，上半與下半的祭品類型不同，應屬於兩次不同的祭禱（或祭禱方案），不宜如整理者拼合為一。〔註5〕另外，望山一號墓簡 130、131 有「▨⿰彳水 佩玉一環▨」及「▨大⿰彳水 ▨」。⿰彳水 疑為「水」字稍訛之形，這兩枚殘簡所記，也有可能是對「大水」的祭禱。〔註6〕「太」以下諸神，自成系統地出現於多批卜筮祭禱簡中，對楚人而言，這應該是相當重要的一系列神祇。接下來，先討論諸神所享用的祭品及神祇間的組合。

一、享用的祭品與神祇的組合

從前面的引文可知，這一系列神祇所享用的祭品，以羊牲或玉器為主，其他還有「犧馬」、「殢」及「冠帶」等。各種祭品中，秦家嘴九十九號墓簡獻祭給「地主」、「司命」、「司禍」的「殢」為何種祭牲，並不清楚。《說文》云：「殢，禽獸所食餘也。」〔註7〕簡文中的「殢」應該並非作如此釋義。望山簡中「后土」、「司命」所享用的祭牲為「羒」，亦从歺旁，「后土」即「地主」（說詳後），因此，「殢」或許就是「羒」。

陳偉指出：包山簡中「太」以下系列神祇享祭的變化，具有對應或者說同步的關係。「凡在某一場合享用同一祭品的神祇，在另一場合祭品亦必相同」；

〔註4〕　滕壬生《楚系簡帛文字編》（武漢：湖北教育出版社，1995 年 7 月）頁 614 所載秦家嘴九十九號墓簡 11 的句例，將「地主、司命、司禍各一殢纓」斷為一句，並不正確。「纓」字應屬下讀，為「纓之吉玉北方」（見該書，頁 490、908）。秦家嘴九十九號墓簡 14 亦有「纓之吉玉」之語，與此簡同。

〔註5〕　參看：同註1，頁 75。

〔註6〕　參看：徐在國：〈楚簡文字拾零〉，《江漢考古》1997 年第 2 期（1997 年 6 月），頁 82～83。不過，徐氏認為，《楚系簡帛文字編》及《望山楚簡》對此二字的摹寫皆不甚準確，這也是導致誤釋的癥結所在。案：細察原簡圖版，基本上與二書對此字的摹寫並沒有太大出入。由詞例和字形來看，這兩簡確實可能與「大水」有關，但也還不能論斷，徐氏的說法似乎過於肯定。

〔註7〕　〔漢〕許慎撰、〔宋〕徐鉉校定：《說文解字》（香港：中華書局，1996 年 2 月，影印同治十二年陳昌治刊本），卷 4 下，頁 85 下左。

而「凡在某一場合享用不同祭品的神祇，在另一場合祭品亦必不同」，〔註8〕「在望山簡中也可見類似現象」。〔註9〕對照包山、望山簡，我們在天星觀簡中亦看到了相同的情形。由於楚簡中享用不同祭品之一系列神祇的排列次序（如：「太」以下諸神、包山及望山簡的祖先神等），有相當固定的規律，因此，這個排序，推測當與諸神的身份、地位及祭品的等級高下有關。從所享用的祭品來看，「太」以下的系列諸神的身份、地位，應可分為三個等級：「太」、「大水」為第一級；「后土」（或稱為「地主」）、「司命」、「司禍」及「二天子」為第二級；「坓山」為第三級。而祂們所享用的祭品，同樣地也可以大致歸納出等級的高下。

這些神祇所享用的羊牲，共有「羍」、「䍺」、「牂」、「羒」、「羖」五種。根據前引包山簡，我們可以知道「䍺」、「牂」、「羖」等級的高下。至於「羒」和「羍」，則只能從前引望山及天星觀簡中，知道其大致的等級。「羒」可能在「牂」與「羖」之間，也可能在「羖」之下；「羍」的等級，則可能是諸羊牲之首，或在「䍺」和「牂」之間。玉飾等級的情況亦可類推。

根據漢字結構的一般規律，「羍」字應分析為從羊，靜聲，滕壬生《楚系簡帛文字編》將「羍」釋作「羍」。案：「靜」、「羍」上古音極近（同為耕部，舌尖塞擦音字），《玉篇》云：「羍，羊子也。」〔註10〕《集韻》云：「羍，羚羊名。」〔註11〕二說中，「羊子」一說似乎頗有可能。古籍中常見以羔羊獻祭的記載，如：《禮記‧禮器》：「羔、豚而祭。」〔註12〕《周禮‧夏官‧羊人》：「凡祭祀飾羔。」〔註13〕《漢書‧霍光傳》：「丞相擅減宗廟羔、菟、鼀。」顏注：「羔、菟、鼀所以供祭也。」〔註14〕不過，「羍」是否確指羔羊，也還不能論定。以下再提出另外兩種可能。

《說文》有「羍」字，為羊名，讀若「晉」。〔註15〕「羍」為眞部精母字，上古音與「蓁」同，而從秦聲的字，與從青或爭聲的字可互通。如：《詩‧衛

〔註8〕 參看：同註2，《包山楚簡初探》，頁177～178。

〔註9〕 參看：同註1，頁75。

〔註10〕 〔梁〕顧野王撰、〔宋〕陳彭年等重修：《大廣益會玉篇》（北京：中華書局，1987年7月，影印張士俊澤存堂本），卷23，頁109下左。

〔註11〕 〔宋〕丁度等編：《集韻》（上海：上海古籍出版社，1985年5月，影印述古堂影宋鈔本），卷4，頁236。

〔註12〕 《禮記正義》，卷23，頁450下右。

〔註13〕 《周禮注疏》，卷30，頁457下左。

〔註14〕 卷68，頁2956。

〔註15〕 參看：同註7，卷4上，頁78上左。

風・碩人》：「蝤首蛾眉。」〔註16〕《說文》引「蝤」作「頯」；〔註17〕《詩・小雅・菁菁者莪》：「菁菁者莪。」〔註18〕《文選・東都賦》李注引《韓詩》，「菁菁」作「蓁蓁」。〔註19〕不知道「𦍋」是否與「摯」有關。

根據新發表的郭店簡，這裡再對羊牲「𦍋」，提出另一種推測。周鳳五師說：

> 「耕」字在簡文又作𦍋（〈緇衣〉簡一一），从禾从力（耒形）會意，讀作「爭」，〈緇衣〉云：「上好仁，則下之為仁也爭先。」其字如此。「爭」字或从「耕」省聲，从青聲，如〈成之聞之〉簡三五：「津梁爭舟」，作𦍋，左旁所从之「力」即耕字省形之餘。其不省者作𦍋，見〈尊德義〉簡一四：「教以藝，則民野以爭。」其右下易「又」為「攴」，尤見「力田」為耕之意，從而知「爭」、「靜」二字實皆以「耕」為聲符。〔註20〕

可知楚簡中「爭」、「靜」二字皆以「耕」為聲符。《說文》有「羥」字，从羊，巠聲，亦為羊名。〔註21〕「羥」為耕部溪母字，與耕部見母的「耕」字上古音極近，而从巠聲與从井聲的字，典籍中亦往往互通。如：《孟子・告子下》的「宋牼」，〔註22〕《莊子・天下》、《荀子・非十二子》均作「宋鈃」；〔註23〕《禮記・月令》：「百官靜事，毋刑。」鄭注：「今〈月令〉刑為徑。」〔註24〕所以楚簡中的羊牲「𦍋」，或許也有可能應讀作「羥」。可惜我們現在只知道「摯」、「羥」是羊名，而無法對此問題作進一步的推論。另外，天星觀簡中

〔註16〕《毛詩正義》，卷3之2，頁129下左。

〔註17〕參看：同註7，卷9上，頁183上左。

〔註18〕《毛詩正義》，卷10之1，頁353下右。

〔註19〕參看：〔梁〕蕭統編、〔唐〕李善等注：《增補六臣注文選》（臺北：漢京文化事業公司，1983年9月，影印元古迁書院刊本，間取宋茶陵陳氏本、四部叢刊影宋本補其漫患），卷1，頁41上右。

〔註20〕周鳳五師：〈郭店楚簡識字札記〉，收入：張以仁先生七秩壽慶論文集編輯委員會編：《張以仁先生七秩壽慶論文集》（臺北：臺灣學生書局，1999年1月），頁356。

〔註21〕參看：同註7，卷4上，頁78上左。

〔註22〕《孟子注疏》，卷12上，頁211下左。

〔註23〕〔清〕郭慶藩編；王孝魚整理：《莊子集釋》（臺北：萬卷樓圖書公司，1993年3月），卷10下，頁1082；〔清〕王先謙：《荀子集解》（臺北：華正書局，1993年9月），卷3，頁58。

〔註24〕《禮記正義》，卷16，頁318上右。

進獻給「太」與「大水」的犧牲還有「⿰牛青」，由於這些神祇並沒有享用牛牲的例子，因此，「⿰牛青」與「⿱毄羊」似乎很可能是指同一種羊牲。

「⿰羊肙」，可能讀作「⿰牛尃」，指去勢白羊。〔註 25〕「⿰歹羊」則可能是「羯」之異體，〔註 26〕《說文》：「羯，羊羖犗也。」〔註 27〕即去勢黑羊。「⿰羊古」，應讀作「羖」。〔註 28〕陳偉根據文獻中關於「羖」與「牂」的記載，認爲「⿰羊古」與「牂」可能存在三種對應關係：黑羊與白羊；公羊與母羊；以及黑色公羊與白色母羊。〔註 29〕與「⿰羊肙」、「⿰歹羊」一起考慮，疑「⿰羊肙」、「牂」、「⿰歹羊」、「⿰羊古」分別是指去勢白羊、白羊、去勢黑羊及黑羊。

玉飾中需要解釋的是「玦」字之釋讀。「玦」是包山簡 214 中對「⿱夂土山」的祭品，原簡寫作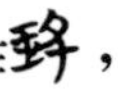，學者多釋爲「玨」，陳偉改釋爲「⿰王厥」，讀作「玦」，〔註 30〕頗有見地。然陳氏未說明改釋的理由，試爲之補充論述於下。

此字左側从玉，右旁則與楚簡「丑」字極爲近似，似應釋爲「玨」。然《說文》云：「鈕，印鼻也……古文鈕从玉。」〔註 31〕與此處文義不合，雖不能排除假借用字的可能，但考慮到楚簡「丑」字本爲訛誤之形，則此字的考釋也許不必拘泥在丑旁之上，而也可以試著另闢蹊徑。此字右旁與金文中的「氒」字（即「厥」之古字）亦頗相似，而從文義上看，陳偉釋爲「⿰王厥」，讀作「玦」

〔註 25〕參看：同註 2，《包山楚簡初探》，頁 176。或以爲「⿰羊肙」指羊脅革肉，並不正確；或以爲「⿰羊肙」指黑羊，亦較不可信。參看：劉彬徽等：〈包山二號墓簡牘釋文與考釋〉，收入：湖北省荊沙鐵路考古隊編：《包山楚墓》（北京：文物出版社，1991 年 10 月），附錄一，頁 390，考釋 465；湯餘惠：〈包山楚簡讀後記〉，《考古與文物》1993 年第 2 期（1993 年 3 月），頁 75。

〔註 26〕參看：朱德熙等：〈一號墓竹簡釋文與考釋〉，收入：湖北省文物考古研究所、北京大學中文系編：《望山楚簡》（北京：中華書局，1995 年 6 月），頁 97，考釋 60。

〔註 27〕同註 7，卷 4 上，頁 78 上左。

〔註 28〕參看：同註 25，〈包山二號墓簡牘釋文與考釋〉，頁 386，考釋 377。

〔註 29〕參看：同註 2，《包山楚簡初探》，頁 176。文獻中關於「羖」與「牂」的記載，確實可以歸納出陳偉所說的三種對應關係。不過，陳氏的根據，爲其所引用的《爾雅・釋畜》、《廣雅・釋獸》及《爾雅》郭注，其中《爾雅》誤以「羖」爲黑色母羊，陳氏卻未作說明。相關考辨，可參看：〔漢〕許慎撰、〔清〕段玉裁注：《說文解字注》（臺北：天工書局，1992 年 11 月，影印清嘉慶二十年經韻樓刊本），卷 7，頁 146 上；〔清〕郝懿行：《爾雅義疏》（上海：上海古籍出版社，1989 年 8 月，清疏四種合刊影印同治四年郝氏家刻本），卷下之 7，頁 336 上。

〔註 30〕參看：同註 2，《包山楚簡初探》，頁 233。

〔註 31〕同註 7，卷 14 上，頁 295 下左。

（「𥎦」、「夬」上古音同爲祭部見母，可以相通），更是十分相合。「玦」，是指有缺口的環狀玉器。《國語・晉語一》：「佩之以金玦。」韋注：「玦如環而缺。」〔註 32〕此字在簡文中爲「環」、「小環」之下的玉飾等級，以「玦」當之，甚是恰當，故本文從陳氏之說。

在祭禱「后土」、「司命」等神時，「司祿」未必一起出現；而包山簡以外的幾批簡中，則未見「𡉫山」。前引望山一號墓簡 54 後面接的是貞人名，可知這是一次完整的禱祠構擬記錄，受禱神祇只到「大水」。此外，包山簡中也有「大水」或「二天子」單獨受祭禱的例子。這些都說明了「太」以下的系列神祇，在神譜上的關係，雖然可能相當密近；但實際祭禱時，彼此間卻可以隨狀況的不同，而有很靈活的組合。有人認爲「楚簡所祀『司命』、『司骨』，有時僅見『司命』，是二神可合稱爲『司命』」。〔註 33〕僅見「司命」，很有可能只是由於當時的狀況並不需祭禱「司祿」；且即使「司命」、「司祿」可省稱爲「司命」，也不該連祭品也省爲一份。因此，這一類的看法，其實頗值得商榷。

二、「太」與「蝕太」

「太」，或隸作「衣」，〔註 34〕或釋爲「祆」，〔註 35〕均不可從。劉信芳及李零都指出，「太」即太一，是最尊貴的天神，〔註 36〕這應該是正確的意見。

包山簡 210、227 又有「舉禱蝕太一全豢」，劉信芳說：

> 蝕太應是指太一所居之星隱而未見……簡文又有「太見琥……璧（避）琥」（218 簡）（案：包山簡），「避」謂巫師行禁避之術。琥，此指兔星。《史記・天官書》：「兔過太白，間可椷劍，小戰，客勝；

〔註 32〕　〔吳〕韋昭注：《國語》（上海：上海書店，1989 年 3 月，重印四部叢刊初編本），卷 7，頁 277～278。

〔註 33〕　參看：劉信芳：〈包山楚簡神名與《九歌》神祇〉，《文學遺產》1993 年第 5 期（1993 年 9 月），頁 16。

〔註 34〕　參看：袁國華：〈讀《包山楚簡・字表》札記〉，「全國中國文學研究所在學研究生學術論文研討會」論文（中壢：國立中央大學，1993 年 4 月 28 日），頁 67；黃人二：《戰國包山卜筮祝禱簡研究》（臺北：國立臺灣大學中國文學研究所碩士論文，1996 年 6 月），頁 43。

〔註 35〕　參看：同註 25，〈包山楚簡讀後記〉，頁 75；吳郁芳：〈《包山楚簡》卜禱簡牘釋讀〉，《考古與文物》1996 年第 2 期（1996 年 3 月），頁 76。

〔註 36〕　參看：同註 33，頁 12～13；李零：〈包山楚簡研究（占卜類）〉，《中國典籍與文化論叢》第 1 輯（1993 年 9 月），頁 438。

兔居太白前，軍罷；出太白左，小戰；摩太白，有數萬人戰，主人
吏死；出太白右，去三尺，軍急約戰。」……楚人名虎爲「於菟」，
（《左傳》宣公四年），簡文「太見琥」應指太一之星與兔星相遇，
其兆預示占卜之主將有災（該簡有「以其下心而疾」），故禁避之……
屈原既明言「太一」爲「東皇」，則以晨出於東方之行星爲近是，以
太白、太歲的可能性爲最大。〔註37〕

案：劉信芳此說有不少問題。首先，「以其下心而疾」是屬於命辭中病情的敘
述，並非卜兆的預示。其次，「於菟」能否省略成「兔」，已屬可疑；且〈天
官書〉中的「兔」星，又何以見得是楚方言的記載，以此附會楚簡的「琥」，
實在太過牽強。此外，「太歲」爲假想的星體，自然也就不會有「蝕」的現象；
況且，文獻中似乎也從未見過稱「太一」爲「太白」或「太歲」的例子。此
簡原文爲：「太見琥。以其故說之，壁琥，擇良月良日歸之。」由「擇良月良
日歸之」一語來看，這應該是一種獻祭的儀式。因此，「琥」並非星名，而當
爲玉飾名。疑「太見琥」指「太欲獻琥」，〔註38〕故後文以「壁（璧）琥」「歸
之」，似與所謂「蝕太」並無關連。此外，孔仲溫則以爲「琥」是指白虎星，
〔註39〕應該也是不正確的看法。

陳偉說：

太一作爲天神，並不只一個。《史記·天官書》云：「中宮天極星，
其一明者，太一常居也。」《正義》引劉伯莊云：「泰一，天神之最
尊貴者也。」〈天官書〉又云：「前列直斗口三星，隨北端兌，若見
若不，曰陰德，或曰天一。」《正義》云：「太一一星次天一南，亦
天帝之神，主使十六神，知風雨、水旱、兵革、饑饉、疾疫。占以
不明及移爲災也。」《楚辭·九歌·東皇太一》洪興祖補注：「說者
曰：太一，天之尊神曜魄寶也。《天文大象賦》注云：天皇大帝一星
在紫微宮內，勾陳口中。其神曰曜魄寶，主御群靈，秉萬機神圖也。
其星隱而不見。其占以見則爲災也。」蝕指天體間的遮掩現象，蝕
則無光。「蝕太」可能是「其星隱而不見」、「見則爲災」的天皇大帝

〔註37〕 同註33，頁12。
〔註38〕 參看：同註36，〈包山楚簡研究（占卜類）〉，頁445。
〔註39〕 參看：孔仲溫：〈再釋望山卜筮祭禱簡文字——兼論其相關問題〉，收入：國
立彰化師範大學國文系所、中國文字學會：《第八屆中國文字學全國學術研討
會論文集》（彰化：國立彰化師範大學國文學系，1997年3月），頁43。

（耀魄寶），加「蝕」以與別的太一相區別。〔註40〕

「蝕太」是否爲「『其星隱而不見』、『見則爲災』的天皇大帝（耀魄寶）」，並不清楚。從前引簡文來看，進獻給「太」以下系列諸神的祭品，在種類和等級兩方面，都有相當程度的規律性。然而，「太」與「蝕太」的祭品種類卻並不相同，「太」爲玉飾或羊牲，「蝕太」則是全豢，這顯示「太」與「蝕太」應有所區別，爲不同的神。陳偉既認爲「太」與「蝕太」爲同神異名，又說「蝕太」加「蝕」是爲了與別的太一相區別，似乎是有點矛盾的說法。

三、「后土」、「宮地主」、「野地主」與「社」

陳偉指出：包山簡中所記的神祇稱謂，存在著一些同實異名的現象。他根據「逯說」的對應關係，認爲「親母」當即「夫人」，而「宮地主」當即「宮后土」。〔註41〕這些都是非常正確的看法。不過，陳氏對這類情形的另外一些推論，卻並不全都可信。像他認爲「后土」與「地主」、「社」、「野地主」；又「司命」與「宮后土」（「宮地主」），亦均屬於同神異名，〔註42〕就似乎有待斟酌。由於這是關係到整個神祇系統的重要問題，因此，下面將以較多的篇幅來詳細辨析。

從「宮地主」即「宮后土」來看，「后土」與「地主」指同一神祇，應無問題。前引秦家嘴簡中「地主、司命、司禍各一殤」的記載，與其他幾批簡的「后土、司命、司禍」相對照，也證實了這一點。「太」以下的系列諸神裡，「后土」、「司命」、「司禍」在享祭上爲同一等級，因此，三者的順序似乎不完全固定。前引天星觀簡中，就有列「地主」於「司命」、「司禍」之後的例子。

關於「社」與「后土」、「野地主」間具體關係的問題，陳偉說：

> 敓辭中太或蝕太與非人鬼類神祇一起出現過 5 次，緊接其後的神祇，3 次作后土（簡 212～215、218～219、236～238）（案：所舉均爲包山簡。簡 218～219 應爲簡 242～244 之誤），另外兩次分別作社與地主（簡 209～211、218～219）。這顯然是在同時禱祠天、地之神，從而在一定程度上證實文獻所示后土、地主與社的同一性亦見於簡書。又《左傳》昭公二十九年：「土正曰后土」句下杜預注：「土

〔註40〕同註2，《包山楚簡初探》，頁 161～162。
〔註41〕參看：同註2，《包山楚簡初探》，頁 161。
〔註42〕參看：同註2，《包山楚簡初探》，頁 162～167。

> 爲群物主，故稱后也。其祀句龍焉。在家則祀中霤，在野則爲社。」……
>
> 由於后土亦即地主，簡書「野地主」也應屬於社的異名。〔註43〕

案：文獻中對「社」及「后土」的具體關係，存在著不同的說法，〔註44〕所以較適當的處理方式，仍是直接分析簡文，且讓我們先來看看陳偉所舉的證據。陳氏所舉的幾次貞問記錄中，只有包山簡209～211提到「社」，是接在「蝕太」之後。根據前面的討論，「蝕太」與「太」是否指同一神祇已經十分可疑，若再以二者爲一神作前提，來推論「后土」與「社」在簡文中也指同一神祇，則更顯得證據薄弱。況且「社」在包山簡中，所享用的祭牲是「貓」（248）或「全貓」（210）；在天星觀簡中，則是「特牛」。這和進獻給「后土」或「野地主」的犧牲，也都不一樣，顯示祂們應該並不是指同一個神祇。而在各批簡中，「太」以下神祇的祭禱（或祭禱擬議）記錄裡，也從未見將「后土」改稱爲「社」或「野地主」的例子。既然簡文中並沒有「社」或「野地主」和其他神祇的對等證據，那麼，我們也就不宜驟斷「社」、「后土」與「野地主」爲同神異名。

接著討論「宮地主」與「司命」的問題。以下先摘錄陳偉的主要論證：

> 《禮記‧郊特牲》云：「社所以神地之道也。……家主中霤而國主社，示本也。」鄭玄注：「中霤亦土神也。」前引《左傳》昭公二十九年杜預注「在家則祀中霤，在野則爲社」。依孔疏，這裡的「家」是指宮室。然則，宮后土或者宮地主實指五祀之神中的中霤……包山大墓所出五祀木主把古書中的中霤記作「室」，也有助於說明宮后土、宮地主與中霤的關係。〔註45〕

接著，他引了包山簡207的「薦於野地主一貓；宮地主一貓」，及前引包山簡213～214、237、243對「太」、「后土」、「司命」等神的禱祠來比較。陳氏說：

> 這裡有兩點值得注意：第一，簡書中的神祇排列大致以類相從。太爲天神，后土爲地祇，已如上述。司命列於后土之後，似不致又是天神。第二，那些並列禱祠的神祇，關係比較密切，所以往往呈現出比較穩定的組合。前已說明，野地主與后土實爲一神。相應地，司命與宮地主位次相當，也應是同一神祇。古書中，司命除天神外，

〔註43〕 同註2，《包山楚簡初探》，頁164～165。

〔註44〕 陳偉也說：「對社與后土的具體關係，歷來存在不同看法。」（同註2，《包山楚簡初探》，頁162）

〔註45〕 同註2，《包山楚簡初探》，頁164～165。

還是宮室中祭祀的五祀之神名。鄭玄注《周禮・天官・酒正》引鄭司農云：「大祭天地，中祭宗廟，小祭五祀。」又注〈春官・肆師〉引鄭司農云：「大祀天地，次祀日月星辰，小祀司命以下。」兩相對照，可認爲鄭司農所云五祀應包含司命。《禮記・祭法》五祀也含有司命，只是這裡五祀與所謂七祀、三祀、二祀、一祀並列，構成五個祭祀等級。具體情形可表列如下：

	司命	中霤	門（國行）	行（國行）	厲	戶	竈
王七祀	─	─	─	─	─	─	─
諸侯五祀	─	─	─	─	─		
大夫三祀			─	─	─		
適士二祀			─	─			
庶士、庶人一祀						─或─	

……〈祭法〉所云不見於其他記載，又劃出森嚴的等級，恐怕出於後人的杜撰。我們猜想，司命本爲五祀中中霤的異名。編排〈祭法〉諸祀的人或者不明眞相，或者有意作僞，才會將司命與中霤分爲二。

〈祭法〉鄭玄注云：「今時民家或春秋祠司命、行神、山神，門、戶、竈在旁。是必春祠司命，秋祠厲也，或者合而祠之。山即厲也。民惡言厲，巫祝以厲山爲之，謬乎。《春秋傳》曰：『鬼有所歸乃不爲厲。』」反映漢代民間還將司命放在五祀一起祭奉。除了一般人已不甚了了的厲被山代替外，這裡也沒有提到中霤，似乎正表明當時還存在司命、中霤本即一神的意識。〔註46〕

仔細考究陳偉的這一大段論述，我們發現其中似乎有不少需要斟酌的地方，以下試著逐一說明：

首先，《左傳・昭公二十九年》：「土正曰后土」杜預注：「在家則祀中霤，在野則爲社。」在前面討論「野地主」問題時，陳偉根據杜注後一句，推論出「野地主」亦應屬於「社」的異名，也就是「后土」。但在這裡，他又從杜注前一句，推論出「宮地主」實指五祀之神中的中霤，卻又並非「后土」。這樣前後不一致的推論標準，其結論自然不易令人信從。

其次，包山簡 207 的「薦於野地主一猎；宮地主一猎」與「太」以下系

〔註46〕同註2，《包山楚簡初探》，頁 166～167。

列諸神的祭禱（或祭禱擬構）記錄，無論在神名或祭品兩方面，都沒有相同之處。因此，兩者非常可能毫無干係。而且，陳氏「野地主」與「后土」為一神的說法已十分可疑，若以此為前提，並從未必相關的祭禱擬議記錄間神祇位次的比較，就推論「司命」與「宮地主」應是同一神祇，其可信度如何，自不待言。在天星觀簡中，有列「地主」於「司命」、「司禍」之後的例子，可見這三位神祇位次並不完全固定。由此看來，陳氏的這一項神祇位次比較的推論，更顯得不足為憑。

第三，《周禮・天官・酒正》鄭注引鄭司農云：「大祭天地，中祭宗廟，小祭五祀。」又注〈春官・肆師〉引鄭司農云：「大祀天地，次祀日月星辰，小祀司命以下。」我們可以很清楚的看到，鄭眾在兩處所說的並不一樣，所以實在不應由此推論出「兩相對照，可認為鄭司農所云五祀應包含司命」的看法。倘若能夠如此推論，則我們是否也可以說：「鄭司農所云宗廟應包含日月星辰」呢？其實，〈天官・酒正〉鄭司農之說，只是一種寬泛的講法，賈疏云：「其實天地自有大祭、小祭，宗廟亦有次小。」〔註47〕又〈春官・肆師〉鄭注引先鄭語之後，接著說：

> 大祀又有宗廟；次祀又有社稷、五祀、五嶽；小祀又有司中、風師、
>
> 雨師、山川百物。〔註48〕

賈公彥解釋說：

> 先鄭據〈大宗伯〉，直據天神大次小而言，唯天神中兼言地而已。
>
> 其於地示不言次小；人鬼之中，又不言大次小，故後鄭就足之耳。
>
> 〔註49〕

這樣的解說，應該是符合二鄭之意。而由此亦可見「五祀」與所謂「司命以下」，實不相關。

第四，《禮記・祭法》所云「七祀」、「五祀」等，與其他典籍不同，且劃出森嚴的等級，確實很可能如陳偉所言，係出於後人的杜撰。宋元間人陳祥道就說（孫希旦《禮記集解》引）：

> 《周官》雖天子止於五祀，《儀禮》雖士亦備五祀，則五祀無尊卑隆
>
> 殺之數矣。〈祭法〉曰「七祀」，推而下之，至於「適士二祀」，「庶

〔註47〕 《周禮注疏》，卷5，頁78下右。

〔註48〕 《周禮注疏》，卷19，頁295下右。

〔註49〕 《周禮注疏》，卷19，頁295下右。

人一祀」，非周制也。〔註50〕

不過，陳偉猜想「司命本爲五祀中中霤的異名」，則是毫無根據的臆測。〈祭法〉鄭注云：「司命主督察三命；中霤主堂室居處。」〔註51〕可見鄭玄很清楚地知道「司命」與「中霤」是兩個不同的神。因此，我們也不能由鄭注所述漢代民間祠祭習俗沒有提到中霤，就推論「當時還存在司命、中霤本即一神的意識」。

　　陳偉的論述除有上述可商榷之疑點外，以爲「宮地主」與「司命」是同神異名，亦即五祀諸神中「中霤」的看法，還需面臨以下幾個反證：

　　首先，包山簡 207 云：「薦於野地主一豯；宮地主一豯。」由名稱、祭品、句型等各方面看，「野地主」都應該是與「宮地主」對應的神祇。所以，既然「野地主」與五祀神祇無關（這一點陳偉也同意），那麼，與其相對應的「宮地主」，也應該不是五祀諸神之一。

　　其次，前引包山簡 213～214 有「賽禱」「太」至「坙山」系列諸神的記錄，而接著的簡文是：「迻郦會之說，賽禱宮后土一豯。」「宮后土」與「太」等神祇同時出現，並接受同樣的禱祠，可見「宮后土」應非「太」等神祇中任何一個的異名。而這也可以補充證明與「宮后土」對應的「野地主」，亦應與「太」以下諸神無關。

　　第三，從祭品來看，出現於多批卜筮祭禱簡的「宮地主」（或「宮后土」），在包山和天星觀簡裡，有進獻羊牲的記載。祂在前者中所享用的爲「豯」（202、214、233）；而在後者中則是「羒」。然而，「司命」於包山和天星觀簡中所享用的羊牲，卻分別是「羘」及「𤚐」或「羘」，俱與「宮地主」不同等級，因此，二者應非同神異名。

　　第四，「太」以下系列諸神的祭禱（或祭禱方案）記錄中，從未見將「司命」改稱爲「宮后土」（宮地主）的例子，這也與「親母」和「夫人」、「宮后土」和「宮地主」、「后土」和「地主」的明顯對應關係不同。

　　綜上所論，陳偉認爲「后土」與「社」、「野地主」；又「司命」與「宮地主」，都分別屬於同神異名，而「司命」、「宮地主」亦即五祀之神的中霤，恐怕均不可信從。楚簡中的「后土」、「宮地主」、「野地主」、「社」雖皆屬於土

〔註50〕　〔清〕孫希旦撰；沈嘯寰、王星賢點校：《禮記集解》（臺北：文史哲出版社，1990 年 8 月），卷 45，頁 1203。

〔註51〕　《禮記正義》，卷 46，頁 802 上右。

地之神，但彼此間應該又有差異。推測「后土」可能是大地之神，即「皇天后土」之「后土」，《史記‧封禪書》：「禱祠太一、后土酈。」〔註52〕與楚簡同，可相參看。而「宮地主」和「野地主」，當爲「后土」所分出的較小神祇，前者司宅地，後者司野地。至於「社」，則可能是指一般所理解的各種等級的祭土神之所。

根據《楚系簡帛文字編》中所收句例，秦家嘴九十九號墓簡14還有「塈禱大地主一豬」。然而，該書「大」字之下，卻又未收此一句例。究竟是「大」字下漏收，或是其他地方所抄錄句例有衍誤，抑或是原簡該字模糊，而被捨棄不摹，尚不能斷定，茲錄以待考。此外，有人認爲：「后土」就是〈九歌〉裡的「雲中君」，即雲夢澤之神。〔註53〕案：此說並不可信。天星觀簡有「雲君」，與「二天子」並列，很可能就是〈九歌〉「雲中君」。在後文中，我們還會進一步討論這個問題。

四、「司命」與「司禍」

湯漳平說：「〈九歌〉中所寫的『大司命』即楚簡中的『司命』」〔註54〕劉信芳則根據包山簡，將包山楚簡「太」以下系列諸神，與〈九歌〉神祇的對應關係，作了更進一步的推論。而其中的「司命」、「司禍」，他認爲應即〈九歌〉之「大司命」、「少司命」。〔註55〕

案：楚簡中的「太」以下系列諸神，確實與〈九歌〉神祇有著密切的關係。像湯漳平所指出的「司命」即「大司命」；劉信芳所指出的「太」即「東皇太一」，〔註56〕都應該是可信的比對。不過，若過於相信二者間的對應關係，而勉強將楚簡神名與〈九歌〉神名，一一對號入座，則會有穿鑿附會的危險。

前面提到過，楚簡中「太」等神祇雖然在神譜上的關係相當密近，但實際祭禱時，卻可以隨狀況的不同，而省略部分神祇，有著很靈活的組合。「太」以下諸神，以包山簡所見到的種類最多，但這並不表示包山簡的記載，就必

〔註52〕 〔漢〕司馬遷撰、〔南朝宋〕裴駰集解、〔唐〕司馬貞索隱、張守節正義：《史記》（北京：中華書局，1982年11月，二十四史點校本），卷28，頁1396。

〔註53〕 參看：同註33，頁13。

〔註54〕 湯漳平：〈從江陵楚墓竹簡看《楚辭‧九歌》〉，收入：中國屈原學會編：《楚辭研究》（濟南：齊魯書社，1988年1月），頁251。

〔註55〕 參看：同註33，頁13～14。

〔註56〕 參看：同註33，頁12～13。

定是這一系列神祇的完整呈現。例如在天星觀簡中，與「二天子」並列的「雲君」，即未見於包山簡。至於〈九歌〉，則爲文學創作，更是未必會寫到所有相關的神祇。湯漳平說：

> 從江陵楚墓竹簡記錄中，我們了解到，在屈原的時代，楚人祭祀的鬼神數量，遠遠超過〈九歌〉中描寫的那些數目，因此，現在的〈九歌〉作品，很可能是屈原在一系列祭祀樂歌中挑選出來的一部分，經過他的改造而寫成的。〔註57〕

湯氏寫作該文時，能夠看到的楚簡資料相當有限，對天星觀一號墓發掘報告中所列舉的部分神名彼此間的搭配關係，也還不清楚。現在我們知道，楚人所祭禱之神祇間的搭配，並不是隨意的。而〈九歌〉中所出現的神名，可與楚簡神名相對應的，似乎並沒有超出「太」以下系列諸神的範圍（可能就是〈九歌〉「雲中君」的「雲君」，在天星觀簡中與「二天子」並列，應該也屬於一系列的神祇）。由此推測，〈九歌〉所描寫的神祇，或許並不是在楚人所祭祀的所有鬼神中任意挑選，而是在「太」以下一定範圍的相關系列神祇中擇取。

　　儘管楚簡「太」等神祇與〈九歌〉中所出現的神名關係密切，但既然二者都是有選擇性的，自然也就不一定能盡合，而事實上就是如此。舉一個較突出的例子：〈九歌〉中有「國殤」，但「太」至「圣山」諸神中，並沒有與其相應的適當對象。於是劉信芳就將包山簡中所祭禱的列祖列宗，與「國殤」對應，〔註58〕這很明顯地就是圓鑿方枘、齟齬不合的勉強搭配。因此，在將楚簡神名與文獻記載對證時，不應被任何先入爲主的成組對應關係所蒙蔽，個別的審愼分析也是相當重要的工作。

　　〈九歌〉中「大司命」的職掌比較清楚，祂是一位司壽命之神。至於「少司命」的職掌，前人的看法則頗爲紛歧。如：王夫之認爲是「司人子嗣」；〔註59〕蔣驥認爲是「主緣」；〔註60〕戴震則認爲是「主災祥」。〔註61〕〈少

〔註57〕　同註54，頁257～258。

〔註58〕　參看：同註33，頁15～16。

〔註59〕　參看：〔清〕王夫之：《楚辭通釋》，《船山全集》（臺北：大源文化服務社，1965年9月），卷2，頁10535～10537。宋代的羅願亦認爲「少司命」是「主人子孫」之神（參看：氏著：《爾雅翼》，臺北：藝文印書館，1965年，百部叢書集成影印學津討原本，卷2，頁9右），但他的論述頗爲怪異，如同射覆，並無可取之處。

〔註60〕　參看：〔清〕蔣驥：《山帶閣注楚辭》（臺北：洪氏出版社，1975年3月，據清

司命〉云：「夫人自有兮美子，蓀何以兮愁苦？」又云：「竦長劍兮擁幼艾，蓀獨宜兮爲民正。」〔註62〕其中，「美子」與「幼艾」的詞義爲問題的關鍵。二詞的訓釋，陳子展綜合前人之說，有較完整的討論。陳氏說：

> 美字當讀如《詩經》裡「予美亡此」、「誰侜予美」之美。這是古語古義。這猶如現代語說「愛人」了……《孟子》「慕少艾」，趙岐注：「艾，美好也。」……〈齊策〉三：「齊王夫人死，有七孺子皆近。」高注：「……孺子，謂幼艾美女也……。」……〈趙策〉三：「建信君貴于趙……公子魏牟過趙……説趙王曰：『王有此尺帛，何不令前郎中以爲冠？』王曰：『郎中不知爲冠。』魏牟曰：『爲冠而敗之，奚虧于王之國？而王必待工而後乃使之。今爲天下之工或非也，社稷爲虛戾，先王不血食，而王不以予工，乃與幼艾！（指建信君）』」（案：陳子展引用古籍，常略作刪改而未加刪節號或説明。此處所引〈趙策〉三，「説趙王」三字爲陳氏所增，刪節號則皆是我參照原書所補）我們讀了《孟子》、《戰國策》古書古注，可知「幼艾」一詞是戰國時人常語，它的意義是年輕貌美，男女都可稱。〔註63〕

他指出：「美子」猶言「愛人」，而「幼艾」的意義則是年輕貌美的男女，這應是比較允當的意見。因此，就屈賦本文來看，蔣說似乎較合原義，「少司命」應是一位司愛情之神。楚簡中祭禱「司命」或「司禑」的原因，都與愛情無關，所以「司命」、「司禑」也應該與「少司命」無關。

楚簡的「司命」，很可能就是〈九歌〉的「大司命」，是一位主壽夭之神。漢代以後的注家，往往將文獻中的「司命」視爲星辰。〔註64〕文崇一說：

> 《周禮・大宗伯》說：「……以實柴祀日、月、星辰；以槱燎祀司中、

雍正五年原刊本排印），餘論，卷上，頁201。

〔註61〕 參看：〔清〕戴震：《屈原賦注》，《戴東原先生全集》（臺北：大化書局，1978年4月，全集中此書係影印清光緒二十五年汪梧鳳原刊本），頁913上右。

〔註62〕 〔漢〕王逸章句、〔宋〕洪興祖補注：《楚辭》（臺北：藝文印書館，1967年，百部叢書集成影印惜陰軒叢書本），卷2，頁15右、16右。

〔註63〕 陳子展：《楚辭直解》（上海：復旦大學出版社，1997年3月），頁483～484。

〔註64〕 如：《周禮・春官・大宗伯》：「以槱燎祀司中、司命、飌師、雨師。」鄭注：「鄭司農云：『……司命，文昌宮星……。』……司中、司命，文昌第五、第四星。或曰：中能、上能也。」（卷18，頁270下右）洪興祖以下的《楚辭》注家，也有許多人認爲「大司命」、「少司命」是星辰。

司命、飄師、雨師。」把司命與風師、雨師並列，而不與於星辰，使我們想到：他是一位不屬於星辰之類的自然神……從〈九歌〉和《周官》所說的司命來看，那是神而不是星，如果有關係，便是星象學家將神話附會於「星話」，使後人對於兩者的依附和從屬便分不開了。〔註65〕

其說可從。楚簡的「司命」，在當時應該也不是指某一個星辰，而只是神名。此外，于省吾指出，齊侯壺銘有「大嗣（司）命」，可能與〈九歌〉「大司命」為同一神祇。〔註66〕這是〈九歌〉之外稱「大司命」的例子，附錄於此，以供參考。

陳偉根據慈利楚簡文例，認為「司禍」應讀作「司禍」，〔註67〕可備一說。不過，天星觀簡中，既有「司禍」，也有「司禍」，二者是否為同神異名，尚難斷言，我們還需要更確實的證據。

另外，陳氏由其「同神異名」的推論，而認為「太」以下系列諸神、「野地主」、「宮地主」及五祀諸神，都是相關神祇。又依其所謂「相關的神祇排列」，以為「司禍應即五祀中的竈」。〔註68〕

案：此說並不可信。因為，這些所謂「相關神祇的排列」，有的並不是屬於同類型的祭禱，能否如陳氏那般，視為祂們排列順序的例證，已頗值得商榷。更何況，所謂「相關神祇」的「野地主」或「宮地主」，並非「后土」或「司命」，因此，祂們其實並不是與「司禍」相關的神祇。總之，「司命」與「司禍」，是屬於「太」以下的系列神祇，而與五祀諸神無關。

〔註65〕 文崇一：〈《九歌》中的上帝與自然神〉，收入：余崇生編：《楚辭研究論文集》（臺北：學海出版社，1985 年 1 月），459～461。

〔註66〕 參看：于省吾：《澤螺居楚辭新證》，收入：氏著：《澤螺居詩經新證》（北京：中華書局，1982 年 11 月），頁 262。

〔註67〕 參看：同註 2，《包山楚簡初探》，頁 168。吳郁芳亦將「司禍」讀作「司禍」。參看：同註 35，〈《包山楚簡》卜禱簡牘釋讀〉，頁 77。此外，湯餘惠根據《漢書・天文志》，以及《太平御覽》引《石氏星經》，星名「司命」與「司祿（錄）」相銜的記載，以為「司禍」應即「司祿」。（參看：同註 25，〈包山楚簡讀後記〉，頁 75）李零則根據《開元占經》引《黃帝占》謂文昌六星中第五星為「司中」，「主司過詰咎」，而以為「司禍」應讀作「司過」。（參看：同註 36，〈包山楚簡研究（占卜類）〉，頁 438）案：湯氏及李氏之說均以為「司禍」是星辰之名，但前面提到「司命」並不是星名，因此，「司禍」恐怕也不是指某一個星辰，而只是神名。

〔註68〕 參看：同註 2，《包山楚簡初探》，頁 168～169。

五、「大水」

「大水」爲何？前人的論點頗爲紛歧，計有天水〔註69〕、天漢之神〔註70〕、大川〔註71〕、長江〔註72〕、星名〔註73〕、洪水〔註74〕、淮水〔註75〕等種種不同的看法。我認爲：這個問題的解答，似可由「太」至「坒山」系列諸神的排列中，看出一些端倪，試申論如下。

「太」至「坒山」系列諸神，除可依其所享用祭品，分爲三等級外，還明顯地分爲兩個部分：「太」、「后土」、「司命」、「司禍」爲第一部分；「大水」、「二天子」及「坒山」則爲第二部分。這兩個部分的神祇，即使某些所享用之祭品是相同的，卻也從不混合並列。這個現象，推測可能與神祇性質、形象的差異有關。

「太」是最尊貴的天神；「后土」是大地之神；「司命」、「司禍」則可能分別是司壽命及司災殃的神祇。由此可見，第一部分諸神的形象皆較爲空泛或抽象。然而，第二部分中，「二天子」應是湘水或湘山之神；「坒山」當爲山名，祂們則均爲實際的山林川澤之神。因此，「大水」或許也是指某一條大河之神，而不是天水、星名或洪水。

劉信芳認爲：根據《左傳》，我們知道楚人不祀河，因此，「大水」絕非黃河之神。從祭品來看，「大水」與「太」同尊，可見其地位相當崇高，「此種神格，自非『天漢』莫屬」。而由此「亦可推知〈九歌〉之『河伯』亦爲天漢之神。〈河伯〉云：『登崑崙兮四望。』洪興祖補注：『《援神契》云：「河者，水之伯。上應天河。」』此注最得古人祀禮之眞諦」。〔註76〕

劉氏這一段議論，有好多毛病。首先，《左傳·哀公六年》不祭河的事件，只是楚昭王個人的意見，這從「大夫請祭諸郊」的記載就可以看出來。〔註77〕

〔註69〕 參看：同註25，〈包山二號墓簡牘釋文與考釋〉，頁388，考釋417。

〔註70〕 參看：同註33，頁14。

〔註71〕 參看：同註36，〈包山楚簡研究（占卜類）〉，頁438。

〔註72〕 參看：湯餘惠：《戰國銘文選》（長春：吉林大學出版社，1993年9月），頁193。

〔註73〕 朱德熙等人說：「疑大水即天水。或謂大水指大江之神。大水又爲星名。」參看：同註26，頁97，考釋59。

〔註74〕 參看：同註35，《《包山楚簡》卜禱簡牘釋讀〉，頁77。

〔註75〕 參看：同註2，《包山楚簡初探》，頁169。

〔註76〕 參看：同註33，頁14。

〔註77〕 參看：《春秋左傳正義》，卷58，頁1007。

而且《左傳》在〈僖公二十八年〉和〈宣公十二年〉，早有楚令尹子玉「夢河神」及莊王「祀于河」的記載，〔註 78〕可見河神的神話與傳說，早就流傳於楚人的觀念之中。〔註 79〕更何況，自昭王至懷王，相距已約二百年，無論在楚國疆界、祭祀觀念及神話傳說等方面，都產生了許多的變化。王闓運《楚辭釋》云：「楚北境至南河，故《莊子》書亦言河伯。」〔註 80〕《莊子・秋水》及〈外物〉的寓言中言及「河伯」，與所謂「楚北境至南河」，並沒有直接的關聯。至於戰國時期，楚國疆域究竟有沒有到達黃河流域，學界則存在著不同的意見。〔註 81〕但無論如何，楚國既然不斷地尋求向北發展，那麼，河神的信仰、傳說，勢必在楚地產生更大的影響和流傳。再從〈九歌〉本文來看，「河伯」即黃河之神，應該沒有問題。又〈天問〉有「胡躬夫河伯，而妻彼雒嬪？」〔註 82〕「河伯」很明顯地也應是黃河之神。既然「河伯」是黃河之神，那麼，楚簡中應為某一條大河之神的「大水」，當然也有可能是指黃河之神。楚人祀河，應當與其向北發展或當時的普遍風氣有關。

其次，劉信芳所謂「此種神格，自非『天漢』莫屬」，則是無根之談。至於劉氏所引洪興祖補注的那一段話，只是因為古代傳說為黃河源頭的崑崙山，勢極高峻，是著名的神山。河源於此，如天上來，故洪氏引《援神契》「上應天河」之說，並沒有視「河伯」為「天漢」的意思。通觀〈河伯〉全篇補注，洪氏皆依「河伯」即黃河之神來引證釋說，這點應該是很清楚的。

《韓非子・內儲說上》云：

〔註 78〕　參看：《春秋左傳正義》，卷 16，頁 274、卷 23，頁 398 下。

〔註 79〕　這一層意思，王夫之早已約略道出。王氏《楚辭通釋》云：「昭王能以禮正祀典，故已之，而楚固嘗祀之矣。民間亦相蒙僭祭，遙望而祀之。」參看：同註 59，頁 10541。

〔註 80〕　〔清〕王闓運：《楚辭釋》，收入：杜松柏主編：《楚辭彙編》（臺北：新文豐出版公司，1986 年 3 月，影印清光緒十二年成都尊經書院刊本），卷 2，頁 111。

〔註 81〕　由於史料中部分地名的實際地望，尚難有定論，楚國北境疆界變化盈縮的問題，還有待研究。相關的討論，可看：〔清〕程恩澤：《國策地名考》（臺北：藝文印書館，1965 年，百部叢書集成影印粵雅堂叢書本），卷 6～7；周勛初：《九歌新考》（上海：上海古籍出版社，1986 年 8 月），頁 72～79。包山簡有楚地名「宜昜」（103），顏世鉉認為可能就是在今河南宜陽縣西，洛河北岸，原為韓國領地的宜陽。參看：氏著：《包山楚簡地名研究》（臺北：國立臺灣大學中國文學研究所碩士論文，1997 年 6 月），頁 145～146。宜陽所在，屬於黃河流域。

〔註 82〕　同註 62，卷 3，頁 12 左。

齊人有謂齊王曰：「河伯，大神也。王何不試與之遇乎？臣請使王遇
之。」迺爲壇場大水之上，而與王立之焉。〔註83〕

這裡的「大水」，雖然可能並不是黃河的專稱，但以河神爲大神的說法，卻正
與楚簡中「大水」地位崇高相合。既然〈九歌〉「河伯」爲黃河之神，楚簡「大
水」也是指某一條大河之神，而「太」以下諸神，又與〈九歌〉神祇關係密
近，那麼，「大水」即「河伯」，也就相當有可能了。不過，目前我們也還不
能完全排除「大水」爲淮河或長江等大河之神的可能性。

六、「二天子」與「雲君」

《楚國歷史文化辭典》「二天子」條說：

〈九歌・湘夫人〉：「帝子降兮北渚。」王逸注：「帝子，謂堯女也。」
帝子實即天帝之子，簡稱「天子」。《山海經・中山經》：「洞庭之山……
帝之二女居之，是常游于江淵。澧、沅之風，交瀟湘之淵，是在九
江之間，出入必以飄風暴雨。」郭璞注：「天帝之二女而處江爲神也。」
「二天子」或即指此。〔註84〕

〈湘夫人〉王注與〈中山經〉郭注所記，或可視爲同一神話傳說的演變，袁
珂說：「堯之二女即天帝之二女也，蓋古神話中堯亦天帝也。」〔註85〕楚簡「二
天子」或即〈九歌〉「湘夫人」，爲湘水女神。〔註86〕

陳偉根據〈中山經〉「洞庭之山」的說法，以爲「帝之二女應是山神，郭
璞以爲江神，恐不可據」。他又引《史記・秦本紀》始皇至湘山祠的故事，而

〔註83〕　〔周〕韓非：《韓非子》（上海：上海書店，1989年3月，重印四部叢刊初編
本），卷9，頁3左。

〔註84〕　石泉主編、何浩、陳偉副主編：《楚國歷史文化辭典》（武漢：武漢大學出版
社，1996年1月），頁2。

〔註85〕　袁珂注：《山海經校注》（臺北：里仁書局，1982年8月），山經柬釋，卷5，
頁176。

〔註86〕　〈九歌〉二湘與堯、舜關係的神話傳說，歷代研究《楚辭》的學者，有許多
不同的看法。其實，神話與古史傳說，本來就常發生許多的附會、混雜和轉
變，各種相異的說法，也常常不能以簡單的對錯來看待，而還需要考慮到時
間、地域等因素。不過，從〈九歌・湘君〉、〈湘夫人〉的文義來看，似以二
湘爲配偶神（舜與二妃）的說法較爲合理。相關的討論，可參看：文崇一：〈九
歌中的水神與華南的龍舟賽神〉，《中央研究院民族學研究所集刊》第11集
（1961年春），頁63～66；同註63，頁63～64、467～480；王淑禎：〈九歌
湘君湘夫人異說辨釋〉，《興大中文學報》第6期（1993年1月），頁169～180。

認為「『洞庭之山』應即湘山，二天子爲湘山之神」。〔註87〕亦可備一說。「二天子」究竟是湘水之神還是湘山之神，似尙難斷定。不過，陳偉又說：

> 《史記・封禪書》……述秦制說：「於是自殽以東，名山五，大川祠二。曰太室……恆山、泰山、會稽、湘山。水曰濟，曰淮。」……由前引《史記・封禪書》可知，湘山祠爲山東五名山之祠中的一個，與大水（淮水）地位相當。〔註88〕

則恐怕並不能作爲證據。因爲且不論「大水」、「二天子」是否即淮水、湘山，但由所享用祭品來看，楚簡中「大水」和「二天子」的地位並不相當。

接著討論「雲君」。湯漳平說：

> 天星觀一號楚墓竹簡中，赫然記載了楚人祭祀「雲君」。此「雲君」當然是雲神，它與〈九歌〉中的「雲中君」也毫無疑義地是同一位神。〔註89〕

「雲君」即〈九歌〉「雲中君」，確實是很有可能的推測。但所謂「『雲君』當然是雲神」，則似嫌證據薄弱，而仍有再斟酌的餘地。

> 前面說過，「太」以下系列諸神可分爲兩個部分，彼此間不混合並列。其中，第二部分可能是實際的山林川澤之神。天星觀簡中，與「雲君」並列的「二天子」，是第二部分的神祇，所以「雲君」或許也是實際的山林川澤之神。

清代徐文靖在《管城碩記》中，曾提出〈九歌〉「雲中君」是雲夢澤之神的論點。〔註90〕這個說法雖得到部分楚辭注家的認同，但反對者亦甚眾。反駁的意見，主要是根據〈雲中君〉的文句，如：徐煥龍《楚辭洗髓》云：

> 曰華彩衣，曰壽宮，曰日月齊光，曰猋遠舉，曰橫四海，語語雲中君，移向他神不得。〔註91〕

游國恩則說：

> 篇中「靈皇皇兮旣降，猋遠舉兮雲中」二語，正謂雲神來饗，乍降旋歸，高舉雲中，反其故處耳……「覽冀州兮有餘，橫四海兮焉窮？」

〔註87〕 參看：同註2，《包山楚簡初探》，頁170。
〔註88〕 同註2，《包山楚簡初探》，頁169～170。
〔註89〕 同註54，頁254。
〔註90〕 參看：〔清〕徐文靖：《管城碩記》，收入：王雲五主編：《四庫全書珍本七集》（臺北：臺灣商務印書館，未註明出版年月），卷14，頁16左。
〔註91〕 〔清〕徐煥龍：《楚辭洗髓》。原書未見，轉引自：同註63，頁465～466。

乃形容雲德之廣大變化，非一區一域之水神所得而擬。蓋冀州者，代表中國之稱；既言冀州，又言四海，猶之普天薄海之義也……觀篇中又言「與日月兮齊光」，雲與日月為類，故連類及之，此豈泛詠水神之辭哉？〔註92〕

這些論點，有些並沒有多大道理。像「華彩衣」和「壽宮」，就看不出和雲神有什麼密切的關係。徐文靖也說：

「靈皇皇兮既降，猋遠舉兮雲中。」亦猶〈湘君〉云「橫大江兮揚靈」耳。豈必謂雲際乎？〔註93〕

又「與日月兮齊光」一語，也有可能是對大山、大湖的描寫。像《山海經》就常見某山為「日月所出」、「日月所入」或「日月所出入」的說法；而《水經注》則說：「（案：洞庭）湖水廣圓五百餘里，日月若出沒于其中。」〔註94〕至於「覽冀州兮有餘，橫四海兮焉窮？」二語，雖然較不像是對雲夢澤的描寫，但也未必見得一定不是對廣大水澤之神的誇飾和讚頌。以上的辯說，並不是說本文認同「雲中君」是雲夢澤之神，而只是覺得否定此說的證據，好像也不夠堅實。

此外，需要注意的是：天星觀簡有關「雲君」的句例，是「解於二天子與雲君以瑞珥」，而這有可能是「攻解」的記錄。楚簡「攻解」對象的搭配，並不像祭禱神祇間的搭配那麼有規律，而是頗為隨意的列出需責讓的神靈、鬼怪。如：包山簡的「思攻解於禓與兵死」（241）、「思攻解日、月與不辜」（248）、天星觀簡的「思攻解於不辜強死者與禓祏」、「思攻解於罴瘧與強死」等，我們都看不出並列者間的關係（說詳後）。如果「雲君」的句例也是「攻解」的記錄，那麼「雲君」與「二天子」，就未必是形象、性質類似的神祇。然而，楚簡中的「攻解」，都沒有奉獻祭品，與「雲君」句例不同。因此，該句例到底是不是「攻解」，還難以斷定。

綜上所論，楚簡「雲君」可能就是〈九歌〉「雲中君」，但祂究竟是雲神、雲夢澤之神，抑或是其他神祇的疑案，目前似乎還無法解決。〔註95〕

〔註92〕 游國恩：〈論屈原之放死及楚辭地理〉，《楚辭論文集》（上海：上海文藝聯合出版社，1955年5月），頁107～108。

〔註93〕 同註90，卷14，頁16左。

〔註94〕 〔北魏〕酈道元注；陳橋驛點校：《水經注》（上海：上海古籍出版社，1990年9月），卷38，頁722。

〔註95〕 關於〈九歌〉「雲中君」的各種異說的討論，可參看：王淑禎：〈九歌雲中君

七、「坐山」

「坐山」的「坐」，原篆作 ，或从人作 ，或从山作 。此字諸家考釋並不一致，裘錫圭釋爲「坐」，[註96] 湯餘惠釋爲「巽」，[註97] 陳偉則釋作「危」。[註98] 另外，長臺關一號墓遣冊有「一槃坐 鐘」（18），劉雨認爲：「坐」應釋作「呈」，即「桯」之省，指几類之物。[註99]

案：九店五十六號墓《日書》簡 13～24 的上欄及簡 19 下欄，有日名「坐」。與睡虎地《日書》簡相對照，我們看到「坐」在甲種〈除〉中寫作「坐」（10正），在乙種相似內容的篇章中，則寫成「坐」（22），[註100] 據此可知「坐」確爲「坐」字。此外，顏世鉉對於楚簡「坐」、「巽」二形相關諸字的文例及字形，均有分析，亦可參看。[註101] 至於陳偉釋「坐」爲「危」，則可能是受劉釗將包山簡 263 字釋爲「跪」的影響。[註102] 又楚簡「呈」字上部从口，與「坐」字不同，且「桯」爲床前几，用在信陽簡句例中也不恰當。「坐」在長臺關遣冊裡，疑應讀爲「座」，即鐘座之意。

「坐山」應是山名，所指爲何待考。《管子·形勢》云：「山高而不崩，則祈羊至矣。」[註103] 楚簡中的「坐山」，亦享用羊牲。有人懷疑「坐山」是

異說辨釋〉，《興大中文學報》第 7 期（1994 年 1 月），頁 133～144。

〔註96〕 參看：同註 26，頁 90，考釋 19。劉彬徽等人說：「裘錫圭先生釋坐爲坐。」（同註 25，〈包山二號墓簡牘釋文與考釋〉，頁 388，考釋 419）據此得知「坐」爲裘氏所釋。

〔註97〕 參看：同註 25，〈包山楚簡讀後記〉，頁 75～76。

〔註98〕 參看：同註 2，《包山楚簡初探》，頁 170。

〔註99〕 參看：劉雨：〈信陽楚簡釋文與考釋〉，收入：河南省文物研究所：《信陽楚墓》（北京：文物出版社，1986 年 3 月），頁 134～135。

〔註100〕 參看：湖北省文物考古研究所編著：《江陵九店東周墓》（北京：科學出版社，1995 年 7 月），頁 339；劉信芳：〈九店楚簡日書與秦簡日書比較研究〉，收入：張光裕等編輯：《第三屆國際中國古文字學研討會論文集》（香港：香港中文大學中國文化研究所、中國語言及文學系，1997 年 10 月），頁 518。

〔註101〕 參看：同註 81，《包山楚簡地名研究》，頁 220～222。

〔註102〕 此字劉彬徽等人原釋「跰」（參看：同註 25，〈包山二號墓簡牘釋文與考釋〉，頁 395，考釋 573），劉釗改釋爲「跪」是正確的（參看：氏著：〈包山楚簡文字考釋〉，「中國古文字研究會第九屆學術研討會」論文，南京：南京大學，1992 年 10 月，頁 16～17）。楚簡「跪」字上半與「坐」形近，但仍有差異，陳偉釋「坐」爲「危」或即與此有關。

〔註103〕 〔周〕管仲撰、舊題〔唐〕房玄齡注：《管子》（上海：上海書店，1989 年 3 月，重印四部叢刊初編本），卷 1，頁 4 左。《四庫全書總目》認爲是唐代尹知章所注，「殆後人以知章人微，元齡名重（案：「元齡」即「玄齡」，避

包山簡 240 的「五山」之一，〔註104〕然而，從二者享用不同等級的羊牲來看（分別是「羖」和「牂」），「坐山」可能並非「五山」之一。

第二節　楚簡中祭禱的其他鬼神

一、「楚先」與「荊王」

「楚先」是指楚國遠祖。包山簡 217 云：「舉禱楚先老僮、祝融、媸酓各一牂。」簡 237 的祭牲則改為「各兩羖」；望山一號墓殘簡 120～124，亦有祭禱這三位「楚先」的記載。根據包山簡，我們知道這三位「楚先」所享用的祭品是相同的；望山一號墓簡 120、121，亦透露了相同的訊息。

這幾條簡中最值得注意的，是望山一號墓簡 123。該簡云：「☑融各一牂☑。」應為祭禱「祝融」的記錄。由於三位「楚先」享用的祭品是一樣的，因此該簡所祭禱的「楚先」，可能只到「祝融」。也就是說，這三位「楚先」似乎未必要一起祭禱。

「老僮」（望山簡寫作「老禋」）即古籍中的「老童」，或作「卷章」，應為形近之誤。「祝融」亦見於子彈庫帛書，老童后裔重黎、吳回、陸終均有此稱號。「老童」與「祝融」均是文獻習見的楚國先祖名。〔註105〕李家浩指出：〈離騷〉王逸注所引〈帝繫〉，與《大戴禮記·帝繫》文字略有出入，王注所引有稱老童為「楚先」的說法，正與簡文相合。〔註106〕

較需討論的是「媸酓」。李學勤認為：「『酓』字常見於楚國古文字中的王名，前人已指出相當於文獻中楚王名的『熊』字。而與楚國文字「蟲（融）」相比較，「媸」字應是从女，蟲省聲，可與「鬻」通假。「包山簡提到的這個

清聖祖玄燁諱），改題之以炫俗耳」。參看：〔清〕紀昀等編撰：《四庫全書總目（附余嘉錫辨證）》（臺北：藝文印書館，1989 年 1 月），卷 101，頁 1979 上右。

〔註104〕參看：同註36，〈包山楚簡研究（占卜類）〉，頁 439。

〔註105〕楚簡「老僮」、「祝融」的相關討論，可參看：李學勤：〈論包山楚簡中一楚先祖名〉，《文物》1988 年第 8 期（1988 年 8 月），頁 87；同註 25，〈包山二號墓簡牘釋文與考釋〉，頁 388，考釋 422、423。《山海經·西山經》有「耆童」，郭璞注：「耆童，老童，顓頊之子。」（同註85，卷 2，頁 55）則「老童」又或作「耆童」。

〔註106〕參看：李家浩：〈包山楚簡所記楚先祖名及其相關問題〉，《文史》第 42 輯（1997 年 1 月），頁 11。

楚先祖不是別人，乃是文獻中的鬻熊」。〔註107〕這個意見，得到許多學者的認同。

李家浩對「媸」字的分析，有不同的看法，他說：

> 在古文字中，從「虫」旁之字多寫作從二「虫」，如「蜻」、「蝤」、「蛤」、「蝕」等字……所從二「虫」都是意符，簡文「蟑」字與之相同。以此例之，B（案：代表「媸」之古文字字形）應該分析為從二「虫」從「女」聲……在古文字中，從「如」聲之字和從「奴」聲之字都可以寫作從「女」聲……疑B即「蝑」或「蝑」的異體……為了便於稱引，本文暫將B釋為「蝑」。〔註108〕

李家浩又說：

> 「蝑」與「穴」、「鬻」二字的讀音都相隔甚遠，顯然簡文的蝑酓既不是穴熊，也不是鬻熊……《山海經·大荒西經》有這樣一段記載楚先祖的文字：「……顓頊生老童，老童生祝融，祝融生太子長琴……。」……上古音「蝑」的韻母屬魚部，「長」的韻母屬陽部，魚、陽二部陰陽對轉。二字聲亦近，都屬端系……「酓」與「琴」都從「今」得聲，也可以通用。因此，我們認為簡文的蝑酓即《山海經》的長琴。〔註109〕

由此可知，李家浩認為「媸酓」並非鬻熊，而是《山海經》中的長琴。之所以產生歧見的主要關鍵，在於對「媸」字結構分析的不同。「媸」字究竟是從蟲省聲，或是從女得聲，似尚難斷定。我們不妨先從其他方面來考察這個問題。

長琴未見於其他文獻，《山海經·大荒西經》雖說長琴為祝融太子，但並沒有提及他與楚國世系的關係。〈大荒西經〉說長琴是住在「西北海之外」的榣山之上，〔註110〕從地理位置來看，也與楚國搭不上關係。由此看來，長琴很可能是與楚國世系無直接關係的祝融之子。古史有「祝融八姓」或「陸終六子」的傳說，其中季連為芈姓，楚即其後。李家浩說：

> 我們懷疑在戰國時期楚人自己傳說的楚先祖世系中，不僅沒有季連

〔註107〕參看：同註105，〈論包山楚簡中一楚先祖名〉，頁87～88。

〔註108〕同註106，頁8。

〔註109〕同註106，頁10。李家浩在較早與朱德熙、裘錫圭合作的考釋中，對於「媸酓」是指長琴、穴熊或鬻熊，還持較保留的態度（參看：同註26，頁102，考釋101），在這一篇文章中，則較為肯定長琴之說。

〔註110〕參看：同註85，海經新釋，卷11，頁395。

這個人，而且連季連之子什祖（附沮）也可能沒有。〔註111〕

其實，「嬭酓」究竟是不是長琴，是還需要探討的問題，李氏這種欲自圓其說而提出的懷疑，是毫無根據的。

相較於長琴，文獻裡的鬻熊在楚國世系中的地位，就顯得既明確且重要。《史記・楚世家》云：

> 周文王之時，季連之苗裔曰鬻熊。鬻熊子事文王，蚤卒。其子曰熊麗。熊麗生熊狂，熊狂生熊繹。熊繹當周成王之時，舉文、武勤勞之後嗣，而封熊繹於楚蠻。〔註112〕

可知熊繹受封，正由於鬻熊當年的功勞，後來楚武王熊通追述先人事蹟時，亦稱舉鬻熊。〔註113〕而《左傳・僖公二十六年》「夔子不祀祝融與鬻熊，楚人讓之」〔註114〕的記載，則不僅說明楚人需祭祀鬻熊，也顯示鬻熊在楚人心目中尊崇的地位。

關於「嬭酓」，李家浩還有一些其他的論述：

> 鬻熊之前的楚先公叫「某熊」這種形式的「熊」是什麼意思，我們目前還不清楚，但有一點可以肯定，自熊麗之後，楚先王以「熊」為氏，是取他們先祖名字最後一個字，與後世「以王父之字為世」的形式相同。蚥酓（熊）和熊麗分別是楚先公名字「某熊」和先王名字「熊某」這兩種形式的第一人。他們兩個人分別被列入先公和先王而受到祭祀，除了其他的原因之外，這一點應該說是很重要的原因。〔註115〕

以「某熊」和「熊某」兩種形式，區分所謂「先公」和「先王」，也就是簡文所說的「楚先」和「荊王」，這是很正確的意見。但鬻熊以下不再稱「某熊」，而改為「熊某」，以「熊」為氏，正突顯了鬻熊為熊氏始祖的地位。《史記・十二諸侯年表》索隱就說：「楚，羋姓，粥熊之後，因氏熊。」〔註116〕從這一點來看，楚簡中所祭禱的「嬭酓」，反而更有可能就是鬻熊。

此外，李家浩在該文補記中，提到1994年河南新蔡葛陵戰國楚墓新出的

〔註111〕同註106，頁13。
〔註112〕同註52，卷40，頁1691。
〔註113〕參看：同註52，卷40，頁1695。
〔註114〕《春秋左傳正義》，卷16，頁265上左。
〔註115〕同註106，頁17。
〔註116〕同註52，卷14，頁512。「粥熊」即「鬻熊」。

一批竹簡，亦有卜筮祭禱的記錄。李氏說：

> 該墓竹簡所祭禱的楚先，位於「老僮、祝蟲」後的「穸酓」之「穸」
> 作「穴」下「土」。我們認爲這個字從「穴」從「土」聲，《史記‧
> 楚世家》的「穴熊」之「穴」即其訛誤。上古音「土」屬透母魚部，
> 「女」屬泥母魚部，韻部相同，聲母都是舌音，故可通用。葛陵楚
> 簡的發現，不僅證明本文對包山楚簡B（案：代表「嬭」之古文字
> 字形）的釋讀是合理的，同時還證明《山海經》的長琴與《楚世家》
> 的穴熊應該是同一人。〔註117〕

李氏對於葛陵楚簡新出現之「楚先」名的考釋，似乎並不妥貼，下面試著談談我們的看法。

李氏之所以將「穸」字結構分析爲從穴，從土聲，並以爲〈楚世家〉「穴熊」之「穴」即其訛誤，而長琴與穴熊應是同一人，原因在於他先入爲主的認定「穸酓」就是「嬭酓」。根據望山簡，我們知道「老僮」等三位「楚先」，並不一定要一起祭禱。既然他們的搭配並非固定，那麼，新出現之「楚先」名「穸酓」也就未必是「嬭酓」。況且，長琴與穴熊的世次不同，應非一人；而所謂〈楚世家〉「穴熊」的「穴」字爲訛誤之說，也缺乏根據。

葛陵楚簡「穸酓」當即〈楚世家〉「穴熊」，與「嬭酓」並非一人。「穸」字的土旁應爲外加，楚簡文字添加土旁，是常見的繁化現象之一。「穴熊」，《大戴禮記‧帝繫》作「內熊」。〔註118〕「穴」、「內」上古音不近（分別爲脂部匣母及微部泥母），字形則極相似。根據葛陵簡，疑〈帝繫〉「內熊」應爲形近之誤。

綜上所論，本文對於「嬭酓」是哪一位楚先祖的問題，暫從李學勤「鬻熊」之說，而葛陵簡的「穸酓」，應即「穴熊」。唯進一步地論定，還需要更確鑿的證據。

接下來，簡單地討論楚簡中的「荊王」。包山簡 246 云：「舉禱荊王，自酓鹿以橐武王五牛、五豕。」〔註119〕李零說：「『熊鹿』，應是鬻熊之子熊麗。」

〔註117〕同註106，頁19。

〔註118〕〔漢〕戴德：《大戴禮記》（上海：上海書店，1989年3月，重印四部叢刊初編本），卷7，頁5右。

〔註119〕「鹿」，劉彬徽等人原釋作「𥬭」（同註25，〈包山二號墓簡牘釋文與考釋〉，頁390，考釋486），湯餘惠、李零改釋爲「鹿」，但湯氏認爲「鹿」在此是借作熊繹之「繹」，則並不正確。參看：同註25，〈包山楚簡讀後記〉，頁76；

〔註 120〕李家浩的意見相同，考釋則較為詳細，〔註 121〕他們的說法應是正確的。〈楚世家〉所載熊麗至武王熊通的楚君世系，與其他文獻的記載不盡相同；即使單就〈楚世家〉而論，相關的文字敘述仍有一些矛盾、不順之處，似有脫誤。這方面的問題，目前還不能完全解決。〔註 122〕

　　陳偉依據楚簡與相關文獻指出：在楚人概念中，「從熊鹿到武王，代表楚國歷史的一個時代」；而「文王以後的楚君」，則被視為另一個獨立的單位。〔註 123〕這與過去僅根據文獻所作的楚史分期略有出入，為簡文提供給我們的新認識。楚人觀念中的楚史，可分為「楚先」、「荊王」及文王以後三個階段。其中，熊鹿至熊通稱為「荊王」，是對於探討「荊」、「楚」涵義是否有別的相關問題上，很值得注意的資料。

　　關於本簡用牲方面的問題，陳偉認為：「自熊鹿至武王約有 19 君」，「無論如何也不夠一人一牲」。本簡所記，也許是類似文獻所謂的「祫祭」。〔註 124〕李家浩則說：

> 祭禱先公時每人只用一羊或兩羊，而祭禱先王時卻用五牛、五豕，後者比前者用的犧牲豐盛得多，除了先王的人數比先公的人數多的因素外，更主要的原因恐怕是楚人對先王的祭禮要比對先公的祭禮隆重。〔註 125〕

二氏的意見，均有參考的價值。

二、祖先與親屬

　　包山簡中所祭禱的祖先，有「邵王」、「文坪夜君子良」、「邵公子春」、「司馬子音」（親王父）〔註 126〕、「蔡公子豪」（親父）及「夫人」（親母）。這一系列直系祖先，前人已有較多的討論。「邵王」即楚昭王熊軫，當為邵氏的始祖。「文坪夜君子良」可能是昭王之子子良，見於《左傳・哀公十七年》。由「邵

同註 36，〈包山楚簡研究（占卜類）〉，頁 439。
〔註 120〕同註 36，〈包山楚簡研究（占卜類）〉，頁 439。
〔註 121〕參看：同註 106，頁 10～11。
〔註 122〕楚君世系問題的相關討論，可參看：同註 106，頁 13～17。
〔註 123〕參看：同註 2，《包山楚簡初探》，頁 171～172。
〔註 124〕參看：同註 2，《包山楚簡初探》，頁 180。
〔註 125〕同註 106，頁 17。
〔註 126〕括弧中所記，為簡文裡的另一種稱謂，以下同。

王」至「蔡公子豪」，應是墓主卲𣉖的五世祖考。「夫人」則是指子豪之妻，卲𣉖之母。〔註127〕李零認為：「夫人」是卲𣉖四世祖考之配偶的合稱，即不單指子豪之妻，而是指「文坪夜君子良」至「蔡公子豪」的「夫人」。〔註128〕案：陳偉已經指出：

> （案：包山）簡199～200記「石被裳之敓」說「罷禱於夫人戠豭」，簡212～215「迻石被裳之敓」則說「賽禱新母戠豭」……既然後者是對前者的沿襲，「新母」當即「夫人」。〔註129〕

「新母」即「親母」。由此可知，李零的說法並不可信。

　　至於與其相關的用牲問題，陳偉已作了分析。他指出：簡文中「卲王」的用牲均是「特牛」，「文坪夜君子良」至「蔡公子豪」四人皆多用「特豢」，「夫人」則為「特豭」。唯一的例外是包山簡202的祭禱方案，「蔡公子豪」、「夫人」都用了較平常規格為低的豕牲，而禱祠之禮也例外地寫作「祒」。〔註130〕關於包山簡202的減殺用牲問題，可能和該次祭禱擬議中，兩種禱祠皆需祝禱相同的對象有關，我們在前一章第一節第二小節中已有討論，請參看。用牲方面還需要補充說明的，是有關「特牲」的問題。

　　陳偉指出：「簡書記『戠牛』、『戠豢』、『戠豭』均不使用數詞」，未加「特」字的用牲，則必有數詞，「可見舊注訓特為『一』是有道理的」。〔註131〕他又說：

> 不過，簡書中「戠」只冠於牛、豕之前，並且只用於自卲王至新母的直系親屬，恐怕還帶有另外的含義。〔註132〕

就包山簡而論，陳氏的分析是完全正確的。但在天星觀簡中，享用「特豢」的神祇，除「卓公」、「惠公」等當可確定為直系祖考外，「勞啇」、「黍京」、「夜事」等應非直系親屬的神祇，亦享用「特豢」。而「番先」、「大禍」、「社」、「祇」等神祇，則均享用「特牛」。可見「特牲」的使用，並不只限於直系親屬。又

〔註127〕可參看：彭浩：〈包山二號楚墓卜筮和祭禱竹簡的初步研究〉，收入：同註25，《包山楚墓》，附錄二三，頁562～563；吳郁芳：〈包山二號墓墓主昭佗家譜考〉，《江漢論壇》1992年第11期（1992年11月），頁62～64；何浩：〈文坪夜君的身份與昭氏的世系〉，《江漢考古》1992年第3期（1992年8月），頁68～70、78。

〔註128〕參看：李零：〈考古發現與神話傳說〉，《學人》第5輯（1994年2月），頁120。

〔註129〕同註2，《包山楚簡初探》，頁161。

〔註130〕參看：同註2，《包山楚簡初探》，頁177～180。

〔註131〕參看：同註2，《包山楚簡初探》，頁175。

〔註132〕同註2，《包山楚簡初探》，頁175。

文獻中「特」字雖然也有冠於羊牲之前的例子，[註133] 但若只說「特牲」時，一般是指祭祀時用牛一頭或豕一頭。如：《禮記・郊特牲》篇名鄭注：「郊者，祭天之名，用一牛，故曰特牲。」[註134]《國語・楚語下》：「大夫舉以特牲。」韋注：「特牲，豕也。」[註135] 在楚簡中，「特」僅冠於牛、豕之前，可能也只是習慣，而不一定有其他的含義。

包山簡中所祭禱的其他親屬，還有「東陵連囂子發」（202～203、210～211、225、243）及「兄弟無後者邵良、邵𫐌、縣貉公」（227）。李零認為簡249「絕無後者」，可能與簡227所指相同。[註136]

「東陵連囂子發」又稱為「殤東陵連囂子發」（225），此外，簡222有「親王父、殤」。陳偉指出：原釋文以「親王父殤」連讀並不正確，「殤」應該也是指「殤東陵連囂子發」。[註137] 對於「殤」字含義的解釋，各家略有不同。劉彬徽等人認為是「禓」的借字，指死於非命的「彊鬼」，[註138] 吳郁芳與李零亦認為「殤」指凶死。[註139] 陳偉則依據《禮記・喪服小記》以「殤與無後者」並列，及《小爾雅・廣名》「無主之鬼謂之殤」的說法，認為「殤」是「無子嗣後」之義。[註140]

案：〈喪服小記〉以「殤與無後者」並列，反而正說明二者有所區別。孔疏云：「殤者，未成人而死者也。無後，謂成人未昏或已娶無子而死者。」[註141]「殤東陵連囂子發」既有官職，當不是「未成人而死者」，因此，應與〈喪服小記〉此處所說的「殤」不同；又「無主之鬼」亦與「無子嗣後」不完全相同。所以陳偉的說法，其實缺乏文獻的依據。〈九歌〉有「國殤」，是指不得終其天

[註133] 如：《左傳・襄公二十二年》：「祭以特羊。」（卷35，頁599下右）《國語・晉語二》：「子為我具特羊之饗。」（同註32，卷8，頁1左）文獻中單獨用牛、羊或豕牲時冠「特」字，可能是與「太牢」指牛、羊、豕三牲並用的對應稱謂。

[註134]《禮記正義》，卷25，頁480上右。

[註135] 同註32，卷18，頁3左。

[註136] 參看：同註36，〈包山楚簡研究（占卜類）〉，頁440。

[註137] 參看：同註2，《包山楚簡初探》，頁167～168。

[註138] 參看：同註25，〈包山二號墓簡牘釋文與考釋〉，頁389，考釋440。「禓」，考釋誤寫作「禓」。

[註139] 參看：同註127，〈包山二號墓墓主昭佗家譜考〉，頁64；同註36，〈包山楚簡研究（占卜類）〉，頁440。

[註140] 參看：同註2，《包山楚簡初探》，頁168。

[註141]《禮記正義》，卷32，頁593下右。

年而犧牲的戰士，屬於強死之鬼。〔註 142〕「殤東陵連囂子發」的「殤」，應該也是指死於非命的「彊鬼」。

　　望山簡中所祭禱的祖先，有「柬大王」、「聖逗王」（聖王）、「㤅王」、「先君東宅公」（父太）及「王孫桌」（親父）。朱德熙等人說：

> 柬大王、聖王、㤅王當爲先後相次的三位楚王《史記・楚世家》：「惠王足，子簡王中立……簡王足，子聲王當立。聲王六年，盜殺聲王，子悼王熊疑立。」「柬」、「簡」二字古通……「聲」、「聖」二字古亦通……「㤅」字從「心」「卲」聲，不見字書。「卲」本從「刀」得聲，古音與「悼」極近，「㤅」當即「悼」字異體……所以簡文柬大王、聖王、㤅王即〈楚世家〉的簡王、聲王、悼王，是無可懷疑的。〔註 143〕

朱氏等人又說：

> 東邜公之名有時緊接在悼王之後出現，他應該是悼王之子，同時也是㤅固這一支的始祖。所以㤅固以悼爲氏，這與楚莊王之後以莊爲氏同例。王孫桌大概是東邜公之子。東邜公是王子，所以他的兒子稱王孫。㤅固不稱王孫，輩分應低於王孫桌。上文指出他跟楚王室應有密切關係，從這一點來看，他離悼王又不會太遠，他跟王孫桌的關係以相差一輩的可能性爲最大。〔註 144〕

陳偉進一步指出：包山簡和望山簡中經常祭禱的先人同樣都是五位，而根據朱氏等人的分析，從「柬大王」至「王孫桌」，很可能是連續的五代，這和包山簡的情況相同。由此看來，「連續祭祀五代先人，大概是戰國中期楚國貴族

〔註 142〕參看：湯炳正：《楚辭類稿》（臺北：貫雅文化事業公司，1991 年 1 月），頁269～271。〈九歌・國殤〉所祭，可能是敵國陣亡將士的首級。提出此說的是凌純聲，他以人類學的方法切入研究，對於通讀全篇文意，也有很好的解說。參看：氏著〈國殤禮魂與馘首祭梟〉，《中央研究院民族學研究所集刊》第 9集（1960 年春），頁 411～449。此外，劉信芳根據睡虎地秦簡日書禮遇「外鬼」的記載，也提出了與凌純聲類似的看法。劉氏說：「〈國殤〉所祀爲敵國陣亡將士，有如秦簡《日書》之以供品祀『外鬼』。」不過，劉氏在後來寫的文章中，爲了以包山簡所祭禱的列祖列宗，與「國殤」對應，又放棄舊說。參看：劉信芳：〈秦簡《日書》與《楚辭》類徵〉，《江漢考古》1990 年第 1期（1990 年 1 月），頁 64～65；同註 33，頁 15～16。
〔註 143〕同註 26，頁 90～91，考釋 24。
〔註 144〕朱德熙等〈從望山一號墓簡文看㤅固的身分和時代〉，收入：同註 26，《望山楚簡》，附錄，頁 136。

中的流行作法」。〔註145〕我們在秦家嘴諸墓的簡文中，看到了「五禩王父、王母順至親父母」一類的句型，可作爲對陳氏推論的又一補證，這在前一章第一節第一小節已有討論。

陳偉又說：

> 包山簡一再提到對昭王用特牛……望山簡第 110 號簡記對聖王、悼王用特牛，彼此相當，均合於《國語・楚語下》「國君有牛享」之說。與包山簡相比，望山簡也有一些不一致的地方。據包山簡……所見，文坪夜君的祭品規格低於昭王，而在望山簡第 109 號和 110 號中，地位與文坪夜君相當的東宅公則一再採用跟聖王、悼王同樣的物品。其中原由還有待探究。〔註146〕

由於望山簡殘斷較甚，一些問題並不易完全釐清。不過，陳氏所提出的這個疑問，或可參照包山簡，對其中緣由試作推測。

陳偉認爲望山簡的「東宅公」與包山簡的「文坪夜君」地位相當，可能是著眼於二人皆爲王子。但戰國中期的楚國貴族，似有連續祭禱五代先人的流行作法，而某位祖先是否列祭，世次應爲最重要的考量。同樣地，受祭禱的先人當採用何種祭品，除取決於他們的官爵等其他身份外，世次應該也是主要的考慮因素。

根據包山簡 200、203、205〜206、214、240 的記載，「邵王」所享用的祭牲是「特牛」，而「文坪夜君」以下四代，則均爲「特豢」。望山簡中的「聖王」、「悼王」與「東宅公」，分別是墓主悼固所祭禱的第二至四代，參照包山簡，祭牲應相同，這也許就是「東宅公」一再採用跟「聖王」、「悼王」同樣的祭牲「特牛」的原因。望山一號墓簡 10 有「壟禱東大王、聖【逗】☑」，「東大王」後未記祭品，而接著記「聖逗王」。由此看來，悼固的五代先祖「東大王」，似亦與以下幾代享用相同的祭品，即「特牛」。將此現象與包山簡相對照，推測戰國中期楚國貴族所祭禱的五代先人，在連續一系列的祭禱時，除第一代依其身份、官爵享用適當的祭品外，第二代以下，可能都是比照第二代所享用的祭品。

望山一號墓簡 112 云：「☑折王各特牛，饋之；壟禱先君東宅公特牛，饋

〔註145〕參看：同註1，頁 74〜75。
〔註146〕同註1，頁 75、72。「國君有牛享」一語，應出於《國語・楚語上》（同註32，卷 17，頁 533）。

□☑」朱德熙等人說：

> 楚王中無與「哲王」相當的王號……楚王號多有用兩個字的。此王
> 號原來可能作「□哲王」。「肅哲」爲楚常用語……疑簡文「哲」上
> 所缺之字即「肅」字，「肅哲王」即悼王之子肅王，不過這只是一種
> 猜測，能否成立，待考。〔註147〕

「肅王」又稱「肅哲王」並無根據。簡112「☑折王」之後接的是「先君東宅
公」；而在簡109、110中，「東宅公」則皆列於「聖王」、「惡王」之後。兩相
對照，疑「☑折王」仍是指「惡王」。根據楊啓乾的釋文，常德夕陽坡簡2有
「惡哲王」，〔註148〕劉彬徽說：「哲字的左邊偏旁不太清晰，暫釋爲折，是否
讀爲哲？存疑。」〔註149〕夕陽坡簡此字左旁雖不太清晰，但從望山一號墓簡
來看，釋作「折」應是正確的。「折」爲王號，很可能應讀爲「哲」。所以，惡
固所祭禱的三位楚王之兩字王號就分別是：「東大王」、「聖逗王」及「惡哲王」。

除「東大王」等直系祖考外，望山一號墓簡115～118有「北子」，簡110、
129有「公主」，〔註150〕在簡116中又有「栽陵君」和「北子」。「北子」在簡
117稱爲「王之北子」，其身份可能是楚王之子。由於墓主惡固爲楚王族後裔，
故「北子」、「公主」有可能是惡固的親屬，「栽陵君」則不知道是否也有親戚
關係。簡文中「公主」和「栽陵君」所享用的祭品均爲「豕豕（肥豕）、酒食」，
〔註151〕「北子」的常規用牲似亦爲「豕豕」（117、118），或用「肥豢」（116）。

天星觀簡有「卓公」和「惠公」，應爲墓主的祖先，前一章第一節第一小節
曾提過，他們可能並不是輩份相次。「卓公」和「惠公」單獨受祭禱時，所享用
的祭牲均爲「特豢」，這與包山簡「文坪夜君」以下的祖神相同。簡文中又有「逗
公」，或許也是墓主的祖先或親屬。《楚系簡帛文字編》所附「天星觀楚簡原大
照片之三」，有「禱卓公順至惠公大牢，樂之」的句子，所用祭牲爲「太牢」，
這在已知楚簡中是僅此一見之例。「太牢」指祭祀或宴饗時並用牛、羊、豕三牲，

〔註147〕同註26，頁100，考釋89。
〔註148〕參看：楊啓乾〈常德市德山夕陽坡二號楚墓竹簡初探〉，《求索》1987年增
　　　　刊《楚史與楚文化研究》（1987年12月）。楊氏原文未見，釋文係根據劉彬
　　　　徽〈常德夕陽坡楚簡考釋〉（「紀念徐中舒先生誕辰一百周年暨國際漢語古文
　　　　字學研討會」論文，成都：四川大學，1998年10月，頁1）。
〔註149〕同前註，〈常德夕陽坡楚簡考釋〉，頁3。
〔註150〕「主」字上從宀，過去常有人誤釋爲「宇」。
〔註151〕根據包山簡的「迻說」記錄，知「豕豕」亦即「肥豕」。參看：同註2，《包
　　　　山楚簡初探》，頁176。

但後來又有專指牛牲的用法，如：《大戴禮記・曾子天圓》云：

> 諸侯之祭，牛，曰太牢。大夫之祭牲，羊，曰少牢。士之祭牲，特
> 豕，曰饋食。〔註152〕

即專指牛爲「太牢」。天星觀一號墓的墓主爲封君，此簡又是同時祭禱多位祖先，想必會使用相當豐盛的祭牲。而且，楚簡中的一牛牲，均稱爲「特牛」。因此，這裡的「太牢」應該還是指三牲並用。

天星觀簡還有「舉禱東城夫人者豬、酒食」。「者豬」，原簡寫作「豬〓」，《楚系簡帛文字編》認爲是「者豬」合文，〔註153〕可從。「者豬」疑應讀作「都豬」，包山簡 113「新者莫囂勳」，「者」即應讀作「都」。《方言》：「都……老也。皆南楚江湘之間代語也。」〔註154〕《廣雅・釋詁》：「都，大也。」〔註155〕「者豬」不知道是不是老豬或大豬的意思。

學者們對於「東城夫人」爲何，有一些不同的看法，或謂是一位土地神，〔註156〕或以爲是「後世城隍神之濫觴」，〔註157〕但證據都不夠充分。我們認爲「東城夫人」似乎也有可能只是人鬼，而楚簡中所祭禱的人鬼，多與墓主有親戚關係。「東城」爲楚地名，見於《史記・項羽本紀》，〔註158〕地在今安徽省定遠縣東南。「東城夫人」疑是指東城縣令的夫人。

此外，根據《楚系簡帛文字編》中所收句例，天星觀簡還有「舉禱易城夫人者豬、酒食」。「易城」亦爲楚地名，又見於包山簡（120、121）。曾侯乙墓簡作「旟城」（119、163、166、193），即文獻中的「陽城」，地在今河南省商水縣西南。〔註159〕然而，該書「易」字之下，卻又未收此一句例。實際簡文爲何？尚不能斷定，茲錄以待考。

在天星觀簡中，其他可能與祖先有關的祭禱對象，除前一章第一節第一

〔註152〕同註 118，《大戴禮記》，卷 5，頁 9。

〔註153〕參看：同註 4，頁 1116。

〔註154〕〔漢〕揚雄撰、〔晉〕郭璞注：《輶軒使者絕代語釋別國方言》（上海：上海書店，1989 年 3 月，重印四部叢刊初編本），卷 10，頁 6 左。

〔註155〕〔清〕王念孫：《廣雅疏證》（上海：上海古籍出版社，1989 年 8 月，清疏四種合刊影印嘉慶元年王氏家刻本），卷 1 上，頁 342 下。

〔註156〕參看：同註 54，頁 255～256。

〔註157〕參看：蕭兵：《楚辭的文化破譯——一個微宏觀互滲的研究》（武漢：湖北人民出版社，1991 年 11 月），頁 488～489。

〔註158〕參看：同註 52，卷 7，頁 334～335。

〔註159〕參看：周鳳五師：〈《啻睪命案文書》箋釋——包山楚簡司法文書研究之一〉，《國立臺灣大學文史哲學報》第 41 期（1994 年 6 月），頁 8。

小節討論過的「大禍」和「祇」之外（「祇」也有可能是「社」的異名），還有「番先」及「北宗」。天星觀一號墓墓主為番勳，疑「番先」是指番氏的祖先。「番先」所用的祭牲是「特牛」。至於「北宗」的簡文，則是「舉禱北宗一環」，「宗」有祖先或宗族之義，「北宗」不知道是否與其祖先或親族相關。

秦家嘴諸墓中，與祭禱祖先相關的簡文，在一號墓簡有「☒五世王父以遁至親父」〔註160〕（2）；十三號墓簡有「賽禱五世以至親父母肥豢」（1）、「☒順至親父」（3）、「☒☒順至親父母眾畏特牛、酒食」（4）、「□禱特牛於五世王父☒」（5）；九十九號墓簡則有「王母至親☒」（9）、「□禱之於五世王父、王母順至親父母」（10）、「賽禱於五世王父、壬母」（11）。內容都是對先父母以上五代的祭禱。

其中，十三號墓簡4的「畏」字應讀為「鬼」，二字上古音極近（微部見母與微部影母），可互通。《莊子·天地》有人名「門無鬼」，《釋文》：「門無鬼，司馬本作『無畏』。」〔註161〕陳貯簋蓋銘「畢龏愧忌」則應讀為「畢恭畏忌」。「鬼」在簡文中指「親父母」等人的鬼魂。該簡祭品「特牛、酒食」由「眾鬼」共同享用，而不是各用一牲或兩牲，同墓簡1的「肥豢」、簡5的「特牛」，似乎也是如此。這種用牲方式，在目前所見的楚簡祭禱（或祭禱構擬）記載中，是較為少見的情況。秦家嘴十三號墓墓主只以「特牛」，甚至是「肥豢」，來祭禱其多位先人；而天星觀一號墓墓主在相似的情況下，用的則是「大牢」，自然是與他們身份的差別有關。

三、五祀諸神：「戶」、「竈」、「室」、「門」、「行」

包山二號墓所出415號竹笥內，有五支木簽牌，上面分別寫著「戶」、「竈」〔註162〕、「室」、「門」、「行」，為五祀牌位。「室」在經傳中多稱為「中霤」，邵尪五祀與古籍所記大夫之制相符。〔註163〕古籍中有關五祀的資料甚多，而

〔註160〕「遁」字原篆作**遁**，《楚系簡帛文字編》列為存疑字。由相關句例推測，**遁**當與「順」的字義類似。細察該字字形，知其左下部從辵，而右上部分，疑為「盾」字因筆法草率的訛誤之形，故暫釋作「遁」。「遁」在簡文中應讀作「循」，而與「順」同義。馬王堆漢墓帛書〈五行〉第329至330行有「遁草木之性」、「遁人之性」等，「遁」亦當讀作「循」，也是「順」的意思。

〔註161〕同註23，《莊子集釋》，卷5上，頁443～444。

〔註162〕「竈」字字形的分析，可參看：同註26，頁103，考釋107。

〔註163〕參看：同註25，《包山楚墓》，頁155、336、圖版四七。「室」字圖版上下顛倒。

睡虎地秦簡《日書》裡，也有一些與祭祀五祀之神相關的記載，前人多已提及。〔註164〕此外，九店五十六號墓《日書》簡，亦有提到「祭門、行」（27、28）。

祭「竈」見於望山一號墓簡139（簡140殘斷處之字，似亦爲「竈」字）。陳偉認爲「司禕」應即五祀中的「竈」，又以爲「宮后土」、「司命」實指五祀中的「室」，皆不可信，本文前面已有討論。

包山簡233記有「閖於大門一白犬」，〔註165〕天星觀簡則有「享祭門一□」，皆爲祭「門」的記載。

五祀諸神中，「行」最爲常見。包山簡208、219、233，望山一號墓簡115、119，秦家嘴九十九號墓簡1、2及天星觀簡，均有祭禱「行」的記載。包山簡210、229及望山簡28又有「宮行」，「行」和「宮行」所用的祭品，均爲「白犬」或「白犬、酒食」。陳偉說：

> 整理小組在「宮行」二字之間斷開，看作兩個神祇。簡書在對一位以上的神祇並列禱祠時，於所用祭品必稱「各」幾件。「宮行」只用一白犬，當非二神。墓中所出木主有「行」無「宮行」；簡書中「行」與「宮行」一般接在「地主」、「后土」或「社」之後，但從不同時出現，屬於同神異名的可能性較大。〔註166〕

由所用祭品來看，「宮行」當非二神應是正確的，但說「行」與「宮行」是同神異名，則未必可信。包山簡229、233是同一天的「歲貞」記錄，前者記有「舉禱宮行一白犬、酒食」，後者則記有「舉禱行一白犬、酒食」。若「行」即「宮行」，則當稱爲「興說」。然而，兩簡中卻都沒有「興說」的記載，可見「行」與「宮行」並不是同神異名。「行」與「宮行」應有差異，朱德熙等人

〔註164〕可參看：同註36，〈包山楚簡研究（占卜類）〉，頁439；黃人二：《戰國包山卜筮祝禱簡研究》（臺北：國立臺灣大學中國文學研究所碩士論文，1996年6月），頁36～37。

〔註165〕「閖」，劉彬徽等人讀作「闕」，以爲是殺的意思，可備一說（參看：同註25，〈包山二號墓簡牘釋文與考釋〉，頁389，考釋458）。或以爲「閖」是「閡」之訛，應讀爲「懸」（參看：黃錫全：〈利用《汗簡》考釋古文字〉，《古文字研究》第15輯，1986年6月，頁135；《湖北出土商周文字輯證》，武漢：武漢大學出版社，1992年10月，頁189～196）。然而，文獻中只有殺狗用血題門戶，以除不祥的記載，而從未見「懸於大門一白犬」的儀式，故此說恐怕值得商榷。

〔註166〕同註2，《包山楚簡初探》，頁167。

認為：「『宮行』當指所居宮室的道路。」〔註167〕可從。「行」則是沒有特指的一般行神。

至於五祀中的「戶」與「室」，在楚簡中則還沒有見到祭禱的實例。

四、其他的鬼神

楚簡中祭禱的其他神祇，除第三章第一節第一小節討論過的四方之神及「高丘、下丘」外，還有許多種類，下面試著逐一作簡單的論述。

天星觀簡有「五差各一羘」，李零認為「五差」應即《史記・天官書》的「五佐」（水、火、金、木、塡五星），〔註168〕可從。「差」、「佐」上古音極近（歌部初母與歌部精母），可互通，楚簡及楚器銘中的副職「佐」或「——佐」，就常寫作「差」。新公布的郭店簡中，《老子》甲簡 6 有「以道差人主者」，〈窮達以時〉簡 4 則有「釋板築而差天子」，「差」也都應讀作「佐」。戰國時期，五行說頗為流行，往往將五行與各種事物相配。「五差」和五祀，都與五行說有關。

包山簡 240 記有「舉禱五山各一羘」，陳偉說：「不知五山有無五嶽之意。」〔註169〕案：古籍中稱為「五山」的，至少有以下三例。《史記・封禪書》云：

自殽以東，名山五，大川祠二。曰太室。太室，嵩高也。恆山、泰山、會稽、湘山。〔註170〕

「太室，嵩高也」，疑為注文竄入正文。這裡所說的五座名山，包括了五嶽中的嵩山（即太室）、恆山和泰山，另外還有會稽山及湘山。〈封禪書〉又云：

天下名山八，而三在蠻夷，五在中國。中國華山、首山、太室、泰山、東萊，此五山，黃帝之所常游，與神會。〔註171〕

與五嶽相同的則是華山、太室和泰山。而《列子・湯問》云：

渤海之東，不知幾億萬里……其中有五山焉，一曰岱輿、二曰員嶠、三曰方壺、四曰瀛州、五曰蓬萊。〔註172〕

則是指傳說中海上的五座仙山。楚簡所「舉禱」的「五山」，究竟是古籍這些

〔註167〕同註 26，頁 93，考釋 43。

〔註168〕參看：同註 36，〈包山楚簡研究（占卜類）〉，頁 439。

〔註169〕參看：同註 2，《包山楚簡初探》，頁 170。

〔註170〕同註 52，卷 28，頁 1371。

〔註171〕同註 52，卷 28，頁 1393。

〔註172〕舊題〔周〕列禦寇撰、〔晉〕張湛注：《沖虛至德真經》（上海：上海書店，1989年 3 月，重印四部叢刊初編本），卷 5，頁 2 右。

說法的其中之一，抑或是另有所指，還無法斷定。

　　不過，古籍中的「五山」，隨著地域的不同，所指也不同，並不固定。甲骨文中的「五山」，也有這樣的現象，陳夢家說：「又于五山，或在陞或在齊，似乎兩地各有五山。」〔註173〕另外，「五嶽」是五大名山的專稱，並未見稱爲「五山」之例。因此，楚簡所云，似乎較可能是楚國境內的某五座山，而與上述各種說法無關。

　　天星觀簡云：「賽禱白朝特犅，樂之。」又云：「賽禱夜事特豵，樂之。」《集韻》：「犝……或从同。」〔註174〕《爾雅·釋畜》：「犝牛。」郭注：「今無角牛。」〔註175〕「犅」當即指無角牛。簡文中「犅」又寫作「牭」，自然是由於「童」、「同」、「甬」諸聲在上古皆音近相通的緣故（同爲東部舌尖塞音字）。《呂氏春秋·仲夏紀·古樂》云：「次制十二筒。」〔註176〕《文選》丘遲〈侍宴樂游苑送張徐州應詔詩〉李注引「筒」作「箛」；〔註177〕《說文》云：「鐘，或从甬。」〔註178〕皆其互通的例證。「白朝」、「夜事」應該分別是指白晝和夜晚。《禮記·祭法》云：「王宮，祭日也。夜明，祭月也。」〔註179〕祭禱「白朝」、「夜事」，可能與祭日、月有關。

　　天星觀簡又有「大波」，簡文云：「渻於大波一牂。」「渻」應即「沬」，因與祭禱有關，故又加示旁。《說文》：「沬，沒也。」〔註180〕「渻」就是典籍所說將祭品置放水中的祭祀方法「沉」。《周禮·春官·大宗伯》：「以貍沉祭

〔註173〕陳夢家：《殷虛卜辭綜述》（北京：中華書局，1988年1月），頁596。

〔註174〕同註11，卷1，頁5。

〔註175〕《爾雅注疏》，卷10，頁194上右。

〔註176〕〔秦〕呂不韋撰、〔漢〕高誘注：《呂氏春秋》（上海：上海書店，1989年3月，重印四部叢刊初編本），卷5，頁8左。

〔註177〕同註19，卷20，頁378下左。

〔註178〕同註7，卷14上，頁297上右。附帶一提，包山二號墓所出的兩件「人擎燈」，遣冊中記爲「二燭鋪」（262），劉彬徽等人說：「鋪，借作僮，指未成年之童。燭僮，即秉燭之僮。」（同註25，〈包山二號墓簡牘釋文與考釋〉，頁394，考釋563）。「燭鋪」似乎應讀作「燭俑」，指秉燭的偶人，而未必如劉氏等人所言。江陵溪峨山五號墓頭箱所出兩件木俑之一的腹部，有以硃砂書寫的「兩羽甬」等字，而那兩件木俑的身材比例、面貌均爲成人模樣（參看：湖北省博物館江陵工作站：〈江陵溪峨山楚墓〉，《考古》1984年第6期，1984年6月，頁523），可見「甬」當讀爲「俑」，爲偶人之意，包山所出爲銅俑，所以又增添金旁。

〔註179〕《禮記正義》，卷46，頁797下右。

〔註180〕同註7，卷11上，頁233下左。

山、林、川、澤。」鄭注：「祭山林曰埋，川澤曰沉。」〔註181〕這種祭祀方法，在殷代就已經出現。甲骨文有「沚」、「洋」、「滓」等字，都是將祭牲沉入水中之專用字。

　　〈九章・哀郢〉：「凌陽侯之氾濫兮。」王逸注：「陽侯，大波之神。」〔註182〕《淮南子・覽冥》：「武王伐紂，渡于孟津，陽侯之波，逆流而擊。」高誘注：

> 陽侯，陵陽國侯也。其國近水，休水而死，其神能爲大波，有所傷
> 害，因謂之陽侯之波。〔註183〕

天星觀簡的「大波」，可能就是指神話傳說中的波濤之神陽侯。

　　楚簡有祭禱巫的記錄。如：天星觀簡有「八月，歸佩玉於巫」、「舉禱巫者豬、靈酒、銷鐘，樂之」。望山一號墓簡 119 則記「舉禱大夫之私巫」，又簡 113 的「祟巫」可能也與祭巫有關。朱德熙等人說：

> 大夫之私巫，當與考釋〔九一〕所引鄭大夫尹氏所主之鍾巫相類
> （案：見於《左傳・隱公十一年》）。二十二號簡言「走趣事王、大
> 夫」，此簡又言「遷禱大夫之私巫」，似「大夫」專指某一人而言，
> 疑此人即悼固所事之宗子。〔註184〕

他們的意見大致上相當正確，惟「宗子」之說，不知有何依據。

　　另外，包山簡中又有如下的兩則祭禱構擬記錄：

> 且爲🀆縪佩，速🀆之。（219）
>
> 舉禱🀆一全豬。（244）

掃瞄的三個字，應當爲同一個字。首先，簡 219 的「縪」字，在楚簡及曾侯乙墓簡中屢見，或寫作「綳」，像包山簡 244 的貞人名「觀縪」，在 230、231、242 等簡就寫成「觀綳」。劉彬徽等人說：「縪，讀作繃⋯⋯繃佩，成串的玉佩。」〔註185〕可從。在楚墓中，曾經發現過一些成組的佩玉，而隨葬的木俑身上，

〔註181〕《周禮注疏》，卷 18，頁 272 上左～下右。

〔註182〕同註 62，卷 4，頁 12 右。

〔註183〕劉文典撰、馮逸、喬華點校：《淮南鴻烈集解》（臺北：文史哲出版社，1992
　　　　年 10 月），卷 6，頁 192。

〔註184〕同註 26，頁 102，考釋 99。

〔註185〕同註 22，〈包山二號楚墓簡牘釋文與考釋〉，頁 388，考釋 433。陳偉將「繃
　　　　佩」歸於衣冠類，而非玉飾類，恐怕並不正確。參看：同註 2，《包山楚簡初
　　　　探》，頁 174。

有些也繪有成串的佩飾，﹝註186﹞「縕佩」可能就是指這類佩玉。

最需要討論的是未隸定之字的釋讀。此字劉彬徽等人僅依形摹寫而無說，劉釗則釋作「害」，﹝註187﹞學者多從之。然楚簡「害」字作 ![字], ![字], ![字] 等形，與此字有別，所以劉釗之說或許有再考慮的必要。新發表的郭店〈緇衣〉簡45～46云：

> 宋人有言曰：「人而無恆，不可爲卜筮也。」其古之遺言與？龜筮猶弗知，而況於人乎。

其中，兩個「筮」字原篆分別寫作 ![字], ![字]，前者從竹，從巫，從口，後者則改竹爲卜。將前面的疑難字與「筮」字對比，我們看到它與「筮」字下半寫法大體相同，所以應釋爲「巫」。在天星觀及望山簡中，「巫」字寫作 ![字] 或 ![字]，相較之下，包山簡中的寫法，可能是第二形的訛變。

包山簡中又常見 ![字] 字，或寫作 ![字], ![字] 等形，用作姓氏。巫雪如說：

> 簡132有「秦競夫人之人 ![字] 慶」，在屬於同一案件的簡135反中，此人之名則作「拿慶」，可知「![字]」在用作姓氏時，與拿實爲一字。![字] 字左邊之字形結構不詳，右邊則爲「余」字，當是聲符，故可與拿字相通。﹝註188﹞

此字左旁的中間部分，或作楷書羊頭，或似少左上一撇之篆字羊頭，正分別與包山簡「巫」字及郭店簡「筮」字相同部位的寫法相同，可見此字左旁亦爲「巫」字。而由此也可推知：包山簡「巫」字與郭店簡「筮」字下半的寫法雖有些微差異，但我們將二者視爲同字，應該是沒有問題的。至於 ![字] 字，則應可隸定爲「𥙿」，「巫」與「余」上古音相近（魚部陰聲明母與魚部陰聲喻母），增添「巫」旁可能就是作爲第二個聲符之用。「𥙿」字又寫作 ![字]（包山簡 118），左旁正與望山簡中的「巫」字寫法相同，這就更加證明了我們對包山簡「巫」、「𥙿」二字的考釋。

此外，前引包山簡219的第二個「巫」字，則似當讀作「務」，爲從事的意思。「巫」、「務」二字上古同屬明母，韻部則分屬魚部及侯部，也比較相近。

﹝註186﹞ 相關資料的綜合介紹與討論，可參看：彭浩：《楚人的紡織與服飾》（武漢：湖北教育出版社，1996年8月），頁198～202。

﹝註187﹞ 參看：同註102，〈包山楚簡文字考釋〉，頁16。

﹝註188﹞ 巫雪如：《包山楚簡姓氏研究》（臺北：國立臺灣大學中國文學研究所碩士論文，1996年5月），頁58。

如《莊子‧德充符》：「而與鄭子產同師於伯昏无人。」《釋文》：「『无人』，〈雜篇〉作『瞀人』。」〔註189〕「无」與「巫」上古音同爲魚部明母，而「瞀」與「務」則同屬侯部明母。又《荀子‧大略》的「務成昭」，〔註190〕馬王堆三號漢墓竹簡《十問》作「巫成柖」，則是二字直接通用的例證。總之，包山簡的這兩則記錄，也與祭禱巫有關。

除五祀諸神外，楚人還祭禱廊屋、馬廄及穀倉等其他建築物之神。天星觀簡云：「舉禱宮禚者豬、酒食。」「禚」所从示旁應爲外加，疑當讀作「廡」，爲廡神的專字。《說文》云：「廡，堂下周屋。」〔註191〕「宮禚」應該是指所居房屋的廊廡。

祭「廄」的記載，〔註192〕見於望山一號墓簡137。《周禮‧夏官‧圉師》記有「釁廄」之事，〔註193〕不知道是否與楚簡祭「廄」有關。

楚簡中還有祭穀倉的記載，天星觀簡云：「舉禱黍京特豢。」「黍京」應是指儲藏黍的方形穀倉。《廣雅‧釋室》：「京……倉也。」〔註194〕《說文》「囷」字下云：「圓謂之囷，方謂之京。」〔註195〕一說「京」是指圓形的大穀倉，《管子‧輕重丁》：「有新成囷京者二家。」注：「大囷曰京。」〔註196〕《管子注》的說法與《說文》不同，其依據不詳。《廣雅‧釋丘》：「四起曰京。」王念孫《疏證》云：「四起，謂四面隆起也。倉之方者謂之京，義亦同也。」〔註197〕其說可從。《急就篇》以「門、戶、井、竈、廡、囷、京」並排，〔註198〕除了因它們都是建築類的詞語外，不知道是否也和這些建築物皆爲祭祀的對象有關。〔註199〕

〔註189〕　同註23，《莊子集釋》，卷2下，頁196～197。

〔註190〕　同註23，《荀子集解》，卷19，頁323。

〔註191〕　同註7，卷9下，頁192上左。

〔註192〕　「廄」字的考釋，請參看：朱德熙：〈戰國文字中所見有關廄的資料〉，收入：朱德熙著、裘錫圭、李家浩整理：《朱德熙古文字論集》（北京：中華書局，1995年2月），頁157～165。

〔註193〕　參看：《周禮注疏》，卷33，頁497下右。

〔註194〕　同註155，卷7上，頁547下。

〔註195〕　同註7，卷6下，頁129上左。

〔註196〕　同註103，《管子》，卷24，頁11左。

〔註197〕　同註155，卷9下，頁636上。

〔註198〕　〔漢〕史游撰、〔唐〕顏師古注、〔宋〕王應麟補注：《急就篇》（北京：中華書局，1985年，叢書集成初編影印天壤閣叢書本），卷3，頁231。

〔註199〕　漢代的五祀，有以「井」代替「行」的說法。參看：同註176，卷10，頁3右；〔漢〕班固：《白虎通》（北京：中華書局，1985年，叢書集成初編影印抱經堂叢書本），卷1上，頁35。

　　除上述外，楚簡中祭禱的神祇還有「埏」（望山一號墓簡 124。簡 125 作「迷」）、「勞**啇**」（天星觀簡）、「萡禑」〔註 200〕（天星觀簡）及「悲中」（天星觀簡）等，均不易索解，只能暫列於此，以俟他日。

五、特殊祭品補述

　　天星觀簡記有「擇良日，歸玉玩、練車馬於悲中」。〔註 201〕類似的句例，在楚國卜筮祭禱簡中很常見，如：包山簡有「歸冠帶於二天子」（219）、「歸繡取、冠帶於南方」（231）；望山一號墓簡有「享歸佩玉一環束大王」（28）、「歸玉束大王」（106）；而天星觀簡又有「八月，歸佩玉於巫」。因此，這應該是以玉玩、車馬為奉獻品的祭儀。「悲中」當為神名，待考，天星觀簡另有「與其□□於悲中」。

　　還需要討論的是「練」字的釋讀。簡文中此字寫作**糸**，滕壬生釋為「絮」，殊誤。楚簡「東」字或寫作**柬**，所以此字可分析為從糸，東聲。陳侯因齊敦銘有**緟**字，亦是從糸，東聲，與楚簡「練」應為一字。敦銘云：「其唯因齊揚皇考，紹練高祖黃帝。」容庚說：「練，孳乳為緟，繼也，今經典假踵為之。」〔註 202〕「練」在天星觀簡中也應讀作「緟」，為增益的意思，《說文》云：「緟，增益也。」〔註 203〕《史記・封禪書》云：

> 陳寶節來祠，其河加有嘗醪。此皆在雍州之域，近天子之都，故加車一乘，騮駒四。〔註 204〕

又云：

〔註 200〕郭店簡屢見「萬」字，其中，在〈性自命出〉簡 10、11 的用例裡讀作「厲」。此處「萡禑」的「禑」字，疑亦應讀為「厲」。古籍中有許多與「厲」相關的內容，像〈九章・惜頌〉云：「吾使厲神占之分。」王注：「厲神，蓋殤鬼也。」（同註 62，卷 4，頁 4 左）《禮記・祭法》群祀中，有「泰厲」、「公厲」、「族厲」等（卷 46，頁 801 下左），另外，《墨子》（上海：上海書店，1989 年 3 月，重印四部叢刊初編本，卷 8，頁 4 左〜5 右）等書中，則有祭禱「厲」的記載。不過，天星觀簡的「萡禑」究竟是否確與「厲」有關？「萡」字應如何釋讀？都還有待進一步地稽考。

〔註 201〕見於《楚系簡帛文字編》所附「天星觀楚簡原大照片之三」（參看：同註 4，頁 1173）。

〔註 202〕劉體智藏、容庚編著：《善齋彝器圖錄》（臺北：臺聯國風出版社，1976 年 10 月），頁 440。

〔註 203〕同註 7，卷 13 上，頁 275 上左。

〔註 204〕同註 52，卷 28，頁 1374。

　　蓋聞古者饗其德必報其功，欲有增諸神祠。有司議增雍五時路車各
　　一乘，駕被具；西時、畦時禺車各一乘，禺馬四匹，駕被具。〔註205〕
這是古籍中以車馬為祭品的例證。而「加車一乘，騂駒四」及「增雍五時路
車各一乘，駕具備」等，更是與楚簡「緟車馬」的說法相合。

　　附帶說明一下，金文有「䌛」字，過去多釋作「緟」，並不正確。裘錫圭認
為：「䌛」應是紳束之「紳」的初文，在古文字資料中一般應讀為「申」，〔註206〕
這是相當正確的意見。「䌛」在楚簡中寫作「繡」，如：郭店〈緇衣〉簡37引《書‧
君奭》云：「割繡觀文王德。」「繡」亦應讀為「申」，是重複、一再的意思。「繡」
或寫作「紬」（包山簡150），在簡文中為人名。又包山、望山二號、天星觀及
曾侯乙等墓的遣冊簡中另有「紳」字，又寫作「縷」或「鉮」，則應讀作「靷」，
是指引車前行的革帶，與「紬」並非一字。〔註207〕

　　此外，天星觀又有「歸繄車二乘」，應該也是以車為祭品的祭儀。「繄」，
原篆作 𥿄，滕壬生亦釋作「絮」，也是錯誤的。子彈庫帛書「四時」篇第三行
有「𦱹氣倉氣」，〔註208〕第一字下半與「繄」字左上部分相同。饒宗頤說：

　　　　𦱹字下从中从炅，炅即熱……故炅乃熱字。小篆熏字从十从黑，此
　　　　則从中从炅會意，當為熏之異構。〔註209〕

饒氏對於「𦱹」字字形的分析頗為正確，由此得知，「繄」可分析為从𦱹（熏），
从斤，从糸。「繄」字又見於其他幾批楚簡，如：包山簡97有「邵繄」，為
人名；馬山一號墓竹簽牌則有「繄以一揪衣見於君」，「繄」字發掘簡報不識。
疑「繄」應讀為「纁」，《說文》云：「纁，淺絳也。」〔註210〕《爾雅‧釋器》
云：「一染謂之縓，再染謂之䞓，三染謂之纁。」〔註211〕在馬山竹簽牌的句
例中，「繄」用作動詞，指將衣物染成淺絳色。該枚竹簽牌拴於一長方形竹

〔註205〕同註52，卷28，頁1381。
〔註206〕參看：裘錫圭：〈史墻盤銘解釋〉；裘錫圭、李家浩：〈談曾侯乙墓鐘磬銘文中
　　　　的幾個字〉，二文均收入：裘錫圭：《古文字論集》（北京：中華書局，1992
　　　　年8月），頁382～383，頁422～428。
〔註207〕參看：裘錫圭、李家浩：〈曾侯乙墓竹簡釋文與考釋〉，收入：湖北省博物館編：
　　　　《曾侯乙墓》（北京：文物出版社，1989年7月），附錄一，頁506，考釋34。
〔註208〕「倉」字的考釋，請參看：周鳳五師：〈子彈庫帛書「熱氣倉氣」說〉，《中國
　　　　文字》新23期（1997年12月），頁237～240。
〔註209〕饒宗頤：〈楚帛書新證〉，收入：饒宗頤、曾憲通編著：《楚帛書》（香港：中
　　　　華書局，1985年9月），頁17～18。
〔註210〕同註7，卷13上，頁273下左。
〔註211〕《爾雅注疏》，卷5，頁80下左。

笥外，笥內即裝一件「絳紅繡絹面，黃黑條紋錦袖緣，絳紅絹緣」的緅衣，〔註212〕與簽牌所記相合。至於天星觀簡的「𩫞車」，則可能是指淺絳色的車。「𩫞」字或許就是「纁」字異體，而由於「斤」、「熏」上古音相近（文部見母與文部曉母），故增添斤旁爲第二個聲符。附帶一提，包山簡 125 有「𤎜」字，上半部與「𩫞」字相同，可能也是一個「熏」、「斤」雙重聲符的字，「𤎜」在簡文中爲人名。簡 103 又有「𤑕」字，與「𤎜」應爲一字，在簡文中亦爲人名。

第三節 「攻解」的對象

一、各種死者的鬼魂

　　楚簡中「攻解」的對象，很多都是凶死者的鬼魂。古人認爲不得終其天年的冤魂，較會纏擾生者爲祟。《淮南子・俶眞》云：「是故傷死者其鬼嬈，時既者其神漠。」高誘注：「嬈，煩嬈，善行病祟人。」〔註213〕楚簡中的「不姑」、「兵死」、「㲋人」、「下之人不壯死」、「強死」等，都是屬於這一類。

　　「不姑」即「不辜」，見於包山簡 217、248、望山一號墓簡 78 及天星觀簡。睡虎地秦簡《日書》甲種也有「不辜鬼」（36 背、52 背），皆是指無罪而死的冤鬼。〔註214〕

　　「兵死」見於包山簡 241，指戰死者。《淮南子・說林》云：「兵死之鬼憎神巫。」高誘注：「兵死之鬼，善行病人，巫能祝劾殺之。」〔註215〕可相參看。此外，九店五十六號墓簡 43、44，有司「兵死者」之神「武彊」，可能就是《史記・封禪書》中的「武夷君」。〔註216〕

　　「㲋人」見於包山簡 246，簡文云：「思攻解水上與㲋人」。「㲋」，過去多

〔註212〕 參看：荊州地區博物館：〈湖北江陵馬山磚廠一號墓出土大批戰國時期絲織品〉，《文物》1982 年第 10 期（1982 年 10 月），頁 4～5。

〔註213〕 同註 183，卷 2，頁 48。

〔註214〕 參看：同註 25，〈包山二號墓簡牘釋文與考釋〉，頁 388，考釋 426；同註 36，〈包山楚簡研究（占卜類）〉，頁 442。

〔註215〕 同註 183，卷 17，頁 567。

〔註216〕 參看：饒宗頤：〈說九店楚簡之武彊（君）與復山〉，《文物》1997 年第 6 期（1997 年 6 月），頁 36～38。不過，該文中的部分論述，證據似嫌不夠充足。

釋作「沒」，〔註217〕周鳳五師釋作「溺」。〔註218〕郭店《老子》甲簡 33、37、〈太一生水〉簡 9 的「溺」字，皆應讀爲「弱」，知此字釋「溺」是正確的。此外，郭店〈語叢二〉簡 36「溺」字作「休」、「脉」，後一形爲訛體。「溺人」是指淹死的人。至於「水上」，李零認爲是指「漂在水上」之「溺死的冤鬼」，以與「沉在水底」的「沒人」區別。〔註219〕是否可信，尚待研究。

「下之人不壯死」見於望山一號墓簡 176。「下之人」的涵義並不完全清楚，天星觀簡有「將有惡於車馬下之人」，疑「下之人」就是指「車馬下之人」，也就是僕役或侍從之類。《文選・運命論》云：「故遂絜其衣服，矜其車徒。」劉良注：「車徒，謂車馬侍從也。」〔註220〕「不壯死」指未成年而夭折者，《左傳・哀公五年》：「齊燕姬生子，不成而死。」〔註221〕「不成而死」即「不壯死」，亦即睡虎地秦簡《日書》甲種中的「幼殤」（50 背）。所以，「下之人不壯死」可能是指夭折的僮僕。

「強死」見於天星觀簡，或稱爲「強死者」，也有與「不姑」連稱爲「不姑強死者」的例子。「強」原篆作，滕壬生《楚系簡帛文字編》隸定爲「弘」，並不正確。關於「弘」、「強」二字的考釋，于豪亮及裘錫圭撰有專文，〔註222〕可以參看。「強死」是指無病而死、死於非命之意，《左傳・文公十年》：「初，楚范巫矞似謂成王與子玉、子西曰：『三君皆將強死。』」孔疏：「強，健也。無病而死，謂被殺也。」〔註223〕上敘述各種死者的鬼魂，寬泛的說，大多也都可以稱爲「強死者」。

下面接著簡單討論楚簡中不屬於死者鬼魂的「攻解」對象，以結束本節的論述。

〔註217〕參看：同註 25，〈包山二號墓簡牘釋文與考釋〉，頁 390，考釋 488；同註 25，〈包山楚簡讀後記〉，頁 71；同註 36，〈包山楚簡研究（占卜類）〉，頁 443。

〔註218〕參看：周鳳五師：〈包山楚簡《集箸》《集箸言》析論〉，《中國文字》新 21 期（1996 年 12 月），頁 27。

〔註219〕參看：同註 128，頁 121。

〔註220〕同註 19，卷 53，頁 982 下右。

〔註221〕《春秋左傳正義》，卷 57，頁 1000 下左。

〔註222〕參看：于豪亮：〈説「引」字〉，《于豪亮學術文存》（北京：中華書局，1985 年 1 月），頁 74〜76；裘錫圭：〈釋「弘」「強」〉，收入：同註 206，《古文字論集》，頁 53〜58。陳漢平〈古璽文字考釋〉，已先釋出「強」字（參看：氏著：《屠龍絕緒》，哈爾濱：黑龍江教育出版社，1989 年 10 月，頁 342），然該文似發表較晚，考釋論證亦較簡略。

〔註223〕《春秋左傳正義》，卷 19 上，頁 322 上左〜下右。

二、其他的「攻解」對象

楚簡中有「攻解」天上星體的例子，均見於包山簡。而所「攻解」的「日、月」（248）及「歲」（238），應即太陽、月亮和木星。李零認為「歲」指太歲、歲煞，〔註224〕雖未言證據，但或許亦可備一說。《論衡・調時》云：「審論歲、月之神，歲則太歲也。」〔註225〕是「太歲」可簡稱為「歲」的例證。

包山簡211、望山簡78及天星觀簡，均有「𥅆禮」。劉釗、李零都指出：「𥅆禮」應讀作「盟詛」，指由詛咒造成的不祥，或單稱為「禮」（包山簡241）。〔註226〕這是正確的意見，九店五十六號墓簡34有「利以說𥅆禮」，也讀為「盟詛」。有人以為「𥅆禮」應讀如「明祖」，〔註227〕並不可信。因為楚簡中祖神為崇，都是舉行祭禱，而不會行「攻解」來責讓。

包山簡250云：「命攻解於漸木立，且遷其處而桓之。」後一句應讀作「且徙其處而樹之」。〔註228〕郭店〈性自命出〉簡8：「剛之桓也，剛取之也。」「桓」也應讀作「樹」。〔註229〕至於何謂「漸木立」？學者們的看法頗為分歧。劉信芳認為：「漸木」即《山海經》「建木」，「蓋其神名『立』，故稱『建木立』」。〔註230〕曾憲通認為：「漸木立」應讀為「暫木位」，「大概是指一些臨時用牌位安置的神靈」。〔註231〕吳郁芳則說：

> 「漸木立」即斷木立，包山楚簡中斬木例作「漸木」，而斬、斷意同。斷木復立在古人看來是「木為變怪」的妖祟。《漢書・五行志》中猶載有許多斷木立的災異……故京房《易傳》曰：「棄正作淫，厥妖木

〔註224〕參看：同註36，〈包山楚簡研究（占卜類）〉，頁443；同註128，頁121。

〔註225〕黃暉：《論衡校釋（附劉盼遂集解）》（北京：中華書局，1996年11月），卷23，頁983。

〔註226〕參看：同註102，〈包山楚簡文字考釋〉，頁16；同註36，〈包山楚簡研究（占卜類）〉，頁442。

〔註227〕參看：同註25，〈包山二號墓簡牘釋文與考釋〉，頁387，考釋410；同註164，《戰國包山卜筮祝禱簡研究》，頁42。

〔註228〕參看：同註102，〈包山楚簡文字考釋〉，頁16；林澐：〈讀包山楚簡札記七則〉，《江漢考古》1992年第4期（1992年11月），頁84。

〔註229〕參看：彭浩等：〈性自命出釋文注釋〉，收入：荊門市博物館：《郭店楚墓竹簡》（北京：文物出版社，1998年5月），頁182，注釋6裘錫圭案語。

〔註230〕參看：劉信芳：〈「漸木」之神〉，《中國文物報》1992年第40期，第4版，1992年10月18日。

〔註231〕參看：曾憲通：〈包山卜筮簡考釋（七篇）〉，收入：常宗豪等編輯：《第二屆國際中國古文字學研討會論文集》（香港：香港中文大學中國語言及文學系，1993年10月），頁415。

斷自屬」;「木僕反立,斷枯復生,天辟惡之。」〔註232〕

諸說之中,以吳郁芳之說較有依據,本文暫從其說。睡虎地秦簡《日書》甲種記有:「毋以未斬大木,必有大殃。」(109正)是說:不要在未日砍伐大樹,否則必有大災殃。不知楚簡「漸木立」為祟的說法,是否與此有關。

「人愚」見於包山簡198,前人的考釋意見也很不一致。劉彬徽等人認為是指「大禹」;〔註233〕李零認為應讀作「人害」;〔註234〕吳郁芳則以為就是「人鬼」。〔註235〕這些說法,均不甚可信,「人愚」所指為何,尚待研究。

第四節　祭禱諸神的排列原則

楚國卜筮祭禱簡所記述的鬼神十分眾多,在前面幾節,我們已逐一作了討論。這裡想要再談談祭禱諸神的排列原則,希望能讓我們對楚簡鬼神及祭禱習制有更深入而有系統的認識。陳偉說:

> 簡書所記禱祠均是針對卜筮中的消極結論而構擬的。貞人的不同,消極因素以及消極程度的不同,都可導致不同的禱祠構想。這與神譜的散亂是有關係的。不過,各種禱祠構擬均應遵循共同的祭祀制度,彼此之間自然也可互為印證和補充,從而有助於神祇系統的復原。〔註236〕

這是相當正確的意見,就討論神祇系統與祭禱排列的問題而言,祭禱構擬的記錄與實際祭禱的記錄,並沒有什麼區別,它們均應遵循共同的祭禱制度。不過,陳偉對祭禱諸神排列問題的實際分析,卻似乎有值得商榷之處。陳氏認為:包山簡所記邵𣄴禱祠的鬼神,大致依天神、地祇、人鬼的順序排列,他說:

> 天神只有太(蝕太)一種,禱祠時總是放在首位。地祇包括社、五祀、山川。有的山川地位較高,或許屬於名山、大川之祠的範疇。人鬼有楚人遠祖、先公,以及邵氏直系祖先和邵**𣄴**父輩、同輩中的

〔註232〕參看:同註35,〈《包山楚簡》卜禱簡牘釋讀〉,頁77。
〔註233〕參看:同註25,〈包山二號墓簡牘釋文與考釋〉,頁385,考釋354。
〔註234〕參看:同註36,〈包山楚簡研究(占卜類)〉,頁442。
〔註235〕參看:同註35,〈《包山楚簡》卜禱簡牘釋讀〉,頁76~77。此外,黃人二以為「人愚」即是望山簡的「公宇」,為神祇名(參看:同註164,《戰國包山卜筮祝禱簡研究》,頁19)。這是將「公主」誤釋成「公宇」,二者其實毫無關涉。
〔註236〕同註2,《包山楚簡初探》,頁160。

> 無子嗣者……簡書所記禱祠諸神祇，大致正是按天、地、人的順序
> 展開的。〔註237〕

陳氏雖將楚簡神祇系統及排列作了相當整齊的分析，卻可能與楚人本身的觀念有所出入，因爲這是過度推論同神異名現象所得到的結論。我們在前面已經指出，陳氏對於神祇稱謂同實異名的部分認定，其實並不可信。例如：「后土」與「社」、「野地主」，以及「司命」與「宮地主」都不等同；而「司命」、「司禍」、「宮地主」也應與五祀諸神無關。又「司命」、「司禍」受祭禱時，雖多列於「后土」之後，卻可能並不屬於地祇。陳偉自己也看到，「社」、「高丘」、「下丘」等地祇，在簡文中有時也列於人鬼之後。〔註238〕楚簡中祭禱的鬼神不僅數量多，且似乎分爲許多的小系統，相當繁雜，這從前幾節的討論中可以約略看出。在楚人觀念裡，可能並沒有一完整的「天、地、人」眾神高下序列的神譜，縱使有，也不完全與神祇性質（天神、地祇或人鬼）相關。此外，彭浩和李零都將天神、地祇合併，只分爲「鬼神」、「先人」或「神祇」、「祖考及親屬」兩大類。〔註239〕兩種類名中，以李氏的較爲準確，而這種分類法或許與楚人的觀念比較吻合。李零在後來寫的一篇文章中，則將祭禱對象分爲「天神」、「地祇」及「祖考和重要親戚」三種，並說：

> 在簡文中，天神和地祇往往相提並論，但它們與祖，祖考與鬼怪（案：
> 「祖，」疑衍），三者卻分得很清楚。這點對理解古代的神話傳說極
> 有幫助。〔註240〕

這應是正確的意見。

經由對簡文的歸納、比較、分析，我們發現楚簡中所記祭禱諸神祇的排列，並不是按照天神、地祇、人鬼的順序，而是依循以下的三個原則：

一、不同種類的祭禱分開排列。同類的祭禱都會排在一起，「塦禱」、「罷禱」與「賽禱」及其他祭儀，彼此間並不混合雜列。如果又有「攻解」、「攻除」等，則多將其列在最後。

二、同類祭禱的鬼神依祭品之種類及等級排列。實際上也就是依鬼神的性質及其階級地位排列。祭品種類的順序爲：玉飾在前，犧牲（有時附酒食、

〔註237〕同註2，《包山楚簡初探》，頁173～174。
〔註238〕參看：同註2，《包山楚簡初探》，頁173～174。
〔註239〕參看：同註127，〈包山二號楚墓卜筮和祭禱竹簡的初步研究〉，頁561～562；
同註36，〈包山楚簡研究（占卜類）〉，頁437～440。
〔註240〕參看：同註128，頁118～121。

衣裳）在後。例如：包山簡 213～215 云：

> 賽禱太佩玉一環；后土、司命、司禍各一小環；大水佩玉一環；二
> 天子各一小環；坐山一块。迻郦會之說，賽禱宮地主一羖。迻石被
> 裳之說，至秋三月，賽禱卲王特牛，饋之；賽禱文坪夜君、郚公子
> 春、司馬子音、蔡公子蒙各特豢，饋之；賽禱親母特貓，饋之。

望山一號墓簡 125 云：

> 舉禱北宗一環；舉禱逨一羒。

均是按照這樣的順序。若不同類祭禱所用祭品種類相異時，似乎也會依其祭
品種類排列，次序為玉飾、犧牲、衣冠。例如：包山簡 218～219 云：

> 有祟，太見琥。以其故說之。璧琥，擇良月良日歸之，且為巫繂佩，
> 速務之。厭一羖於地主。賽禱行一白犬。歸冠帶於二天子。

又如：望山一號墓簡 28 云：

> 享歸佩玉一環東大王。舉禱宮行一白犬、酒食。

都是按照先玉飾、後犧牲的順序。此外，望山一號墓簡 109，雖因竹簡殘斷而
不知道其祭禱種類，但也是依這樣的順序來排列。

　　若祭禱同類而祭品亦同類時，則依祭品的等級排列。目前已知等級的玉
飾依序為：「環」、「小環」、「块」，另外，「璧琥」在「繂佩」之前，其他等次
尚不清楚的還有「珥」（天星觀簡）及「吉玉」（天星觀簡）等。犧牲的等級
則是：牛、羊、豕、犬，似乎是依據體型的大小為序。馬牲出現較少，根據
包山簡 248，只知道牠排在豕牲之前。

　　古籍中有「六牲」的說法，又因為「六牲」是人所馴養，所以也稱為「六
畜」或「六擾」。〔註 241〕《左傳·僖公十九年》云：「古者六畜不相為用，小
事不用大牲。」〔註 242〕說明各類犧牲間有其等次的高下及不同的施用範疇。
至戰國時期，禮崩樂壞，祭祀用牲或已不合古制，但對古禮制的破壞，一般

〔註 241〕《周禮·地官·庖人》鄭注：「六畜，六牲也。始養之曰畜，將用之曰牲。」
　　　　（卷 4，頁 59 下左）郝懿行《爾雅義疏》云：「《左傳》云：『古者六畜不相
　　　　為用。』則牲亦稱畜⋯⋯蓋對言則別，散言則通矣。」（同註 29，《爾雅義疏》，
　　　　卷下之 7，頁 331 上右）《逸周書·職方》「六擾」晉孔晁注：「家所畜曰擾。」
　　　　（黃懷信、張懋鎔、田旭東撰、李學勤審定：《逸周書彙校集注》，上海：上
　　　　海古籍出版社，1995 年 12 月，卷 8，頁 1048）
〔註 242〕《春秋左傳注》，卷 14，頁 239 下。此外，《大戴禮記·曾子天圓》云：「序
　　　　五牲之先後貴賤。」（同註 118，卷 5，頁 9 右）亦說明各類犧牲有其等級的
　　　　差異。

只在於階級的僭越，而無論從楚簡或古籍來看，犧牲的等級仍有不同。古書中似以馬牲為「六牲」之首，《爾雅·釋畜》敘述「六畜」的順序為馬、牛、羊、豕、狗、雞，〔註243〕《周禮·天官·膳夫》「六牲」鄭注及〈夏官·職方氏〉「六擾」鄭注的順序與《爾雅》相同。〔註244〕王引之《經義述聞·周禮上》「膳用六牲」條，以為〈膳夫〉之六牲，與祭祀所用不同，應為牛、羊、豕、犬、鴈、魚。〔註245〕孫詒讓則贊同王引之的說法，並補充說：

> 此經所用者，生人膳食之六牲；牧人所掌者，鬼神祭祀之六牲也。馬尤為大牲，不以供膳羞，惟大司馬喪祭奉之，明其不常用也。〔註246〕

無論王引之的說法是否正確，〈膳夫〉鄭注都可視為漢人對馬以下諸牲次序的一種說法，而孫詒讓則說明了馬為大牲，所以「不以供膳羞」。〈大司馬〉「喪祭奉詔馬牲」下，孫氏又說：

> 〈既夕禮〉說士大遣奠云：「陳鼎五于門外。」注云：「士禮特牲，三鼎盛，葬奠加一等，用少牢也。」依彼注推之，則天子禮用大牢，大遣奠加等用馬牲，其他殷奠則並用大牢，無馬牲。〔註247〕

另外，《史記·貨殖列傳》全篇多次提到牲畜，也都是依馬、牛、羊、豕的順位，〈貨殖列傳〉云：

> 龍門、碣石北多馬、牛、羊……畜至用谷量馬、牛……故曰陸地牧馬二百蹄，牛蹄角千，千足羊，澤中千足豕……屠牛、羊、豕千皮……馬蹄躈千，牛千足，羊、豕千雙……唯橋姚已致馬千匹，牛倍之，羊萬頭。〔註248〕

根據上面所引的這些文獻，我們認為馬是「六牲」之首，應該沒有問題。雖然漢代以後的注家注解「六牲」，偶爾也出現不同的順序，〔註249〕但這些應該

〔註243〕《爾雅注疏》，卷10，頁192上左～195。

〔註244〕參看：《周禮注疏》，卷4，頁57上；卷33，頁499下右。

〔註245〕參看：〔清〕王引之：《經義述聞》（北京：中華書局，1989年3月，重印四部備要本），卷8，頁117。

〔註246〕〔清〕孫詒讓撰；王文錦、陳玉霞點校：《周禮正義》（北京：中華書局，1987年12月），卷7，頁237。

〔註247〕同前註，卷56，頁2363。

〔註248〕同註52，卷129，頁3254、3260、3272、3274、3280。

〔註249〕這類的說法如：《周禮·地官·牧人》鄭注：「六牲，謂牛、馬、羊、豕、犬、雞。」（卷13，頁195上右）《左傳·昭公二十五年》「六畜」杜注：「馬、牛、羊、雞、犬、豕。」（卷51，頁889下右）《逸周書·大聚》：「六畜有群。」孔晁注：「六畜，牛、馬、豬、羊、犬、雞。」（同註241，《逸周書彙校集注》，

只是未依等次的說法,並不影響我們前面的結論。由於楚簡中犧牲的等級似依體型大小爲序,並與古禮書中的順序相同,所以在楚簡中,馬牲的等級可能也較牛牲、羊牲爲高。

在犧牲中,羊牲和豕牲又再細分爲許多種。羊牲的等級,已知的有:「羏」、「羘」、「羖」,另外,「羒」可能在「羘」與「羖」之間,也可能在「羖」之下;「羳」的等級,則可能是諸羊牲之首,或在「羏」和「羘」之間。豕牲的等級則是:「特豯」、「特猎」、「肥豕(豕豕)」,其他還有「豬」(包山、秦家嘴九十九號墓簡)、「者豬」(天星觀簡)及「全豬」(天星觀簡)等,次序尚不清楚。牛牲則除「特牛」外,還有「特犝」(天星觀簡),指無角牛。典籍中有以牛角長短作爲獻祭或膳用等級標準的說法,《禮記·王制》云:「祭天地之牛角繭栗,宗廟之牛角握,賓客之牛角尺。」鄭注:「握,謂長不出膚。」〔註250〕孔疏:

> 《公羊傳》曰:「膚寸而合。」鄭注投壺禮云:「四指曰扶。」「扶」
> 則「膚」也。〔註251〕

孫希旦則補充說:

> 繭栗,謂牛角初出,若蠶繭、栗實然也。祭天地之牲用犢,貴誠之
> 意也。宗廟卑於天地,故牛角握。賓客又卑於宗廟,故牛角尺。此
> 禮之以小爲貴者。〔註252〕

這也就是〈郊特牲〉鄭注所說「犢者誠慤未有牝牡之情,是以小爲貴也」〔註253〕的意思。不過,《爾雅》等書所說的「犝」,是牛的種類,並不是指小牛,所以楚簡「特犝」的等級問題,應與《禮記》的說法無關,而「特牛」與「特犝」的等級高下,目前則還不能論定。

以上所說這些祭品相關問題的詳細討論,可參看前幾節及陳偉的《包山楚簡初探》。而了解此原則後,一些疑惑也可以迎刃而解。例如:陳偉說:

> 值得注意的是,簡236~238(案:包山)記禱祠大水、二天子、峚
> 山在楚先之前,禱祠高丘、下丘在楚先之後。似乎高丘、下丘與大
> 水、二天子、峚山雖均爲山川之神,但地位卻有高下之分……害(案:

卷4,頁422)
〔註250〕《禮記正義》,卷12,頁245上左。
〔註251〕《禮記正義》,卷12,頁245下左。
〔註252〕同註50,卷13,頁354。
〔註253〕《禮記正義》,卷25,頁480上右。

即「巫」）。見於簡 242～244，位列於其他神祇之後。屬性待考……
除高丘、下丘和害外，社在簡 247～248 中也列於人鬼之後，或許出
於某種特別的原因。〔註254〕

其實，包山簡 237～238 及 240～241，對「高丘」、「下丘」的「享祭」與之前
對其他鬼神的「墨禱」，祭禱種類並不相同。而簡 248 云：「墨禱鄰公子春、司
馬子音、蔡公子豪各特豢，饋之；墨禱社一貓。」祭禱種類及祭品種類皆相
同，在豕牲中，「貓」的等級較「特豢」為低，這也就是「社」「列於人鬼之
後」的原因。至於簡 244 對「巫」的祭禱排列問題，則牽涉到下面要說的第
三項原則。

三、祭禱種類相同的一系列鬼神不分開排列。楚簡所祭禱的鬼神中，可
以看出有一些關係特別密切，例如：「太」至「坐山」諸神、「楚先」諸神、
各墓墓主的先人及親屬，都是較為明確的小系統。這些屬於同一系列的鬼神，
若祭禱種類亦相同時，則不能分開排列。以下試舉兩個例子，略作說明。包
山簡 214～215 云：

> 逐郿會之說，賽禱宮地主一粘。逐石被裳之說，至秋三月，賽禱邵
> 王特牛，饋之；賽禱文坪夜君、鄰公子春、司馬子音、蔡公子豪各
> 特豢，饋之；賽禱親母特貓，饋之。

簡 243～244 則云：

> 墨禱太一䍃；后土、司命各一䍿；墨禱大水一　　；二天子各一䍿；
> 坐山一粘。墨禱邵王特牛，饋之；墨禱東陵連囂冢豕、酒食，犒之；
> 賷之衣裳各三稱。墨禱巫一全貓，叙桓保逾之。〔註255〕

在前一例中，「粘」較「特牛」的等級為低，然而，「邵王」以下諸祖神，是
屬於一系列的鬼神，因此並不將「邵王」移至「宮地主」之前。在後一例中，
「太」至「坐山」、「邵王」和「東陵連囂」，也都分別屬於同一系列的鬼神，
所以雖然「特牛」的等級較諸羊牲為高，而「全貓」的等次亦在「冢豕」之上，
卻也不完全依祭品的種類及等級排列。此外，像包山簡 240～241 等，也是同
樣的情況。

〔註254〕同註 2，《包山楚簡初探》，頁 173～174。
〔註255〕末一句文義不完全清楚，劉彬徽等人將「叙桓」讀作「俎豆」（參看：同註
　　　　25，〈包山二號楚墓簡牘釋文與考釋〉，頁 390，考釋 482），不知是否正確。「叙」
　　　　也有可能應讀為「且」，而後面說的是某一種作法。

　　綜上所述，楚簡中所記祭禱諸神的排列，是依循著「不同種類的祭禱分開排列」、「同類祭禱的鬼神依祭品之種類及等級排列（實際上也就是依鬼神的性質及其階級地位排列）」及「祭禱種類相同的一系列鬼神不分開排列」這三項原則。目前所能看到的楚國卜筮祭禱記錄中鬼神的安排，全都符合上述這些歸納出來的法則。

　　至於之所以如此排列的緣由，也不難推究。不同種類的祭禱，其功能、儀式等都有差異，自然應該分別記述；而同系列的鬼神，彼此關係密切，當然應該記在一起。依祭品之種類及等級排列，則應與鬼神的性質、鬼神的階級地位等有關。

第五章　楚國社會中的卜筮祭禱活動考略

　　除了專門研究楚國卜筮祭禱簡的一些論著，前人對於楚人「信巫鬼，重淫祀」，〔註1〕以及卜筮等相關習俗，還有相當多的論述，〔註2〕其中也有一些不錯的論點。然而，由於可供討論的相關古籍材料算不上豐富，且諸家對於有關的出土材料，又大多只是簡單地引用發掘報告的說法。因此，其部分結論容或不誤，但論證過程卻不免使人有粗糙簡略之憾。而且，更因為各家所依據的史料大致相同，後來的論著受限於材料，主要論述大多不能超出前人的範疇，有的部分甚至只是重組或挪動文句，近於抄襲，本文並不打算再重覆一遍。

　　以下討論的各個問題，主要皆由當時實際記錄之簡文所反映的現象出

〔註1〕　語出《漢書・地理志下》。〔漢〕班固撰、〔唐〕顏師古注：《漢書》（北京：中華書局，1962 年 6 月，二十四史點校本），卷 28 下，頁 1666。

〔註2〕　這方面的論著甚多，如：文崇一：《楚文化研究》（臺北：東大圖書公司，1990年 4 月），頁 198～225；張正明：《楚文化史》（上海：上海人民出版社，1987年 8 月），頁 112～120；張正明主編：《楚文化志》（武漢：湖北人民出版社，1988 年 7 月），頁 405～410（據張氏序言，該書第十八章「風俗和信仰」的部分，是由黃傳懿所撰稿）；王從禮：〈試論楚人信鬼重祀的習俗〉，《江漢考古》1989 年第 4 期（1989 年 11 月），頁 78～84；張崇琛：《楚辭文化探微》（北京：新華出版社，1993 年 12 月），頁 149～165；宋公文、張君：《楚國風俗志》（武漢：湖北教育出版社，1995 年 7 月），頁 379～452；黃碧璉：《屈原與楚文化研究》（臺南：國立成功大學中國文學研究所碩士論文，1996 年 6月），頁 183～193；過常寶：《楚辭與原始宗教》（北京：東方出版社，1997年 6 月），頁 16～18；丁筱媛：〈先秦楚地巫現文化〉，《國立僑生大學先修班學報》第 5 期（1997 年 7 月），頁 173～202。就討論楚人卜筮祭禱等相關習俗的部分來說，以《楚文化研究》、《楚文化史》、《楚國風俗志》較值得參看，其餘的則並無太多新意。

發，古籍與其他出土材料，則只是居於附屬、旁證及補充說明的地位。這些問題，多半是過去研究楚國卜筮祭禱簡的一些論著，未曾論及或有待補充、修正的地方。透過這樣的探討，希望能夠較深刻地描繪出戰國時期楚國社會中卜筮祭禱活動的面貌，並使我們對相關問題，有更具體而細緻的認識。

第一節　貞人與求貞者的社會階層及相關問題

　　文崇一在《楚文化研究》中，認爲楚國社會約可分爲四個階層，「廣泛的說，就是貴族、士、庶人和奴隸四種身份」。〔註3〕文氏當時討論的依據，是以《左傳》爲主的相關文獻，而這些記載所反映的主要是春秋時期的楚國社會狀況。傳世古籍中與戰國時期楚國社會階級相關的史料並不多，地下的豐富材料，則恰好彌補了古籍這方面的不足。郭德維的《楚系墓葬研究》，就由墓葬規模，探討當時的社會等級，他說：

　　　　墓的規模不同，隨葬品的品種各異，都標誌著墓主的身份不同，因

　　　　而通過墓葬分類就可以找到當時的社會等級劃分情況。〔註4〕

他認爲戰國時代的楚國墓葬，大致可分爲「楚王」、「封君或上大夫」、「下大夫」、「士」和「庶民」五個等級，而「奴隸」一般來說沒有固定墓地，也沒有隨葬品。〔註5〕其中，「士」及「庶民」等類墓葬，依其貧富的差異，還可以作更進一步的劃分。〔註6〕

　　至於如何判斷楚簡中所見楚人之身分階級，周鳳五師提供了一些相當重要的意見。周師先分析《左傳·昭公七年》「人有十等」的說法，指出這十等大致可分爲貴族、庶民與奴隸三類，是「春秋時代楚國社會的眞實寫照，其中沒有突出工匠這一類」。〔註7〕周師接著說：

　　　　到了戰國時代，包山楚簡所見楚國人的身分階級就分爲四類了。第

〔註3〕　參看：同前註，《楚文化研究》，頁124～129。

〔註4〕　郭德維：《楚系墓葬研究》（武漢：湖北教育出版社，1995年7月），頁26。

〔註5〕　參看：同前註，頁52～108。

〔註6〕　參看：高應勤、王光鎬：〈當陽趙家湖楚墓的分類與分期〉，收入：中國考古學會編輯：《中國考古學會第二次年會論文集》（北京：文物出版社，1982年6月），頁43～45；湖北省文物考古研究所編著：《江陵九店東周墓》（北京：科學出版社，1995年7月），頁340～342、423～428。

〔註7〕　參看：周鳳五師：〈包山楚簡《集箸》《集箸言》析論〉，《中國文字》新21期（1996年12月），頁29。

一類是上文所引的「君子」，顧名思義就是貴族。第二類是「人」，有兩種用法，一種指庶人……一種指官員……第三類是「官」或「倌」，也稱作「官人」或「倌人」，指手工作坊的工匠……簡文所見第四類身分是奴隸，稱作「臣」，已如上述，也稱作「奴」……臣與奴的特徵表現在姓名上，本節所見的臣，祖孫四代四人都有名無姓……甚至連名字也省略。可見這正是庶民與奴隸兩種身分最基本也最簡單的判斷標準。〔註8〕

由此可知，身份標記和姓名記載的方式，是我們判斷簡文中楚人之身分階級，最基本的兩個標準。〔註9〕以上這些學者們的意見，對於我們下面要探討的貞人與求貞者之社會階級，都是很重要的參考依據。

一、貞人的社會階層與相關問題

我們在第二章第一節曾提過，楚簡中所出現的貞人，人數眾多，且呈現卜、筮分職的現象。彭浩認為，簡文中的貞人屬於「職業化了的貞人」，他說：

> 一位貞人為不同的人進行卜筮情況是存在著的，如天星觀一號墓竹簡中所記貞人有个小志，然而在望山一號墓的竹簡中也有這位貞人的出現。他們大概是職業化了的貞人，不僅為身份和地位都很高的貴族貞卜，而且也為社會地位較低的人占卜……《史記‧日者列傳》集解引《墨子》曰：「墨子北之齊，遇日者……。」日者就是從事卜筮占候人的通稱。〔註10〕

彭氏將貞人與日者混為一談，是有問題的。《史記》集解、索隱都說古代卜筮及占候時日的人，可通稱為「日者」，〔註11〕這可能是受到〈日者列傳〉傳文屢言「卜筮」的影響。我們現在看到的〈日者列傳〉的前半部分，究竟是否為褚少孫所記述，或許還有討論的餘地，但可確定的是：將卜筮之事記入〈日者列傳〉，

〔註8〕　同前註，頁29～31。

〔註9〕　這裡所說的姓名記載方式，是僅就庶民與奴隸兩種身份而言。至於身份為貴族以上的人，在簡文中也有因尊稱或其他因素而未稱姓氏，自然又是不同的情況。

〔註10〕　彭浩：〈包山二號楚墓卜筮和祭禱竹簡的初步研究〉，收入：湖北省荊沙鐵路考古隊編：《包山楚墓》（北京：文物出版社，1991年10月），附錄二三，頁558。

〔註11〕　參看：〔漢〕司馬遷撰、〔南朝宋〕裴駰集解、〔唐〕司馬貞索隱、張守節正義：《史記》（北京：中華書局，1982年11月，二十四史點校本），卷127，頁3215。

應非太史公原意。余嘉錫就說：「太史公既作〈日者傳〉，又作〈龜策傳〉，則此二者必有別矣。」〔註12〕其實，貞人與日者的職掌及專長並不相同，貞人是以龜卜或筮占預測吉凶的人，而戰國時期楚國貞人是卜、筮分職的；日者則是推算時日吉凶與舉事宜忌爲業的人，並有許多不同的派別。不過，兩類數術的關係，實際上又相當密切，關於這一點，在後文會有較深入的討論。

除天星觀一號墓簡和望山一號墓簡外，秦家嘴九十九號墓十二號簡中，也有貞人名軛䏁志。由於三墓的年代均爲戰國中期，地域亦十分相近，皆在江陵地區，且簡文中所記軛䏁志使用的卜筮材料爲「寶豪」、「愴豪」、「丞豪」和「白靈」，又俱屬龜類。因此，三批簡中的軛䏁志確實極有可能是同一人，屬於「職業化了的貞人」。望山一號墓簡（7、17、54、94）及秦家嘴十三號墓二號簡，則均有貞人歸豹，所用的卜筮材料「寶豪」、「梠豪」、「尨靈」，也都是龜類；又秦家嘴十三號墓八號簡及秦家嘴九十九號墓簡五號簡，皆記有貞人苛慶，所用的卜筮材料亦爲同類的「圭靈」與「黃靈」。而望山、秦家嘴諸墓時代、地域俱相近，因此，歸豹、苛慶的情況均與軛䏁志相同，也是「職業化了的貞人」。

巫雪如在《包山楚簡姓氏研究》中，「由簡文姓氏記載的情形來討論楚國當時身份階級的分布」。其中，對於平民階級，巫氏得到如下的結論：

> 楚國一般的平民階層也都有姓氏，只有少數地位較低的私家徒役或
> 貧困的庶民可能是沒有姓氏的階級。〔註13〕

楚簡中的貞人，大多皆姓名連稱，且無其他的身份標記，他們應該是屬於一般的庶民階級，地位較手工作坊的工匠及奴隸來得高。根據漢代史料的記載，卜者、巫祝之流在西漢時期，似乎有不錯的收入。如：《史記·日者列傳》記卜者「矯言鬼神以盡人財，厚求拜謝以私於己」；〔註14〕《鹽鐵論·散不足》則云：「今世俗飾僞行詐，爲民巫祝，以取釐謝，堅頟健舌，或以成業致富。」〔註15〕戰國時期楚國貞人的情況如何，並不十分清楚。但根據楚簡中的記載，我們知道當時很多貞人都有爲貴族卜筮的機會，那麼，他們所得「拜謝」之

〔註12〕余嘉錫：〈太史公書亡篇考〉，《余嘉錫文史論集》（長沙：岳麓書社，1997年5月），頁66。

〔註13〕巫雪如：《包山楚簡姓氏研究》（臺北：國立臺灣大學中國文學研究所碩士論文，1996年5月），頁251。

〔註14〕同註11，卷127，頁3217。

〔註15〕王利器：《鹽鐵論校注》（北京：中華書局，1996年9月），卷6，頁352。

類的收入，當不至於太少。由此推測，這些貞人的經濟狀況，在庶民階級中，可能也是較爲富裕的一群。

　　這些職業貞人，可能大多是聚集在像〈日者列傳〉所說的「卜肆」中，〔註16〕《漢書・食貨志》也有「巫、卜、祝」等「坐肆列」的記載。〔註17〕戰國時期，一些國家的市集中，已出現「卜肆」。如：《戰國策・齊策一》就記載：「公孫閈乃使人操十金而往卜於市。」〔註18〕此外，《史記・陳涉世家》記秦末陳勝、吳廣卜問舉事反秦之吉凶，他們所問的卜者，應該也是聚集在「卜肆」之中。〔註19〕

　　楚簡中的施貞者，除職業貞人外，似乎還有通曉卜筮的非專職人士。天星觀簡有「邔醔尹迅以軳萫爲君月貞」，〔註20〕施貞者爲「邔醔尹迅」。「邔」爲楚地名，疑位於南頓故城或頓國故城，即在今河南省項城縣西南之南頓鎮或商水縣黃寨鎮。〔註21〕「醔尹」爲楚官名，包山簡另有「囂醔尹」（165）及「大室醔尹」（177），此外，包山簡 138 又有「醔佐」，當爲「醔尹」之副職。「醔尹」的職司不詳，學者們雖有一些推論，但證據似乎都不夠充分。〔註

〔註16〕　參看：同註11，卷127，頁3216。

〔註17〕　參看：同註1，卷24下，頁1181。

〔註18〕　〔漢〕劉向集錄：《戰國策》（臺北：里仁書局，1990年9月，據清嘉慶八年士禮居叢書本點校），卷8，頁318。

〔註19〕　參看：同註11，卷48，頁1950～1951。

〔註20〕　「醔」字原篆作𣲴，諸家隸定頗爲紛歧。比較相關字形，本文暫從李學勤、黃錫全之說。參看：李學勤：〈從新出青銅器看長江下游文化的發展〉，《新出青銅器研究》（北京：文物出版社，1990年6月），頁266～267；黃錫全：〈古文字中所見楚官府官名輯證〉，《文物研究》總第7輯（1991年12月），頁228。黃氏原文未見，其說法是參看文炳淳《包山楚簡所見官制研究》（臺北：國立臺灣大學中國文學研究所碩士論文，1997年12月）頁79～80。

〔註21〕　參看：黃錫全：〈《包山楚簡》部分釋文校釋〉，《湖北出土商周文字輯證》（武漢：武漢大學出版社，1992年10月），附錄四，頁191；顏世鉉：《包山楚簡地名研究》（臺北：國立臺灣大學中國文學研究所碩士論文，1997年6月），頁129～131。

〔註22〕　相關的討論，可參看：董楚平：《吳越徐舒金文集釋》（杭州：浙江古籍出版社，1992年12月），頁276～280；何琳儀：〈包山楚簡選釋〉，《江漢考古》1993年第4期（1993年11月），頁61～62；王輝：〈徐銅器銘文零釋〉，《東南文化》1995年第1期（1995年1月），頁37～38；陳秉新：〈讀徐器銘文札記〉，《東南文化》1995年第1期（1995年1月），頁39；同註20，《包山楚簡所見官制研究》，頁78～80。其中，董、王、陳三氏對「醔」字的隸定頗不準確，對其職司的探討也就成爲無根之談。

22〕其中較需要討論的是黃錫全之說。黃氏認爲：「醓尹」於簡文中爲君占卜貞問，很可能是掌占卜之官。〔註23〕案：此說雖非全無可能，但簡文所謂的「君」，是指「邸瑒君番勳」，而番勳在簡文中的貞事，多由民間職業貞人卜筮，這似乎意味著封君可能並沒有專門爲其占卜的政府官員。且包山簡中的「醓尹」或「醓佐」，也看不出其職掌與卜筮有關。因此，「邸醓尹迅」應爲邸縣的醓尹，其名爲迅，他或許只是通曉卜筮的非專職人士，而未必就是掌占卜之官。

楚國政府組織中，確有專門掌管卜筮的官員。春秋時期置有卜尹，見於《左傳・昭公十三年》。〔註24〕張君認爲楚國的卜尹，相當於《周禮》之大卜。〔註25〕而戰國時期，楚國掌占卜之官則有太卜，見於〈卜居〉，〔註26〕可能即春秋時的卜尹。《周禮》大卜的職等爲下大夫，以下置有卜師等相關人員，〔註27〕同樣地，楚國也應該還設置有其他相關的官員，惜文獻缺載，已不可考。

由上述可知，楚國從事卜筮的貞人，至少有政府組織中專門掌管卜筮的官員及職業化的貞人兩類，另外，可能還有一些貞人屬於通曉卜筮的非專職人士。在這幾類貞人中，似應以職業化貞人的人數最多，而他們是屬於一般庶民。

二、求貞者的社會階層與相關問題

目前發現的楚簡中求貞者之身份，以天星觀簡的「邸瑒君番勳」及包山簡的「左尹邵它」最爲明確，若以爵稱來說，二人約分別相當於上卿及大夫。〔註28〕新蔡葛陵卜筮簡雖尚未得見，但根據發掘簡訊，知該墓墓主爲楚宣王時的封君平夜君。〔註29〕由於楚墓所出卜筮簡，應即墓主卜筮的記錄，

〔註23〕參看：同註20，《包山楚簡所見官制研究》，頁79～80。
〔註24〕參看：《春秋左氏傳正義》，卷46，頁807下左。
〔註25〕參看：張君：〈試論春秋時期楚國的春官〉，《江漢論壇》1987年第1期（1987年1月），頁77。
〔註26〕參看：〔漢〕王逸章句、〔宋〕洪興祖補注：《楚辭》（臺北：藝文印書館，1967年，百部叢書集成影印惜陰軒叢書本），卷6，頁1左。
〔註27〕參看：《周禮注疏》，卷17，頁264下左～265上。
〔註28〕參看：湖北省荊州地區博物館：〈江陵天星觀1號楚墓〉，《考古學報》1982年第1期（1982年1月），頁111～112；同註10，《包山楚墓》，頁334～337。
〔註29〕參看：宋國定等：〈新蔡發掘一座大型楚墓〉，《中國文物報》，第1版，1994年10月23日；中國考古學會編：《中國考古學年鑑（1995）》（北京：文物出

因此，葛陵簡的求貞者可能與天星觀簡「邸旸君番勅」的身份相當。望山一號墓簡的求貞者「悆固」，則應爲資歷較淺的楚王族後裔，推測其身份約爲下大夫。〔註30〕至於秦家嘴一號、十三號及九十九號墓，都是有墓道的一棺一椁墓，〔註31〕所以三墓所出簡文中的求貞者，大約均爲士階級的下層貴族。〔註32〕

　　根據《楚系簡帛文字編》所收句例，秦家嘴一號墓三號簡有「至新父句，思紫之疾速瘥，紫將擇良月良日，將速賽」的句子。在第二章中，我們曾分析此句句型，並認爲「紫」是人名，應即求貞者，可能就是此墓的墓主。同墓一號簡又有「紫以其有疾之故」，所記亦當與「紫」因疾病卜筮或祭禱有關。而秦家嘴九十九號墓有「野以其有病之□」（3、15），與一號墓簡句例相同。因此，「野」很可能就是求貞者之名，亦即九十九號墓墓主。另外，秦家嘴十三號墓八號簡則有「苛慶以生靈□藪連囂□」，對照相關簡文，疑「生靈」之後應爲「爲」字，而求貞者當是「藪連囂□」。「藪」，可能是地名，實際地望待考；「連囂」則是各類古文字資料裡常見的楚官名，古籍中作「連敖」，其職司舊有「典客」及「司馬」二說。〔註33〕據學者研究，「連囂」應爲軍職，故似以「司馬」之說較爲可信。〔註34〕

　　由上述可知，秦家嘴一號、十三號及九十九號墓三墓的墓主，亦即所出簡文中的求貞者，應分別爲「紫」、「藪連囂□」及「野」。如此一來，各批卜筮簡的求貞者，都已知道其私名或官職。其中，秦家嘴一號與九十九號墓簡，

版社，1997年12月），頁168。

〔註30〕　參看：湖北省文物考古研究所編著：《江陵望山沙冢楚墓》（北京：文物出版社，1996年4月），頁211～214。

〔註31〕　參看：荊沙鐵路考古隊：〈江陵秦家嘴楚墓發掘簡報〉，《江漢考古》1988年第2期（1988年4月），頁42。

〔註32〕　參看：同註4，頁96～108。

〔註33〕　參看：同註11，卷92，頁2610～2611。

〔註34〕　今人對「連囂」職司的相關討論，可參看：李家浩：〈楚國官璽考釋（四篇）〉，《江漢考古》1984年第2期（1984年5月），頁47～49；何琳儀：〈長沙銅量銘文補釋〉，《江漢考古》1988年第4期（1988年11月），頁99；羅運環：〈古文字資料所見楚國官制研究〉，收入：楚文化研究會編：《楚文化研究論集（第二集）》（武漢：湖北人民出版社，1991年3月），頁277～278；曹錦炎：《古璽通論》（上海：上海書畫出版社，1995年3月），頁93～94；同註20，《包山楚簡所見官制研究》，頁135～137。其中，李家浩以楚官璽句例相對比，認爲「連囂」應爲職掌軍事之官，可從。

對於求貞者，僅稱其私名，這與包山、天星觀簡官職與姓名連稱（或未稱姓氏。秦家嘴十三號墓簡可能亦是官職與姓名連稱）或望山簡只稱其姓名，皆不相同。推測這兩批簡文的書寫者，身份地位似應較求貞者爲尊或是相當，也不能完全排除書寫者就是求貞者本人的可能。當然，也有可能是貞人以求貞者的口吻記錄，但由其他幾批簡來看，這種可能性應該是較低的。

總的來說，迄今所發現楚簡中的求貞者，似皆爲貴族，而且幾乎涵蓋上卿至士的各個階級。因此，就戰國時期的楚國貴族而言，周期性的貞問及遇事問卜，應當是相當普遍的習俗。《楚辭》中的〈離騷〉、〈卜居〉等篇章裡有關卜筮的情節，也反映了這樣的風尚。

在《左傳》等古籍中，有楚王或其他官員，爲王事或國家事務求貞的記載，則是楚王求貞的例子。這些記載中的施貞者，可能大多屬於政府組織中掌管卜筮的官員，而非民間的貞人。

楚國的一般平民，是否亦有問卜的習俗？對於這個問題，彭浩認爲：

> 職業化了的貞人，不僅爲身份和地位都很高的貴族貞卜，而且也爲社會地位較低的人占卜……他們中間的部分人，上出入於王侯之家，下交於市井之中。〔註35〕

彭氏的說法雖未提出依據，卻可能是正確的猜測。因爲這些職業貞人既然多聚集在市集中的卜肆，則一般平民當可自由地前往問卜，文獻中就有許多漢代平民求貞的相關記載。至於已發掘的大量楚國庶民墓中，之所以沒有發現卜筮簡，推測有以下幾種可能的原因：一、平民的卜筮不那麼慎重，並沒有將卜筮記錄書之於竹帛的作法。二、一般庶民因某種習俗或原因，並不隨葬這類簡書。三、竹簡原本就不易長久留存，再加上平民墓葬更爲簡陋，密封狀態及保存環境均不如貴族墓理想，竹簡更是容易壞滅。

不過，需要考慮的是：由楚簡及相關文獻可知，在卜筮之後，往往因貞問結果顯示有憂患、不順或鬼神作祟等不吉之徵象，而伴隨著祭禱等祈福消災的儀式，而舉行這些儀式所需的祭品等花費，應該是頗爲可觀的。再加上貞人的拜謝費用等，對於尋常百姓而言，當爲相當沉重的負擔。漢代就有一些這類的記載，像《風俗通義·怪神》云：

> 會稽俗多淫祀，好卜筮，民一以牛祭。巫祝賦斂受謝，民畏其口，

〔註35〕同註10，頁558。

懼被祟，不敢拒逆。是以財盡於鬼神，產匱於祭祀。〔註36〕

《後漢書・欒巴列傳》亦云：「郡土多山川鬼怪，小人常破貲產以祈禱。」〔註37〕因此，楚國一般庶民求貞的頻率與普遍性，都還很難估計。而也正因為問卜所費不貲，所以缺乏自由且貧困的奴隸階級，應該並沒有資格、亦沒有能力負擔。

當然，這裡所說的，只是就楚簡所記載這類由貞人以蓍龜來進行的卜筮活動而言。蒲慕州師就指出：占卜活動可以是十分多樣的，草木石塊可以用來貞問，日月星辰等自然的變化，也可視為預兆。因此，窮困低賤的貧民甚至奴隸，仍然可以有其自己的占卜方式。

細緻而深入的研究楚國卜筮簡，可以糾正很多錯誤的觀點。例如：過去有人認為包山簡中的記錄，筮多卜少；〔註38〕更有人以為戰國是龜卜的滅亡時期，〔註39〕這些都是不正確的。陳偉指出：

> （案：包山）簡書所記的卜筮中，筮只用了6次，卜則用了16次，後者占了絕大多數。具體就各次貞事而言，僅用一貞的兩次皆是卜；使用三貞的有兩次為二卜一筮，一次為三卜；使用五貞的兩次均係三卜二筮。這體現了以卜為主的傾向⋯⋯在上文確認的一次施用數貞的場合，筮後於卜的有兩例⋯⋯筮先於卜的則沒有看到。這似乎也反映了卜的優勢地位。〔註40〕

現存天星觀、望山及秦家嘴等幾批簡中的卜筮材料，亦呈現龜多於策的現象。不過，由於這幾批簡的保存狀況遠不如包山簡，而殘壞較甚，所以我們對於這個現象，還不宜作過度的推論。古籍中有一些關於求貞者階級與用卜或用筮間關係的說法。如：《禮記・雜記上》云：「大夫卜宅與葬日⋯⋯如筮⋯⋯。」鄭注：「筮者，筮宅也，謂下大夫若士也。」孔疏：「謂下大夫及士不合用卜，故知用筮也。」〔註41〕這一類的說法，與「筮短龜長」〔註42〕的觀念及禮經

〔註36〕〔漢〕應劭撰；吳樹平校釋：《風俗通義校釋》（天津：天津古籍出版社，1988年9月），卷9，頁339。

〔註37〕〔南朝宋〕范曄撰、〔唐〕李賢等注：《後漢書》（北京：中華書局，1995年3月，二十四史點校本），卷57，頁1841。

〔註38〕參看：同註10，頁558～559。

〔註39〕參看：劉玉建：《中國古代龜卜文化》（桂林：廣西師範大學出版社，1992年4月），頁392～393。

〔註40〕陳偉：《包山楚簡初探》（武漢：武漢大學出版社，1996年8月），頁158～159。

〔註41〕《禮記正義》，卷40，頁714。

重視禮制的階級等差有關。但在目前發現的楚簡中，還看不出任何類似的相關傾向。

總的來說，在六座楚墓出土的卜筮簡，雖大多嚴重殘斷，但其中所出現的貞人，仍有四十餘人之多。以較完整的包山簡來說，同一求貞者的三年貞問記錄裡，就出現了十三位貞人。而前面提到，戰國時期楚國一般庶民以上的階級，應該都有求貞問卜的風尚，由以卜筮爲業的貞人數量來看，亦可想見當時楚國的卜筮活動，應是相當興盛的。

第二節　關於楚國卜筮祭禱活動的幾點探討

一、卜筮祭禱與擇日

楚國卜筮簡「說辭」中所提出的祭禱，有時會加上「擇良月良日」一類詞。這種祭祀應選擇良日的說法，在古籍中也很常見，如：《國語・楚語下》云：「先王之祀也……十日、十二辰以致之。」韋昭注：「十日，甲至癸；十辰，子至亥。擇其吉日令辰以致神。」〔註43〕又如〈東皇太一〉云：「吉日兮辰良，穆將愉兮上皇。」王逸注：「日謂甲乙，辰謂寅卯……言己將修祭祀，必擇吉良之日。」〔註44〕至於如何選擇這些「良日」，則是有待討論的問題。而提到擇日，我們首先聯想到的，就是已經有多批出土的戰國秦漢時期的《日書》。

在九店楚墓、睡虎地、放馬灘、王家臺等秦墓及一些漢墓中，已發現了多批《日書》簡。〔註45〕因為以下要探討的是楚國卜筮祭禱簡中的擇日問題，考慮時代及地域等方面可能存在的差異，下面討論的對象，將以九店《日書》簡爲主，並輔以含有楚《日書》成份的睡虎地簡。

〔註42〕「筮短龜長」之說，見於《左傳・僖公四年》及《周禮・春官・占人》鄭注。參看：《春秋左氏傳正義》，卷12，頁203下左；《周禮注疏》，卷24，頁375上左。

〔註43〕〔吳〕韋昭注：《國語》（上海：上海書店，1989年3月，重印四部叢刊初編本），卷18，頁3左。

〔註44〕同註26，卷2，頁2右。

〔註45〕關於出土日書資料的介紹，可參看：李零：《中國方術考》（北京：人民中國出版社，1993年12月），頁40～41。王家臺秦簡的內容簡介，則請參看：荊州地區博物館：〈江陵王家臺15號秦墓〉，《文物》1995年第1期（1995年1月），頁39～40。

　　由於卜筮簡「說辭」中所記之祭禱，爲擬議中事，雖然其中有一部分，可能在貞問之後，很快就獲得了實施，但我們現在仍無法確定這些祭禱實際舉行的日辰。因此，可供討論祭禱擇日問題的簡文並不多，只剩下單純的祭禱記錄。包山簡中所記祭禱的日辰有：「冬柰之月，癸丑之日」（205、206）及「夐月，丙辰之日」（224、225）。而我們在第一章第一節的第二小節中，曾提到望山一號墓簡裡，有些可能也是單純的祭禱記錄，這些簡中所記的日辰有：「夐月，丁巳之日」（10）以及不明月份的「己未之日」（89）、「乙丑之日」（90）等。至於尚未正式公佈的天星觀及秦家嘴簡，目前還沒有能確定爲祭禱記錄的日辰。

　　由上述可知，目前能確定的楚簡祭禱日辰記錄實在太少，即使將其與九店及睡虎地《日書》中的相關部分，作全面的比對，也沒有太大的意義，因此，以下只舉九店《日書》中較完整且內容涉及祭禱日辰的兩篇略加討論。

　　九店五十六號墓《日書》簡雖殘損的較爲嚴重，但仍可分爲好幾個篇章。簡 13～24，分上下兩欄抄寫，可稱爲「建贛」，所記應爲楚建除家言；簡 25～36，則可稱爲「結陽」，〔註46〕可能也是楚建除家言。而這兩篇中都有一些某日不宜祭祀或諸事不宜的說法，不妨與祭禱簡所記日辰相比對，茲先將相關簡文迻錄於下：

　　　凡敧日……不利以祭祀。（15 下）

　　　凡工日，不吉，是謂無𥾑。（18 下）

　　　凡坐日，無爲而可，如以祭祀，必有三□。（19 下）

　　　凡復日，不吉，無爲而可。（22 下）

　　　【寅、卯、辰】巳、午、未、申、酉、戌、亥、子、丑，是謂結日。
　　　作事，不果；以祭，吝。（25）

　　　亥、子、丑、寅、卯、辰、巳、午、未、申、酉、戌，是謂絕日。
　　　無爲而可，名之曰死日。（34）

簡 13～24 的上欄，爲「建贛」的參照文字，由此可知每個月份中各日名相應的地支。其中，「冬柰」是「敧於卯」、「工於午」、「坐於未」、「復於戌」（22

〔註46〕篇名皆從劉信芳之說。參看：氏著：〈九店楚簡日書與秦簡日書比較研究〉，收入：張光裕等編輯：《第三屆國際中國古文字學研討會論文集》（香港：香港中文大學中國文化研究所、中國語言及文學系，1997 年 10 月），頁 518、522。

上）；而「臭月」的「敚」、「工」、「坐」、「復」等日對應的地支，則分別爲「丑」、「辰」、「巳」及「申」（20 上）。「結陽」則並無參照部分，而採取將相應地支列於各日名之前的簡略寫法。對照睡虎地《日書》甲種〈除〉（1 正～13 正）及乙種類似的篇章（1～25），可看出九店「結陽」各日名之前的相應地支是按夏曆月序排列的。也就是說，凡正月的寅日、二月的卯日、三月的辰日……就是所謂的「結日」，餘可類推。〔註47〕因此，「冬栾」的「結日」和「絕日」，分別爲亥日及申日；而「臭月」則分別爲酉日及午日。

與包山、望山簡的祭禱日辰比對，我們可以看到「臭月，丙辰之日」和「臭月，丁巳之日」分別爲「工日」及「坐日」，因此，九店「建贛」並不會是楚簡祭禱擇日的依據。至於「結陽」，雖然沒有與楚簡的祭禱日辰相衝突，但由於樣本過少，並不足以得出什麼結論。況且，除了前引禁忌的說法，「結陽」中也記有一些利於祭禱的日子：

> 【卯、辰、巳】、午……寅，是謂易日，百事順成，邦君得年，小夫
> 四成，以爲上下禱祠，□神饗之，乃□呈其志。（26）〔註48〕
>
> 未、申……午，是謂達日……以祭，小大吉。（30）
>
> 戌、亥……酉，是謂外陰日，利以祭。（33）〔註49〕

其中又以「易日」特別適合。另外，有些日子則是適合某種祭祀：

> 辰、巳……卯，是謂交日……以祭門、行，享之。（27）
>
> 巳、午……辰，是謂□日……利以祭門、行，除疾；以祭大事，聚

〔註47〕 參看：同前註，頁 526。

〔註48〕 「□」字右半從呈，左半漫漶，睡虎地《日書》甲種此條作：「陽日，百事順成，邦郡得年，小夫四成，以祭上下，群神饗之，乃盈志。」（3 正）呈、盈上古音極近（耕部定母與耕部喻母），而從呈聲與從盈聲之字，古籍往往互通。如：《左傳・襄公二十一年》的「樂盈」（卷 34，頁 591 上右），《史記・十二諸侯年表》作「樂逞」（同註 11，卷 14，頁 640）；《說文》：「繼或從呈。」（漢・許愼撰、宋・徐鉉校定：《說文解字》，香港：中華書局，1996 年 2 月，影印同治十二年陳昌治刊本，卷 13 上，頁 272 上右）「呈其志」就是「盈志」。「盈」，應訓爲滿，「盈志」就是志滿、得志的意思。

〔註49〕 「外陰日」，原釋作「陰日」（李家浩：〈江陵九店五十六號墓竹簡釋文〉，收入：同註 6，《江陵九店東周墓》，附錄二，頁 508），並不正確。劉信芳指出，該字實際上是「外」、「陰」二字的合文（參看：同註 46，頁 523～524）。「結陽」簡 29 已有「陰日」，若依李說，則有兩個「陰日」。細察圖版，可以看到簡 33 該字右下確有合文號，而對照睡虎地簡的相關部分，更能確定劉氏的說法是正確的。

　　眾，必或亂之。（28）

　　午、未……巳，是謂陰日……利以爲室、家祭。（29）
由此可見，「結陽」中利於祭禱的日子，占了相當大的比例，與「建贛」對照，可以發現一些時日吉凶相互矛盾的地方。而「冬柰」「癸丑」、「戾月」「丙辰」和「戾月」「丁巳」這三個楚簡所記祭禱日辰中知道月份的日子，分別是屬於「結陽」所說的「交日」、「外害日」和「外陰日」。參看上引簡文，「交日」利於「祭門、行」，但包山簡該次祭禱的對象卻是祖先；而「外害日」更是並不在眾多適宜祭禱的日子之列。這樣看來，「結陽」可能也不是楚簡祭禱擇日的依據。

　　除「建贛」、「結陽」這類一般性列舉時日吉凶的篇章外；出土《日書》還有一類是專就某一事項論其吉凶宜忌的篇章。《論衡・譏日》云：「時日之書，眾多非一。」後面舉了「葬歷」、「祭祀之歷」、「沐書」等多種「時日之書」，〔註 50〕所說的就是屬於後一類。像睡虎地《日書》乙種簡 31～40 的下欄，就是專記祭祀五祀的良日和忌日的「祭祀之歷」。又根據《論衡・譏日》，祭祀的日辰禁忌，與「血忌、月殺」有關，〔註 51〕睡虎地《日書》裡，也有一些禁屠、忌殺牲畜的篇章。限於篇幅，這裡不再一一介紹。

　　前人早已指出：出土《日書》在不同篇章中，對於時日吉凶的說法，常有相互牴牾之處，它們可能是屬於不同流派的日者之說。〔註 52〕《史記・太史公自序》云：「齊、楚、秦、趙爲日者，各有俗所用。」〔註 53〕正說明了各國日者的派別、系統皆有差異。而〈日者列傳〉中所載漢武帝時「五行」、「堪輿」、「建除」等各家日者「辯訟不決」的故事，〔註 54〕更是常被引用來說明這種情況。因此，即使楚簡所記祭禱的擇日依據，確爲《日書》一類的書籍，我們也不能排除各批楚簡所記祭禱的實際擇日方法，各有依據不同篇章的可能。

　　此外，蒲慕州師認爲：《日書》是主要流傳在低層政府官僚及其他中下階層人們之間的作品。〔註 55〕從出土《日書》中所關切的問題及預測文字

〔註50〕　參看：黃暉：《論衡校釋（附劉盼遂集解）》（北京：中華書局，1996 年 11 月），卷 24，頁 989～997。

〔註51〕　參看：同前註，頁 992～993。

〔註52〕　參看：張銘洽：〈雲夢秦簡《日書》占卜術初探〉，《文博》1988 年第 3 期（1988 年 5 月），頁 68～70。

〔註53〕　同註 11，卷 130，頁 3318。

〔註54〕　參看：同註 11，卷 127，頁 3222。

〔註55〕　參看：蒲慕州師：〈睡虎地秦簡《日書》的世界〉，《中央研究院歷史語言研究所集刊》第 62 本第 4 分（1993 年 4 月），頁 623～670。

的內容來看，這個論點大致上可以成立，但也不是絕對。還要說明的是：戰國時期流行的諏日方法，並不只有依據《日書》一種。從古籍記載可知，當時舉行冠禮、葬禮、祭祀等儀式時，除根據《日書》選日外，還有以卜筮來選擇日辰。如：《儀禮‧士冠禮》云：「士冠禮，筮於廟門……若不吉，則筮遠日，如初儀。」〔註56〕是冠禮擇日；《禮記‧雜記上》云：「大夫卜宅與葬日。」〔註57〕是葬禮擇日；而《周禮‧天官‧大宰》云：「前期十日，帥執事而卜日，遂戒。」〔註58〕《荀子‧禮論》云：「卜筮視日，齋戒脩涂，几筵饋薦告祝，如或饗之。」〔註59〕則都是屬於祭祀擇日。因此，社會階層與擇日方法間的關係，也是值得注意的問題。

以上的討論，只是對這類《日書》中與祭禱擇日相關的資料略加介紹，並顯示問題的複雜性。由於各種相關的問題，還存在太多不清楚的地方，因此，日後即使在掌握了相當數量的資料，再作類似的分析時，仍要非常地謹慎。

除祭禱宜忌外，《日書》裡還記有一些關於卜筮時日的禁忌。睡虎地秦簡《日書》甲種簡27正：「凡五丑不可以筮，帝以殺巫咸。」簡101正下欄則說：「毋以子卜筮，害於上皇。」《日書》乙種簡126也說：「毋以子卜筮。」簡191又說：「辰……不可卜筭。」古籍中也有這類的記載，如：《史記‧龜策列傳》云：「卜禁曰：子、亥、戌不可以卜及殺龜。」〔註60〕這些出處不同的卜禁說法，多認為子日不宜卜筮，其他還有丑、辰、戌、亥等日。楚國卜筮是否也有這類的禁忌，並不清楚。不過，由於幾批楚簡中，已經記有相當數量的卜筮日辰，所以我們不妨將這些日辰歸納起來，試作探究。

包山簡中所記卜筮的日辰有：「乙未」（197等）、「乙丑」（209等）、「己酉」（218等）、「癸卯」（207）、「己卯」（226等）及「己亥」（249）；望山一號墓簡有：「乙酉」（1）、「癸未」（7）、「丙辰」（9）及「己酉」（11）等；天星觀簡則有：「丙戌」〔註61〕、「甲寅」、「己丑」〔註62〕及「己酉」〔註63〕等。

〔註56〕　《儀禮注疏》，卷1，頁3上右～6上左。

〔註57〕　《禮記正義》，卷40，頁714上右。

〔註58〕　《周禮注疏》，卷2，頁35下左。

〔註59〕　〔清〕王先謙：《荀子集解》（臺北：華正書局，1993年9月），卷13，頁250。

〔註60〕　同註11，卷128，頁3239。

〔註61〕　「丙戌」是根據發掘報告所附照片。參看：同註28，〈江陵天星觀1號楚墓〉，頁108。

〔註62〕　「甲寅」、「己丑」係根據滕壬生《楚系簡帛文字編》（武漢：湖北教育出版社，

由此看來，前引卜禁說法中提到的丑、辰、戌、亥等，皆有卜筮的記錄，它們應該不是楚人卜筮的凶日。而截至目前為止，已知的楚人卜筮日辰中，未見於子日卜筮的記錄，睡虎地簡兩種《日書》及〈龜策列傳〉則均記有子日不宜卜筮的說法，因此，子日似乎有可能是楚人卜筮的凶日。不過，卜筮祭禱簡中，也有出現地支為子的日辰，像望山一號墓簡有「甲子」（161、163），而秦家嘴九十九號墓簡則有「庚子」（15），可惜竹簡殘斷，我們已經無法知道這些日辰到底是屬於何種活動的記錄。

由上述可知，楚人可能有以子日卜筮為禁忌的習俗，但究竟是否確實如此，我們還需要更多、更明確的證據。值得注意的是：若楚人卜筮確有這類禁忌，這可能意味著貞人或求貞者雖以卜筮來解答生活中的疑難，但同時也相信《日書》中的部分說法，這和《日書》裡記載關於卜筮的禁忌，是一樣的情況。然而，實際上兩類數術的功用，有相當大程度的重疊，像楚卜筮簡中所貞問的疾病、遷居等問題，在《日書》中同樣也可以找到解答；而時日的吉凶，亦可用卜筮來決定。也就是說，卜筮和擇日對生活疑難，各有一套解決方法，不煩他求，不過，在社會中的實際運作，各類數術卻往往混雜並用，而以能解決生活上的疑難問題、達成願望及獲得心靈的依靠和慰藉為最高目的。

總而言之，卜筮和擇日是戰國至秦漢時期相當重要的兩類數術。《韓非子·亡徵》云：「用時日，事鬼神，信卜筮而好祭祀者，可亡也。」〔註64〕所舉數術，即為擇日和卜筮。《淮南子·本經》云：「是以不擇時日，不占卦兆。」〔註65〕提到世俗占吉凶的方法，也是舉擇日和卜筮。《史記》中更特別設立了〈日者列傳〉及〈龜策列傳〉，是全書中僅有的兩篇關於數術的類傳。這些都說明擇日和卜筮，在當時可能是各種數術中較為流行，對社會的影響也是較大的兩類。以目前的考古發現而言，關於擇日和卜筮的出土材料，在各類數術中，亦是最豐富的。而探討二者間關聯的一些問題，對於我們深入研究卜

1995 年 7 月）篇末所附「天星觀楚簡原大照片」（頁 1172、1174）。

〔註63〕 「己酉」係根據黃錫全《湖北出土商周文字輯證》所附圖版。參看：同註21，頁 286。

〔註64〕 〔清〕王先慎注：《韓非子集解》（臺北：華正書局，1991 年 10 月），卷 5，頁 89。

〔註65〕 劉文典撰、馮逸、喬華點校：《淮南鴻烈集解》（臺北：文史哲出版社，1992 年 10 月），卷 8，頁 245。

筮祭禱簡，也是很有助益而不可或缺的工作。

二、楚國卜筮祭禱簡中所反映的觀念與心態

　　林富士在《漢代的巫者》中，論及漢代巫術之觀念基礎時，曾作出以下的結論：

> 漢人大多相信有一「鬼神世界」存在，而此世界中的諸多鬼神則能影響人間各種行事的成敗禍福，然而，鬼神之權威和力量都不是無限的，人能以自擇自主的「行爲」感應鬼神，使之符順人之意欲，或是利用祈請、辟除、役使等不同的法術以控制鬼神，使之滿足人的欲求，此亦即人對鬼神的控制。因漢人有此種對鬼神與禍福的觀念和態度，故而一般漢人應會相信巫者遂行巫術所可能產生的效能。〔註66〕

林氏的這一段論述，大致上也可以移用來說明楚國卜筮、祭禱活動之所以能夠流行的觀念基礎，以下略作說明。

　　楚簡卜筮的占辭若顯示有不吉之徵象，就會在說辭中提出禱祠、「攻解」或其他祭儀的構擬方案，而有時更會在占辭中直接指出凶祟的來源。例如：包山簡 222 的占辭說：「有祟見親王父、殤。」簡 249 則說：「有祟見於絕無後者與漸木立。」貞人提出這樣的占辭和說辭，很顯然地表示，至少求貞者相信人世間的凶咎、災禍，是受到鬼神的影響（貞人自己是否也相信、亦有同樣的觀念，我們在後面再探討）。而楚簡中一些向鬼神祭禱求福的記載，則顯示求禱者認爲鬼神也能夠賜福祐給人。

　　求貞者既然相信鬼神能賜福降禍，並左右人們各種行事的吉凶成敗，對他們而言，如何預先得知，或解決既有的疑難，進而趨吉避凶，自然是相當要緊的，而從楚簡來看，這很明顯地並非神秘而無法得知的事。毫無疑問地，楚簡中的求貞者，當然是相信卜筮具有預測未來的效用；同時他們也相信龜策擁有溝通人與鬼神這兩個世界的能力，因而能夠指出凶祟的來源。

　　卜筮祭禱這一套運作方式爲求貞者所認可、接受，同樣顯示至少求貞者確有人能影響或控制鬼神意志、行爲的觀念。求貞者進行祭禱，這是因爲他們認爲如此就能得福去禍；而卜筮簡中「迻說」及「賽禱」回報神福的相關

〔註66〕林富士：《漢代的巫者》（臺北：稻鄉出版社，1988 年 4 月），頁 133～134。

記載，更表示他們相信：所貞問之事得以順遂，或憂患能夠消解、避免，的確是由於祭禱等作爲所產生的效果。

較需注意的是：楚卜筮簡的再占辭，幾乎千篇一律地都是「占之曰：吉」。近乎套語的再占辭，就卜筮本應有吉有凶的機率來說，是很不自然的。這似乎顯示再占辭並非經由實際操作卜筮所得，或者說雖有灼龜揲蓍，但貞人卻能對結果有很大的自由解釋空間。這個現象，讓我們聯想到在《戰國策》中所記載的一段故事。〈東周策〉云：

> 趙取周之祭地，周君患之，告於鄭朝。鄭朝曰：「君勿患也，臣請以三十金復取之。」周君予之，鄭朝獻之趙太卜，因告以祭地事。及王病，使卜之，太卜譴之曰：「周之祭地爲祟。」趙乃還之。〔註67〕

趙國太卜因接受鄭朝的賄賂，而隨自己的意思對貞問所得之兆，作任意的解釋，這與楚簡中再占辭所透露的訊息，有其相似之處。由此推想，恐怕楚簡占辭也不免存在類似的情況。也就是說，貞人對於兆、卦的解釋，其實並不嚴格遵守卜筮書之類固定的標準，而可能多半是依照貞問事項的實際情勢，對占卜結果作出較有可能實現的解釋。如此一來，算中的機率將會提高，而日後也會更容易使人信服。這個推測，在包山簡連續兩年的「疾病貞」中，也確實可以看出一點端倪。

從包山簡中「疾病貞」命辭對病況的描述來看，大體上而言，墓主卲𨔶的病情，是越來越嚴重的。而「巧合」的是，「疾病貞」的占辭，也大致呈現越來越不樂觀的傾向。像前一年的占辭中，還曾出現「甲寅之日，病良瘥」（218）、「庚、辛有閒，病速瘥」（220）一類樂觀的預測；而在後一年中，此類的說法不再看到，取而代之的是「疾難瘥」（236）、「滯瘥」（240）、「病滯瘥」（243）、「病瘥」（245）等，與命辭所敘述之病情相符的占辭。若是確實將所得卦、兆依卜筮書作解釋，應該不容易出現這樣的現象。因此，除了部分貞問所呈現的結果可能確是如此外，恐怕也不能排除貞人是觀察卲𨔶的病勢，而依自己的判斷，任意解釋兆、卦的成份。此一現象所反映的心態，頗值得玩味，因爲這似乎顯示當時的貞人並非眞正相信著龜有什麼神靈，而卜筮對他們來說，或許只是一種以欺騙來謀生的手段。

此外，卜筮不可能每次都靈驗，而說辭中所提之解決問題的方案，更未必有效。已發現的幾批卜筮簡，皆以貞問疾病之事爲主，而這種只有心理安

〔註67〕同註18，卷1，頁32。

慰作用的「治療」方案，對稍微嚴重的病況，是不會生效的。因此，墓主的死因，恐怕大多也和所貞問的病症脫不了關係。舉一個明顯的例子，包山簡中最後一次貞問的命辭是「以其有重病，上氣，尙毋死」（249），顯見邵𧊒當時已病入膏肓。而占辭雖說「不死」（250），但邵𧊒卻仍在一個月後死亡，這明顯地就是不靈驗的占卜。面對這種與後來的發展並不相符的情況，貞人要如何自圓其說，或者說這反映了求貞者及家屬何種心態，我們當然無法眞正確知。不過，漢代以後的一些相關記載與論述，或可供參考。《潛夫論‧浮侈》云：

> 疾病之家……或棄醫藥，更往事神，故至於死亡。不自知爲巫所欺，
> 乃反恨事巫之晩。〔註68〕

這是死者家屬反而自責沒有早一點求助於巫師。《抱朴子‧內篇‧道意》云：

> 不務藥石之救，唯專祝祭之謬，祈禱無已，問卜不倦……或偶有自
> 差，便謂受神之賜；如其死亡，便謂鬼不見赦。〔註69〕

「鬼不見赦」一類的說法，可能也是卜祝之人常用的推諉之辭，而這種解釋也爲一般人所相信。元代揭溪斯在〈贈醫者湯伯高序〉中，對於這樣的民俗，更有近乎總結式的評述：

> 楚俗信巫不信醫，自三代以來爲然，今爲甚。凡疾不計久近淺深，
> 藥一入口不效，即屛去。至于巫，反復十數不效，不悔，且引咎痛
> 自責。殫其財，竭其力，卒不效，且死，乃交責之曰：「是醫之誤，
> 而用巫之晩也！」終不一語加咎巫。故功恆歸于巫，而敗恆歸于醫。
> 效不效，巫恆受上賞，而醫輒後焉。故醫之稍欲急于利、信于人，
> 又必假邪魅之候以爲容，雖上智鮮不惑。〔註70〕

楚國卜筮祭禱活動得以盛行，類似的心態應該也是很重要的因素。之所以會有這類心態的原因，可能十分複雜，也無法一概而論，或許與其整個生活經驗、所處的地理環境、承襲的傳統文化等因素都有關聯。另外，古代科學、

〔註68〕 〔漢〕王符：《潛夫論》（上海：上海書店，1989 年 3 月，重印四部叢刊初編本），卷3，頁6右。

〔註69〕 王明：《抱朴子內篇校釋》（北京：中華書局，1988 年 7 月），卷9，頁172。

〔註70〕 〔元〕揭僕斯著；李夢生標校：《揭僕斯全集》（上海：上海古籍出版社，1985 年 6 月），文集，卷3，頁294。此外，歷代「信巫不信醫」（特別是南方楚地）之相關記載的徵引，可參看：錢鍾書：《管錐編》（北京：中華書局，1996 年 1 月），頁 345～346；增訂，頁 31；增訂之二，頁 159。

醫藥等方面皆不甚發達，因此，人們對於疾病和其他許許多多不易解釋的現象，大多亦無可選擇地只能歸之於神秘力量。也正因為如此，即使實際的情況是「卜筮禱祠」而「疾病愈來」，〔註71〕對於卜筮祭禱活動流行程度的影響，恐怕仍舊相當有限。

〔註71〕　《呂氏春秋·季春紀·盡數》云：「今世上卜筮禱祠，故疾病愈來。」（上海：上海書店，1989年3月，重印四部叢刊初編本，卷3，頁5右）

第六章　結　論

第一節　本文主要論證的回顧

　　本文是以望山、天星觀、秦家嘴及包山等地出土的戰國中期楚國卜筮祭禱簡爲研究對象，而研究重心則放在與戰國時期楚國卜筮祭禱習俗直接相關的各類問題上。下面就以條列結論的方式，配合簡單的綜合說明，逐章回顧、歸納本文的主要論證。

　　第一章是「導論」。本章首先簡介了出土楚簡的豐富內容與研究價值，並針對本文所研究的楚國卜筮祭禱簡，就其名稱、研究價值與出土概況作進一步的考察和說明。其次對前人相關研究的成果，擇要略作介紹與檢討。再次則簡介卜筮祭禱簡的形制，淺探楚國的簡冊制度，並根據前人的研究成果，對卜筮祭禱記錄的內容和格式，作概括的解說。最後略述本文的研究重點，並說明本文的研究方法及篇末附錄安排的考量。

　　楚國卜筮祭禱簡的研究價值是多方面的，它們不僅是先秦數術史、醫學史、楚文化及古文字學等研究領域重要的第一手素材，還可以與《楚辭》、《日書》等傳世古籍或出土文獻互相比較、參證。而也正因爲這類簡文值得探討的相關問題很多，限於種種條件，本文暫時無法全部討論，所以把研究重點放在與戰國時期楚國卜筮祭禱習俗直接相關的問題上。至於本文的研究方法，主要可歸納爲下列五個方面：一是相關材料的蒐集、揀選；二是文字的釋讀；三是相關簡文的歸納與比對；四是以卜筮祭禱簡與其他文獻、文物相參證；五是前賢意見的辨析、去取。由於本章的主要目的是介紹相關資料及

說明研究理念、方法，以引導讀者進入論文主題，因此以整理及陳述性文字為主，而較少論證。不過，其中還是夾雜了一些必要的考論，並得出若干結論，主要有以下五點：

一、這類簡文宜稱爲「卜筮祭禱簡」或「卜筮祭禱記錄」，也就是「卜筮簡（記錄）」和「祭禱簡（記錄）」的合稱。其他的各種稱述方式，如：「卜筮簡」、「卜筮記錄」、「占卜簡」、「卜筮祝禱簡」、「卜筮禱祠簡」等，則似乎都不完全適切。

二、陳偉指出：磚瓦廠三七〇號墓簡並非卜筮祭禱記錄，而很可能屬於司法文書簡，因此，《楚系簡帛文字編》序言中的介紹並不正確。而由此看來，包山文書簡的隨葬並非孤例，這類的楚簡，以後還有繼續出土的可能。此外，彭浩說：「在湖南常德和湖北江陵的小型楚墓中還零星發現過這類竹簡。」常德楚簡似僅出於德山夕陽坡二號墓，而該墓所出的兩枚簡，也不是卜筮祭禱記錄。所以這究竟是彭氏誤記，還是常德另外出有未見報導的楚簡，抑或是已有報導而筆者未能檢索得見，尚待確定。

三、李學勤對長沙子彈庫第二帛書所作的釋文，似乎有些需要斟酌之處；又第二帛書與卜筮祭禱簡的句例雖然有些相似之處，但也不像李氏所說的那麼一致。由於這件帛書已過於殘碎，一些相關問題目前還不能斷言。

四、楚國書籍類簡冊的長度雖無一定規格，但一般比官府文書、卜筮祭禱記錄這類帶有檔案性質的簡冊爲短。猜想其中緣由，不知道是否因爲書籍較常閱讀、展捲，不宜過長，以免不便。至於製作目的即爲隨葬之遣冊簡的長度，可能也比較隨意，就如同其整治作工，相對來說亦較爲粗糙一樣。

五、楚簡再占辭大多是：「——（貞人名，有時會省略）占之曰：吉」，在此句之後，偶爾會附有更詳細而實際的預言。一些學者認爲這類較實際的預言，有的是屬於驗辭，似乎並不可信。它們有些應該是屬於再占辭的一部分，部分則應爲舉行祭禱之後的補記。

第二章是「楚簡中的卜筮問題綜論」。本章討論的是卜筮簡中的問題，首先分別卜用及筮用材料，探討卜筮材料與貞人的關係，並對部分卜筮材料試作考釋。接著則探討楚簡中卜筮的常制與用語，就貞問的時限與類型、卜筮與祭禱的關聯、筮占的卦畫以及其他常制、用語等問題，作較深入的研究。以下幾點，是本章的主要結論：

一、楚簡中的卜筮材料，記有卦畫的爲筮用，無卦畫的則爲卜用。而以

此原則比對、分析其餘材料的名稱，不僅可能推斷出更多原簡應記卦畫部分已殘斷材料的龜策類別，且能歸納出一些命名方式的可能規律。這對我們考釋其名稱，應有參考的價值。具體而言，則「長靈」、「御靈」、「坒靈」、「白靈」、「黃靈」、「駁靈」、「尨靈」、「寶豪」（新寶豪）、「丞豪」、「愴豪」、「桴豪」、「小寶」、「長寶」、「彤笿」、「丞命」（新丞命）、「長惻」、「訓𪔞」為卜用；「央箸」、「大英」、「長箪」、「丞德」、「荊箸」、「共命」為筮用。另外，較難推斷其種類的還有：「長刺」（新長刺）、「輕惻」、「少筒」、「荂彤」、「牆◻」等，只能暫時存疑。

二、《卜法詳考》裡所記清代吳中卜法，有龜甲「藏久則枯朽者亦不用」的說法。楚簡中的卜龜，有的特別強調其「新」，不知道是否也跟這種道理有關。

三、李零指出：包山簡中的貞人，用龜的並未用策，反之亦然，因此可以區分為卜人和筮人。我們在其他幾批簡也見到同樣的情況。而由理據各方面推測：在當時，卜、筮分職可能是一般的情況。

四、楚簡中常有兩人以上使用相同卜筮材料的例子，因此，認為各貞人有一定的職掌工具，不能輕易替代的看法，並不可信。另外，包山簡 229 的貞人名「五生」，很可能是「陳乙」之誤。

五、「尨靈」可能是指色雜白黑的靈龜，而「駁靈」究竟為那些顏色相雜，不易推測，也有可能只是泛指顏色斑駁的靈龜。「坒靈」應讀作「廣靈」，可能是指體型較寬大的靈龜。至於「御靈」，則或應讀為「俁靈」，指狀似玟珇、大如竹席的大靈龜，但也有可能是指貞人或求卜者所養的靈龜。

六、「豪」字從爪，家聲，或即是「家」字異體，朱德熙等人對此字結構的分析並不正確。由先秦楚方言的角度切入分析，「寶豪」或即古書所說的「寶龜」，但是否確實如此，猶待進一步求證。另外，楚簡卜用材料中出現最多的「靈」與「豪」，彼此的命名方式並不相同。「靈」似乎均以顏色、體型的特徵為名；「豪」則看不出此種傾向。

七、「彤笿」可能是指朱色的繹龜。若此說不誤，則《周禮》所言「六龜之屬」，於楚簡已見其中兩種。而「彤笿」以顏色命名，也與同為「六龜之屬」的「靈」一致。

八、「英箸」的「英」，一如「寶豪」的「寶」，也是對卜筮材料（蓍草）的美稱，而「大英」則可能是指較大的「英箸」。「丞德」可能讀為「烝菖」，

是〈離騷〉中「蕙茅」的美名，但也有可能應讀作「烝植」，而只是對筮占所用植物的美稱，就如同說靈草、神草，並沒有專指某一種筮用材料。「長篁」則應該就是指用來筮占的長蘆葦。

九、「集歲」應該是指周歲，與「罙歲」同意，三年之說不宜輕信。至於「罙歲」的「罙」，似乎很可能就是「卒」字異體，而未必需釋作「狄」。

十、戰國時期，楚曆以智屈為歲首，因此楚簡「歲貞」多在智屈施行。至於天星觀簡有施於「十月」的「歲貞」，則可能是因為該批簡多施「月貞」，「歲貞」夾雜於其間，所產生的情況。另外，楚曆十月，恰為一年的第七個月份，即下半年的開始。天星觀簡十月之「歲貞」，是否與此有關，為另一種習慣，則尚待研究。

十一、楚卜筮簡的貞問類型，依其格式、性質，可分為「周期貞問」及「遇事貞問」兩大類。前者包括「歲貞」、「月貞」，後者則包括「疾病貞」、「遷居貞」等。

十二、李零和陳偉對卜筮與祭禱間關聯的論證皆不甚充分，但僅就簡文而論，占辭之後所記的祭禱（即「說辭」），不是對既有祭禱的客觀記錄的看法，卻應該是正確的。不過，這些說辭雖然只是預擬的方案，但其中有一部分，應該在貞問結束後，很快即獲得了實施。

十三、陳偉在討論「卜筮、禱祠簡之間的某些內在關聯」時，附帶提出了所謂「楚曆的四季劃分要比夏曆晚出一個月」，「是一種後世失傳的先秦古曆」的論點，其實並不可信。

十四、楚簡中所見的卦畫，恐怕與數字無關，而只是陰陽爻的變通畫法。而由此亦可推知金景芳、李學勤對漢代簡帛《周易》卦畫的相同理解應是正確的。

十五、早期「數字卦」在《周易》經文成型後，可能逐漸式微；而從「數字卦」演變為陰陽爻，或許也就在西周到春秋這段期間。不過，這只是就卦畫形式發展演變的推測，並不是說在《周易》經文成型後，其他的筮占書就完全被淘汰。像楚簡所記筮占卦畫，其吉凶判斷就應該不是以今本《周易》為據。

十六、卜筮簡中敘述病情常有「有瘃」的說法。「瘃」字應分析為從疒，賈（鬻）聲，在簡文中疑讀為「嗽」。將「有瘃」讀為「有嗽」，指咳嗽的症狀，在相關簡文中皆十分適宜。

十七、楚簡占辭習慣用語「恆貞吉」的「恆」應爲平常、一般之意，「貞」則應訓爲正、當，「恆貞吉」是爲了使貞問者寬心，而近於套語的一句占辭，可意譯爲「大體無礙」。

十八、「以其故敓之」與「迻敓」、「輿敓」的「敓」字，皆應如李學勤、李家浩等人的意見，讀爲「說」。至於包山簡 220 的「同敓」，是否如部分學者所言，爲說辭相同之意，則或許還要再考慮。

十九、若是先前說辭的陳說對象是一系列的鬼神，則後來稱引、移用時，似乎也需一系列的稱引、移用；又陳說的對象相同，但獻祭之物不同時，並不稱爲「迻說」或「輿說」。

二十、「故笹」應該只是指過去的卜筮簡（的說辭），而非「貞人卜筮時所用的卜筮書」。稱作「迻故笹」而不稱爲一般的「迻某人之說」，則不知道是否因爲所移用的是由兩位以上貞人所提出的說辭，或是同一貞人自己以前所提出的說辭。

二十一、卜筮簡保存期限爲三年的意見並不正確，或許這類記錄並沒有一定的保存時限。

第三章是「三種禱祠的差異與祭禱問題瑣議」。本章先逐一檢討了前人對楚簡中「龍禱」、「畢禱」的論述，再試著分析簡文所反映「龍禱」、「畢禱」與「賽禱」三種禱祠的差異，最後則討論簡文中齋戒、祭禱活動者的職司、娛神儀式等其他相關問題。而在討論「龍禱」的對象時，也談到部分鬼神的名義。下面就條列本章的主要結論：

一、陳偉曾根據包山及望山簡，推測：「連續祭祀五代先人，大概是戰國中期楚國貴族中的流行作法。」秦家嘴諸墓竹簡中所記祭禱的先人，亦爲先父母以上五代，可作爲對陳氏推論的又一補證。而由上述推想，天星觀簡的「卓公」與「惠公」應該並不是輩份相次，二者之間可能還有其他幾代。

二、「大禍」可能就是《淮南子》中的「大高」，推測應與祖神有關。「祧」或許是指祖先丘墓，但也有可能是「社」的異名，包山簡「高丘」、「下丘」則可能皆爲山名，而和「祧」無關。

三、受「龍禱」的對象，並不只限於祖先神。而前人對「龍禱」及「畢禱」的各種解說，均不甚可信。

四、「少外有憂」可能是「少有外憂」的誤寫，而類似句例的「外」字，應該都是指自身之外、家之外的意思。

五、禱祠稱為「袼」，並採用減殺之牲，可能和兩種禱祠皆需祝禱相同的對象有關。

六、「龗禱」所針對的問題為外事，就目前所見的楚簡而言，主要與功名事業有關；「塱禱」則與鬼神作祟有關。兩種禱祠的施用時機與目的不同，彼此間自然也不能隨意替代。而「賽禱」的目的除回報神福外，或許也可以視為另一種形式的「塱禱」或「龗禱」。

七、周鳳五師指出：「龗禱」和「塱禱」應分別讀為「代禱」和「與禱」。前者是由主持儀式者（通常就是巫覡）用其本人的名義，代替當事人向當事人的祖先神靈進行祭祀，並代為提出要求和承諾；後者則是由當事人自己祭祀鬼神或祖先，並提出要求與承諾。「龗」字從羽，能聲，而之所以可讀為「一」、「代」、「能」等音，則是和楚文字常見的聲音通轉而一字歧讀的現象有關。周師如此釋讀，不僅形、音、義兼顧，而且又有古文獻的證據，可以信從。

八、「攻解」、「攻除」及「攻說」三詞的涵義雖相近，但卻並不完全等同。「攻解」及「攻除」似乎都沒有奉獻祭品，前者是責讓作祟的鬼怪、神靈，以求解除災患，後者則可能是對宮室進行除凶去垢的儀式，期能去除屋內的不祥之物。至於「攻說」，則或許是包括了責問和獻祭的陳說之辭二者的儀式。

九、楚簡的「內齋」和「野齋」，確實有可能與《禮記》所說的「致齊」、「散齊」有關，商承祚之說可從。

十、祭禱簡前辭記的是舉行祭禱的時間，而禱辭則包括祝告者名、受禱者名（有時也可能親自參與祭禱，而為主祭者）、祭禱的鬼神、祭品和主祭者（若受禱者親自參與祭禱，則可能是助祭者）名，也有未記祝告者與受禱者的例子。

十一、天星觀簡有「塱禱巫者豬、靈酒、銷鐘，樂之」，所謂「銷鐘」，可能與奏樂娛神有關。「銷」應分析為從金，從出，從月。長臺關遣冊簡 218 有「𩱧鐘」，似應從李家浩之說，釋為「前鐘」，即「棧鐘」、「編鐘」。至於「銷鐘」是否就是「前鐘」，則尚難論斷。

第四章是「祭禱與『攻解』的對象」。本章專門討論與卜筮祭禱簡中繁多的祭禱與「攻解」對象相關的問題。除試著逐一考釋這些鬼神、靈怪外，還附帶論及與其密切相關的享祭制度問題，並以前面的討論為基礎，歸納出楚簡中祭禱諸神排列的原則。本章的主要結論有：

一、「太」以下的系列諸神所享用的祭品，以羊牲或玉器為主，而秦家嘴

九十九號墓簡 11 獻祭給「地主」、「司命」、「司禍」的「殤」，或許也是指「羳」。

二、從所享用的祭品來看，「太」以下的系列諸神的身份、地位，可以分為三個等級：「太」、「大水」爲第一級；「后土」（或稱爲「地主」）、「司命」、「司禍」及「二天子」爲第二級；「峚山」爲第三級。而祂們所享用的祭品，同樣地也可以大致歸納出等級的高下。

三、楚簡中的羊牲「羍」，疑應讀作「狰」、「摯」或「羥」，若讀爲「狰」，則是小羊之意。「羍」的等級可能是諸羊牲之首，或在「牆」和「羘」之間。此外，「犕」與「羍」很可能是指同一種羊牲。

四、羊牲等級高下已知的是「牆」、「羘」、「羖」，「羳」則可能在「羘」與「羖」之間，或在「羖」之下。「牆」、「羘」、「羳」、「羖」或許分別是指去勢白羊、白羊、去勢黑羊及黑羊。

五、「瑈」，學者多釋爲「班」，應從陳偉改釋爲「瑈」，讀作「玦」。「玦」指有缺口的環狀玉器，在簡文中爲「環」、「小環」之下的玉飾等級。

六、「太」以下系列神祇，在神譜上的關係，雖然可能相當密近；但實際祭禱時，卻可以隨狀況的不同，省略部分神祇，而有很靈活的組合。

七、「太」即太一，是最尊貴的天神，與「蝕太」應有所區別，爲不同的神。包山簡 218「太見琥」的「琥」並非星名，而當爲玉飾名。

八、陳偉認爲「后土」與「社」、「野地主」；又「司命」與「宮地主」，都分別屬於同神異名，而「司命」、「宮地主」亦即五祀之神的中霤，均不可信從。楚簡中的「后土」、「宮地主」、「野地主」、「社」雖皆屬於土地之神，但彼此間應該又有差異。推測「后土」可能是大地之神，而「宮地主」和「野地主」，當爲「后土」所分出的較小神祇，前者司宅地，後者司野地。至於「社」，則可能是指一般所理解的各種等級的祭土神之所。此外，有人認爲：「后土」就是〈九歌〉裡的「雲中君」，即雲夢澤之神，則更不可信。

九、「太」以下系列諸神，確實與〈九歌〉神祇有著密切的關係。不過，若過於相信二者間的對應關係，則會有穿鑿附會的危險。〈九歌〉中所出現的神名，可與楚簡神名相對應的，似乎並沒有超出「太」以下系列諸神的範圍。由此推測，〈九歌〉所描寫的神祇，或許並不是在楚人所祭祀的所有鬼神中任意挑選，而是在「太」以下一定範圍的相關系列神祇中擇取。

十、楚簡的「司命」，很可能就是〈九歌〉的「大司命」。祂應該不是指某一個星辰，而只是神名，是一位主壽夭之神。「司禍」也應該不是指某一個

星辰，可能讀作「司禍」，而「司命」與「司禮」均與五祀諸神無關。

十一、「太」至「坐山」系列諸神，除可依其所享用祭品，分為三等級外，還明顯地分為兩個部分：「太」、「后土」、「司命」、「司禮」為第一部分；「大水」、「二天子」及「坐山」則為第二部分。這兩個部分的神祇，即使某些所享用之祭品是相同的，卻也從不混合並列。這個現象，推測可能與神祇性質、形象的差異有關。第一部分諸神的形象皆較為空泛或抽象；第二部分的「二天子」及「坐山」則都是實際的山林川澤之神。因此，「大水」或許也是指某一條大河之神，而不是天水、星名或洪水。

十二、楚簡「大水」有可能就是〈九歌〉「河伯」，即黃河之神。不過，目前我們也還不能完全排除「大水」為淮河或長江等大河之神的可能性。

十三、「二天子」可能是湘水之神或湘山之神；「雲君」則可能就是〈九歌〉「雲中君」，但祂究竟是雲神、雲夢澤之神，抑或是其他神祇的疑案，目前似乎還無法解決。

十四、「坐山」的「坐」當從裘錫圭之說釋為「坐」。「坐山」是山名，應非楚簡「五山」之一，所指為何待考。

十五、「老僮」、「祝融」及「媸酓」在簡文中稱為「楚先」，而三位「楚先」未必要一起祭禱。

十六、「媸酓」是哪一位楚先祖的問題，「鬻熊」之說似較「長琴」之說可信。另外，葛陵楚簡「空酓」當即〈楚世家〉「穴熊」，與「媸酓」並非一人。

十七、楚簡「特牲」的使用，並不只限於直系親屬，又「特」僅冠於牛、豕之前，可能只是習慣，而不一定有其他的含義。

十八、包山簡「殤東陵連囂子發」的「殤」，可能是指死於非命的「彊鬼」，另有「無子嗣後」一說，似乎較不可信。

十九、受祭禱的先人當採用何種祭品，除取決於他們的官爵等其他身份外，世次應該也是主要的考慮因素。推測戰國中期楚國貴族所祭禱的五代先人，在連續一系列的祭禱時，除第一代依其身份、官爵享用適當的祭品外，第二代以下，可能都是比照第二代所享用的祭品。

二十、根據常德夕陽坡簡及望山簡句例，我們認為望山一號墓簡 112 的「☐折王」，應仍是指「惡王」。所以，惡固所祭禱的三位楚王之兩字王號就分別是：「柬大王」、「聖逗王」及「惡折王」。

二十一、天星觀簡有「舉禱東城夫人者豬、酒食」,「東城夫人」可能只是人鬼,而非神名。「者豬」原簡寫作「豬＝」,疑爲「者豬」合文,應讀作「都豬」,而可能是指大豬或老豬。另外,天星觀簡還有「番先」和「北宗」。「番先」疑指番氏的祖先,「北宗」則不知道是否也與其祖先或親族相關。

二十二、陳偉認爲「宮行」當非二神是正確的,但說「行」與「宮行」是同神異名,則未必可信。「宮行」可能是指所居宮室道路的神,「行」則是沒有特指的一般行神。另外,五祀諸神中的「戶」與「室」,在楚簡中還沒有見到祭禱的實例。

二十三、天星觀簡有「五差」,李零認爲應即《史記‧天官書》的「五佐」,可從。「五差」和五祀,都與五行說有關。

二十四、包山簡的「五山」,似乎較可能是楚國境內的某五座山,而與古籍中的各種說法無關。天星觀簡祭禱的「白朝」和「夜事」,則應該分別是指白晝和夜晚。

二十五、天星觀簡又有「大波」,可能就是指神話傳說中的波濤之神陽侯。

二十六、包山簡中過去釋爲「害」的神名,其實應該是「巫」字,所以包山簡和望山、天星觀簡一樣,都有祭禱(或祭禱構擬)巫的記錄。另外,包山簡常見的姓氏**馀**,則應隸定爲「鯲」。

二十七、除五祀諸神外,楚人還祭禱廊屋(簡文稱爲「宮䂡」,即所居房屋的廊廡)、馬殿及穀倉(「黍京」,應是指儲藏黍的方形穀倉)等其他建築物之神。

二十八、天星觀簡有以車馬爲祭品的祭儀,稱爲「練車馬」、「歸緐車二乘」。「練」應讀作「緟」,爲增益的意思,「練車馬」可以和《史記‧封禪書》「加車一乘,駟駒四」等記載相印證。「緐」則應分析爲從熏(熏),從斤,從糸,可能是一個「熏」、「斤」雙重聲符的字,疑讀爲「纁」,「緐車」或許是指淺絳色的車。此外,馬山一號墓竹籤牌有「緐以一緅衣見於君」,「緐」則用作動詞,指將衣物染成淺絳色,這與繫有該籤牌之竹笥內的緅衣顏色相合。

二十九、楚簡中「攻解」的對象,很多都是凶死者的鬼魂,像「不辜」、「兵死」、「溺人」、「下之人不壯死」、「強死」等,都是屬於這一類。其中,「溺」應釋作「溺」,而「下之人不壯死」則可能是指夭折的僮僕。

三十、楚簡中其他的「攻解」對象還有「日」、「月」、「歲」、「祭祓」、「漸木立」、「人禺」等。「日」、「月」、「歲」應爲天上星體,「歲」似乎也有可能

是指太歲；「禜禮」應讀作「盟詛」，指由詛咒造成的不祥；「漸木立」則不知是否指斷木復立；「人愚」待考。

三十一、楚簡中所記祭禱諸神祇的排列，並不是按照陳偉所說的天神、地祇、人鬼之順序。彭浩和李零都將天神、地祇合併，只分為「鬼神」、「先人」或「神祇」、「祖考及親屬」兩大類，這種分類法或許與楚人的觀念比較吻合。

三十二、楚簡中所記祭禱諸神，是依循著「不同種類的祭禱分開排列」、「同類祭禱的鬼神依祭品之種類及等級排列（實際上也就是依鬼神的性質及其階級地位排列）」及「祭禱種類相同的一系列鬼神不分開排列」這三項原則來排列。不同種類的祭禱，其功能、儀式等都有差異，自然應該分別記述；而同系列的鬼神，彼此關係密切，當然應該記在一起。依祭品之種類及等級排列，則應與鬼神的性質、鬼神的階級地位等有關。

三十三、祭品種類的順序為：玉飾在前，犧牲（有時附酒食、衣裳）在後。祭禱同類而祭品亦同類時，則依祭品的等級排列。目前已知等級的玉飾依序為：「環」、「小環」、「玦」，另外，「璧琥」在「絚佩」之前，其他等次尚不清楚的還有「珥」及「吉玉」等。犧牲的等級則是：牛、羊、豕、犬，似乎是依據體型的大小為序。另外，馬牲的等級可能比牛牲、羊牲為高。在犧牲中，羊牲和豕牲又再細分為許多種。羊牲的等級，已知的有：「𤞷」、「𤠞」、「𤝕」，另外，「殅」可能在「𤠞」與「𤝕」之間，也可能在「𤝕」之下；「羇」的等級，則可能是諸羊牲之首，或在「𤞷」和「𤠞」之間。豕牲的等級則是：「特豢」、「特獵」、「肥豕（豕豕）」，其他還有「狁」、「者豬」及「全豬」等，次序還不清楚。牛牲則除「特牛」外，還有「特牫」，指無角牛，二者等級的高低亦有待確定。

第五章是「楚國社會中的卜筮祭禱活動考略」。本章以卜筮祭禱簡所反映的現象出發，結合傳世古籍及其他出土材料，依序探討了貞人與求貞者的社會階層及相關問題、卜筮祭禱與擇日的關係、從事卜筮祭禱活動者的觀念與心態等問題。本章的主要結論為：

一、楚國從事卜筮的貞人，至少有政府組織中專門掌管卜筮的官員及職業化的貞人兩類，另外，可能還有一些貞人屬於通曉卜筮的非專職人士。其中，應以職業化的貞人最多，他們是屬於一般的庶民階級，地位較手工作坊的工匠及奴隸來得高，可能大多是聚集在像〈日者列傳〉所說的「卜肆」中。

推測這些貞人的經濟狀況，在庶民階級中，可能也是較爲富裕的一群。

二、秦家嘴一號、十三號及九十九號墓三墓的墓主，亦即所出簡文中的求貞者，應分別爲「紫」、「藏連囂□」及「野」。如此一來，各批卜筮簡的求貞者，都已知道其私名或官職。其中，秦家嘴一號與九十九號墓簡，對於求貞者，僅稱其私名，與其他幾批簡相參照，推測這兩批簡文的書寫者，身份地位似應較求貞者爲尊或是相當，也不排除書寫者就是求貞者本人的可能。迄今所發現楚簡中的求貞者，似皆爲貴族，而且幾乎涵蓋上卿至士的各個階級。因此，就戰國時期的楚國貴族而言，周期性的貞問及遇事問卜，應該是相當普遍的習俗。

三、古籍中，有楚王或其他官員，爲王事或國家事務求貞的記載，屬於楚王求貞的例子。這些記載中的施貞者，應該大多屬於政府組織中掌管卜筮的官員，而非民間的貞人。由於問卜所費不貲，所以楚國一般庶民求貞的頻率與普遍性，都還很難估計，而缺乏自由且貧困的奴隸階級，則應該沒有資格、亦沒有能力從事楚簡所記錄的這類卜筮活動。

四、各批楚簡中的卜筮材料，均呈現龜多於策的現象。古籍中有一些關於求貞者階級與用卜或用筮間關係的說法，但在目前發現的楚簡中，還看不出任何類似的相關傾向。

五、祭禱擇日牽涉到日者的派別、系統以及社會階層與擇日方法等複雜的問題，再加上目前相關的資料並不豐富，所以我們還無法得出什麼結論。

六、楚人可能有以子日卜筮爲禁忌的習俗，但究竟是否確實如此，還需要繼續求證。

七、楚簡中的求貞者或求禱者皆相信鬼神能賜福降禍，並左右人們各種行事的吉凶成敗。另外，求貞者當然相信卜筮具有預測未來的效用，同時他們也相信龜策擁有溝通人與鬼神這兩個世界的能力，因而能夠指出凶祟的來源。卜筮祭禱這一套運作方式爲求貞者所認可、接受，則顯示至少求貞者確有人能影響或控制鬼神意志、行爲的觀念。

八、楚簡中貞人對於兆、卦的解釋，其實並不嚴格遵守卜筮書之類固定的標準，而可能多半是依照貞問事項的實際情勢，對占卜結果作出較有可能實現的解釋。這似乎顯示當時的貞人並非真正相信蓍龜有什麼神靈，而卜筮對他們來說，或許只是一種以欺騙來謀生的手段。

九、卜筮祭禱活動能在楚地盛行的重要因素之一，在於楚人普遍有信卜

好巫的心態。而之所以有這類心態的原因,可能十分複雜,也不能一概而論,或許與其整個生活經驗、所處的地理環境、承襲的傳統文化等因素都有關聯。另外,古代科學、醫藥等方面皆不甚發達,因此,人們對於疾病和其他許許多多不易解釋的現象,大多亦無可選擇地只能歸之於神秘力量。

此外,「參考書目」之後的附錄有二,附錄一是「本文所考釋或析論之楚簡文字索引」,可用來檢索本文中對於楚簡文字的考釋或析論;附錄二的「楚曆問題綜論」,則是對於正文中的一些楚曆相關論述的詳細說明。

第二節　相關研究未來的展望

以地下文物為研究對象,所可能面臨的最大問題之一,應該是已出土的部分相關材料一直未能完整公開,楚國卜筮祭禱簡的研究就是如此。目前已正式刊布的這類簡冊,只有包山及望山簡,就數量而言,還不到已發現卜筮祭禱簡的一半,這對於相關問題的深入研究,自然造成了很大的阻礙。

一九五○年代初期,在湖南長沙的五里牌、仰天湖、楊家灣等地出土的楚簡,雖然簡數少、多殘斷、字跡又模糊,但由於是最早發現的楚簡,所以還是得到相當的重視,我們現在也都能看到全部有字簡的圖版照片。然而,隨著楚簡及其他文物的大量出土,整理出版的工作卻似乎變得有所選擇。若資料內容涉及典要或新奇罕見,則發現的消息多半能在學界無脛而走,而資料也能在各方的引頸關注下,迅速發表;反之,則打入冷宮,正式面世更是遙遙無期。當然,各種有形、無形的相關資源有限,而出土文物的學術價值或有其高下,自然無法一視同仁;整理先秦出土簡冊,則是相當艱難的工作,發表出版,更涉及其他許多問題,這些又都是無可厚非且無可奈何的事。不過,部分資料遲遲未能公佈,總也是不可諱言的事實,值得學界一起來重視、改善。李學勤在談到西晉汲冢竹書的整理時曾說:

> 西晉時汲冢竹書的整理,更接近我們當前進行的工作。竹書出於墓葬,文字是戰國古文,需要整理考釋,這完全是我們也面對的難題。當時受命參加整理的學者,如束皙、荀勗等人,可謂極一時之選。不過由於種種原因,他們似乎沒有把全部竹書整理完竣,許多珍貴書籍歸於再度湮滅,實堪痛惜。其中教訓,我們應該引為鑒戒。〔註72〕

〔註72〕李學勤:《簡帛佚籍與學術史》(臺北:時報文化出版公司,1994 年 12 月),

現代科技發達，出土文物大多能得到較妥善的保存，但也並非萬無一失。而像十年「文革」或 1976 年的唐山地震這類難以逆料的天災人禍，更可能使部分已出土文物受到毀損。

總之，就楚國卜筮祭禱簡來說，希望河南新蔡葛陵簡能儘快整理、公布，而江陵天星觀及秦家嘴諸墓所出竹簡的完整資料，也能考慮發表。若整理考釋或正式出版確有困難，則至少應該在期刊上公布原簡照片，以供有心研究者作進一步的探究。

最後，想就相關研究未來可以繼續努力的論題及方向，簡單地提出個人的一些看法。這些問題，至少可分為以下三個層次：

第一是有關卜筮祭禱簡本身及楚國卜筮祭禱習俗的問題。這一方面雖是本文的研究重點，但受到種種條件的限制，即使是卜筮祭禱簡簡文的釋讀，也不能盡如人意，仍有一些字義不明甚至難以隸定的字；而楚簡中卜筮、祭禱的相關習制、用語，更是有一些還不清楚的地方。舉例而言：望山一號墓簡 132 有「☐君特牛。己未之日✄，庚申內齋」，朱德熙等人說：

> 此字與平山中山王墓兆域圖✄為一字。兆域圖✄用為長度單位，或釋
> 「尺」，或釋「乇」讀為「尺」。簡文此字意義未詳。〔註73〕

郭店《老子》甲簡 23 有「其猶🈳籦與？」與今本及馬王堆帛書本對照，可知「🈳籦」應讀為「橐籥」，而「橐」與「乇」上古音同為魚部入聲舌尖前清塞音字，所以🈳應釋為「㕰」，從口，乇聲，望山簡✄則當釋作「乇」。前引望山簡「庚申」應是指「己未」的後一日，則「乇」就可能是指「內齋」前一天應該做的事。因此，如果「乇」字在這裡的讀法、字義能夠確定，對於深入了解相關習俗，應該會很有幫助。

第二是簡文內容所涉及的卜筮祭禱習俗以外的其他相關問題。這一方面，最明顯的就是「疾病貞」的命辭、占辭中有關病情的敘述。雖然研究卜筮祭禱簡的學者們，在考釋或析論簡文時，或多或少也會論及這些病症陳述，但目前還沒有專門討論，且與其他紙上或地下材料中的相關用語、觀念，作深入比較分析的論著。

第三是與古代數術史研究相關的問題。這一方面，李學勤和李零等學者

頁 13。

〔註73〕朱德熙等：〈一號墓竹簡釋文與考釋〉，收入：湖北省文物考古研究所、北京大學中文系編：《望山楚簡》（北京：中華書局，1995 年 6 月），頁 103，考釋 105。

已建議了一些很可研究的方向，本文在討論筮占的卦畫及卜筮祭禱與擇日等問題時，雖也有觸及這方面的問題，但還很不夠。我們希望能將楚國卜筮祭禱簡和不同時期、不同地域、不同數術的相關材料，作全面的比較、探討，而這又特別值得甲骨文及《周易》等相關領域的專家深入開發。

　　至於本文已論及的問題，受限於學力及時間等因素，一定有許多不克自知的錯誤罅漏，還需要繼續補苴刪修，更期盼讀者不吝是正疑謬。

參考書目

【說明】本書目分爲「傳統文獻」、「現代著作」、「學位論文」及「單篇論文」四類編排。今人對古籍的注解、整理，也列入「傳統文獻」一類。個人的論文集（如：《書傭論學集》）及附錄論文的專書（如：《包山楚墓》），爲省篇幅，一般只收於「現代著作」類，而不在「單篇論文」類中將本文所參考之論文篇目逐一列舉。另外，參考較多的專門工具書（如：各種古文字文編），亦收入本書目「現代著作」類。至於一般性的辭書、類書及其他工具書，除非直接引用，否則並不予收入。囿於條件，「學位論文」類所收，以臺灣地區博、碩士論文爲主。

一、傳統文獻（按《四庫全書總目》分類法編排）

【經部】

1. 〔魏〕王弼、韓康伯注、〔唐〕孔穎達等正義：《周易正義》（臺北：藝文印書館，1993 年 9 月，影印清嘉慶二十一年阮元重刊宋版十三經注疏本）。
2. 尚秉和：《周易尚氏學》（北京：中華書局，1980 年 5 月）。
3. 屈萬里：《讀易三種》（臺北：聯經出版事業公司，1983 年 6 月）。
4. 高亨：《周易古經今注》（北京：中華書局，1984 年 3 月）。
5. 高亨：《周易大傳今注》（濟南：齊魯書社，1988 年 7 月）。
6. 舊題〔漢〕孔安國傳、〔唐〕孔穎達等正義：《尚書正義》（臺北：藝文印書館，1993 年 9 月，影印清嘉慶二十一年阮元重刊宋版十三經注疏本）。

7. 〔清〕孫星衍；陳抗、盛冬鈴點校：《尚書今古文注疏》（北京：中華書局，1986 年 12 月）。

8. 屈萬里：《尚書集釋》（臺北：聯經出版事業公司，1983 年 2 月）。

9. 〔漢〕毛亨傳、鄭玄箋、〔唐〕孔穎達等正義：《毛詩正義》（臺北：藝文印書館，1993 年 9 月，影印清嘉慶二十一年阮元重刊宋版十三經注疏本）。

10. 〔清〕馬瑞辰撰；陳金生點校：《毛詩傳箋通釋》（北京：中華書局，1989 年 3 月）。

11. 屈萬里：《詩經詮釋》（臺北：聯經出版事業公司，1994 年 12 月）。

12. 〔漢〕韓嬰：《韓詩外傳》（臺北：藝文印書館，1966 年，百部叢書集成影印畿輔叢書本）。

13. 〔漢〕鄭玄注、〔唐〕賈公彥疏：《周禮注疏》（臺北：藝文印書館，1993 年 9 月，影印清嘉慶二十一年阮元重刊宋版十三經注疏本）。

14. 〔清〕孫詒讓撰；王文錦、陳玉霞點校：《周禮正義》（北京：中華書局，1987 年 12 月）。

15. 〔漢〕鄭玄注、〔唐〕賈公彥疏：《儀禮注疏》（臺北：藝文印書館，1993 年 9 月，影印清嘉慶二十一年阮元重刊宋版十三經注疏本）。

16. 〔漢〕鄭玄注、〔唐〕孔穎達等正義：《禮記正義》（臺北：藝文印書館，1993 年 9 月，影印清嘉慶二十一年阮元重刊宋版十三經注疏本）。

17. 〔清〕孫希旦撰；沈嘯寰、王星賢點校：《禮記集解》（臺北：文史哲出版社，1990 年 8 月）。

18. 〔漢〕戴德：《大戴禮記》（上海：上海書店，1989 年 3 月，重印四部叢刊初編本）。

19. 〔晉〕杜預：《春秋經傳集解》（上海：上海書店，1989 年 3 月，重印四部叢刊初編本）。

20. 〔晉〕杜預集解、〔唐〕孔穎達等正義：《春秋左傳正義》（上海：上海古籍出版社，1995 年，續修四庫全書影印宋慶元六年紹興府刻、宋元遞修本）。

21. 〔晉〕杜預集解、〔唐〕孔穎達等正義：《春秋左傳正義》（臺北：藝文印書館，1993 年 9 月，影印清嘉慶二十一年阮元重刊宋版十三經注疏本）。

22. 〔清〕洪亮吉撰；李解民點校：《春秋左傳詁》（北京：中華書局，1987 年 10 月）。

23. 〔清〕洪亮吉：《春秋左傳詁》（臺北：臺灣中華書局，1966 年 3 月，四部備要據清光緒十四年南菁書院續經解本校刊）。

24. 〔清〕劉文淇：《春秋左氏傳舊注疏證》（京都：中文出版社，1979 年 5 月）。

25. 楊伯峻：《春秋左傳注》（北京：中華書局，1990 年 5 月）。

26. 李宗侗註譯、葉慶炳校訂：《春秋左傳今註今譯》（臺北：臺灣商務印書館，1995 年 3 月）。

27. 〔漢〕何休解詁、〔唐〕徐彥疏：《春秋公羊傳注疏》（臺北：藝文印書館，1993 年 9 月，影印清嘉慶二十一年阮元重刊宋版十三經注疏本）。

28. 〔晉〕范寧集解、〔唐〕楊士勛疏：《春秋穀梁傳注疏》（臺北：藝文印書館，1993 年 9 月，影印清嘉慶二十一年阮元重刊宋版十三經注疏本）。

29. 〔日〕山井鼎輯、物觀等補遺：《七經孟子考文並補遺》（北京：中華書局，1985 年，叢書集成初編據文選樓叢書本排印）。

30. 〔清〕王引之：《經義述聞》（北京：中華書局，1989 年 3 月，重印四部備要本）。

31. 〔清〕王先謙等編：《皇清經解續編》（臺北：藝文印書館，1965 年 10 月，影印清光緒十四年南菁書院刊本）。

32. 〔魏〕何晏等集解、〔宋〕邢昺疏：《論語注疏》（臺北：藝文印書館，1993 年 9 月，影印清嘉慶二十一年阮元重刊宋版十三經注疏本）。

33. 〔漢〕趙岐注、舊題〔宋〕孫奭疏：《孟子注疏》（臺北：藝文印書館，1993 年 9 月，影印清嘉慶二十一年阮元重刊宋版十三經注疏本）。

34. 〔清〕焦循撰；沈文倬點校：《孟子正義》（臺北：文津出版社，1988 年 7 月）。

35. 〔晉〕郭璞注、〔宋〕邢昺疏：《爾雅注疏》（臺北：藝文印書館，1993 年 9 月，影印清嘉慶二十一年阮元重刊宋版十三經注疏本）。

36. 〔清〕邵晉涵：《爾雅正義》（上海：上海古籍出版社，1995 年，續修四庫全書影印清乾隆五十三年邵氏面水軒刊本）。

37. 〔清〕郝懿行：《爾雅義疏》（上海：上海古籍出版社，1989 年 8 月，清疏四種合刊影印清同治四年郝氏家刻本）。

38. 〔漢〕揚雄撰、〔晉〕郭璞注：《輶軒使者絕代語釋別國方言》（上海：上海書店，1989 年 3 月，重印四部叢刊初編本）。

39. 〔清〕錢繹撰集；李發舜、黃建中點校：《方言箋疏》（北京：中華書局，1991 年 11 月）。

40. 周祖謨校箋：《方言校箋》（北京：中華書局，1993 年 2 月）。

41. 〔漢〕劉熙：《釋名》（上海：上海書店，1989 年 3 月，重印四部叢刊初編本）。

42. 〔清〕王先謙：《釋名疏證補》（上海：上海古籍出版社，1989 年 8 月，清疏四種合刊影印清光緒二十二年思賢書局刊本）。

43. 〔清〕王念孫：《廣雅疏證》（上海：上海古籍出版社，1989 年 8 月，清

疏四種合刊影印清嘉慶元年王氏家刻本）。

44. 徐復主編：《廣雅詁林》（江蘇古籍出版社，1992 年 7 月）。

45. 〔宋〕羅願：《爾雅翼》（臺北：藝文印書館，1965 年，百部叢書集成影印學津討原本）。

46. 〔漢〕史游撰、〔唐〕顏師古注、〔宋〕王應麟補注：《急就篇》（北京：中華書局，1985 年，叢書集成初編影印天壤閣叢書本）。

47. 〔漢〕許慎撰、〔宋〕徐鉉校定：《說文解字》（香港：中華書局，1996 年 2 月，影印清同治十二年陳昌治刊本）。

48. 〔漢〕許慎撰、〔清〕段玉裁注：《說文解字注》（臺北：天工書局，1992 年 11 月，影印清嘉慶二十年經韻樓刊本）。

49. 〔清〕桂馥：《說文解字義證》（濟南：齊魯書社，1987 年 12 月，影印清咸豐二年連筠簃楊氏刊本）。

50. 〔清〕朱駿聲：《說文通訓定聲》（臺北：藝文印書館，1994 年 1 月，影印清同治九年刊本）。

51. 丁福保編纂：《說文解字詁林及補遺》（臺北：臺灣商務印書館，1970 年 1 月）。

52. 〔梁〕顧野王：《原本玉篇殘卷》（北京：中華書局，1985 年 9 月，合併影印黎庶昌本、羅振玉本）。

53. 〔梁〕顧野王撰、〔宋〕陳彭年等重修：《大廣益會玉篇》（北京：中華書局，1987 年 7 月，影印張士俊澤存堂本）。

54. 〔宋〕郭忠恕；李零、劉新光整理：《汗簡》（北京：中華書局，1983 年 12 月）。

55. 黃錫全：《汗簡注釋》（武漢：武漢大學出版社，1990 年 8 月）。

56. 〔宋〕夏竦；李零、劉新光整理：《古文四聲韻》（北京：中華書局，1983 年 12 月）。

57. 〔明〕宋濂撰、屠龍訂正：《篇海類編》（上海：上海古籍出版社，1995 年，續修四庫全書影印北京圖書館藏明刊本）。

58. 〔宋〕陳彭年等重修；周祖謨校：《廣韻校本（附校勘記)》（北京：中華書局，1960 年 10 月，據張士俊澤存堂本影印校正）。

59. 〔宋〕丁度等編：《集韻》（上海：上海古籍出版社，1985 年 5 月，影印述古堂影宋鈔本）。

【史部】

1. 〔漢〕司馬遷撰、（南朝宋）裴駰集解、〔唐〕司馬貞索隱、張守節正義：《史記》（北京：中華書局，1982 年 11 月，二十四史點校本）。

2. 楊家駱主編：《史記附札記》（臺北：鼎文書局，1986 年 10 月，據清同

治九年金陵書局張文虎校刊本點校）。

3. 〔日〕瀧川龜太郎：《史記會注考證》（臺北：天工書局，1989 年 9 月，影印日本原刊本）。

4. 〔漢〕班固撰、〔唐〕顏師古注：《漢書》（北京：中華書局，1962 年 6 月，二十四史點校本）。

5. 〔清〕王先謙：《漢書補注》（北京：中華書局，1983 年 9 月，影印清光緒二十六年虛受堂刊本）。

6. （南朝宋）范曄撰、〔唐〕李賢等注：《後漢書》（北京：中華書局，1995 年 3 月，二十四史點校本）。

7. 〔唐〕房玄齡等撰：《晉書》（北京：中華書局，1993 年 10 月，二十四史點校本）。

8. 〔梁〕蕭子顯撰：《南齊書》（北京：中華書局，1995 年 8 月，二十四史點校本）。

9. 〔清〕朱右曾輯錄；王國維校補：《古本竹書紀年輯校》（臺北：藝文印書館，1974 年 4 月，影印民國十六年王忠愨公遺書本）。

10. 范祥雍編：《古本竹書紀年輯校訂補》（上海：上海人民出版社，1957 年 9 月）。

11. 〔宋〕呂祖謙：《大事記》（北京：中華書局，1991 年，叢書集成初編據金華叢書本排印）。

12. 〔清〕林清溥：《戰國紀年》（上海：上海古籍出版社，1995 年，續修四庫全書影印清道光十八年竹柏山房刊本）。

13. 〔清〕黃式三：《周季編略》（上海：上海古籍出版社，1995 年，續修四庫全書影印清同治十二年浙江書局刻儆居遺書本）。

14. 黃懷信、張懋鎔、田旭東撰、李學勤審定：《逸周書彙校集注》（上海：上海古籍出版社，1995 年 12 月）。

15. 〔吳〕韋昭注：《國語》（上海：上海書店，1989 年 3 月，重印四部叢刊初編本）。

16. 〔吳〕韋昭注；上海師範大學古籍整理組校點：《國語》（臺北：里仁書局，1981 年 12 月）。

17. 〔漢〕劉向集錄：《戰國策》（臺北：里仁書局，1990 年 9 月，據清嘉慶八年士禮居叢書本點校）。

18. 〔清〕程恩澤：《國策地名考》（臺北：藝文印書館，1965 年，百部叢書集成影印粵雅堂叢書本）。

19. 諸祖耿：《戰國策集注彙考》（南京：江蘇古籍出版社，1985 年 7 月）。

20. 繆文遠：《戰國策新校注》（成都：巴蜀書社，1987 年 9 月）。

21. 〔北魏〕酈道元注；陳橋驛點校：《水經注》（上海：上海古籍出版社，1990 年 9 月）。

22. 〔唐〕李林甫等撰；陳仲夫點校：《唐六典》（北京：中華書局，1992 年 1 月）。

23. 〔清〕紀昀等編撰：《四庫全書總目（附余嘉錫辨證）》（臺北：藝文印書館，1989 年 1 月）。

【子部】

1. 〔魏〕王肅注：《孔子家語》（上海：上海書店，1989 年 3 月，重印四部叢刊初編本）。

2. 〔清〕王先謙：《荀子集解》（臺北：華正書局，1993 年 9 月）。

3. 〔漢〕賈誼：《新書》（上海：上海書店，1989 年 3 月，重印四部叢刊初編本）。

4. 王利器：《鹽鐵論校注》（北京：中華書局，1996 年 9 月）。

5. 〔漢〕劉向：《說苑》（上海：上海書店，1989 年 3 月，重印四部叢刊初編本）。

6. 〔漢〕王符：《潛夫論》（上海：上海書店，1989 年 3 月，重印四部叢刊初編本）。

7. 〔周〕管仲撰、舊題〔唐〕房玄齡注：《管子》（上海：上海書店，1989 年 3 月，重印四部叢刊初編本）。

8. 郭沫若：《管子集校》，《郭沫若全集·歷史編》（北京：人民出版社，1984 年 10 月）。

9. 〔周〕韓非：《韓非子》（上海：上海書店，1989 年 3 月，重印四部叢刊初編本）。

10. 〔清〕王先慎注：《韓非子集解》（臺北：華正書局，1991 年 10 月）。

11. 〔唐〕王冰注：《重廣補注黃帝內經素問》（上海：上海書店，1989 年 3 月，重印四部叢刊初編本）。

12. 〔清〕胡煦：《卜法詳考》，收入：王雲五主編：《四庫全書珍本五集》（臺北：臺灣商務印書館，未註明出版年月）。

13. 〔周〕墨翟：《墨子》（上海：上海書店，1989 年 3 月，重印四部叢刊初編本）。

14. 〔清〕孫詒讓：《墨子閒詁》（臺北：成文書局，1977 年，無求備齋墨子集成據清光緒二十年蘇州毛上珍聚珍本、清宣統二年重刊本影印）。

15. （秦）呂不韋撰、〔漢〕高誘注：《呂氏春秋》（上海：上海書店，1989 年 3 月，重印四部叢刊初編本）。

16. 〔漢〕劉安等撰、許慎注：《淮南鴻烈解》（上海：上海書店，1989 年 3

月，重印四部叢刊初編本）。

17. 劉文典撰、馮逸、喬華點校：《淮南鴻烈集解》（臺北：文史哲出版社，1992 年 10 月）。

18. 〔漢〕班固：《白虎通》（北京：中華書局，1985 年，叢書集成初編影印抱經堂叢書本）。

19. 〔清〕顧炎武撰、黃汝成集釋；欒保群、呂宗力校點：《日知錄集釋》（石家莊：花山文藝出版社，1991 年 8 月）。

20. 〔清〕徐文靖：《管城碩記》，收入：王雲五主編：《四庫全書珍本七集》（臺北：臺灣商務印書館，未註明出版年月）。

21. 〔清〕趙翼：《陔餘叢考》（臺北：華世出版社，1975 年 10 月，影印清乾隆五十五年湛貽堂刊本）。

22. 〔漢〕王充：《論衡》（上海：上海書店，1989 年 3 月，重印四部叢刊初編本）。

23. 黃暉：《論衡校釋（附劉盼遂集解）》（北京：中華書局，1996 年 11 月）。

24. 〔漢〕應劭撰；吳樹平校釋：《風俗通義校釋》（天津：天津古籍出版社，1988 年 9 月）。

25. 〔宋〕李昉等：《太平御覽》（上海：上海書店，1985 年 12 月，重印四部叢刊三編本）。

26. 〔清〕郝懿行箋疏：《山海經箋疏》（北京：中國書店，1991 年 6 月，影印清光緒十二年刊本）。

27. 袁珂注：《山海經校注》（臺北：里仁書局，1982 年 8 月）。

28. 〔晉〕郭璞注：《穆天子傳》（上海：上海書店，1989 年 3 月，重印四部叢刊初編本）。

29. 〔漢〕楊孚撰、〔清〕曾釗輯：《異物志》（臺北：藝文印書館，1968 年，百部叢書集成影印嶺南遺書本）。

30. 〔唐〕釋玄應撰、〔清〕莊炘、錢坫、孫星衍校：《一切經音義》（北京：中華書局，1985 年，叢書集成初編影印海山仙館叢書本）。

31. 〔魏〕王弼撰；樓宇烈校釋：《老子道德經注》，《王弼集校釋》（臺北：華正書局，1992 年 12 月）。

32. 舊題〔周〕列禦寇撰、〔晉〕張湛注：《沖虛至德真經》（上海：上海書店，1989 年 3 月，重印四部叢刊初編本）。

33. 〔清〕郭慶藩編；王孝魚整理：《莊子集釋》（臺北：萬卷樓圖書公司，1993 年 3 月）。

34. 王明：《抱朴子內篇校釋》（北京：中華書局，1988 年 7 月）。

【集部】

1. 〔漢〕王逸章句、〔宋〕洪興祖補注:《楚辭》(臺北:藝文印書館,1967年,百部叢書集成影印惜陰軒叢書本)。

2. 〔宋〕朱熹:《楚辭集注》(臺北:文津出版社,1987年10月,據南宋端平二年刊本點校排印)。

3. 〔宋〕吳仁傑:《離騷草木疏》(臺北:藝文印書館,1966年,百部叢書集成影印知不足齋叢書本)。

4. 〔清〕王夫之:《楚辭通釋》,《船山全集》(臺北:大源文化服務社,1965年9月)。

5. 〔清〕蔣驥:《山帶閣注楚辭》(臺北:洪氏出版社,1975年3月,據清雍正五年原刊本排印)。

6. 〔清〕戴震:《屈原賦注》,《戴東原先生全集》(臺北:大化書局,1978年4月,全集中此書係影印清光緒二十五年汪梧鳳原刊本)。

7. 〔清〕王闓運:《楚辭釋》,收入:杜松柏主編:《楚辭彙編》(臺北:新文豐出版公司,1986年3月,影印清光緒十二年成都尊經書院刊本)。

8. 姜亮夫校注:《重訂屈原賦校注》(天津:天津古籍出版社,1987年3月)。

9. 游國恩主編、金開誠補輯:《離騷纂義》(臺北:洪業文化事業公司,1993年9月)。

10. 游國恩主編、金開誠補輯:《天問纂義》(臺北:洪業文化事業公司,1993年9月)。

11. 陳子展:《楚辭直解》(上海:復旦大學出版社,1997年3月)。

12. 〔元〕揭傒斯著;李夢生標校:《揭傒斯全集》(上海:上海古籍出版社,1985年6月)。

13. 〔梁〕蕭統編、〔唐〕李善等注:《增補六臣注文選》(臺北:漢京文化事業公司,1983年9月,影印元古迂書院刊本,間取宋茶陵陳氏本、四部叢刊影宋本補其漫患)。

二、現代著作 (按作者姓名筆畫編排)

【二畫】

1. 丁原植:《郭店楚簡老子釋析研究》(臺北:萬卷樓圖書公司,1998年9月)。

2. 丁福保:《古錢大辭典》(北京:中華書局,1989年1月,影印民國二十七年上海醫學書局原刊本)。

【三畫】

1. 于省吾：《雙劍誃吉金文選》（北平：大業印刷局，1933 年）。

2. 于省吾：《澤螺居詩經新證》（北京：中華書局，1982 年 11 月）。

3. 于省吾主編、姚孝遂按語編撰：《甲骨文字詁林》（北京：中華書局，1996 年 5 月）。

4. 于豪亮：《于豪亮學術文存》（北京：中華書局，1985 年 1 月）。

5. 山西省文物工作委員會編輯：《侯馬盟書》（北京：文物出版社，1976 年 12 月）。

【四畫】

1. 文化部文物事業管理局古文獻研究室編：《出土文獻研究》（北京：文物出版社，1985 年 6 月）。

2. 文物編輯委員會編：《文物考古工作三十年（1949—1979）》（北京：文物出版社，1979 年 11 月）。

3. 文物編輯委員會編：《文物考古工作十年（1979—1989）》（北京：文物出版社，1991 年 1 月）。

4. 文崇一：《楚文化研究》（臺北：東大圖書公司，1990 年 4 月）。

5. 王元化主編：《學術集林》卷九（上海：上海遠東出版社，1996 年 12 月）。

6. 王光鎬：《楚文化源流新證》（武漢：武漢大學出版社，1988 年 11 月）。

7. 王叔岷先生八十壽慶論文集編輯委員會：《王叔岷先生八十壽慶論文集》（臺北：大安出版社，1993 年 6 月）。

8. 王建輝、劉森淼：《荊楚文化》（瀋陽：遼寧教育出版社，1992 年 7 月）。

9. 王國維：《靜安文集續編》，《王國維遺書》第 5 冊（上海：上海古籍出版社，1983 年 9 月，據商務印書館 1940 年版影印）。

10. 王國維：《定本觀堂集林》（臺北：世界書局，1991 年 9 月，據民國二十九年長沙全集本校正影印）。

11. 王國維：《古史新證——王國維最後的講義》（北京：清華大學出版社，1994 年 12 月）。

12. 王輝：《古文字通假釋例》（臺北：藝文印書館，1993 年 4 月）。

13. 中山人文學術論叢編審委員會主編：《中山人文學術論叢》第 1 輯（高雄：復文圖書出版社，1997 年 10 月）。

14. 中山大學中國文學系、中國訓詁學會主編：《訓詁論叢》第 3 輯（臺北：文史哲出版社，1997 年 5 月）。

15. 中央研究院歷史語言研究所中國上古史編輯委員會編輯：《中國上古史（待定稿）》（臺北：中央研究院歷史語言研究所中國上古史編輯委員會，1985

年 7 月）。

16. 中國文字學會、國立中興大學中國文學系所：《第六屆中國文字學全國學術研討會》（臺北：辰益出版公司，1995 年 9 月）。

17. 中國考古學會編輯：《中國考古學會第一次年會論文集》（北京：文物出版社，1979 年 12 月）。

18. 中國考古學會編輯：《中國考古學會第二次年會論文集》（北京：文物出版社，1982 年 6 月）。

19. 中國考古學會編輯：《中國考古學年鑑（1985）》（北京：文物出版社，1985 年 12 月）。

20. 中國考古學會編輯：《中國考古學年鑑（1995）》（北京：文物出版社，1997 年 12 月）。

21. 中國社會科學院考古研究所編輯：《甲骨文編》（北京：中華書局，1996 年 9 月）。

22. 中國社會科學院考古研究所編輯：《殷周金文集成》（北京：中華書局，1984 年）。

23. 中國社會科學院簡帛研究中心編輯：《簡帛研究》第 3 輯（南寧：廣西教育出版社，1998 年 12 月）。

24. 中國屈原學會編：《楚辭研究》（濟南：齊魯書社，1988 年 1 月）。

25. 中國科學院考古研究所編著：《長沙發掘報告》（北京：科學出版社，1957 年 8 月）。

26. 中華書局編輯部編：《雲夢秦簡研究》（北京：中華書局，1981 年 7 月）。

27. 〔澳〕巴納（Noel Barnard）：《一件古代中國文書的科學考察：楚帛書釋譯導論（Scientific Examination of an Ancient Chinese Document as a Prelude to Decipherment, Translation, and Historical Assessment──The Ch'u Silk Manuscript）》（坎培拉：澳大利亞國立大學太平洋研究系遠東歷史研究部（Department of Far Eastern History Research, School of Pacific Studies, Institute of Advanced Studies, The Australian National University），1972 年）。

【五畫】

1. 〔日〕平勢隆郎：《新編史記東周年表》（東京：東京大學東洋文化研究所，1995 年 3 月）。

2. 左言東：《先秦職官表》（北京：商務印書館，1994 年 7 月）。

3. 石泉：《古代荊楚地理新探》（武漢：武漢大學出版社，1988 年 10 月）。

4. 石泉主編、何浩、陳偉副主編：《楚國歷史文化辭典》（武漢：武漢大學出版社，1996 年 1 月）。

5. 北京圖書館編：《北京圖書館古籍善本書目》（北京：書目文獻出版社，未註明出版年月）。

6. 史樹青：《長沙仰天湖出土楚簡研究》（上海：群聯出版社，1955 年 6 月）。

7. 四川大學歷史系編：《徐中舒先生九十壽辰紀念文集》（成都：巴蜀書社，1990 年 6 月）。

8. 丘光明編著：《中國歷代度量衡考》（北京：科學出版社，1992 年 8 月）。

【六畫】

1. 吉林大學古文字研究室編：《于省吾教授百年誕辰紀念文集》（長春：吉林大學出版社，1996 年 9 月）。

2. 吉林大學古籍整理研究所編：《吉林大學古籍整理研究所建所十五周年紀念文集》（長春：吉林大學出版社，1998 年 12 月）。

3. 朱天順：《中國古代宗教初探》（臺北：谷風出版社，1986 年 10 月）。

4. 朱德熙著、裘錫圭、李家浩整理：《朱德熙古文字論集》（北京：中華書局，1995 年 2 月）。

【七畫】

1. 宋公文、張君：《楚國風俗志》（武漢：湖北教育出版社，1995 年 7 月）。

2. 宋兆麟：《巫與巫術》（成都：四川民族出版社，1989 年 5 月）。

3. 宋治民：《戰國秦漢考古》（成都：四川大學出版社，1993 年 12 月）。

4. 杜正勝編：《中國上古史論文選集》（臺北：華世出版社，1979 年 11 月）。

5. 杜正勝編：《古代社會與國家》（臺北：允晨文化實業公司，1992 年 10 月）。

6. 巫瑞書：《荊湘民間文學與楚文化》（長沙：岳麓書社，1996 年 3 月）。

7. 李方桂：《上古音研究》（北京：商務印書館，1980 年 7 月）。

8. 李正光等編：《楚漢簡帛書典》（長沙：湖南美術出版社，1998 年 1 月）。

9. 李安宅著譯：《巫術的分析》（成都：四川人民出版社，1991 年 3 月）。

10. 李孝定：《甲骨文字集釋》（臺北：中央研究院歷史語言研究所，1970 年 10 月）。

11. 李孝定：《金文詁林讀後記》（臺北：中央研究院歷史語言研究所，1982 年 6 月）。

12. 李林發：《戰國秦漢考古》（山東大學出版社，1991 年 12 月）。

13. 李亞農：《欣然齋史論集》（上海：上海人民出版社，1962 年 9 月）。

14. 李零：《長沙子彈庫戰國楚帛書研究》（北京：中華書局，1985 年 7 月）。

15. 李零：《中國方術考》（北京：人民中國出版社，1993 年 12 月）。

16. 李漢三：《先秦兩漢之陰陽五行學說》（臺北：鐘鼎文化出版公司，1967

年 5 月）。

17. 李學勤：《李學勤集——追溯、考據、古文明》（哈爾濱：黑龍江教育出版社，1989 年 5 月）。

18. 李學勤：《新出青銅器研究》（北京：文物出版社，1990 年 6 月）。

19. 李學勤：《東周與秦代文明》（北京：文物出版社，1991 年 11 月）。

20. 李學勤：《周易經傳溯源》（長春：長春出版社，1992 年 8 月）。

21. 李學勤：《簡帛佚籍與學術史》（臺北：時報文化出版公司，1994 年 12 月）。

22. 李學勤：《走出疑古時代》（瀋陽：遼寧大學出版社，1997 年 12 月）。

23. 李學勤：《綴古集》（上海：上海古籍出版社，1998 年 10 月）。

24. 李學勤主編、林劍鳴、謝桂華副主編：《簡帛研究》第 1 輯（北京：法律出版社，1993 年 10 月）。

25. 李學勤：《簡帛研究》第 2 輯（北京：法律出版社，1996 年 9 月）。

26. 李學勤、徐吉軍主編：《長江文化史》（南昌：江西教育出版社，1995 年 12 月）。

27. 李濟總編輯、傅斯年等編輯：《安陽發掘報告》（臺北：南天書局，1978 年 3 月）。

28. 李濟總編輯、傅斯年等編輯：《田野考古報告》第一冊（臺北：南天書局，1978 年 3 月）。

29. 呂理政：《天、人、社會——試論中國傳統的宇宙認知模型》（臺北：中央研究院民族學研究所，1990 年 3 月）。

30. 私立東吳大學中國文學系、所編：《第七屆中國文字學全國學術研討會》（臺北：萬卷樓圖書公司，1996 年 4 月）。

31. 何光岳：《楚源流史》（長沙：湖南人民出版社，1988 年 10 月）。

32. 何光岳：《楚滅國考》（上海：上海人民出版社，1990 年 2 月）。

33. 何浩：《楚滅國研究》（武漢：武漢大學出版社，1989 年 11 月）。

34. 何琳儀：《戰國文字通論》（北京：中華書局，1989 年 4 月）。

35. 余崇生編：《楚辭研究論文集》（臺北：學海出版社，1985 年 1 月）。

36. 余嘉錫：《余嘉錫文史論集》（長沙：岳麓書社，1997 年 5 月）。

【八畫】

1. 河北省文物研究所：《鸞墓——戰國中山國國王之墓》（北京：文物出版社，1996 年 4 月）。

2. 河南省文物研究所：《信陽楚墓》（北京：文物出版社，1986 年 3 月）。

3. 河南省文物研究所等：《淅川下寺春秋楚墓》（北京：文物出版社，1991 年 10 月）。

4. 河南省考古學會等編：《楚文化覓蹤》（鄭州：中州古籍出版社，1986 年 7 月）。

5. 林富士：《漢代的巫者》（臺北：稻鄉出版社，1988 年 4 月）。

6. 林劍鳴：《簡牘概述》（臺北：谷風出版社，1987 年 9 月）。

7. 周法高主編：《金文詁林》（香港：香港中文大學，1974 年）。

8. 周法高主編：《金文詁林補》（臺北：中央研究院歷史語言研究所，1982 年 5 月）。

9. 周勛初：《九歌新考》（上海：上海古籍出版社，1986 年 8 月）。

10. 周策縱：《古巫醫與六詩考——中國浪漫文學探原》（臺北：聯經出版事業公司，1986 年 3 月）。

11. 屈萬里：《書傭論學集》（臺北：聯經出版事業公司，1984 年 7 月）。

12. 屈萬里：《先秦文史資料考辨》（臺北：聯經出版事業公司，1985 年 3 月）。

【九畫】

1. 姜亮夫：《楚辭學論文集》（上海：上海古籍出版社，1984 年 12 月）。

2. 南開大學歷史系先秦史研究室編：《王玉哲先生八十壽辰紀念文集》（天津：南開大學出版社，1994 年 10 月）。

3. 故宮博物院編、羅福頤主編：《古璽彙編》（北京：文物出版社，1994 年 6 月）。

4. 故宮博物院編、羅福頤主編：《古璽文編》（北京：文物出版社，1994 年 6 月）。

5. 香港中文大學中國語言及文學系《問學初集》編輯委員會編：《問學初集——香港中文大學中國語言及文學系本科生畢業論文選》（香港：香港中文大學中國語言及文學系，1994 年 8 月）。

6. 姚孝遂主編：《殷墟甲骨刻辭摹釋總集》（北京：中華書局，1988 年 2 月）。

7. 姚漢榮、姚益心：《楚文化尋繹》（上海：學林出版社，1990 年 11 月）。

【十畫】

1. 容庚編著、張振林、馬國權摹補：《金文編》（北京：中華書局，1989 年 8 月）。

2. 容庚、張維持：《殷周青銅器通論》（臺北：康橋出版事業公司，1986 年 5 月）。

3. 高介華、劉玉堂：《楚國的城市和建築》（武漢：湖北教育出版社，1996 年 8 月）。

4. 高至喜：《楚文化的南漸》（武漢：湖北教育出版社，1996 年 8 月）。

5. 高亨：《古字通假會典》（濟南：齊魯書社，1989 年 7 月）。

6. 高明：《古文字類編》（北京：中華書局，1980 年 11 月）。

7. 高明編著：《古陶文彙編》（北京：中華書局，1990 年 3 月）。

8. 高明、葛英會編著：《古陶文字徵》（北京：中華書局，1991 年 2 月）。

9. 高敏：《簡牘研究入門》（南寧：廣西人民出版社，1989 年 10 月）。

10. 高華平、曹海東：《中華巫術》（臺北：文津出版社，1995 年 3 月）。

11. 高瀨博士還曆記念會編：《高瀨博士還曆記念支那學論叢》（京都：弘文堂書房，1928 年 12 月）。

12. 席涵靜：《周代祝官研究》（臺北：勵志出版社，1978 年 5 月）。

13. 席涵靜：《周社研究》（臺北：福記文化圖書公司，1986 年 6 月）。

14. 唐善純：《中國的神秘文化》（南京：河海大學出版社，1992 年 10 月）。

15. 馬王堆漢墓帛書整理小組：《馬王堆漢墓帛書（壹）》（北京：文物出版社，1974 年 9 月）。

16. 馬王堆漢墓帛書整理小組：《馬王堆漢墓帛書（參）》（北京：文物出版社，1978 年 7 月）。

17. 馬王堆漢墓帛書整理小組：《馬王堆漢墓帛書（肆）》（北京：文物出版社，1985 年 3 月）。

18. 馬世之：《中原楚文化研究》（武漢：湖北教育出版社，1995 年 7 月）。

19. 馬先醒：《簡牘論集》（臺北：簡牘學社，1977 年 1 月）。

20. 馬先醒：《簡牘學要義》（臺北：簡牘學會，1980 年）。

21. 馬繼興：《馬王堆古醫書考釋》（長沙：湖南科學技術出版社，1992 年 11 月）。

22. 荊門市博物館：《郭店楚墓竹簡》（北京：文物出版社，1998 年 5 月）。

23. 袁行霈主編：《國學研究》第 2 卷（北京：北京大學出版社，1994 年 7 月）。

24. 袁行霈主編：《國學研究》第 3 卷（北京：北京大學出版社，1995 年 12 月）。

25. （法）格拉奈（Granet Marcel）著、張銘遠譯：《中國古代的祭禮與歌謠》（上海：上海文藝出版社，1989 年 7 月）。

26. 徐中舒主編、漢語古文字字形表編寫組編：《漢語古文字字形表》（香港：中華書局香港分局，1981 年）。

27. 徐志嘯著、嚴紹璗審定：《玄妙奇麗的楚文化》（北京：新華出版社，1991 年 12 月）。

28. 徐亮之編輯：《金匱論古綜合刊》第 1 期（香港：亞洲石印局，未註明出版年月）。

29. 徐穀甫、王延林：《古陶字彙》（上海：上海書店，1994 年 5 月）。

【十一畫】

1. 梁釗韜：《中國古代巫術-宗教的起源和發展》（廣州：中山大學出版社，1989 年 6 月）。

2. 商承祚：《十二家吉金圖錄》（臺北：大通書局，1976 年 2 月）。

3. 商承祚編著：《石刻篆文編》（香港：中華書局，1976 年 11 月）。

4. 商承祚編著：《戰國楚竹簡匯編》（濟南：齊魯書社，1995 年 11 月）。

5. 商承祚：《長沙古物聞見記、續記》（北京：中華書局，1996 年 11 月）。

6. 商承祚、王貴忱、譚棣華編：《先秦貨幣文編》（北京：書目文獻出版社，1983 年 3 月）。

7. 許進雄：《中國古代社會——文字與人類學的透視》（臺北：臺灣商務印書館，1988 年 9 月）。

8. 郭志城等編著：《中國術數概觀（卜筮卷）》（北京：中國書籍出版社，1991 年 3 月）。

9. 郭沫若：《兩周金文辭大系圖錄考釋》（北京：科學出版社，1957 年 12 月）。

10. 郭沫若主編：《甲骨文合集》（北京：中華書局，1982 年）。

11. 郭若愚：《戰國楚簡文字編》（上海：上海書畫出版社，1994 年 2 月）。

12. 郭德維：《楚系墓葬研究》（武漢：湖北教育出版社，1995 年 7 月）。

13. 郭鵬飛：《洪亮吉左傳詁斠正》（臺北：臺灣商務印書館，1997 年 4 月）。

14. 常宗豪等編輯：《第二屆國際中國古文字學研討會論文集》（香港：香港中文大學中國語言及文學系，1993 年 10 月）。

15. 曹錦炎：《古璽通論》（上海：上海書畫出版社，1995 年 3 月）。

16. 國立彰化師範大學國文系所、中國文字學會主編：《第八屆中國文字學全國學術研討會論文集》（彰化：國立彰化師範大學國文學系，1997 年 3 月）。

17. 國家文物局古文獻研究室：《馬王堆漢墓帛書（壹）》（北京：文物出版社，1980 年 3 月）。

18. 張正明主編：《楚史論叢（初集）》（武漢：湖北人民出版社，1984 年 10 月）。

19. 張正明主編：《楚文化史》（上海：上海人民出版社，1987 年 8 月）。

20. 張正明主編：《楚文化志》（武漢：湖北人民出版社，1988 年 7 月）。

21. 張正明主編：《楚史》（武漢：湖北教育出版社，1995 年 7 月）。

22. 張以仁先生七秩壽慶論文集編輯委員會編：《張以仁先生七秩壽慶論文集》（臺北：臺灣學生書局，1999 年 1 月）。

23. 張守中：《中山王嚳器文字編》（北京：中華書局，1981 年 5 月）。

24. 張守中：《睡虎地秦簡文字編》（北京：文物出版社，1994 年 2 月）。

25. 張守中：《包山楚簡文字編》（北京：文物出版社，1996 年 8 月）。

26. 張光直：《考古學專題六講》（臺北：稻鄉出版社，1988 年 9 月）。

27. 張守中：《中國青銅時代（第二集）》（臺北：聯經出版事業公司，1990 年 11 月）。

28. 張光裕等編輯：《第三屆國際中國古文字學研討會論文集》（香港：香港中文大學中國文化研究所、中國語言及文學系，1997 年 10 月）。

29. 張光裕主編、袁國華合編：《包山楚簡文字編》（臺北：藝文印書館，1992 年 11 月）。

30. 張光裕主編、袁國華合編、陳志堅、洪娟、余拱璧助編：《郭店楚簡研究·第一卷·文字編》（臺北：藝文印書館，1999 年 1 月）。

31. 張岩：《圖騰制與原始文明》（上海：上海文藝出版社，1995 年 4 月）。

32. 張軍：《楚國神話原型研究》（臺北：文津出版社，1994 年 1 月）。

33. 張培瑜：《中國先秦史曆表》（濟南：齊魯書社，1987 年 6 月）。

34. 張培瑜：《三千五百年曆日天象》（鄭州：大象出版社，1997 年 7 月）。

35. 張崇琛：《楚辭文化探微》（北京：新華出版社，1993 年 12 月）。

36. 張紫晨：《中國巫術》（上海：三聯書店上海分店，1990 年 7 月）。

37. 張頷編纂：《古幣文編》（北京：中華書局，1986 年 5 月）。

38. 崔永東：《兩周金文虛詞集釋》（北京：中華書局，1994 年 5 月）。

39. 陳邦懷：《一得集》（濟南：齊魯書社，1989 年 10 月）。

40. 陳偉：《楚「東國」地理研究》（武漢：武漢大學出版社，1992 年 11 月）。

41. 陳偉：《包山楚簡初探》（武漢：武漢大學出版社，1996 年 8 月）。

42. 陳漢平：《屠龍絕緒》（哈爾濱：黑龍江教育出版社，1989 年 10 月）。

43. 陳漢平：《金文編訂補》（北京：中國社會科學出版社，1993 年 9 月）。

44. 陳夢家：《六國紀年》（上海：學習生活出版社，1955 年 12 月）。

45. 陳夢家：《漢簡綴述》（北京：中華書局，1980 年 12 月）。

46. 陳夢家：《殷虛卜辭綜述》（北京：中華書局，1988 年 1 月）。

【十二畫】

1. 游國恩：《楚辭論文集》（上海：上海文藝聯合出版社，1955 年 5 月）。

2. 游國恩：《游國恩學術論文集》（北京：中華書局，1989 年 1 月）。

3. 湖北省文物考古研究所編著：《江陵九店東周墓》（北京：科學出版社，1995 年 7 月）。

4. 湖北省文物考古研究所編著：《江陵望山沙冢楚墓》（北京：文物出版社，1996 年 4 月）。

5. 湖北省文物考古研究所編著、北京大學中文系編：《望山楚簡》（北京：中華書局，1995 年 6 月）。

6. 湖北省荊州地區博物館：《江陵雨台山楚墓》（北京：文物出版社，1984 年 4 月）。

7. 湖北省荊沙鐵路考古隊編：《包山楚墓》（北京：文物出版社，1991 年 10 月）。

8. 湖北省荊沙鐵路考古隊編：《包山楚簡》（北京：文物出版社，1991 年 10 月）。

9. 湖北省博物館編：《曾侯乙墓》（北京：文物出版社，1989 年 7 月）。

10. 湖南省博物館編：《馬王堆漢墓研究》（長沙：湖南人民出版社，1981 年 8 月）。

11. 湯炳正：《楚辭類稿》（臺北：貫雅文化事業公司，1991 年 1 月）。

12. 湯漳平、陸永品：《楚辭論析》（太原：山西教育出版社，1990 年 6 月）。

13. 湯餘惠：《戰國銘文選》（長春：吉林大學出版社，1993 年 9 月）。

14. 馮佐哲、李富華：《中國民間宗教史》（臺北：文津出版社，1994 年 4 月）。

15. 雲夢睡虎地秦墓編寫組：《雲夢睡虎地秦墓》（北京：文物出版社，1981 年 9 月）。

16. 彭浩：《楚人的紡織與服飾》（武漢：湖北教育出版社，1996 年 8 月）。

17. 黃盛璋：《歷史地理與考古論叢》（濟南：齊魯書社，1982 年 6 月）。

18. 黃德馨：《楚國史話》（武漢：華中工學院出版社，1983 年 10 月）。

19. 黃錫全編著：《湖北出土商周文字輯證》（武漢：武漢大學出版社，1992 年 10 月）。

【十三畫】

1. 裘錫圭：《古文字論集》（北京：中華書局，1992 年 8 月）。

2. 裘錫圭：《古代文史研究新探》（上海：江蘇古籍出版社，1992 年 6 月）。

3. 裘錫圭：《文字學概要》（臺北：萬卷樓圖書公司，1995 年 4 月）。

4. 董同龢：《漢語音韻學》（臺北：文史哲出版社，1993 年 9 月）。

5. 董同龢：《上古音韻表稿》（臺北：中央研究院歷史語言研究所，1997 年 6 月）。

6. 董楚平：《吳越徐舒金文集釋》（杭州：浙江古籍出版社，1992 年 12 月）。

7. 董蓮池：《金文編校補》（長春：東北師範大學出版社，1995 年 9 月）。

8. 楚文化研究會編：《楚文化考古大事記》（北京：文物出版社，1984 年 7 月）。

9. 楚文化研究會編：《楚文化研究論集（第一集）》（長沙：荊楚書社，1987

年 1 月）。

10. 楚文化研究會編：《楚文化研究論集（第二集）》（武漢：湖北人民出版社，1991 年 3 月）。

11. 楚文化研究會編：《楚文化研究論集（第三集）》（武漢：湖北人民出版社，1994 年 4 月）。

12. 楚文化研究會編：《楚文化研究論集（第四集）》（鄭州：河南人民出版社，1994 年 6 月）。

13. 楊匡民、李幼平：《荊楚歌樂舞》（武漢：湖北教育出版社，1997 年 12 月）。

14. 楊金鼎等選編：《楚辭研究論文集》（武漢：湖北人民出版社，1985 年 7 月）。

15. 楊寬：《古史新探》（坊間翻印本，出版時地不詳）。

16. 楊寬：《戰國史》（臺北：臺灣商務印書館，1997 年 10 月）。

17. 楊樹達：《積微居小學述林》（北京：中國科學院，1954 年 2 月）。

18. 聞一多：《神話與詩》（北京：古籍出版社，1956 年 6 月）。

19. 聞一多撰、朱自清等編輯：《聞一多全集（二）古典新義》（臺北：里仁書局，1996 年 2 月）。

20. 過常寶：《楚辭與原始宗教》（北京：東方出版社，1997 年 6 月）。

【十四畫】

1. 漢語大字典字形組編：《秦漢魏晉篆隸字形表》（成都：四川辭書出版社，1985 年 8 月）。

2. 蒲慕州師：《墓葬與生死——中國古代宗教之省思》（臺北：聯經出版事業公司，1993 年 6 月）。

3. 蒲慕州師：《追尋一己之福——中國古代的信仰世界》（臺北：允晨文化實業公司，1995 年 10 月）。

4. 趙輝：《楚辭文化背景研究》（武漢：湖北教育出版社，1995 年 7 月）。

5. 臺灣師範大學國文系所、中國文字學會主編：《魯實先先生學術討論會論文集》（臺北：萬卷樓圖書公司，1993 年 6 月）。

6. 輔仁大學哲學系主編：《本世紀出土思想文獻與中國古典哲學研究兩岸學術研討會會議論文集》（臺北：輔仁大學哲學系，1999 年 1 月）。

7. 睡虎地秦墓竹簡整理小組編：《睡虎地秦墓竹簡》（北京：文物出版社，1990 年 9 月）。

【十五畫】

1. 潘嘯龍：《屈原與楚文化》（合肥：安徽文藝出版社，1991 年 6 月）。

2. 廣東炎黃文化研究會等合編：《容庚先生百年誕辰紀念文集（古文字研究

專號)》（韶關：廣東人民出版社，1998 年 4 月）。

3. 鄭有國：《中國簡牘學綜論》（上海：華東師範大學出版社，1989 年 9 月）。

4. 臧振華編輯：《中國考古學與歷史學之整合研究》（臺北：中央研究院歷史語言研究所，1997 年 7 月）。

5. 滕壬生：《楚系簡帛文字編》（武漢：湖北教育出版社，1995 年 7 月）。

6. 劉玉建：《中國古代龜卜文化》（桂林：廣西師範大學出版社，1992 年 4 月）。

7. 劉玉堂：《楚國經濟史》（武漢：湖北教育出版社，1996 年 8 月）。

8. 劉和惠：《楚文化的東漸》（武漢：湖北教育出版社，1995 年 7 月）。

9. 劉信芳：《荊門郭店竹簡老子解詁》（臺北：藝文印書館，1999 年 1 月）。

10. 劉彬徽：《楚系青銅器研究》（武漢：湖北教育出版社，1995 年 7 月）。

11. 劉節：《古史考存》（北京：人民出版社，1958 年 2 月）。

12. 劉樂賢：《睡虎地秦簡日書研究》（臺北：文津出版社，1994 年 7 月）。

13. 劉曄原、鄭惠堅：《中國古代祭祀》（臺北：臺灣商務印書館，1998 年 9 月）。

14. 劉體智藏、容庚編著：《善齋彝器圖錄》（臺北：臺聯國風出版社，1976 年 10 月）。

【十六畫】

1. 錢穆：《先秦諸子繫年》（臺北：聯經出版事業公司，1994 年）。

2. 錢鍾書：《管錐編》（北京：中華書局，1996 年 1 月）。

【十七畫】

1. 蕭兵：《楚辭新探》（天津：天津古籍出版社，1988 年 12 月）。

2. 蕭兵：《楚辭的文化破譯——一個微宏觀互滲的研究》（武漢：湖北人民出版社，1991 年 11 月）。

3. 繆文遠：《戰國史繫年輯證》（成都：巴蜀書社，1997 年 1 月）。

【十八畫】

1. 韓天衡主編：《古瓦當文編》（上海：世界圖書出版公司，1996 年 11 月）。

2. 魏昌：《楚國史》（武漢：武漢出版社，1996 年 12 月）。

【十九畫】

1. 羅常培、周祖謨：《漢魏晉南北朝韻部演變研究》（北京：科學出版社，1958 年 11 月）。

【二十畫】

1. 饒宗頤：《選堂集林（史林）》（臺北：明文書局，1982 年 4 月）。

2. 饒宗頤、曾憲通：《雲夢秦簡日書研究》（香港：中文大學出版社，1982 年）。

3. 饒宗頤、曾憲通：《隨縣曾侯乙墓鐘磬銘辭研究》（香港：中文大學出版社，1985 年）。

4. 饒宗頤、曾憲通：《楚帛書》（香港：中華書局，1985 年 9 月）。

5. 饒宗頤、曾憲通：《楚地出土文物三種研究》（北京：中華書局，1993 年 8 月）。

【二十一畫】

1. 顧頡剛等：《古史辨》（上海：上海書店，1992 年 12 月，民國叢書第四編影印樸社民國二十二年版）。

2. 顧鐵符：《楚國民族述略》（武漢：湖北人民出版社，1984 年 10 月）。

三、學位論文（按發表時間先後編排）

1. 許學仁：《先秦楚文字研究》（臺北：國立師範大學國文研究所碩士論文，1979 年 6 月）。

2. 林素清師：《戰國文字研究》（臺北：國立臺灣大學中國文學研究所博士論文，1984 年 6 月）。

3. 許學仁：《戰國文字分域與斷代研究》（臺北：國立臺灣師範大學國文研究所博士論文，1986 年 10 月）。

4. 林富士：《漢代的巫者》（臺北：國立臺灣大學歷史研究所碩士論文，1987 年 5 月）。

5. 尹順：《楚辭九歌巫儀之研究》（臺北：國立臺灣師範大學國文研究所博士論文，1987 年 6 月）。

6. 鄧國光：《禮經祝官及祝辭研究》（香港：新亞學院新亞研究所碩士論文，1987 年 6 月）。

7. 陳熾彬：《左傳中巫術之研究》（臺北：國立政治大學中國文學研究所博士論文，1989 年 6 月）。

8. 張寅成：《戰國秦漢時代的禁忌——以時日禁忌爲中心》（臺北：國立臺灣大學歷史研究所博士論文，1992 年 1 月）。

9. 陳月秋：《楚系文字研究》（臺中：私立東海大學中國文學研究所碩士論文，1992 年 4 月）。

10. 徐富昌：《睡虎地秦簡研究》（臺北：國立臺灣大學中國文學研究所博士論

文，1992 年 6 月）。

11. 許信昌：《秦簡日書數術的探討》（臺北：國立臺灣大學歷史研究所碩士論文，1993 年 6 月）。

12. 文鏞盛：《漢代巫人社會地位之研究》（臺北：私立中國文化大學史學研究所碩士論文，1993 年 12 月）。

13. 謝映蘋：《曾侯乙墓鐘銘與竹簡文字研究》（高雄：國立中山大學中國文學研究所碩士論文，1994 年 7 月）。

14. 袁國華：《包山楚簡研究》（香港：香港中文大學研究院中國語言及文學學部博士論文，1994 年 12 月）。

15. 楊哲宏：《五祀信仰研究》（臺北：私立淡江大學中國文學研究所碩士論文，1995 年 1 月）。

16. 莊淑慧：《曾侯乙墓出土竹簡考》（臺北：國立臺灣師範大學國文研究所碩士論文，1995 年 6 月）。

17. 陳茂仁：《楚帛書研究》（嘉義：國立中正大學中國文學研究所碩士論文，1996 年 1 月）。

18. 王仲翊：《包山楚簡文字研究》（高雄：國立中山大學中國文學研究所碩士論文，1996 年 5 月）。

19. 巫雪如：《包山楚簡姓氏研究》（臺北：國立臺灣大學中國文學研究所碩士論文，1996 年 5 月）。

20. 楊素姿：《先秦楚方言韻系研究》（高雄：國立中山大學中國文學研究所碩士論文，1996 年 6 月）。

21. 黃人二：《戰國包山卜筮祝禱簡研究》（臺北：國立臺灣大學中國文學研究所碩士論文，1996 年 6 月）。

22. 黃碧璉：《屈原與楚文化研究》（臺南：國立成功大學中國文學研究所碩士論文，1996 年 6 月）。

23. 黃靜吟：《楚金文研究》（高雄：國立中山大學中國文學研究所博士論文，1997 年 6 月）。

24. 顏世鉉：《包山楚簡地名研究》（臺北：國立臺灣大學中國文學研究所碩士論文，1997 年 6 月）。

25. 文炳淳：《包山楚簡所見官制研究》（臺北：國立臺灣大學中國文學研究所碩士論文，1997 年 12 月）。

26. 林清源：《楚國文字構形演變研究》（臺中：私立東海大學中國文學研究所博士論文，1997 年 12 月）。

四、單篇論文（按作者姓名筆畫編排）

【二畫】

1. 丁山：〈陳騂壺銘跋〉，《責善半月刊》第 2 卷第 6 期（1941 年 6 月）。

2. 丁永芳：〈楚疆述略〉，《江漢考古》1980 年第 1 期（1980 年 4 月）。

3. 丁四新：〈略論郭店簡本《老子》甲乙丙三組的歷時性差異〉，《湖北大學學報》1999 年第 2 期（1999 年 3 月）。

4. 丁原植：〈郭店竹簡老子的出土及其特殊意義〉，《國文天地》第 14 卷第 2 期（1998 年 7 月）。

5. 丁筱媛：〈先秦楚地巫覡文化〉，《國立僑生大學先修班學報》第 5 期（1997 年 7 月）。

【三畫】

1. 〔日〕大西克也：〈楚簡語法札記（二則）〉，「紀念徐中舒先生誕辰一百周年暨國際漢語古文字學研討會」論文（成都：四川大學，1998 年 10 月）。

2. 于省吾：〈「鄂君啓節」考釋〉，《考古》1963 年第 8 期（1963 年 8 月）。

3. 〔日〕工藤元男撰、莫枯譯：〈雲夢秦簡《日書》所見法與習俗〉，《考古與文物》1993 年第 5 期（1993 年 9 月）。

【四畫】

1. 文物局古文獻研究室、安徽省阜陽地區博物館阜陽漢簡整理組：〈阜陽漢簡簡介〉，《文物》1983 年第 2 期（1983 年 2 月）。

2. 文崇一：〈九歌中河伯之研究〉，《中央研究院民族學研究所集刊》第 9 集（1960 年春）。

3. 文崇一：〈九歌中的水神與華南的龍舟賽神〉，《中央研究院民族學研究所集刊》第 11 集（1961 年春）。

4. 文崇一：〈九歌中的上帝與自然神〉，收入：余崇生編：《楚辭研究論文集》（臺北：學海出版社，1985 年 1 月）。

5. 方壯猷：〈初論江陵望山楚墓的年代與墓主〉，《江漢考古》1980 年第 1 期（1980 年 4 月）。

6. 王友三：〈我國原始自發宗教與早期人爲宗教淺議〉，《南京大學學報》1981 年第 1 期（1981 年 2 月）。

7. 王中江：〈郭店竹簡《老子》略說〉，《中國哲學》第 20 輯《郭店楚簡研究》（1999 年 1 月）。

8. 王世民：〈中國春秋戰國時代的冢墓〉，《考古》1981 年第 5 期（1981 年 9

月）。

9. 王冠英：〈樂書缶應稱名爲樂盈缶〉，《文物》1990 年第 12 期（1990 年 12
月）。

10. 王建蘇：〈包山楚簡研究述評〉，《江漢論壇》1992 年第 11 期（1992 年 11
月）。

11. 王紅星：〈略論包山墓地發掘的考古學價值〉，《江漢論壇》1988 年第 2 期
（1988 年 2 月）。

12. 王紅星：〈包山楚墓墓地試析〉，《文物》1988 年第 5 期（1988 年 5 月）。

13. 王紅星：〈包山 2 號墓的年代與墓主〉，收入：楚文化研究會編：《楚文化
研究論集（第二集）》（武漢：湖北人民出版社，1991 年 3 月）。

14. 王紅星、吳順青、徐夢林：〈荊門包山二號墓部分遺物的清理與復原〉，《文
物》1988 年第 5 期（1988 年 5 月）。

15. 王紀潮：〈楚人巫術與薩滿教的比較研究〉，《江漢考古》1993 年第 2 期（1993
年 5 月）。

16. 王淳美：〈簡論戰國時代之楚文明〉，《南臺工專學報》第 17 期（1993 年 3
月）。

17. 王淑禎：〈九歌異說眾論之辨析與商榷〉，《興大中文學報》第 5 期（1992
年 1 月）。

18. 王淑禎：〈九歌湘君湘夫人異說辨釋〉，《興大中文學報》第 6 期（1993 年
1 月）。

19. 王淑禎：〈九歌雲中君異說辨釋〉，《興大中文學報》第 7 期（1994 年 1 月）。

20. 王淑禎：〈九歌河伯異說辨釋〉，《興大中文學報》第 8 期（1995 年 1 月）。

21. 王國維：〈簡牘檢署考〉，《王國維遺書》第 9 冊（上海：上海古籍出版社，
1983 年 9 月，據商務印書館 1940 年版影印）。

22. 王從禮：〈楚墓葬制分析〉，《江漢考古》1988 年第 2 期（1988 年 8 月）。

23. 王從禮：〈試論楚人信鬼重祀的習俗〉，《江漢考古》1989 年第 4 期（1989
年 11 月）。

24. 王貴民：〈楚史盛衰與其意識形態關係之探討〉，《安徽史學》1986 年第 6
期（1986 年 12 月）。

25. 王勝利：〈《雲夢秦簡〈日書〉初探》商榷〉，《江漢論壇》1987 年第 11 期
（1987 年 11 月）。

26. 王勝利：〈關於楚國曆法的建正問題〉，《中國史研究》1988 年第 2 期（1988
年 5 月）。

27. 王勝利：〈再談楚國曆法的建正問題〉，《文物》1990 年第 3 期（1990 年 3
月）。

28. 王勝利：〈包山楚簡曆法爭議〉，《江漢論壇》1997年第2期（1997年2月）。

29. 王葆玹：〈試論郭店楚簡各篇的撰作時代及其背景——兼論郭店及包山楚墓的時代問題〉，《中國哲學》第20輯《郭店楚簡研究》（1999年1月）。

30. 王夢鷗：〈殷陽五行家與星歷及占筮〉，《中央研究院歷史語言研究所集刊》第43本第3分（1971年11月）。

31. 王輝：〈徐銅器銘文零釋〉，《東南文化》1995年第1期（1995年1月）。

32. 日書研讀班：〈日書：秦國社會的一面鏡子〉，《文博》1986年第5期（1986年9月）。

33. 中山大學古文字研究室楚簡整理小組：〈一篇浸透著奴隸主思想的反面教材——談信陽長臺關出土的竹書〉，《文物》1976年第6期（1976年6月）。

34. 中山大學古文字研究室楚簡整理小組：〈江陵昭固墓若干問題的探討〉，《中山大學學報》1977年第2期（1977年3月）。

35. 中文系古文字研究室楚簡整理小組：〈戰國楚竹簡概述〉，《中山大學學報》1978年第4期（1978年7月）。

36. 孔仲溫：〈望山卜筮祭禱簡文字初釋〉，收入：私立東吳大學中國文學系、所編：《第七屆中國文字學全國學術研討會》（臺北：萬卷樓圖書公司，1996年4月）。

37. 孔仲溫：〈再釋望山卜筮祭禱簡文字——兼論其相關問題〉，收入：國立彰化師範大學國文系所、中國文字學會主編：《第八屆中國文字學全國學術研討會論文集》（彰化：國立彰化師範大學國文學系，1997年3月）。

38. 孔仲溫：〈望山卜筮祭禱簡「癮、鲗」二字考釋〉，收入：中山大學中國文學系、中國訓詁學會主編：《訓詁論叢》第三輯（臺北：文史哲出版社，1997年5月）。

39. 孔仲溫：〈楚簡中有關祭禱的幾個固定字詞試釋〉，收入：張光裕等編輯：《第三屆國際中國古文字學研討會論文集》（香港：香港中文大學中國文化研究所、中國語言及文學系，1997年10月）。

【五畫】

1. 〔日〕平勢隆郎：〈楚曆小考——對《楚月名初探》的管見〉，《中山大學學報》1981年第2期（1981年4月）。

2. 左言東：〈楚國官制考〉，《求索》1982年第1期（1982年2月）。

3. 左鵬：〈荊門竹簡《老子》出土的意義〉，《中國文物報》1995年第25期，第3版，1995年6月25日。

4. 古敬恆：〈《望山楚簡》札記〉，《徐州師範大學學報》第24卷第2期（1998年6月）。

5. 史樹青：〈信陽長臺關出土竹書考〉，《北京師範大學學報》1963年第4期

（1963 年 12 月）。

6. 史樹青、楊宗榮：〈讀一九五四年第九期《文參》筆記〉,《文物參考資料》1954 年第 12 期（1954 年 12 月）。

7. 史黨社：〈試論雲夢秦簡《日書》的楚文化色彩〉,《陝西歷史博物館館刊》第 3 輯（1996 年 6 月）。

8. 白于藍：〈包山楚簡零拾〉,收入：李學勤主編、林劍鳴、謝桂華副主編：《簡帛研究》第 2 輯（北京：法律出版社,1996 年 9 月）。

9. 白于藍：〈《包山楚簡文字編》校讀瑣議〉,《江漢考古》1998 年第 2 期（1998 年 6 月）。

10. 白于藍：〈包山楚簡考釋（三篇）〉,收入：吉林大學古籍整理研究所編：《吉林大學古籍整理研究所建所十五周年紀念文集》（長春：吉林大學出版社,1998 年 12 月）。

11. 白于藍：〈《郭店楚墓竹簡》釋文正誤一例〉,《吉林大學社會科學學報》1999 年第 2 期（1999 年 3 月）。

12. 包山墓地竹簡整理小組：〈包山二號墓竹簡概述〉,《文物》1988 年第 5 期（1988 年 5 月）。

【六畫】

1. 米如田：〈戰國楚簡的發現與研究〉,《江漢考古》1988 年第 3 期（1988 年 9 月）。

2. 米如田：〈「遣策」考辨〉,《華夏考古》1991 年第 3 期（1991 年 9 月）。

3. 曲德來：〈屈原身分及生年的再探討〉,《文史》第 42 輯（1997 年 1 月）。

4. 朱維煥：〈爲疑楚辭「雲中君」所祀非「月神」備一説〉,《靜宜人文學報》第 1 期（1989 年 4 月）。

5. 朱德熙：〈望山楚簡裡的「敭」和「簡」〉,《古文字研究》第 17 輯（1989 年 6 月）。

6. 向世陵：〈郭店竹簡「性」「情」説〉,《孔子研究》1999 年第 1 期（1999 年 3 月）。

7. 后德俊：〈「包山楚簡」中的「金」義小考〉,《江漢論壇》1993 年第 11 期（1993 年 11 月）。

8. 后德俊：〈中國最早的「文房四寶」——楚國毛筆、墨、竹簡與削刀〉,《故宮文物月刊》第 13 卷第 8 期（1995 年 11 月）。

【七畫】

1. 沈啓旡、朱耘菴：〈龜卜通考〉,《國立華北編譯館館刊》1 之 1（1942 年 11 月）。

2. （法）沙畹（Edouard Chavannes）原著、馮承鈞譯：〈紙未發明前之中國書〉，《圖書館學季刊》第 5 卷第 1 期（1931 年 3 月）。

3. 宋國定等：〈新蔡發掘一座大型楚墓〉，《中國文物報》1994 年第 41 期，第 1 版，1994 年 10 月 23 日。

4. 宋鎮豪：〈殷代習卜和有關占卜制度的研究〉，《中國史研究》1987 年第 4 期（1987 年 10 月）。

5. 宋鎮豪：〈論古代甲骨占卜的「三卜」制〉，《殷墟博物苑苑刊》創刊號（1989 年 8 月）。

6. 邢文：〈郭店楚簡研究述評〉，《民族藝術》1998 年第 3 期（1998 年 7 月）。

7. 宋鎮豪：〈楚簡《五行》試探〉，《文物》1998 年第 10 期（1998 年 10 月）。

8. 宋鎮豪：〈論郭店《老子》與今本《老子》不屬一系──楚簡《太一生水》及其意義〉，《中國哲學》第 20 輯《郭店楚簡研究》（1999 年 1 月）。

9. 宋鎮豪、李縉雲：〈郭店《老子》國際研討會綜述〉，《文物》1998 年第 9 期（1998 年 9 月）。

10. 杜維明：〈郭店楚簡與先秦儒道思想的重新定位〉，《中國哲學》第 20 輯《郭店楚簡研究》（1999 年 1 月）。

11. 李天虹：〈包山楚簡釋文補正〉，《江漢考古》1993 年第 3 期（1993 年 8 月）。

12. 李玉浩：〈試論楚文化的墓葬特色〉，《中原文物》1992 年第 2 期（1992 年 6 月）。

13. 李守奎：〈江陵九店 56 號墓竹簡考釋四則〉，《江漢考古》1997 年第 4 期（1997 年 12 月）。

14. 李守奎：〈楚文字考釋（三組）〉，收入：中國社會科學院簡帛研究中心編輯：《簡帛研究》第 3 輯（南寧：廣西教育出版社，1998 年 12 月）。

15. 李守奎：〈古文字辨析三組〉，收入：吉林大學古籍整理研究所編：《吉林大學古籍整理研究所建所十五周年紀念文集》（長春：吉林大學出版社，1998 年 12 月）。

16. 李亦園：〈說占卜──一個民族學的考察〉，《中華文化復興月刊》第 11 卷第 6 期（1978 年 6 月）。

17. 李存山：〈從郭店楚簡看早期道儒關係〉，《中國哲學》第 20 輯《郭店楚簡研究》（1999 年 1 月）。

18. 李存山：〈讀楚簡《忠信之道》及其他〉，《中國哲學》第 20 輯《郭店楚簡研究》（1999 年 1 月）。

19. 李均明：〈簡牘符號考述〉，《華學》第 2 輯（1996 年 12 月）。

20. 李家浩：〈釋「弁」〉，《古文字研究》第 1 輯（1979 年 8 月）。

21. 李家浩：〈戰國時代的「冢」字〉，《語言學論叢》第 7 輯（1981 年 7 月）。

22. 李家浩：〈信陽楚簡「澮」字及從「夬」之字〉，《中國語言學報》第 1 期（1982 年 12 月）。

23. 李家浩：〈楚國官璽考釋（四篇）〉，《江漢考古》1984 年第 2 期（1984 年 5 月）。

24. 李家浩：〈從戰國「忠信」印談古文字中的異讀現象〉，《北京大學學報》1987 年第 2 期（1987 年 3 月）。

25. 李家浩：〈仰天湖楚簡十三號考釋——楚簡研究之一〉，《中國典籍與文化論叢》第 1 輯（1993 年 9 月）。

26. 李家浩：〈包山二六六號簡所記木器研究〉，收入：袁行霈主編：《國學研究》第 2 卷（北京：北京大學出版社，1994 年 7 月）。

27. 李家浩：〈信陽楚簡中的「柿枳」〉，收入：李學勤主編、林劍鳴、謝桂華副主編：《簡帛研究》第 2 輯（北京：法律出版社，1996 年 9 月）。

28. 李家浩：〈包山楚簡所記楚先祖名及其相關問題〉，《文史》第 42 輯（1997 年 1 月）。

29. 李家浩：〈包山楚簡「箙」字及其相關之字〉，收入：張光裕等編輯：《第三屆國際中國古文字學研討會論文集》（香港：香港中文大學中國文化研究所、中國語言及文學系，1997 年 10 月）。

30. 李家浩：〈信陽楚簡「樂人之器」研究〉，收入：中國社會科學院簡帛研究中心編輯：《簡帛研究》第 3 輯（南寧：廣西教育出版社，1998 年 12 月）。

31. 李純一：〈關於歌鐘、行鐘及蔡侯編鐘〉，《文物》1973 年第 7 期（1973 年 7 月）。

32. 李裕民：〈古字新考〉，《古文字研究》第 10 輯（1983 年 7 月）。

33. 李零：〈楚國銅器銘文編年匯釋〉，《古文字研究》第 13 輯（1986 年 6 月）。

34. 李零：〈楚燕客銅量銘文補正〉，《江漢考古》1988 年第 4 期（1988 年 11 月）。

35. 李零：〈出土發現與古書年代的再認識〉，《九州學刊》第 3 卷第 1 期（1988 年 12 月）。

36. 李零：〈楚國族源、世系的文字學證明〉，《文物》1991 年第 2 期（1991 年 2 月）。

37. 李零：〈論東周時期的楚國典型銅器群〉，《古文字研究》第 19 輯（1992 年 8 月）。

38. 李零：〈包山楚簡研究（占卜類）〉，《中國典籍與文化論叢》第 1 輯（1993 年 9 月）。

39. 李零：〈考古發現與神話傳說〉，《學人》第 5 輯（1994 年 2 月）。

40. 李零：〈包山楚簡研究（文書類）〉，收入：南開大學歷史系先秦史研究室

編：《王玉哲先生八十壽辰紀念文集》（天津：南開大學出版社，1994 年 10 月）。

41. 李零：〈古文字雜識（五則）〉，收入：袁行霈主編：《國學研究》第 3 卷（北京：北京大學出版社，1995 年 12 月）。

42. 李零：〈古文字雜釋（兩篇）〉，收入：吉林大學古文字研究室編：《于省吾教授百年誕辰紀念文集》（長春：吉林大學出版社，1996 年 9 月）。

43. 李零：〈古文字雜釋（二則）〉，收入：張光裕等編輯：《第三屆國際中國古文字學研討會論文集》（香港：香港中文大學中國文化研究所、中國語言及文學系，1997 年 10 月）。

44. 李零：〈讀幾種出土發現的選擇類古書〉，收入：中國社會科學院簡帛研究中心編輯：《簡帛研究》第 3 輯（南寧：廣西教育出版社，1998 年 12 月）。

45. 李運富：〈楚國簡帛文字資料綜述〉，《江漢考古》1995 年第 4 期（1995 年 12 月）。

46. 李運富：〈楚國簡帛文字研究概觀〉，《江漢考古》1996 年第 3 期（1996 年 8 月）。

47. 李運富：〈楚國簡帛文字叢考（一）〉，《古漢語研究》1996 年第 3 期（1996 年 9 月）。

48. 李運富：〈楚國簡帛文字叢考（二）〉，《古漢語研究》1997 年第 1 期（1997 年 3 月）。

49. 李運富：〈楚國簡帛文字叢考（三）〉，《古漢語研究》1998 年第 2 期（1998 年 6 月）。

50. 李運富：〈楚國簡帛文字叢考（四）〉，《古漢語研究》1999 年第 1 期（1999 年 3 月）。

51. 李曉東、黃曉芬：〈從《日書》看秦人鬼神觀及秦文化特徵〉，《歷史研究》1987 年第 4 期（1987 年 8 月）。

52. 李學勤：〈談近年新發現的幾種戰國文字資料〉，《文物參考資料》1956 年第 1 期（1956 年 1 月）。

53. 李學勤：〈戰國題銘概述（上—下）〉，《文物》1959 年第 7—9 期（1959 年 7—9 月）。

54. 李學勤：〈補論戰國題銘的一些問題〉，《文物》1960 年第 7 期（1960 年 7 月）。

55. 李學勤：〈西周中期青銅器的重要標尺——周原莊白、強家兩處青銅器窖藏的綜合研究〉，《中國歷史博物館館刊》1979 年第 1 期（1979 年 10 月）。

56. 李學勤：〈西周甲骨的幾點研究〉，《文物》1981 年第 9 期（1981 年 9 月）。

57. 李學勤：〈楚國夫人璽與戰國時的江陵〉，《江漢論壇》1982 年第 7 期（1982 年 7 月）。

58. 李學勤：〈睡虎地秦簡《日書》與楚、秦社會〉，《江漢考古》1985 年第 4 期（1985 年 11 月）。

59. 李學勤：〈續論周原甲骨〉，《人文雜誌》1986 年第 1 期（1986 年 1 月）。

60. 李學勤：〈論包山楚簡中一楚先祖名〉，《文物》1988 年第 8 期（1988 年 8 月）。

61. 李學勤：〈竹簡卜辭與商周甲骨〉，《鄭州大學學報》1989 年第 2 期（1989 年 4 月）。

62. 李學勤：〈長沙子彈庫第二帛書探要〉，《江漢考古》1990 年第 1 期（1990 年 2 月）。

63. 李學勤：〈長臺關竹簡中的《墨子》佚篇〉，收入：四川大學歷史系編：《徐中舒先生九十壽辰紀念文集》（成都：巴蜀書社，1990 年 6 月）。

64. 李學勤：〈西周筮數陶罐的研究〉，《人文雜誌》1990 年第 6 期（1990 年 11 月）。

65. 李學勤：〈包山楚簡中的土地買賣〉，《中國文物報》1992 年第 11 期，第 3 版，1992 年 3 月 22 日。

66. 李學勤：〈試論長沙子彈庫楚帛書殘片〉，《文物》1992 年第 11 期（1992 年 11 月）。

67. 李學勤：〈論新出簡帛與學術研究〉，《傳統文化與現代化》1993 年第 1 期（1993 年 1 或 2 月）。

68. 李學勤：〈釋戰國玉璜箴銘〉，收入：吉林大學古文字研究室編：《于省吾教授百年誕辰紀念文集》（長春：吉林大學出版社，1996 年 9 月）。

69. 李學勤：〈荊門郭店楚簡中的《子思子》〉，《文物天地》1998 年第 2 期（1998 年 3 月）。

70. 李學勤：〈荊門郭店楚簡所見關尹遺說〉，《中國文物報》1998 年第 27 期，第 3 版，1998 年 4 月 8 日。

71. 李學勤：〈釋郭店簡祭公之顧命〉，《文物》1998 年第 7 期（1998 年 7 月）。

72. 李學勤：〈從簡帛佚籍《五行》談到《大學》〉，《孔子研究》1998 年第 3 期（1998 年 9 月）。

73. 李學勤：〈說郭店楚簡「道」字〉，收入：中國社會科學院簡帛研究中心編輯：《簡帛研究》第 3 輯（南寧：廣西教育出版社，1998 年 12 月）。

74. 李學勤：〈先秦儒家著作的重大發現〉，《中國哲學》第 20 輯《郭店楚簡研究》（1999 年 1 月）。

75. 李學勤：〈郭店楚簡與儒家經籍〉，《中國哲學》第 20 輯《郭店楚簡研究》（1999 年 1 月）。

76. 李學勤、王宇信：〈周原卜辭選釋〉，《古文字研究》第 4 輯（1982 年 12

月）。

77. 吳小強：〈論秦人的多神崇拜特點——雲夢秦簡《日書》的宗教學研究〉，
《文博》1992 年第 4 期（1992 年 7 月）。

78. 吳昌廉：〈秦簡秦楚月名對照表初探〉，《興大歷史學報》第 4 期（1994 年
5 月）。

79. 吳郁芳：〈包山二號墓墓主昭佗家譜考〉，《江漢論壇》1992 年第 11 期（1992
年 11 月）。

80. 吳郁芳：〈《包山楚簡》卜禱簡牘釋讀〉，《考古與文物》1996 年第 2 期（1996
年 3 月）。

81. 吳澤：〈周禮司命新考——讀王國維東山雜記〉，《中華文史論叢》1985 年
第 1 輯（1985 年 2 月）。

82. 何幼琦：〈屈原的生年和誕辰〉，《江漢論壇》1981 年第 2 期（1981 年 3 月）。

83. 何幼琦：〈論楚國之曆〉，《江漢論壇》1985 年第 10 期（1985 年 10 月）。

84. 何幼琦：〈論包山楚簡之曆〉，《江漢論壇》1993 年第 11 期（1993 年 11 月）。

85. 何光岳：〈呂國的形成和遷徙〉，《史學月刊》1984 年第 3 期（1984 年 5 月）。

86. 何浩：〈文坪夜君的身份與昭氏的世系〉，《江漢考古》1992 年第 3 期（1992
年 8 月）。

87. 何浩：〈魯陽君、魯陽公及魯陽設縣的問題〉，《中原文物》1994 年第 4 期
（1994 年 12 月）。

88. 何浩、張君：〈試論楚國傳統的貞卜方法〉，《安徽史學》1987 年第 2 期（1987
年 4 月）。

89. 何琳儀：〈長沙銅量銘文補釋〉，《江漢考古》1988 年第 4 期（1988 年 11
月）。

90. 何琳儀：〈句吳王劍補釋〉，收入：常宗豪等編輯：《第二屆國際中國古文
字學研討會論文集》（香港：香港中文大學中國語言及文學系，1993 年 10
月）。

91. 何琳儀：〈包山楚簡選釋〉，《江漢考古》1993 年第 4 期（1993 年 11 月）。

92. 何琳儀：〈古兵地名雜識〉，《考古與文物》1996 年第 6 期（1996 年 11 月）。

93. 何琳儀：〈仰天湖竹簡選釋〉，收入：中國社會科學院簡帛研究中心編輯：
《簡帛研究》第 3 輯（南寧：廣西教育出版社，1998 年 12 月）。

94. 何新：〈揭開《九歌》十神之謎〉，《學習與探索》1987 年第 5 期（1987 年
9 月）。

95. 何雙全：〈天水放馬灘秦簡綜述〉，《文物》1989 年第 2 期（1989 年 2 月）。

96. 余英時：〈中國古代死後世界觀的演變〉，《聯合月刊》第 26 期（1983 年 9
月）。

97. 岑仲勉：〈補唐代翰林兩記〉，《中央研究院歷史語言研究所集刊》第 11 本
（1971 年 7 月）。

【八畫】

1. 河南省文化局文物工作隊第一隊：〈我國考古史上的空前發現——信陽長
臺關發掘一座戰國大墓〉，《文物參考資料》1957 年第 9 期（1957 年 9 月）。

2. 〔日〕武內義雄：〈六國年表訂誤〉，收入：高瀨博士還曆記念會編：《高
瀨博士還曆記念支那學論叢》（京都：弘文堂書房，1928 年 12 月）。

3. 武家璧：〈楚用亥正曆法的新證據〉，《中國文物報》1996 年第 15 期，第 3
版，1996 年 4 月 21 日。

4. 〔日〕林巳奈夫：〈長沙出土戰國帛書考〉，《東方學報（京都）》第 36 冊
第 1 分（1964 年 10 月）。

5. 林素清師：〈論先秦文字中的「　」符〉，《中央研究院歷史語言研究所集
刊》第 56 本第 4 分（1985 年 12 月）。

6. 林素清師：〈談戰國文字的簡化現象〉，《大陸雜誌》第 72 卷第 5 期（1986
年 5 月）。

7. 林素清師：〈論戰國文字的增繁現象〉，《中國文字》新 13 期（1990 年 2
月）。

8. 林素清師：〈春秋戰國美術字體研究〉，《中央研究院歷史語言研究所集刊》
第 61 本第 1 分（1990 年 3 月）。

9. 林素清師：〈讀《包山楚簡》札記〉，「中國古文字研究會第九屆學術研討
會」論文（南京：南京大學，1992 年 10 月）。

10. 林素清師：〈探討包山楚簡在文字學上的幾個課題〉，《中央研究院歷史語
言研究所集刊》第 66 本第 4 分（1995 年 12 月）。

11. 林素清師：〈從包山楚簡紀年材料論楚曆〉，收入：臧振華編輯：《中國考
古學與歷史學之整合研究》（臺北：中央研究院歷史語言研究所，1997 年
7 月）。

12. 林原：〈建國前的楚文化研究綜述〉，《江漢考古》1995 年第 3 期（1995 年
8 月）。

13. 林富士：〈試論漢代的巫術醫療法及觀念基礎——「漢代疾病研究」之一〉，
《史原》第 16 期（1987 年 11 月）。

14. 林富士：〈試論《太平經》的疾病觀念〉，《中央研究院歷史語言研究所集
刊》第 62 本第 2 分（1993 年 4 月）。

15. 林富士：〈東漢晚期的疾疫與宗教〉，《中央研究院歷史語言研究所集刊》
第 66 本第 3 分（1995 年 9 月）。

16. 林富士：〈「巫叩元絃」考釋——兼論音樂與中國的巫覡儀式之關係〉，《新

史學》第 7 卷第 3 期（1996 年 9 月）。

17. 林雅婷：〈戰國楚系簡帛合文試探〉，收入：中山人文學術論叢編審委員會主編：《中山人文學術論叢》第 1 輯（高雄：復文圖書出版社，1997 年 10 月）。

18. 林澐：〈讀包山楚簡札記七則〉，《江漢考古》1992 年第 4 期（1992 年 11 月）。

19. 林劍鳴：〈從秦人價值觀看秦文化的特點〉，《歷史研究》1987 年第 3 期（1987 年月）。

20. 林劍鳴：〈曲徑通幽處，高樓望路時——評介當前簡牘《日書》研究狀況〉，《文博》1988 年第 3 期（1988 年 5 月）。

21. 林劍鳴：〈秦簡《日書》校補〉，《文博》1992 年第 1 期（1992 年 1 月）。

22. 易重廉：〈《九歌·河伯》祀主考〉，《文學遺產》1985 年第 4 期（1985 年 12 月）。

23. 季旭昇：〈讀郭店楚墓竹簡札記：卞、絕為棄作、民復季子〉，《中國文字》新 24 期（1998 年 12 月）。

24. 周世榮：〈楚邢客銅量銘文試釋〉，《江漢考古》1987 年第 2 期（1987 年 5 月）。

25. 周世榮：〈包山楚墓簡牘兵器文字考〉，「中國古文字研究會第九屆學術研討會」論文（南京：南京大學，1992 年 10 月）。

26. 周桂鈿：〈荊門竹簡《緇衣》校讀札記〉，《中國哲學》第 20 輯《郭店楚簡研究》（1999 年 1 月）。

27. 周桂鈿：〈《郭店楚墓竹簡·緇衣》研究札記〉，《孔子研究》1999 年第 1 期（1999 年 3 月）。

28. 周鳳五師：〈說巫〉，《臺大中文學報》第 3 期（1989 年 12 月）。

29. 周鳳五師：〈包山楚簡文字初考〉，收入：王叔岷先生八十壽慶論文集編輯委員會：《王叔岷先生八十壽慶論文集》（臺北：大安出版社，1993 年 6 月）。

30. 周鳳五師：〈《杏罜命案文書》箋釋——包山楚簡司法文書研究之一〉，《國立臺灣大學文史哲學報》第 41 期（1994 年 6 月）。

31. 周鳳五師：〈侯馬盟書年代問題重探〉，《中國文字》新 19 期（1994 年 9 月）。

32. 周鳳五師：〈包山楚簡《集箸》《集箸言》析論〉，《中國文字》新 21 期（1996 年 12 月）。

33. 周鳳五師：〈子彈庫帛書「熱氣倉氣」說〉，《中國文字》新 23 期（1997 年 12 月）。

34. 周鳳五師：〈郭店楚簡《忠信之道》考釋〉，《中國文字》新 24 期（1998 年 12 月）。

35. 周鳳五師：〈郭店楚簡識字札記〉，收入：張以仁先生七秩壽慶論文集編輯委員會編：《張以仁先生七秩壽慶論文集》（臺北：臺灣學生書局，1999 年 1 月）。

36. 周鳳五師：〈讀郭店楚簡《成之聞之》札記〉（稿本）。

37. 周鳳五師：〈郭店楚簡《天常篇》疏證〉（稿本）。

38. 周曉陸：〈盱眙所出重金絡罍·陳璋圓壺續考〉，《考古》1988 年第 3 期（1988 年 3 月）。

39. 周曉陸、紀達凱：〈江蘇連雲港市出土襄城楚境尹戈讀考〉，《考古》1995 年第 1 期（1995 年 1 月）。

40. 屈萬里：〈我國古代的圖書——竹帛〉，《讀書通訊》第 48 期（1942 年 8 月）。

【九畫】

1. 姜廣輝：〈郭店楚簡與《子思子》——兼談郭店楚簡的思想史意義〉，《哲學研究》1998 年第 7 期（1998 年 7 月）。

2. 姜廣輝：〈郭店一號墓主是誰〉，《中國哲學》第 20 輯《郭店楚簡研究》（1999 年 1 月）。

3. 胡方平：〈試論中國古代墳丘的起源〉，《考古與文物》1993 年第 5 期（1993 年 9 月）。

4. 胡平生：〈說包山楚簡的「　」〉，收入：張光裕等編輯：《第三屆國際中國古文字學研討會論文集》（香港：香港中文大學中國文化研究所、中國語言及文學系，1997 年 10 月）。

5. 胡光煒：〈壽春新出楚王鼎銘考釋（又一器）〉，《國風半月刊》第 4 卷第 6 期（1934 年 3 月）。

6. 胡雅麗：〈包山二號墓漆畫考〉，《文物》1988 年第 5 期（1988 年 5 月）。

7. 姚小鷗：〈《九歌》的神系與神格——評《揭開〈九歌〉十神之謎》〉，《社會科學戰線》1990 年第 2 期（1990 年 4 月）。

【十畫】

1. 容肇祖：〈簡書發現考〉，《國立中山大學語言歷史學研究所週刊》第 9 集第 100 期（1929 年 10 月）。

2. 高智：〈釋楚系文字中的「雩」及相關文字〉，「紀念容庚先生百年誕辰暨中國古文字學國際學術研討會」論文（東莞：中山大學，1994 年 8 月 21～25 日）。

3. 高智：〈《包山楚簡》文字校釋十四則〉，收入：吉林大學古文字研究室編：《于省吾教授百年誕辰紀念文集》（長春：吉林大學出版社，1996 年 9 月）。

4. 高應勤、王光鎬：〈當陽趙家湖楚墓的分類與分期〉，收入：中國考古學會編輯：《中國考古學會第二次年會論文集》（北京：文物出版社，1982 年 6 月）。

5. 唐鈺明：〈戰國文字資料釋讀三題〉，收入：廣東炎黃文化研究會等合編：《容庚先生百年誕辰紀念文集（古文字研究專號）》（韶關：廣東人民出版社，1998 年 4 月）。

6. 唐蘭：〈壽縣所出銅器考略〉，《國立北京大學國學季刊》第 4 卷第 1 號（1934 年 12 月）。

7. 凌純聲：〈國殤禮魂與馘首祭梟〉，《中央研究院民族學研究所集刊》第 9 集（1960 年春）。

8. 馬茂元：〈論九歌〉，收入：余崇生編：《楚辭研究論文集》（臺北：學海出版社，1985 年 1 月）。

9. 馬國權：〈戰國楚竹簡文字略說〉，《古文字研究》第 3 輯（1980 年 11 月）。

10. 荊州地區博物館：〈湖北江陵藤店一號墓發掘簡報〉，《文物》1973 年第 9 期（1973 年 9 月）。

11. 荊州地區博物館：〈湖北江陵馬山磚廠一號墓出土大批戰國時期絲織品〉，《文物》1982 年第 10 期（1982 年 10 月）。

12. 荊州地區博物館：〈江陵王家臺 15 號秦墓〉，《文物》1995 年第 1 期（1995 年 1 月）。

13. 荊沙鐵路考古隊：〈荊門市包山大冢出土一批重要文物〉，《江漢考古》1987 年第 2 期（1987 年 6 月）。

14. 荊沙鐵路考古：〈江陵秦家嘴楚墓發掘簡報〉，《江漢考古》1988 年第 2 期（1988 年 4 月）。

15. 袁國華：〈讀《包山楚簡‧字表》札記〉，「全國中國文學研究所在學研究生學術論文研討會」論文（中壢：國立中央大學，1993 年 4 月 28 日）。

16. 袁國華：〈「包山楚簡」文字考釋〉，收入：常宗豪等編輯：《第二屆國際中國古文字學研討會論文集》（香港：香港中文大學中國語言及文學系，1993 年 10 月）。

17. 袁國華：〈包山楚簡文字零釋〉，《中國文字》新 18 期（1994 年 1 月）。

18. 袁國華：〈「包山楚簡」文字考釋三則〉，《中華學苑》第 44 期（1994 年 4 月）。

19. 袁國華：〈「包山楚簡」文字諸家考釋異同一覽表〉，《中國文字》新 20 期（1995 年 12 月）。

20. 袁國華：〈郭店楚簡文字考釋十一則〉，《中國文字》新 24 期（1998 年 12

月）。

21. 郝本性：〈信陽楚墓出土屈箎編鐘新讀〉，收入：楚文化研究會編：《楚文化研究論集（第四集）》（鄭州：河南人民出版社，1994 年 6 月）。

22. 〔美〕夏含夷：〈試論周原卜辭⊕字，兼論周代貞卜的性質〉，《古文字研究》第 17 輯（1989 年 6 月）。

23. 夏淥：〈銘文所見楚王名字考〉《江漢考古》1985 年第 4 期（1985 年 11 月）。

24. 夏淥：〈讀包山楚簡偶記——「受賄」、「國帑」、「茅門有敗」等字詞新義〉，《江漢考古》1993 年第 2 期（1993 年 5 月）。

25. 翁銀陶：〈山海經產於楚地七證〉，《江漢論壇》1984 年第 2 期（1984 年 2 月）。

26. 徐中舒：〈陳侯四器考釋〉，《國立中央研究院歷史語言研究所集刊》第 3 本第 4 分（1933 年）。

27. 徐中舒：〈數占法與周易的八卦〉，《古文字研究》第 10 輯（1983 年 7 月）。

28. 徐少華：〈包山二號墓的年代及有關問題〉，《江漢考古》1989 年第 4 期（1989 年 12 月）。

29. 徐少華：〈鄀國歷史地理探疑——兼論包山、望山墓的年代和史實〉，《華夏考古》1991 年第 3 期（1991 年 9 月）。

30. 徐少華：〈包山楚簡釋地五則〉，《江漢考古》1996 年第 4 期（1996 年 12 月）。

31. 徐少華：〈包山楚簡釋地八則〉，《中國歷史地理論叢》1996 年第 4 期（1996 年 12 月）。

32. 徐少華：〈包山楚簡釋地十則〉，《文物》1996 年第 12 期（1996 年 12 月）。

33. 徐少華：〈包山楚簡地名數則考釋〉，《武漢大學學報》1997 年第 4 期（1997 年 7 月）。

34. 徐在國：〈包山楚簡文字考釋四則〉，收入：吉林大學古文字研究室編：《于省吾教授百年誕辰紀念文集》（長春：吉林大學出版社，1996 年 9 月）。

35. 徐在國：〈楚簡文字拾零〉，《江漢考古》1997 年第 2 期（1997 年 6 月）。

36. 徐在國：〈楚簡文字新釋〉，《江漢考古》1998 年第 2 期（1998 年 6 月）。

37. 徐在國：〈讀《楚系簡帛文字編》札記〉，《安徽大學學報》1998 年第 5 期（1998 年 9 月）。

38. 徐在國、黃德寬：〈郭店楚簡文字續考〉，「紀念徐中舒先生誕辰一百周年暨國際漢語古文字學研討會」論文（成都：四川大學，1998 年 10 月）。

39. 徐洪興：〈占卜術與中國傳統文化散論〉，《復旦學報》1990 年第 3 期（1990 年 5 月）。

40. 徐洪興：〈疑古與信古——從郭店竹簡本《老子》出土回顧本世紀關於老

子其人其書的爭論〉,《復旦學報》1999 年第 1 期（1999 年 1 月）。

41. 徐洪興:〈郭店竹簡《老子》三種:對《老子》一書研究的新的重大發現〉,收入:輔仁大學哲學系主編:《本世紀出土思想文獻與中國古典哲學研究兩岸學術研討會會議論文集》（臺北:輔仁大學哲學系,1999 年 1 月）。

42. 徐富昌:〈睡虎地秦簡《日書》中的鬼神信仰〉,收入:張以仁先生七秩壽慶論文集編輯委員會編:《張以仁先生七秩壽慶論文集》（臺北:臺灣學生書局,1999 年 1 月）。

43. 徐錫台、樓宇棟:〈西周卦畫探原——周原出土卜甲上卦畫初探〉,收入:中國考古學會編輯:《中國考古學會第一次年會論文集》（北京:文物出版社,1979 年 12 月）。

44. 徐錫台、樓宇棟:〈奇偶數和符號圖形畫的考釋〉,收入:張光裕等編輯:《第三屆國際中國古文字學研討會論文集》（香港:香港中文大學中國文化研究所、中國語言及文學系,1997 年 10 月）。

45. 殷滌非:〈壽縣楚器中的「大廥鎬」〉,《文物》1980 年第 8 期（1980 年 8 月）。

46. 殷滌非、羅長銘:〈壽縣出土的「鄂君啓金節」〉,《文物參考資料》1958 年第 4 期（1958 年 4 月）。

47. 孫作雲:〈楚辭《九歌》之結構及其祀神時神、巫之配置方式〉,《文學遺產增刊》8 輯（未注明出版年月）。

【十一畫】

1. 商志醰:〈記商承祚教授藏長沙子彈庫楚國殘帛書〉,《文物》1992 年第 11 期（1992 年 11 月）。

2. 商志:〈商承祚教授藏長沙子彈庫楚帛書殘片〉,《文物天地》1992 年第 6 期（1992 年 11 月）。

3. 許抗生:〈初讀郭店竹簡《老子》〉,《中國哲學》第 20 輯《郭店楚簡研究》（1999 年 1 月）。

4. 許倬雲:〈春秋戰國間的社會變動〉,《中央研究院歷史語言研究所集刊》第 34 本（1963 年 12 月）。

5. 許道勝:〈包山 2 號墓竹簡卦畫初探〉,收入:楚文化研究會編:《楚文化研究論集（第四集）》（鄭州:河南人民出版社,1994 年 6 月）。

6. 許學仁:〈戰國楚墓卜筮類竹簡所見「數字卦」〉,《中國文字》新 17 期（1993 年 3 月）。

7. 許學仁:〈包山楚簡所見之楚先公先王考〉,收入:臺灣師範大學國文系所、中國文字學會主編:《魯實先先生學術討論會論文集》（臺北:萬卷樓圖書公司,1993 年 6 月）。

8. 郭沂：〈從郭店楚簡《老子》看老子其人其書〉，《哲學研究》1998 年第 7 期（1998 年 7 月）。

9. 郭沂：〈郭店楚簡《天降大常》（《成之聞之》）篇疏證〉，《孔子研究》1998 年第 3 期（1998 年 9 月）。

10. 郭沂：〈楚簡《老子》與老子公案〉，《中國哲學》第 20 輯《郭店楚簡研究》（1999 年 1 月）。

11. 郭沫若：〈關於鄂君啓節的研究〉，《文物參考資料》1958 年第 4 期（1958 年 4 月）。

12. 郭若愚：〈長沙仰天湖戰國竹簡文字的摹寫與考釋〉，《上海博物館集刊》第 3 期（1986 年 4 月）。

13. 郭齊勇：〈郭店儒家簡的意義與價值〉，《湖北大學學報》1999 年第 2 期（1999 年 3 月）。

14. 郭德維：〈《包山楚簡初探》評介〉，《江漢考古》1997 年第 1 期（1997 年 3 月）。

15. 連邵名：〈望山楚簡中的習卜〉，《江漢論壇》1986 年第 11 期（1986 年 11 月）。

16. 莊淑慧：〈曾侯乙墓出土竹簡考〉，《國立臺灣師範大學國文研究所集刊》第 40 號（1996 年 3 月）。

17. 莊萬壽：〈太一與水之思想探究——《太一生水》楚簡之初探〉，收入：輔仁大學哲學系主編：《本世紀出土思想文獻與中國古典哲學研究兩岸學術研討會會議論文集》（臺北：輔仁大學哲學系，1999 年 1 月）。

18. 曹錦炎：〈包山楚簡中的受期〉，《江漢考古》1993 年第 1 期（1993 年 2 月）。

19. 梅祖麟：〈古代楚方言中「夕（鿰）」字的詞義和語源〉，《方言》1981 年第 3 期（1981 年 8 月）。

20. 張立文：〈《郭店楚墓竹簡》的篇題〉，《中國哲學》第 20 輯《郭店楚簡研究》（1999 年 1 月）。

21. 張立文：〈略論郭店楚簡的「仁義」思想〉，《孔子研究》1999 年第 1 期（1999 年 3 月）。

22. 張正民：〈楚墓與楚文化〉，《中原文物》1989 年第 2 期（1989 年 6 月）。

23. 張正民：〈楚文化的發現與研究〉，《文物》1989 年第 12 期（1989 年 12 月）。

24. 張光裕、袁國華：〈讀包山楚簡札迻〉，《中國文字》新 17 期（1993 年 3 月）。

25. 張光裕、袁國華：〈《包山楚簡文字編》校訂〉，《中國文字》新 19 期（1994 年 9 月）。

26. 張全民：〈包山「受期」簡析疑〉，《江漢考古》1998 年第 2 期（1998 年 6

月）。

27. 張君：〈試論楚國的宗族制及其特點〉，《武漢師範學院學報》1984 年第 4 期（1984 年 7 月）。

28. 張君：〈「荊尸」新探〉，《華中師院學報》1984 年第 5 期（1984 年 9 月）。

29. 張君：〈試論春秋時期楚國的春官〉，《江漢論壇》1987 年第 1 期（1987 年 1 月）。

30. 張君：〈楚國用馬禮俗考略〉，《求索》1987 年第 6 期（1987 年 12 月）。

31. 張君：〈楚國括馬制度綜論〉，《中國史研究》1989 年第 2 期（1989 年 5 月）。

32. 張恒蔚：〈包山楚簡卜筮祭禱記錄研究〉，「第十七屆中部地區中文研究生論文研討會」論文（彰化：國立彰化師範大學，1999 年 4 月 24、25 日）。

33. 張亞初、劉雨：〈從商周八卦數字符號談筮法的幾個問題〉，《考古》1981 年第 2 期（1981 年 3 月）。

34. 張亞初：〈論楚公豪鐘和楚公逆鎛的年代〉，《江漢考古》1984 年第 4 期（1984 年 11 月）。

35. 張政烺：〈試釋周初青銅器銘文中的易卦〉，《考古學報》1980 年第 4 期（1980 年 10 月）。

36. 張政烺：〈帛書《六十四卦》跋〉，《文物》1984 年第 3 期（1984 年 3 月）。

37. 張政烺：〈殷虛甲骨文中所見的一種筮卦〉，《文史》第 24 輯（1985 年 4 月）。

38. 張政烺：〈易辨——近幾年來我用考古材料研究周易的綜述〉，《中國哲學》第 14 輯（1988 年 1 月）。

39. 張家山漢墓竹簡整理小組：〈江陵張家山漢簡概述〉，《文物》1985 年第 1 期（1985 年 1 月）。

40. 張桂光：〈楚簡文字考釋二則〉，《江漢考古》1994 年第 3 期（1994 年 8 月）。

41. 張桂光：〈古文字考釋六則〉，收入：吉林大學古文字研究室編：《于省吾教授百年誕辰紀念文集》（長春：吉林大學出版社，1996 年 9 月）。

42. 張連航：〈楚國青銅器銘文的形體與紀年特徵〉，收入：張光裕等編輯：《第三屆國際中國古文字學研討會論文集》（香港：香港中文大學中國文化研究所、中國語言及文學系，1997 年 10 月）。

43. 張強：〈近年來秦簡《日書》研究評介〉，收入：李學勤主編、林劍鳴、謝桂華副主編：《簡帛研究》第 2 輯（北京：法律出版社，1996 年 9 月）。

44. 張聞玉：〈雲夢秦簡《日書》初探〉，《江漢論壇》1987 年第 4 期（1987 年 4 月）。

45. 張聞玉：〈曾侯乙墓天文圖象研究〉，《貴州文史叢刊》1989 年第 2 期（1989 年 6 月）。

46. 張銘洽：〈雲夢秦簡《日書》占卜術初探〉,《文博》1988 年第 3 期（1988 年 5 月）。

47. 張簡坤明：〈雲中君神格研究〉,《國立彰化師範大學國文系集刊》第 1 期（1996 年 6 月）。

48. 張鐵慧：〈《曾侯乙墓竹簡釋文與考釋》讀後〉,《江漢考古》1996 年第 3 期（1996 年 8 月）。

49. 陳千萬：〈蘇兒罍及鄀國地望問題〉,《考古與文物》1988 年第 3 期（1988 年 5 月）。

50. 陳久金：〈屈原生年考〉,《社會科學戰線》1980 年第 2 期（1980 年 4 月）。

51. 陳文豪：〈中國大陸簡牘研究專書述評（一九八〇～一九九六）〉,《中國上古秦漢學會通訊》第 3 期（1997 年 6 月）。

52. 陳來：〈郭店楚簡之《性自命出》篇初探〉,《孔子研究》1998 年第 3 期（1998 年 9 月）。

53. 陳松長：〈《包山楚簡》遣策釋文訂補〉,收入：常宗豪等編輯：《第二屆國際中國古文字學研討會論文集續編》（香港：香港中文大學中國語言及文學系,1995 年 9 月）。

54. 陳松長：〈九店楚簡釋讀札記〉,收入：張光裕等編輯：《第三屆國際中國古文字學研判會論文集》（香港：香港中文大學中國文化研究所、中國語言及文學系,1997 年 10 月）。

55. 陳直：〈楚簡解要〉,《西北大學學報》1957 年第 4 期（1957 年 12 月）。

56. 陳振裕：〈湖北楚簡概述〉,收入：李學勤主編、林劍鳴、謝桂華副主編：《簡帛研究》第 1 輯（北京：法律出版社,1993 年 10 月）。

57. 陳秉新：〈讀徐器銘文札記〉,《東南文化》1995 年第 1 期（1995 年 1 月）。

58. 陳秉新：〈包山楚簡考釋商榷〉,《南方文物》1998 年第 3 期（1998 年 9 月）。

59. 陳秉新、李立芳：〈包山楚簡新釋〉,《江漢考古》1998 年第 2 期（1998 年 6 月）。

60. 陳建梁：〈馬山墓所出「緅衣」研究〉,《故宮學術季刊》第 12 卷第 4 期（1995 年夏）。

61. 陳高志：〈《郭店楚墓竹簡·緇衣篇》部分文字隸定檢討〉,收入：張以仁先生七秩壽慶論文集編輯委員會編：《張以仁先生七秩壽慶論文集》（臺北：臺灣學生書局,1999 年 1 月）。

62. 陳振裕：〈略論九座楚墓的年代〉,《考古》1981 年第 4 期（1981 年 4 月）。

63. 陳偉：〈鄂君啟節與楚國的免稅問題〉,《江漢考古》1989 年第 3 期（1989 年 8 月）。

64. 陳偉：〈關於包山「受期」簡的讀解〉,《江漢考古》1993 年第 1 期（1993

年2月）。

65. 陳偉：〈包山楚司法簡131—139號考析〉，《江漢考古》1994年第4期（1994年11月）。

66. 陳偉：〈包山楚簡所見邑、里、州的初步研究〉，《武漢大學學報》1995年第1期（1995年1月）。

67. 陳偉：〈關於包山「疋獄」簡的幾個問題〉，《江漢考古》1993年第1期（1995年3月）。

68. 陳偉：〈包山楚簡所見幾種身分的考察〉，《湖北大學學報》1996年第1期（1996年1月）。

69. 陳偉：〈試論包山楚簡所見卜筮制度〉，《江漢考古》1996年第1期（1996年2月）。

70. 陳偉：〈關於包山楚簡中的喪葬文書〉，《考古與文物》1996年第2期（1996年3月）。

71. 陳偉：〈望山楚簡所見的卜筮與禱祠——與包山楚簡相對照〉，《江漢考古》1997年第2期（1997年6月）。

72. 陳偉：〈新發表楚簡資料所見的紀時制度〉，收入：張光裕等編輯：《第三屆國際中國古文字學研討會論文集》（香港：香港中文大學中國文化研究所、中國語言及文學系，1997年10月）。

73. 陳偉：〈九店楚日書校讀及其相關問題〉，收入：馮天瑜主編：《人文論叢（1998年卷）》（武漢：武漢大學出版社，1998年10月）。

74. 陳偉：〈郭店楚簡別釋〉，《江漢考古》1998年第4期（1998年11月）。

75. 陳偉：〈包山楚簡中的宛郡〉，《武漢大學學報》1998年第6期（1998年11月）。

76. 陳偉：〈楚國第二批司法簡芻議〉，收入：中國社會科學院簡帛研究中心編輯：《簡帛研究》第3輯（南寧：廣西教育出版社，1998年12月）。

77. 陳偉：〈文本復原是一項長期艱巨的工作〉，《湖北大學學報》1999年第2期（1999年3月）。

78. 陳偉武：〈戰國楚簡考釋斠議〉，收入：張光裕等編輯：《第三屆國際中國古文字學研討會論文集》（香港：香港中文大學中國文化研究所、中國語言及文學系，1997年10月）。

79. 陳鼓應：〈初讀簡本《老子》〉，《文物》1998年第10期（1998年10月）。

80. 陳榮開：〈戰國楚簡文字通假現象初探——兼論楚簡研究的一些問題〉，收入：香港中文大學中國語言及文學系《問學初集》編輯委員會編：《問學初集——香港中文大學中國語言及文學系本科生畢業論文選》（香港：香港中文大學中國語言及文學系，1994年8月）。

81. 陳煒湛：〈包山楚簡研究（七篇）〉，收入：廣東炎黃文化研究會等合編：《容

庚先生百年誕辰紀念文集（古文字研究專號）》（韶關：廣東人民出版社，1998 年 4 月）。

82. 陳夢家：〈陳□壺考釋〉，《責善半月刊》第 2 卷第 23 期（1942 年 2 月）。

83. 陳暐仁：〈近年出土楚國簡牘概述〉，《中國文學研究》第 7 期（1993 年 5 月）。

84. 陳槃：〈戰國秦漢間方士考論〉，《中央研究院歷史語言研究所集刊》第 17 本（1948 年）。

85. 陳麗桂：〈從郭店竹簡《五行》檢視帛書《五行》説文對經文的依違情況〉，收入：輔仁大學哲學系主編：《本世紀出土思想文獻與中國古典哲學研究兩岸學術研討會會議論文集》（臺北：輔仁大學哲學系，1999 年 1 月）。

86. 陳躍鈞、張緒球：〈江陵馬磚一號墓出土的戰國絲織品〉，《文物》1982 年第 10 期（1982 年 10 月）。

【十二畫】

1. 湖北省文化局文物工作隊：〈湖北江陵三座楚墓出土大批重要文物〉，《文物》1966 年第 5 期（1966 年 5 月）。

2. 湖北省荊州地區博物館：〈江陵天星觀 1 號楚墓〉，《考古學報》1982 年第 1 期（1982 年 1 月）。

3. 湖北省荊沙鐵路考古隊包山墓地整理小組：〈荊門市包山楚墓發掘簡報〉，《文物》1988 年第 5 期（1988 年 5 月）。

4. 湖北省荊門市博物館：〈荊門郭店一號楚墓〉，《文物》1997 年第 7 期（1997 年 7 月）。

5. 湖北省博物館：〈湖北江陵雨台山 21 號戰國楚墓〉，《文物》1988 年第 5 期（1988 年 5 月）。

6. 湖北省博物館江陵工作站：〈江陵溪峨山楚墓〉，《考古》1984 年第 6 期（1984 年 6 月）。

7. 湖南省文物考古研究所、慈利縣文物保護管理研究所：〈湖南慈利石板村三十六號戰國墓發掘簡報〉，《文物》1990 年第 10 期（1990 年 10 月）。

8. 湖南省文物考古研究所等：〈湖南慈利石板村戰國墓〉，《考古學報》1995 年第 2 期（1995 年 4 月）。

9. 湖南省文物管理委員會：〈長沙左家公山的戰國木槨墓〉，《文物參考資料》1954 年第 12 期（1954 年 12 月）。

10. 湖南省文物管理委員會：〈長沙楊家灣 M006 號墓清理簡報〉，《文物參考資料》1954 年第 12 期（1954 年 12 月）。

11. 湖南省文物管理委員會：〈長沙出土的三座大型木槨墓〉，《考古學報》1957 年第 1 期（1957 年 3 月）。

12. 湖南省文物管理委員會:〈長沙仰天湖第25號木槨墓〉,《考古學報》1957年第2期（1957年6月）。

13. 湖南省古墓葬清理工作隊:〈長沙仰天湖戰國墓發現大批竹簡及彩繪木俑、雕刻花板〉,《文物參考資料》1954年第3期（1954年3月）。

14. 湖南省常德地區文物工作隊:〈常德縣官山戰國墓清理簡報〉,《考古》1985年第12期（1985年12月）。

15. 湯炳正:〈從包山楚簡看離騷的藝術構思與意象表現〉,《文學遺產》1994年第2期（1994年3月）。

16. 湯漳平:〈從江陵楚墓竹簡看《楚辭·九歌》〉,收入:中國屈原學會編:《楚辭研究》（濟南:齊魯書社,1988年1月）。

17. 湯餘惠:〈戰國文字考釋五則〉,《古文字研究》第10輯（1983年7月）。

18. 湯餘惠:〈略論戰國文字形體研究中的幾個問題〉,《古文字研究》第15輯（1986年6月）。

19. 湯餘惠:〈包山楚簡讀後記〉,《考古與文物》1993年第2期（1993年3月）。

20. 湯餘惠:〈釋「旆」〉,收入:吉林大學古籍整理研究所編:《吉林大學古籍整理研究所建所十五周年紀念文集》（長春:吉林大學出版社,1998年12月）。

21. 馮時:〈殷曆歲首研究〉,《考古學報》1990年第1期（1990年1月）。

22. 曾憲通:〈楚月名初探——兼談昭固墓竹簡的年代問題〉,《古文字研究》第5輯（1981年1月）。

23. 曾憲通:〈楚文字雜識〉,「中國古文字研究會第九屆學術研討會」論文（南京:南京大學,1992年10月）。

24. 曾憲通:〈包山卜筮簡考釋（七篇）〉,收入:常宗豪等編輯:《第二屆國際中國古文字學研討會論文集》（香港:香港中文大學中國語言及文學系,1993年10月）。

25. 曾憲通:〈楚文字釋叢（五則）〉,《中山大學學報》1996年第3期（1996年5月）。

26. 曾憲通:〈論齊國「遱盟之璽」及其相關問題〉,收入:廣東炎黃文化研究會等合編:《容庚先生百年誕辰紀念文集（古文字研究專號）》（韶關:廣東人民出版社,1998年4月）。

27. 勞幹:〈漢代社祀的源流〉,《國立中央研究院歷史語言研究所集刊》第11本（1943年）。

28. 童恩正:〈中國古代的巫〉,《中國社會科學》1995年第5期（1995年9月）。

29. 彭林:〈《郭店楚簡·性自命出》補釋〉,《中國哲學》第20輯《郭店楚簡研究》（1999年1月）。

30. 彭浩：〈楚墓葬制初論〉，收入：中國考古學會編輯：《中國考古學會第二次年會論文集》（北京：文物出版社，1982 年 6 月）。

31. 彭浩：〈江陵馬磚一號墓所見葬俗略述〉，《文物》1982 年第 10 期（1982 年 10 月）。

32. 彭浩：〈信陽長臺關楚簡補釋〉，《江漢考古》1984 年第 2 期（1984 年 5 月）。

33. 彭浩：〈包山二號楚墓卜筮和祭禱竹簡的初步研究〉，收入：楚文化研究會編：《楚文化研究論集（第二集）》（武漢：湖北人民出版社，1991 年 3 月）。

34. 彭浩：〈戰國時期的遣策〉，收入：李學勤主編、林劍鳴、謝桂華副主編：《簡帛研究》第 2 輯（北京：法律出版社，1996 年 9 月）。

35. 彭浩：〈郭店楚簡《緇衣》的分章及相關問題〉，收入：中國社會科學院簡帛研究中心編輯：《簡帛研究》第 3 輯（南寧：廣西教育出版社，1998 年 12 月）。

36. 彭浩：〈郭店一號墓的年代及相關的問題〉，收入：輔仁大學哲學系主編：《本世紀出土思想文獻與中國古典哲學研究兩岸學術研討會會議論文集》（臺北：輔仁大學哲學系，1999 年 1 月）。

37. 揚立新：〈東周時期楚國的玉器及有關問題〉，收入：楚文化研究會編：《楚文化研究論集（第二集）》（武漢：湖北人民出版社，1991 年 3 月）。

38. 黃人二：〈郭店楚簡《魯穆公問子思》考釋〉，收入：張以仁先生七秩壽慶論文集編輯委員會編：《張以仁先生七秩壽慶論文集》（臺北：臺灣學生書局，1999 年 1 月）。

39. 黃文進、黃鳳春：〈包山二號楚墓禮俗二題〉，《江漢考古》1991 年第 2 期（1991 年 5 月）。

40. 黃盛璋：〈《包山楚簡》辨證、決疑與發覆〉，「中國古文字研究會第九屆學術研討會」論文（南京：南京大學，1992 年 10 月）。

41. 黃盛璋：〈包山楚簡中若干重要制度發覆與爭論未決諸關鍵字解難決疑〉，《湖南考古輯刊》第 6 期（1994 年 4 月）。

42. 黃德寬：〈說「也」〉，收入：張光裕等編輯：《第三屆國際中國古文字學研討會論文集》（香港：香港中文大學中國文化研究所、中國語言及文學系，1997 年 10 月）。

43. 黃德寬、徐在國：〈郭店楚簡文字考釋〉，收入：吉林大學古籍整理研究所編：《吉林大學古籍整理研究所建所十五周年紀念文集》（長春：吉林大學出版社，1998 年 12 月）。

44. 黃靜吟：〈楚金文試釋〉，收入：中山大學中國文學系、中國訓詁學會主編：《訓詁論叢》第三輯（臺北：文史哲出版社，1997 年 5 月）。

45. 黃錫全：〈利用《汗簡》考釋古文字〉，《古文字研究》第 15 輯（1986 年 6 月）。

46. 黃錫全：〈楚系文字略論〉，《華夏考古》1990 年第 3 期（1990 年 9 月）。

47. 黃錫全：〈《包山楚簡》釋文校釋〉，「中國古文字研究會第九屆學術研討會」論文（南京：南京大學，1992 年 10 月）。

48. 黃錫全：〈楚簡續貂〉，收入：中國社會科學院簡帛研究中心編輯：《簡帛研究》第 3 輯（南寧：廣西教育出版社，1998 年 12 月）。

49. 黃靈庚：〈楚簡札記六則〉，《文史》第 43 輯（1997 年 8 月）。

50. 程元敏：〈《禮記·中庸、坊記、緇衣》非出於《子思子》考〉，收入：張以仁先生七秩壽慶論文集編輯委員會編：《張以仁先生七秩壽慶論文集》（臺北：臺灣學生書局，1999 年 1 月）。

51. 舒之梅：〈包山簡遣冊車馬器考釋五則〉，收入：廣東炎黃文化研究會等合編：《容庚先生百年誕辰紀念文集（古文字研究專號)》（韶關：廣東人民出版社，1998 年 4 月）。

【十三畫】

1. 〔日〕新井光風：〈包山楚簡書法的考察〉，《書法叢刊》1994 年第 3 期（1994 年 8 月）。

2. 裘錫圭：〈談談隨縣曾侯乙墓的文字資料〉，《文物》1979 年第 7 期（1979 年 7 月）。

3. 葉海煙：〈《太一生水》與莊子的宇宙觀〉，收入：輔仁大學哲學系主編：《本世紀出土思想文獻與中國古典哲學研究兩岸學術研討會會議論文集》（臺北：輔仁大學哲學系，1999 年 1 月）。

4. 萬九河：〈中國古代的宗教〉，《東北師大學報》1987 年第 1 期（1987 年 1 月）。

5. 葛英會：〈包山簡文釋詞兩則〉，《南方文物》，1996 年第 3 期（1996 年 9 月）。

6. 葛英會：〈包山楚簡釋詞三則〉，收入：吉林大學古文字研究室編：《于省吾教授百年誕辰紀念文集》（長春：吉林大學出版社，1996 年 9 月）。

7. 楊正勇：〈楚巫文化與苗巫文化——我國古代巫官文化管窺〉，《貴州民族學院學報》1991 年第 1 期（1991 年 3 月）。

8. 雷敦龢：〈郭店《老子》：一些前題的討論〉，收入：輔仁大學哲學系主編：《本世紀出土思想文獻與中國古典哲學研究兩岸學術研討會會議論文集》（臺北：輔仁大學哲學系，1999 年 1 月）。

9. 賈繼東：〈包山楚墓簡文「見日」淺釋〉，《江漢考古》1995 年第 4 期（1995 年 12 月）。

【十四畫】

1. 寧可：〈漢代的社〉，《文史》第 9 輯（1980 年 6 月）。

2. 廖名春：〈郭店楚簡儒家著作考〉，《孔子研究》1998 年第 3 期（1998 年 9 月）。

3. 廖名春：〈楚文字考釋三則〉，收入：吉林大學古籍整理研究所編：《吉林大學古籍整理研究所建所十五周年紀念文集》（長春：吉林大學出版社，1998 年 12 月）。

4. 廖名春：〈荊門郭店楚簡與先秦儒學〉，《中國哲學》第 20 輯《郭店楚簡研究》（1999 年 1 月）。

5. 廖名春：〈楚簡老子校詁〉，《大陸雜誌》第 98 卷第 1—2 期（1999 年 1—2 月）。

6. 蒲慕州師：〈睡虎地秦簡《日書》的世界〉，《中央研究院歷史語言研究所集刊》第 62 本第 4 分（1993 年 4 月）。

7. 趙平安：〈夬的形義和它在楚簡中的用法──兼釋其他古文字資料中的夬字〉，收入：張光裕等編輯：《第三屆國際中國古文字學研討會論文集》（香港：香港中文大學中國文化研究所、中國語言及文學系，1997 年 10 月）。

8. 趙平安：〈釋包山楚簡中的「衙」和「迵」〉，《考古》1998 年第 5 期（1998 年 5 月）。

9. 趙建偉：〈郭店竹簡《老子》校釋〉，收入：輔仁大學哲學系主編：《本世紀出土思想文獻與中國古典哲學研究兩岸學術研討會會議論文集》（臺北：輔仁大學哲學系，1999 年 1 月）。

10. 趙振華：〈洛陽兩周卜用甲骨的初步考察〉，《考古》1985 年第 4 期（1985 年 4 月）。

11. 趙櫓：〈荊楚巫風與《九歌》〉，《雲南社會科學》1989 年第 4 期（1989 年 8 月）。

12. 裘大泉：〈釋包山楚簡中的「壃」字〉，收入：中國社會科學院簡帛研究中心編輯：《簡帛研究》第 3 輯（南寧：廣西教育出版社，1998 年 12 月）。

【十五畫】

1. 潘慧如：〈樂書缶國別再探〉，「第三屆國際中國古文字學研討會」論文（香港：香港中文大學，1997 年 10 月）。

2. 潘嘯龍：〈攝提、孟陬和屈原生年之再探討〉，《中州學刊》1985 年第 4 期（1985 年 7 月）。

3. 潘嘯龍：〈從「秦楚月名對照表」看屈原的生辰用曆〉，《江漢論壇》1988 年第 2 期（1988 年 2 月）。

4. 鄭剛：〈論楚帛書乙篇的性質〉，收入：廣東炎黃文化研究會等合編：《容庚先生百年誕辰紀念文集（古文字研究專號）》（韶關：廣東人民出版社，1998 年 4 月）。

5. 蔡成鼎：〈從古史傳說的演變中試論楚先祖祝融〉，《湖北文獻》第 127 期（1995 年 4 月）。

6. 蔡彥仁：〈中國宗教研究——定義、範疇與方法學芻議〉，《新史學》第 5 卷第 4 期（1994 年 12 月）。

7. 滕壬生：〈釋㥁〉，《古文字研究》第 10 輯（1983 年 7 月）。

8. 黎子耀：〈包山楚簡楚先祖名與周易的關係〉，《杭州大學學報》1989 年第 2 期（1989 年 6 月）。

9. 劉先枚：〈釋𢽾〉，《江漢考古》1985 年第 3 期（1985 年 7 月）。

10. 劉宗漢：〈有關荊門郭店一號楚墓的兩個問題——墓主人的身份與儒道兼習〉，《中國哲學》第 20 輯《郭店楚簡研究》（1999 年 1 月）。

11. 劉和惠：〈鄂君啓節新探〉，《考古與文物》1982 年第 5 期（1982 年 11 月）。

12. 劉和惠：〈壽縣朱家集李三古堆大墓墓主的再認識〉，《東南文化》1991 年第 2 期（1991 年 4 月）。

13. 劉祖信：〈荊門楚墓的驚人發現〉，《文物天地》1995 年第 6 期（1995 年 11 月）。

14. 劉祖信、崔仁義：〈荊門竹簡《老子》並非對話體〉，《中國文物報》1995 年第 33 期，第 3 版，1995 年 8 月 20 日。

15. 劉信芳：〈秦簡《日書》與《楚辭》類徵〉，《江漢考古》1990 年第 1 期（1990 年 1 月）。

16. 劉信芳：〈包山楚簡遣策考釋拾零〉，《江漢考古》1992 年第 3 期（1992 年 8 月）。

17. 劉信芳：〈「漸木」之神〉，《中國文物報》1992 年第 40 期，第 4 版，1992 年 10 月 18 日。

18. 劉信芳：〈秦簡中的楚國《日書》試析〉，《文博》1992 年第 4 期（1992 年 7 月）。

19. 劉信芳：〈包山楚簡神名與《九歌》神祇〉，《文學遺產》1993 年第 5 期（1993 年 9 月）。

20. 劉信芳：〈中國最早的物候曆月名——楚帛書月名及神祇研究〉，《中華文史論叢》第 53 輯（1994 年 6 月）。

21. 劉信芳：〈包山楚簡近似字辨析〉，《考古與文物》1996 年第 2 期（1996 年 3 月）。

22. 劉信芳：〈《日書》驅鬼術發微〉，《文博》1996 年第 4 期（1996 年 4 月）。

23. 劉信芳：〈包山楚簡司法術語考釋〉，收入：李學勤主編、林劍鳴、謝桂華副主編：《簡帛研究》第 2 輯（北京：法律出版社，1996 年 9 月）。

24. 劉信芳：〈楚簡文字校釋五則〉，收入：吉林大學古文字研究室編：《于省

吾教授百年誕辰紀念文集》（長春：吉林大學出版社，1996 年 9 月）。

25. 劉信芳：〈楚帛書解詁〉，《中國文字》新 21 期（1996 年 12 月）。

26. 劉信芳：〈「包山楚簡」職官與官府通考〉，《故宮學術季刊》第 15 卷第 1—2 期（1997 年秋—冬）。

27. 劉信芳：〈九店楚簡日書與秦簡日書比較研究〉，收入：張光裕等編輯：《第三屆國際中國古文字學研討會論文集》（香港：香港中文大學中國文化研究所、中國語言及文學系，1997 年 10 月）。

28. 劉信芳：〈戰國楚曆譜復原研究〉，《考古》1997 年第 11 期（1997 年 11 月）。

29. 劉信芳：〈楚簡器物釋名〉，《中國文字》新 22～23 期（1997 年 12 月）。

30. 劉信芳：〈從夾之字匯釋〉，收入：廣東炎黃文化研究會等合編：《容庚先生百年誕辰紀念文集（古文字研究專號）》（韶關：廣東人民出版社，1998 年 4 月）。

31. 劉信芳：〈郭店楚簡文字考釋拾遺〉，「紀念徐中舒先生誕辰一百周年暨國際漢語古文字學研討會」論文（成都：四川大學，1998 年 10 月）。

32. 劉信芳：〈望山楚簡校讀記〉，收入：中國社會科學院簡帛研究中心編輯：《簡帛研究》第 3 輯（南寧：廣西教育出版社，1998 年 12 月）。

33. 劉釗：〈包山楚簡文字考釋〉，「中國古文字研究會第九屆學術研討會」論文（南京：南京大學，1992 年 10 月）。

34. 劉釗：〈秦簡中的鬼怪〉，《中國典籍與文化》1997 年第 3 期（1997 年 7 月）。

35. 劉釗：〈值得推薦的一本好書——《包山楚簡初探》讀後〉，《史學集刊》1998 年第 1 期（1998 年 2 月）。

36. 劉釗：〈璽印文字釋叢（二）〉，《考古與文物》1998 年第 3 期（1998 年 5 月）。

37. 劉釗：〈釋楚簡中的「繼」（繆）字〉，《江漢考古》1999 年第 1 期（1999 年 3 月）。

38. 劉彬徽：〈楚國紀年法簡論〉，《江漢考古》1988 年第 2 期（1988 年 5 月）。

39. 劉釗：〈湖北出土的兩周金文之國別與年代補記〉，《古文字研究》第 19 輯（1992 年 8 月）。

40. 劉釗：〈楚帛書出土五十周年紀論〉，收入：楚文化研究會編：《楚文化研究論集（第四集）》（鄭州：河南人民出版社，1994 年 6 月）。

41. 劉釗：〈論東周銅缶〉，《考古》1994 年第 10 期（1994 年 10 月）。

42. 劉釗：〈楚金文和竹簡的新發現與研究〉，收入：吉林大學古文字研究室編：《于省吾教授百年誕辰紀念文集》（長春：吉林大學出版社，1996 年 9 月）。

43. 劉釗：〈新見楚系金文考述〉，收入：張光裕等編輯：《第三屆國際中國古文字學研討會論文集》（香港：香港中文大學中國文化研究所、中國語言

及文學系，1997 年 10 月）。

44. 劉釗：〈常德夕陽坡楚簡考釋〉，「紀念徐中舒先生誕辰一百周年暨國際漢語古文字學研討會」論文（成都：四川大學，1998 年 10 月）。

45. 劉樂賢：〈睡虎地秦簡日書《詰咎篇》研究〉，《考古學報》1993 年第 4 期（1993 年 10 月）。

46. 劉樂賢：〈睡虎地秦簡《日書》研究二十年〉，《中國史研究動態》1996 年第 10 期（1996 年 10 月）。

47. 劉樂賢：〈楚文字雜釋（七則）〉，收入：張光裕等編輯：《第三屆國際中國古文字學研討會論文集》（香港：香港中文大學中國文化研究所、中國語言及文學系，1997 年 10 月）。

48. 劉樂賢：〈九店楚簡日書補釋〉，收入：中國社會科學院簡帛研究中心編輯：《簡帛研究》第 3 輯（南寧：廣西教育出版社，1998 年 12 月）。

49. 劉樂賢：〈讀郭店楚簡札記三則〉，《中國哲學》第 20 輯《郭店楚簡研究》（1999 年 1 月）。

50. 劉澤亮：〈從郭店楚簡看先秦儒道關係的演變〉，《湖北大學學報》1999 年第 2 期（1999 年 3 月）。

51. 劉操南：〈楚簡陵陽釋文〉，《杭州大學學報》1984 年增刊（1984 年）。

52. 劉寶俊：〈冬部歸向的時代和地域特點與上古楚方音〉，《中南民族學院學報》1990 年第 5 期（1990 年 9 月）。

【十六畫】

1. 甌燕：〈樂書缶質疑〉，《文物》1990 年第 12 期（1990 年 12 月）。

2. 錢遜：〈《六德》諸篇所見的儒學思想〉，《中國哲學》第 20 輯《郭店楚簡研究》（1999 年 1 月）。

【十八畫】

1. 顏世鉉：〈包山楚簡釋地八則〉，《中國文字》新 22 期（1997 年 12 月）。

2. 顏世鉉：〈郭店楚簡淺釋〉，收入：張以仁先生七秩壽慶論文集編輯委員會編：《張以仁先生七秩壽慶論文集》（臺北：臺灣學生書局，1999 年 1 月）。

3. 聶菲：〈楚文化藝術與墨西哥古印第安文化藝術的比較研究〉，《文博》1991 年第 6 期（1991 年 11 月）。

4. 瞿兌之：〈釋巫〉，《燕京學報》第 7 期（1930 年 6 月）。

【十九畫】

1. 譚維四：〈江陵雨台山 21 號楚墓律管淺論〉，《文物》1988 年第 5 期（1988 年 5 月）。

2. 龐樸：〈「枚卜」新證〉，《歷史研究》1991 年第 1 期（1991 年 2 月）。

3. 龐樸：〈陰陽五行探源〉，《中國社會科學》1984 年第 3 期（1984 年 5 月）。

4. 龐樸：〈初讀郭店楚簡〉，《歷史研究》1998 年第 4 期（1998 年 8 月）。

5. 龐樸：〈孔孟之間——郭店楚簡的思想史地位〉，《中國社會科學》1998 年第 5 期（1998 年 9 月）。

6. 龐樸：〈古墓新知——漫讀郭店楚簡〉，《讀書》1998 年第 9 期（1998 年 9 月）。

7. 龐樸：〈竹帛《五行》篇比較〉，《中國哲學》第 20 輯《郭店楚簡研究》（1999 年 1 月）。

8. 龐樸：〈孔孟之間——郭店楚簡中的儒家心性說〉，《中國哲學》第 20 輯《郭店楚簡研究》（1999 年 1 月）。

9. 龐樸：〈《語叢》臆說〉，《中國哲學》第 20 輯《郭店楚簡研究》（1999 年 1 月）。

10. 龐樸：〈撫心曰辟〉，《中國哲學》第 20 輯《郭店楚簡研究》（1999 年 1 月）。

11. 龐樸：〈竹帛《五行》篇與思孟五行說〉，收入：輔仁大學哲學系主編：《本世紀出土思想文獻與中國古典哲學研究兩岸學術研討會會議論文集》（臺北：輔仁大學哲學系，1999 年 1 月）。

12. 羅福頤：〈談長沙發現的戰國竹簡〉，《文物參考資料》1954 年第 9 期（1954 年 9 月）。

13. 羅運環：〈論楚國金文「月」、「肉」、「舟」及「止」、「止」、「出」的演變規律〉，《江漢考古》1989 年第 2 期（1989 年 5 月）。

14. 羅運環：〈古文字資料所見楚國官制研究〉，收入：楚文化研究會編：《楚文化研究論集（第二集）》（武漢：湖北人民出版社，1991 年 3 月）。

15. 羅運環：〈郭店楚簡的年代、用途及意義〉，《湖北大學學報》1999 年第 2 期（1999 年 3 月）。

16. 羅漫：〈女嬰爲巫三論〉，《江漢論壇》1986 年第 6 期（1986 年 6 月）。

17. 羅熾：〈郭店楚墓竹簡印象〉，《湖北大學學報》1999 年第 2 期（1999 年 3 月）。

【二十畫】

1. 嚴一萍：〈楚繒書新考〉，《中國文字》第 26—28 期（1967 年 12 月～1968 年 6 月）。

2. 饒宗頤：〈戰國楚簡箋證〉，收入：徐亮之編輯：《金匱論古綜合刊》第 1 期（香港：亞洲石印局，未註明出版年月）。

3. 饒宗頤：〈略論馬王堆《易經》寫本〉，《古文字研究》第 7 輯（1982 年 6 月）。

4. 饒宗頤：〈秦簡日書中「夕」（奔）字涵義的商榷〉，《中國語言學報》第 1

期（1983 年 4 月）。

5. 饒宗頤：〈殷代易卦及有關占卜諸問題〉，《文史》第 20 輯（1983 年 9 月）。

6. 饒宗頤：〈荊楚文化〉，收入：中央研究院歷史語言研究所中國上古史編輯委員會編輯：《中國上古史待定稿》第四本（臺北：中央研究院歷史語言研究所中國上古史編輯委員會，1985 年 7 月）。

7. 饒宗頤：〈長沙子彈庫殘帛文字小記〉，《文物》1992 年第 11 期（1992 年 11 月）。

8. 饒宗頤：〈關於重字與平夜君問題〉，《文物》1995 年第 4 期（1995 年 4 月）。

9. 饒宗頤：〈緇衣零簡〉，收入：王元化主編：《學術集林》卷九（上海：上海遠東出版社，1996 年 12 月）。

10. 饒宗頤：〈說九店楚簡之武彊（君）與復山〉，《文物》1997 年第 6 期（1997 年 6 月）。

【二十一畫】

1. 躍進：〈振奮人心的考古發現——略說郭店楚墓竹簡的學術史意義〉，《文史知識》1998 年第 8 期（1998 年 8 月）。

附錄一　本文所考釋或析論之楚簡文字索引

檢字	原簡字形	出處（較常見者不列）	頁　碼
尨		秦家嘴十三號墓簡 2	39～40
彖			43～47
蚤		望山一號墓簡 17	43～45
詞			57（註 105）
⿸疒賓			68～69（註 146）
⿱羽龍			77～80
殜		秦家嘴一號墓簡 2	80～81
恖		天星觀簡	89（註 63）
壓		包山簡 205	98～99（註 90）
鋿			102～104
⿱殸壬		天星觀簡	108～110
⿰王厥		包山簡 214	110～111
坐			127～128
嫿			128～131
遁		秦家嘴一號墓簡 2	139（註 160）
巫			143～145
⿰歹余			144
練		天星觀簡	146～147
⿱斬糸			147～148

附錄二　楚曆問題綜論

一、楚曆建正、歲首沿革試探

在楚文化史的研究領域裡，楚國曆法的相關問題，是聚訟的主要焦點之一。其中又以建正、歲首問題的看法，紛歧最大，可約略分爲下列幾種不同的主張：

一、寅正，歲首甜屄。主此說的有饒宗頤〔註1〕、張聞玉〔註2〕、陳偉〔註3〕、劉樂賢〔註4〕等。其中，陳氏又認爲：「楚曆的四季劃分要比夏曆晚出一個月……是一種後世失傳的先秦古曆。」劉樂賢則原本認爲「秦楚月名對照表」中的楚

〔註 1〕　參看：饒宗頤：〈秦簡日書中「夕」（柰）字涵義的商榷〉，《中國語言學報》第 1 期（1983 年 4 月），頁 167～172；〈秦簡日書中夕（柰）字涵義初探〉，收入：饒宗頤、曾憲通：《雲夢秦簡日書研究》（香港：中文大學出版社，1982 年），頁 53～65。從屈原作品中的物候現象描述，我們可以得到戰國時期的楚曆行用夏正的認識，這也是過去長期以來的傳統觀點。楚曆問題的熱烈討論，是由於相關材料的出土，才引起來的。因此，這裡所列舉主張寅正的各家，只以有論及新出土材料者爲限，未論及新材料的傳統觀點，均不列舉。

〔註 2〕　參看：張聞玉：〈雲夢秦簡《日書》初探〉，《江漢論壇》1987 年第 4 期（1987 年 4 月），頁 68～73；〈曾侯乙墓天文圖象研究〉，《貴州文史叢刊》1989 年第 2 期（1989 年 6 月），頁 92～100、88。

〔註 3〕　參看：陳偉：《包山楚簡初探》（武漢：武漢大學出版社，1996 年 8 月），頁 1～9；〈新發表楚簡資料所見的紀時制度〉，收入：張光裕等編輯：《第三屆國際中國古文字學研討會論文集》（香港：香港中文大學中國文化研究所、中國語言及文學系，1997 年 10 月），頁 599～612。

〔註 4〕　參看：劉樂賢：〈九店楚簡日書補釋〉，收入：中國社會科學院簡帛研究中心編輯：《簡帛研究》第 3 輯（南寧：廣西教育出版社，1998 年 12 月），頁 83～95。

曆，顯然是以建亥冬夕爲歲首，〔註 5〕後來又根據九店簡及陳偉的意見，放棄舊說，改成主張䶹屄爲每年的第一個月。

二、子正，歲首屈柰。主此說的有陳久金〔註6〕、潘嘯龍〔註7〕等。陳氏未論及出土材料，所以實際上並沒有「歲首屈柰」的說法，而潘氏則認爲戰國時兼用夏曆。

三、亥正，歲首冬柰。主此說的頗多，有廣州中山大學中文系古文字研究室楚簡整理小組〔註8〕、于豪亮〔註9〕、平勢隆郎〔註10〕、王勝利〔註11〕、曾憲通〔註12〕、吳昌廉〔註13〕、武家璧〔註14〕、劉信芳〔註15〕等。王氏認爲

〔註 5〕　劉氏的舊說，請參看：劉樂賢：《睡虎地秦簡日書研究》（臺北：文津出版社，1994 年 7 月），頁 107。

〔註 6〕　參看：陳久金：〈屈原生年考〉，《社會科學戰線》1980 年第 2 期（1980 年 4 月），頁 267～271。

〔註 7〕　參看：潘嘯龍：〈攝提、孟陬和屈原生年之再探討〉，《中州學刊》1985 年第 4 期（1985 年 7 月），頁 70～73、51；〈從「秦楚月名對照表」看屈原的生辰用曆〉，《江漢論壇》1988 年第 2 期（1988 年 2 月），頁 74～77、41；《屈原與楚文化》（合肥：安徽文藝出版社，1991 年 6 月），頁 1～8。

〔註 8〕　參看：中文系古文字研究室楚簡整理小組：〈戰國楚竹簡概述〉，《中山大學學報》1978 年第 4 期（1978 年 7 月），頁 62～71。

〔註 9〕　參看：于豪亮：〈秦簡日書記時記月諸問題〉，《于豪亮學術文存》（北京：中華書局，1985 年 1 月），頁 157～162。

〔註 10〕　參看：（日）平勢隆郎：〈楚曆小考——對《楚月名初探》的管見〉，《中山大學學報》1981 年第 2 期（1981 年 4 月），頁 107～111。

〔註 11〕　參看：王勝利：〈《雲夢秦簡日書初探》商榷〉，《江漢論壇》1987 年第 11 期（1987 年 11 月），頁 76～80；〈關於楚國曆法的建正問題〉，《中國史研究》1988 年第 2 期（1988 年 5 月），頁 137～142；〈再談楚國曆法的建正問題〉，《文物》1990 年第 3 期（1990 年 3 月），頁 66～69；〈包山楚簡曆法爭議〉，《江漢論壇》1997 年第 2 期（1997 年 2 月），頁 58～61。另外，張正明的《楚文化史》（上海：上海人民出版社，1987 年 8 月）導言說：「參加本書撰寫工作的，除張正明外，有……王勝利，撰寫第一、二章中有關天文和曆法的段落以及第四章第五節」（導言，頁 4）可見該書關於天文和曆法的部分（頁 225～233），爲王勝利所撰寫。又張正明主編的《楚文化志》（武漢：湖北人民出版社，1988 年 7 月），根據張氏序文，該書第十三、十四章，有關天文學、曆學的部分（頁 297～302），亦由王勝利撰稿。

〔註 12〕　參看：曾憲通：〈楚文字雜識〉，「中國古文字研究會第九屆學術研討會」論文（南京：1992 年 10 月），頁 1～6。

〔註 13〕　參看：吳昌廉：〈秦簡秦楚月名對照表初探〉，《興大歷史學報》第 4 期（1994 年 5 月），頁 1～11。

〔註 14〕　參看：武家璧：〈楚用亥正曆法的新證據〉，《中國文物報》1996 年第 15 期，第 3 版，1996 年 4 月 21 日。

楚曆在春秋、戰國之際，曾改弦更張。先前行用子正，之後改用亥正，但仍一直兼顧到切合生產和生活的夏曆，而這次建正的改變，至少應上推至春秋後期的楚郟敖時。馮氏認爲戰國時期的楚曆，以亥月爲歲首。另外，曾氏原本主張楚用寅正，但在〈楚文字雜識〉一文中，他又說：「據包山楚簡楚曆的月序，夐月所指代的具體月份，當爲楚曆十一月。」似已放棄舊說。〔註 16〕

四、丑正，歲首屈夐。主此說的有王紅星〔註 17〕、劉彬徽〔註 18〕等。王氏認爲楚曆早期爲子正，歲首屈夐，改用丑正的時間，至遲在戰國中期，民間則兼用寅正夏曆。劉氏則並不贊成並行兩曆的說法。

五、何幼琦認爲，楚曆春秋時行子正，戰國時行寅正。並以爲「（案：包山）簡曆的年始是冬夐建亥；其性質是巫師專用的神曆，絕非民用的楚曆」。〔註 19〕

上面的五種主張，只是大略的歸類，實際上，即使是結論大致相同的學者，在論證的憑據、方法及一些具體的細節上，有些仍存在著相當的差異。然而，各家推論所根據的材料，卻又大同小異，主要是先秦古籍、睡虎地秦簡和包山楚簡。有些學者，就此相關問題，寫了不只一篇文章，雖大致上仍各執己見，但也都有不同程度的補充及修改，而其立論主張，自然應以後寫文章的意見爲準。此外，多數學者的討論，是以睡虎地簡或包山簡爲主要資料，其中有些雖未說明是就戰國時楚曆而言，但似乎我們也應該如此看待。

〔註15〕 參看：劉信芳：〈戰國楚曆譜復原研究〉，《考古》1997 年第 11 期（1997 年 11月），頁 70〜77。

〔註16〕 曾憲通的舊說，請參看：氏著：〈楚月名初探──兼談昭固墓竹簡的年代問題〉，《古文字研究》第 5 輯（1981 年 1 月），頁 303〜319；〈秦簡日書歲篇講疏〉，收入：饒宗頤、曾憲通：《雲夢秦簡日書研究》（香港：中文大學出版社，1982 年），頁 67〜99。

〔註17〕 參看：王紅星：〈包山簡牘所反映的楚國曆法問題──兼論楚曆沿革〉，收入：湖北省荊沙鐵路考古隊編：《包山楚墓》（北京：文物出版社，1991 年 10 月），附錄二十，頁 521〜532。

〔註18〕 參看：劉彬徽：〈從包山楚簡紀時材料論及楚國紀年及楚曆〉，收入：同前註，《包山楚墓》，附錄二一，頁 533〜547；〈包山楚簡研究二則〉，收入：李學勤主編：《簡帛研究》第 1 輯（北京：法律出版社，1993 年 10 月），頁 12〜25。〈楚帛書出土五十周年紀論〉，收入：楚文化研究會編：《楚文化研究論集（第四集）》（鄭州：河南人民出版社，1994 年 6 月），頁 577〜584。

〔註19〕 參看：何幼琦：〈論楚國之曆〉，《江漢論壇》1985 年第 10 期（1985 年 10 月），頁 76〜81；〈論包山楚簡之曆〉，《江漢論壇》1993 年第 11 期（1993 年 11 月），頁 66〜69。

經由學者們反覆的探索、辯難，以及相關文物材料的繼續出土、公佈，實際上，初步解決此一問題的時機應該已經成熟。因為，我們至少可以對所有已掌握的相關材料，作出大致上完整而合理的解釋。尤其是戰國時期楚曆的歲首，應該已可產生定論。本文對楚曆建正、歲首沿革所作的試探，受到前人研究成果的助益甚多，特別是林素清師的〈從包山楚簡紀年材料論楚曆〉一文，[註20]更是對我有極大的啓發。嚴格來說，本文只是在前人的基礎上，加一點續貂添足、無甚新意的補充、修正工作，不當之處，還希望讀者不吝批評指正。

雲夢睡虎地秦簡《日書》甲種〈歲〉中（64 正～67 正），有一份被稱為「秦楚月名對照表」的材料，與楚曆問題關係密切。為便於討論，先將其內容列表於下：

秦	十月	十一月	十二月	正月	二月	三月	四月	五月	六月	七月	八月	九月
楚	冬夕	屈夕	援夕	刑夷	夏㞑	紡月	七月	八月	九月	十月	爨月	獻馬
	中夕			刑尸 刑杘	夏夷 夏尸		夏夕					
日	六	五	六	七	八	九	十	十一	十	九	八	七
夕	十	十一	十	九	八	七	六	五	六	七	八	九
楚	冬栾	屈栾	遠栾	畜屄	夏屄	享月	夏栾	八月	九月	十月	奠月	獻馬
建	亥	子	丑	寅	卯	辰	巳	午	未	申	酉	戌
夏	十月	十一月	十二月	正月	二月	三月	四月	五月	六月	七月	八月	九月
周	十二月	正月	二月	三月	四月	五月	六月	七月	八月	九月	十月	十一月

表的最上列，為秦顓頊曆月譜，第二列為楚曆月譜，虛線下方，則為睡虎地秦簡的其他地方，所出現的楚月名異文，接下來的兩列，為日夕即晝夜比率。下半的灰色部分，則附錄楚國古文字資料裡的楚月名寫法、各月相應的月建及夏曆、周曆月份，以便對照。前人早已指出：楚月名的異文中，除七月與夏夕、夏栾外，其他同一月份的不同寫法，彼此間應是音近通用的關係，並沒有實質性的差別。

〔註20〕參看：林素清師：〈從包山楚簡紀年材料論楚曆〉，收入：臧振華編輯：《中國考古學與歷史學之整合研究》（臺北：中央研究院歷史語言研究所，1997 年 7月），頁 1099～1119。

　　由相關材料所透露的訊息推測，楚曆的建正、歲首，似乎並非一成不變，而是經歷過幾次沿革。約可大略分爲目前還較不確定的春秋前期（可能爲子正）和後期（可能爲亥正），及以䵂㞷爲歲首的戰國時期三個階段，西周的情況則因史料闕如，並不清楚，但有可能跟春秋前期是一樣的。

（一）春秋時期

　　在正式討論之前，我們應該先看看《左傳》中「荊尸」的問題。對此，曾憲通有如下的論述：

　　　　《左傳・莊公四年》：「春，王三月，楚武王荊尸授師子焉，以伐隨。」
　　　　這是記載楚武王於周曆三月興師伐隨之事。又《左傳・宣公十二年》：
　　　　「春，楚子圍鄭，旬有七日……楚子退師，鄭人修城，復進圍之，
　　　　三月，克之。」舊注以爲「三月」非季春，乃九十日也。下文隨武
　　　　子稱此次行動爲「事時」，理由是「荊尸而舉，商農工賈，不敗其業。」
　　　　按上二事均指楚師出征之時間而言，莊公四年言「春三月」，宣公十
　　　　二年僅言「春」，不知始於何月。劉文淇《春秋左氏傳舊注疏證》云：
　　　　「經傳皆言春圍鄭……不知圍以何月始。圍經旬有七日，爲之退師，
　　　　聞其修城，進圍三月，方克之，則初至于克，凡經一百二十許日，
　　　　蓋以三月始圍，六月乃克也……。」據此，則宣公十二年「荊尸而
　　　　舉」乃指「三月始圍」，與莊公四年「荊尸授師」一樣，其時皆在周
　　　　曆三月。疑《左傳》之「荊尸」，與楚簡之「䵂㞷」，秦簡之「刑夷」
　　　　乃音近相通，都是指代楚曆正月的月名……此說如不誤，則「䵂㞷」
　　　　之名可上溯至楚武王五十一年（前六八九年），楚代月名的歷史亦可
　　　　追溯至春秋前期了。〔註21〕

于豪亮也有類似的說法，並舉出許多「尸」、「㞷」、「夷」通假之證，而二文寫作的時間十分相近。〔註22〕他們指出「䵂㞷」可能就是《左傳》中的「荊尸」，是很有新意的發現。需要說明的是：曾氏所引劉氏《舊注疏證》的那一段話，其實絕大部分都是孔穎達正義所言。〔註23〕因此，這樣的引用方式，恐怕不

〔註21〕　同註16，〈楚月名初探──兼談昭固墓竹簡的年代問題〉，頁305～306。
〔註22〕　參看：同註9，頁160～161。該文原載於北京中華書局1981年出版的《雲夢秦簡研究》（中華書局編輯部編：《雲夢秦簡研究》，北京：中華書局，1981年7月）。
〔註23〕　參看：〔晉〕杜預集解、〔唐〕孔穎達等正義：《春秋左傳正義》（臺北：藝文印書館，1993年9月，影印清嘉慶二十一年阮元重刊宋版十三經注疏本），卷

甚恰當。

除此之外，更大的問題則是：曾憲通所引的〈莊公四年〉傳文「春王三月」，阮刻本作「春王正月」，〔註24〕于豪亮就認爲「荊尸授師」和「荊尸而舉」，都是指楚王於正月出兵之義。〔註25〕然而，在另一篇文章裡，曾氏的引文又改寫作「春王正月」，並說：

> 傳文乃以楚曆記楚之出兵，其時恰是正月，可證楚月名之刑夷，其
>
> 本也應指正月。〔註26〕

曾氏意見的改變，或許是受到于豪亮文章的影響，但如此一來，卻與他當時所持的楚用夏曆之主張發生衝突。因爲《左傳》所謂「春，王正月」，指的是周正建子，並非就夏曆而言，自然也不能解釋爲楚曆正月。

由上述可知，曾氏發現了《左傳》此處的異文，而認爲應以「春王正月」爲是；于氏則可能並未發現。其他許多討論楚曆問題的學者，也常引用〈莊公四年〉的這條文獻，卻都如于氏，並未論及異文。〔註27〕此外，少數《左傳》的注本或研究論著，雖指出此處的異文，但也僅只於出異同或擇一而從，而未提供可證明何者爲是的根據。〔註28〕又楊伯峻注本以阮刻本爲底本，卻

23，頁 388 下左。

〔註24〕同前註，卷 8，頁 140 上右。

〔註25〕參看：同註 9，頁 161。

〔註26〕同註 16，〈秦簡日書歲篇講疏〉，頁 75。

〔註27〕例如：同註 19，〈論楚國之曆〉，頁 79～80；同註 2，〈雲夢秦簡《日書》初探〉，頁 72；同註 7，〈從「秦楚月名對照表」看屈原的生辰用曆〉，頁 75；同註 7，《屈原與楚文化》，頁 6；同註 11，〈關於楚國曆法的建正問題〉，頁 141。其中，何幼琦認爲：「《左傳》莊公四年所依據的原文，應該是『荊尸，武王授師孑焉以伐隨』，編者不了解荊尸的詞義，便在改動了原文的詞序以後，又按魯曆加上一個『春王三月』，未免畫蛇添足。」案：《左傳》此處可能是先記周曆月份，再因與楚事有關，加記楚月名，並無不妥。且無論《左傳》作者是否了解「荊尸」的詞義，何氏對原文的臆測與改動，都不免缺乏依據。

〔註28〕例如：李宗侗註譯、葉慶炳校訂的《春秋左傳今註今譯》（臺北：臺灣商務印書館，1995 年 3 月）僅出異同，指出阮刻本及洪亮吉《左傳詁》皆作「春王正月」，而四部叢刊本作「春王三月」，並暫從前者（參看該書卷 3，頁 128）。郭鵬飛《洪亮吉左傳詁斠正》（臺北：臺灣商務印書館，1997 年 4 月）則認爲洪氏《左傳詁》及阮刻本均作「春王正月」，然他本多作「春王三月」，應從後者（參看該書頁 42）。案：洪亮吉《春秋左傳詁》的版本，主要有清嘉慶十八年金陵初刊本、光緒四年授經堂刊本及光緒十四年南菁書院皇清經解續編本。其中，續經解本是依據授經堂本所刊刻，而後來的本子，也多依據授經堂本（如：萬有文庫本、四部備要本等），而較少依據最早的金陵初刊本。北京中華書局

逕改作「春王三月」而未出校，則有違該書凡例所言。﹝註29﹞「三月」及「正月」究竟何者爲是，因爲關係到以下整個的討論，故應首先辨明，而不宜輕易地帶過。關於此問題，我們可以從下面幾個方面來推斷。

首先，「秦楚月名對照表」附有各月的日夕比，因此可知各月與夏曆的關係，而我們也就可以由此排定各月的月建地支，並知道各月和周曆的對應關係，如前列表中的灰色部分。從這一點來看，螕𡨑相應的月建是寅，即周曆三月，與此處異文之一相吻合。于豪亮主張楚以冬夕建亥爲歲首，卻又認爲「荊尸」相當於周曆正月（則冬夕相應的月建爲酉），在這裡就出現了矛盾。

其次，〈宣公十二年〉「荊尸而舉」，如曾憲通舊作所言，應在周曆三月，這也與「對照表」所顯示的關係相同。

最後，就版本而言，根據阮元〈春秋左氏傳注疏校勘記序〉，他們校刻的底本是南宋慶元間沈中賓刊本。所對校的版本，則有唐石經及宋、明刊本共十二種。﹝註30﹞其中，兩種不全的北宋刻本並無此卷；日人山井鼎《七經孟子考文》此處亦未出校，﹝註31﹞而不能確知其所見版本作何。由於〈莊公四年〉此處阮刻本並未出校，因此，理論上來說，他們所能看到的十種版本，應該都是作「春王正月」，這樣的版本依據，已是相當充分的了。然而，實際上卻並非如此。北京圖書館所藏善本古籍中，有宋慶元六年紹興府刻、宋元遞修本《左傳正義》，﹝註32﹞此即阮元校刻所據底本，現在已經影印收入上海古籍出版社的《續修四庫全書》之中，而此本就作「春王三月」。﹝註33﹞至於

點校本，是以金陵初刊本爲底本（清・洪亮吉撰：李解民點校：《春秋左傳詁》，北京：中華書局，1987年10月），而該本此處作「春王三月」（參看該書卷6，頁235），與其他版本作「春王正月」不同。可見在阮元校刊十三經注疏之前的洪氏《左傳詁》刊本，此處並不和阮刻本相同。此外，校勘並不是隨意找幾個本子對一對，而應注意到版本的源流系統、價值優劣等問題。判別異文的是非，更是常常不能簡單地以各異文版本的多寡來決定，而是需要確實的證據，否則只是臆測。像郭鵬飛所舉的各種版本，不但沒有一種是阮元校刻所據的版本（阮元校刻所據多古本、善本），且更有以阮刻本爲底本，卻與其不同而又未出校的本子（如：楊伯峻注本）。這樣的「以多取勝」，實在很不可靠。

﹝註29﹞ 參看：楊伯峻：《春秋左傳注》（北京：中華書局，1990年5月），頁163。

﹝註30﹞ 參看：同註23，卷1，頁20～22上。

﹝註31﹞ 參看：（日）山井鼎輯、物觀等補遺：《七經孟子考文並補遺》（北京：中華書局，1985年，叢書集成初編據文選樓叢書本排印），卷8，頁542。

﹝註32﹞ 參看：北京圖書館編：《北京圖書館古籍善本書目》（北京：書目文獻出版社，未註明出版年月），經部，頁92。

﹝註33﹞ 參看：〔晉〕杜預集解、〔唐〕孔穎達等正義：《春秋左傳正義》（上海：上海

阮刻對校的版本，雖然並不能盡見，但已可確定，此處的校勘或排印必有疏失。而且，除阮刻本及承襲阮刻的版本外，所見的其他版本，無一作「春王正月」。所以，此處的異文極有可能是由阮刻本因形近而訛刻產生的。又根據前兩點理由，我們更可以推斷此處應以「春王三月」爲是。由此亦可推測，楚月名各月相應的月建地支，由春秋前期至戰國，應該並未有挪移。

綜上所論，可知楚月名的歷史，或能追溯至春秋前期，且各月名與地支的搭配，也應該並未有挪移。若此說不誤，則我們在討論春秋時期的楚曆問題時，也可以參照「秦楚月名對照表」，並用楚月名來說明問題。

張聞玉說：

> 齊魯尊周，建子爲正，王三月楚刑夷（荊尸），恰是楚行寅正，不同於周正（子正）（案：應爲「子正」）的鐵證。左氏原文，歷歷分明，無倒無衍。〔註34〕

張氏的論證，其實是一種錯覺。因爲，「荊尸」相應於周曆三月，並不能證明其本身爲楚曆何月，我們也不能由此得知楚曆的建正爲何。

學者對於《左傳》的「荊尸」，還有一些不同的意見。張君說：

> 〈莊公四年〉傳文：「春，王三月，楚武王荊尸」，如作楚代月名解，則已標明季節與周曆「王三月」，根本無庸贅列楚按夏曆的建寅之月名或其代月名，揆諸《左傳》，也並無旁例，因此，「荊尸在此處絕不當作楚正月名或代月名。但按杜注孔疏，作「陳兵之法」解，也同樣於理不通。茲將傳文「荊尸」以下語抄錄於此：「授師子焉以伐隨。將齊……。」……「授師子」亦即「授師兵」……「將齊」即「將齋」。古禮，出兵前必先祭祖，祭前必先齋……《通典・立尸議》所敘：「……自周以前，天地、宗廟、社稷，一切祭享，凡皆立尸……。」……「荊尸」即楚祖之神象；「楚武王荊尸」，也就是說楚武王親扮此神象。〔註35〕

至於〈宣公十二年〉的「荊尸而舉」，張君則贊同曾憲通之說，並得到「楚至

古籍出版社，1995年，續修四庫全書影印宋慶元六年紹興府刻、宋元遞修本），卷8，頁192上左。

〔註34〕 同註2，〈雲夢秦簡《日書》初探〉，頁72。

〔註35〕 張君：〈「荊尸」新探〉，《華中師院學報》1984年第5期（1984年9月），頁41～42。

遲在莊王之時，『荊尸』已爲代月名」的結論。〔註36〕張氏的論述雖不一定完全正確，〔註37〕但頗有理致，足備一說。或許，我們應該將前面的推論修正爲：「荊尸」一詞，至少在春秋前期就已經出現。在當時，「荊尸」雖未必是月名，而可能只是指一種習制，但它所出現的月份之月建，與後來楚月名「荊尸」相應的月建，卻是一致的。又至遲在春秋中期，楚月名應已出現，而各月相應的月建地支，似乎也一直都是固定的。

何幼琦〈論楚國之曆〉在討論春秋時期的楚曆時，將《春秋》、《左傳》、《史記》中，載有月、日的六件與楚國相關的記事，列表比較，頗便觀覽。下面也仿照何氏的作法，將各書所記此六事的月、日，列爲表格：

西元前	記事	《春秋》	《左傳》	《史記》
626 年	成王死日	冬十月丁未	冬十月丁未	冬十月丁未
541 年	郟敖死日	冬十有一月己酉	冬十一月己酉	十二月己酉
534 年	楚師滅陳	冬十月壬午	冬十一月壬午	十一月
529 年	靈王死日	夏四月	夏五月癸亥	夏五月癸丑
506 年	吳師入郢	冬十有一月庚辰	冬十一月庚辰	冬庚辰
489 年	昭王死日	秋七月庚辰	秋七月庚辰	十月庚辰

何幼琦認爲：「成王死日」三書記載相同；而「昭王死日」，《史記》的「十月」當係「七月」傳抄之訛。《春秋》用的是周曆，因此這二事都是用子正來紀時。至於其他四事，何氏則直接用子正來推算，並指出某年某月不應有某干支，某書有誤，而得到「《左傳》、《史記》所記楚事的曆法，都和《春秋》所用的魯曆相同，都是天正建子」的結論。此外，何氏還舉了《左傳·僖公二十二年》和〈昭公二十三年〉的兩則與楚國有關的朔、晦日辰記錄，並推算出二事所記皆爲天正（子正）曆，而以爲這是「楚用天正的確證」，更證實了其上述的論說。〔註38〕

許多主張春秋時楚曆行子正的學者，都認同何氏的論點。〔註39〕然而，

〔註36〕 參看：同前註，頁43～45。
〔註37〕 前面已經說過：《左傳》此處可能是先記周曆月份，再因與楚事有關，加記楚月名；另一種可能則是：《左傳》作者雖未必真正了解「荊尸」的涵義，卻仍照錄相關史料。因此，〈莊公四年〉傳文的「荊尸」，未必不是楚月名。
〔註38〕 參看：同註19，〈論楚國之曆〉，頁77～78。
〔註39〕 例如：同註11，《楚文化史》，頁231；同註7，〈從「秦楚月名對照表」看屈原的生辰用曆〉，頁75；同註7，《屈原與楚文化》，頁6；同註17，頁529～

何氏的推論，其實很有問題。因爲，這是在認定楚曆爲天正建子，且在這段期間從未有改變的前提下，直接用子正推算，勉強牽合的說法。而所謂某書有誤，更是不免無根無據。實際上，《春秋》與《左傳》乃至於其他文獻，對於同一事件的月份記載，常有不同的情況。這類現象，並不只出現在與楚有關的記事上，而我們通常可由建正的差異中求得解釋。何氏也說：

> 春秋時期，周、魯、衛、鄭用行天正，晉、秦、齊國用行人正，這
> 從《春秋》、《左傳》的紀時，都可以看出。〔註40〕

由此可知，何文中面對相同的情況，其實是採用了不同的解釋與處理。因此，他對於楚歷建正的推論，也不免給人主觀、隨意而粗糙的印象。至於他所提出的《左傳·僖公二十二年》和〈昭公二十三年〉那兩則所謂「楚用天正的確證」，前者所記是楚、宋泓之役，後者則更是吳軍擊敗頓、胡、沈、蔡、陳、許之師於雞父之事，此役楚國雖有出兵，但並未實際交陣。因此，這二事所記之朔、晦，是否就楚曆而言，頗有問題，自然也不足爲據。

如果我們不輕易地懷疑文獻所載有誤，那麼，上表諸書中的楚事月、日記錄，應該是反映了幾種不同的建正。王勝利曾根據《春秋》與《左傳》或《史記》對「郟敖死日」、「楚師滅陳」、「靈王死日」三事月份記載的差異，認爲：

> 至遲從春秋後期的楚郟敖時起，到楚被秦滅亡時止，楚國曆法使用
> 的是亥正。〔註41〕

他又分析「秦楚月名對照表」中「冬夕」、「夏屎」兩個帶有季節名稱的月名，而作了以下的推論：

> 從「冬夕」對應於「秦十月」、「夏屎」對應於「秦二月」的情況看，
> 它們可能本屬於一種使用周正的曆法。因爲秦一月（即夏正十月）
> 相當於殷正十一月、周正十二月、亥正正月，根據十月、十一月、
> 十二月爲冬……四月、五月、六月爲夏的原則……能同時適合「冬
> 夕」、「夏屎」兩個名稱的曆法，就只能是周正曆法了……這種使用
> 周正的楚曆，應屬於楚國早期頒行的曆法，它很可能是西周時期遵
> 奉周王正朔的產物。〔註42〕

530。
〔註40〕 同註19，〈論楚國之曆〉，頁77。
〔註41〕 同註11，〈關於楚國曆法的建正問題〉，頁141。
〔註42〕 同註11，〈關於楚國曆法的建正問題〉，頁141。

王氏的處理，有一些瑕疵。像何幼琦所舉，且在楚郊敖之後的「吳師入郢」、「昭王死日」二事，諸書記載所反映的建正，並非亥正，王氏就沒有對此提出說明。又王氏認爲戰國時楚行亥正，則是錯誤的看法（說詳後文）。此外，王氏由帶有季節名稱的楚月名，推論出楚曆可能本屬於一種子正曆，則是襲用了何氏的說法。〔註43〕

「吳師入郢」一事，涉及到吳、楚兩國，並不能確定《左傳》作者是用楚曆記載，可暫時置之不論。至於「昭王死日」，《史記》所記月份與《春秋》、《左傳》相差過大，其中應有錯誤。《左傳》在記述楚昭王卒於城父之事後，又記有「八月，齊邴意茲來奔。陳僖子使召公子陽生」及「冬十月丁卯，立之（案：陽生，即齊悼公）」等事。〔註44〕所以，《史記》的「十月」應爲誤記，何幼琦由字形認爲「十月」當係「七月」傳抄之訛，是很有可能的猜測。然而，由王氏的推論可知，此時楚國應已改行亥正，因此，這裡的記載，似乎並不宜解釋爲楚國又恢復行用子正。我們或許可以這樣揣臆：此時楚國雖行亥正，但《左傳》及《史記》的記載，也許是根據一種子正的史料。就如同「郊敖死日」時，楚應已改行亥正，但《左傳》仍用子正記載是相似的情況。況且，此處「十月」雖最有可能爲「七月」之誤，但也不能完全排除其他的可能。不過，這畢竟顯示了春秋時期的楚曆建正問題，還有一些不完全清楚的地方，猶待進一步的探究。

需要特別提出來討論的是：楚器𠭯兒缶上的銘文。〔註45〕關於此器的年代，劉彬徽認爲：

> 從器物形制、紋飾看，與下寺 M1～M4 的浴缶最爲接近，年代亦應
>
> 相近，同爲楚銅器第三期。〔註46〕

劉氏所謂的第三期，是指春秋中期偏晚，而根據前面的討論，此時楚國可能是行用亥正，以冬𡉉爲歲首。𠭯兒缶銘有「正月初冬吉」，劉彬徽改讀爲「正

〔註43〕參看：同註 19，〈論楚國之曆〉，頁 80。又潘嘯龍論證其子正之說的主要著眼點，也是相同的，亦承襲自何氏。參看：同註 7，〈從「秦楚月名對照表」看屈原的生辰用曆〉，頁 74～75。

〔註44〕參看：同註 23，卷 58，頁 1007 下左～1008 上右。

〔註45〕𠭯兒缶爲楚器，關於其出土地點、墓葬年代及銘文等資料，請參看：陳千萬：〈𠭯兒缶及鄀國地望問題〉，《考古與文物》1988 年第 3 期（1988 年 5 月），頁 75～77；石泉主編、何浩、陳偉副主編：《楚國歷史文化辭典》（武漢：武漢大學出版社，1996 年 1 月），頁 229。

〔註46〕劉彬徽：《楚系青銅器研究》（武漢：湖北教育出版社，1995 年 7 月），頁 324。

月爲孟初吉」，〔註47〕林素清師認爲這是「削足適履」、並無確證的不當處理。〔註48〕「正月初多」，應是正月爲多季之始、即孟多之意。此時楚正月多孟爲「初多」，那麼，相當於夏曆正月的酓昜就應是孟春。也就是說，這個時期楚國雖行亥正，但四季的劃分，卻與夏曆相同。倘若「正月初多」的「正月」爲建子、建丑或建寅，則孟春將分別爲夏曆的二月、三月或四月，而這樣的四季劃分，似乎從未見過。因此，蠚兒鐳銘稱正月爲「初多」，又進一步證實了此時楚曆行亥正的可能。

蠚兒鐳銘所透露的楚曆訊息，十分值得注意。因爲，傳統的「三正」說，隨著歲首月建的不同，四季也隨之而異。如：周曆正月爲夏曆十一月，但無論是周曆或夏曆，皆稱其正月爲孟春。然而，楚曆卻稱其正月爲「初多」，與夏曆的四季劃分同。而這和後來秦國所用的建亥顓頊曆的情況，又有不同。秦曆的四季的劃分，雖亦與夏曆相同，但並未將十月改爲正月，與楚曆行用亥正，猶有差別。

此外，相似的問題，也出現在欒書缶銘上。欒書缶過去以爲是春秋中期的晉國器，這是值得商榷的意見。根據學者從器物形制、文字構形等方面分析，此缶似應爲戰國早中期晉人所造的楚式器。〔註49〕欒書缶銘有「正月季

〔註47〕 參看：同註18，〈從包山楚簡紀時材料論及楚國紀年及楚曆〉，頁541～542。

〔註48〕 參看：同註20，頁1112。

〔註49〕 相關問題的詳細討論，可參看：甌燕：〈欒書缶質疑〉，《文物》1990年第12期（1990年12月），頁37～41、79；王冠英：〈欒書缶應稱名爲欒盈缶〉，《文物》1990年第12期（1990年12月），頁42～44、82；劉彬徽：〈論東周銅缶〉，《考古》1994年第10期（1994年10月），頁939；同註45，《楚國歷史文化辭典》，頁346；林清源：《楚國文字構形演變研究》（臺中：私立東海大學中國文學研究所博士論文，1997年12月），頁241～249。欒書缶銘云：「正月季春，元日己丑。余畜孫書也，擇其吉金，以作鑄缶……欒書之子孫，萬世是寶。」研究者或認爲「書也」爲複名，因此，「欒書缶」應改稱爲「書也缶」（或「欒書之孫書也缶」）。由於作器者爲客居楚國的晉國執政者欒書的後裔，所以產生了器屬楚而銘文記晉事，以紀念其先祖的情況。不過，林素清師指出：春秋戰國以至於西漢時期的複名，二字多有涵義，很少有「書也」這樣的例子。「『余畜孫書也』，其用法猶如《論語》一書常見『雍也』、『賜也』、『回也』之例，皆爲用於人名後之語助詞。」（林素清師：〈讀《包山楚簡》札記〉，「中國古文字研究會第九屆學術研討會」論文，南京：南京大學，1992年10月，頁6～7）「書」有可能就是後面的「欒書」，由於從器物形制、文字構形等方面來看，此缶似應爲戰國早中期楚式器。因此，缶銘中的「欒書」，未必就是史籍中的晉執政者欒書，而或許只是同名之人。林師的分析極有條理，如此一來，則此缶作器者是否爲晉執政者欒書的後裔，似尚難論斷，而作器

春」，容庚、張維持說：「正月是季春，則孟春是十一月，正合周以建子之月為正月。」〔註50〕容、張二氏的意見，是過於簡單化的說法，他們可能忽略了其中的問題。晉用夏正，因此，欒書缶銘「正月」應該是指夏曆正月，然而，「季春」卻用了周曆的季節名。這些例子，顯示了春秋戰國時期各國曆法的複雜性，特別是在建正與四季的對應關係。而一些由文獻裡得到的傳統觀點，或許都有再仔細地商榷、檢討的必要。

　　關於春秋時期楚國的建正，張聞玉還有一些其他的論述意見，以下略加討論。張氏認為，文獻中有春秋後期楚行寅正的證據，他說：

　　　楚行寅正，書多例證。前述《淮南子‧天文訓》（案：「訓」為注解之義，篇名應只稱〈天文〉）所保存的春秋後期文獻，可代表當時用曆以寅為始。〔註51〕

案：《淮南子‧天文》關於太陰與歲星的記載，講的是太歲紀年，與月建未必相關；且縱使有關，又怎能推論其反映的是春秋後期楚國的建正？總之，《淮南子‧天文》或非初創之作，但指實其所保存的為春秋後期楚國文獻，實在缺乏足夠的憑據。

者的國別及缶銘用曆屬於何國，也同樣不能斷定。此外，林清源認為：缶銘中的「畜孫」，不宜訓為「孝孫」。《禮記‧祭統》「孝者，畜也。」那段話，所謂的「畜」，只是在解釋順而不逆的孝道精神，並未暗示「畜」、「孝」之間存在任何字義的關係。「畜」字可能是「玄」字或體，所從田旁只有裝飾作用而已。「畜孫」就是玄孫，有可能指曾孫之子，也有可能指輩份更遠的子孫（參看該書，頁247）。案：此說似乎求之過深，而並不可信。因為楚簡帛中，「畜」、「玄」二字皆數見，並未混用（如：九店日書簡39下有「不可以畜六牲」；子彈庫帛書「月忌」篇中，既有「畜生」，又有九月月名「玄」；天星觀遣冊則屢見「玄帶」、「玄羽之戠」等；此外，新發表的郭店簡中，〈六德〉簡15有「畜我如其子弟」、簡20有「既生畜之」，《老子》甲簡8、28則有「微妙玄達」、「玄同」等詞）。其實，「孝」、「畜」二字，不僅字義上有關聯，就字音來說，上古同屬幽部曉母，也可以通用。如：《老子》十八章：「六親不和，有孝慈。」十九章：「絕仁棄義，民復孝慈。」（魏‧王弼撰；樓宇烈校釋：《老子道德經注》，《王弼集校釋》，臺北：華正書局，1992年12月，頁43、45）「孝慈」，馬王堆帛書《老子》甲本俱作「畜茲」。而「孫」在這裡，可能只是泛指後代子孫，未必是實指子之子。況且，缶銘「欒書」也可能只是與晉執政者欒書恰巧同名之人，所以將「孝孫」的「孫」訓作子之子，亦未必與器物時代不合。可見讀「畜孫」為「孝孫」應該是沒有問題的。

〔註50〕容庚、張維持：《殷周青銅器通論》（臺北：康橋出版事業公司，1986年5月），頁96。

〔註51〕同註2，〈曾侯乙墓天文圖象研究〉，頁100。

　　就春秋時期的楚曆建正、歲首而言，王勝利的意見或許大致近是。即春秋前期可能行子正；後期則可能是亥正。楚月名中，夏层、夏栾及冬栾，爲帶有季節的名稱；八月、九月和十月，則是數詞月名。而這兩種建正中的各月位次，分別符合了季節和月序。也就是說，帶有季節的月名，可能與楚月名的初義相吻合，而後來改行亥正時，三個數詞月名或許也作了修改。此後雖仍有歲首的更易，但各月月名則皆沿用未改。至於原本楚月名中的數詞是否亦爲八、九、十？以及何以有一般的數詞月名夾雜於楚國特殊月名之中？則都還難以推測。而這些相關問題的徹底解決，或許只能寄望於更多春秋時期的楚國紀時資料的發現。

　　至於楚國何以改用亥正曆法，王勝利有如下的推測：

> 楚、秦兩國曆法的年首同在夏正十月，這種情況是不見於其他諸侯國的。採用這樣的年首，或許與楚、秦兩族的始祖同爲顓頊的傳說有關。如：秦曆即取名「顓頊曆」。顓頊在五行說中爲主冬之北方水帝，夏正十月則恰爲冬季之首月。〔註52〕

王氏的推測，頗有理致。不過，學界對於楚人心目中的始祖是誰，以及顓頊、高陽的關係，尙有爭議。〔註53〕根據《史記・秦本紀》的記述，秦國最遲在昭襄王四十二年，已行用顓頊曆。及秦始皇并天下，更正式以顓頊曆頒行全國。〔註54〕我們不妨看看《史記・秦始皇本紀》對秦國改曆說法的記載：

> 始皇推終始五德之傳，以爲周得火德，秦代周德，從所不勝。方今水德之始，改年始，朝賀皆自十月朔。〔註55〕

〔註52〕　同註11，《楚文化志》，頁300。

〔註53〕　相關問題的討論，可參看：張正明：《楚史》（武漢：湖北教育出版社，1995年7月），頁2～7。

〔註54〕　參看：〔宋〕呂祖謙：《大事記》（北京：中華書局，1991年，叢書集成初編據金華叢書本排印），解題，卷7，頁384。張文虎根據〈秦本紀〉的記述，指出秦國自昭王四十九年起，似乎又恢復以夏正正月爲歲首（參看：氏著：《校刊史記集解索隱正義札記》，收入：楊家駱主編：《史記附札記》，臺北：鼎文書局，1986年10月，據清同治九年金陵書局張文虎校刊本點校，卷1，頁939上），這應該是正確的意見。不過，我們由睡虎地秦簡《編年記》，可知昭王四十九年之後，閏月仍稱「後九月」，並沿用著顓頊曆的月日干支。一直到始皇二十六年，才又再改以夏正十月爲歲首。參看：楊寬：《戰國史》（臺北：臺灣商務印書館，1997年10月），頁560、606。

〔註55〕　〔漢〕司馬遷撰、〔南朝宋〕裴駰集解、〔唐〕司馬貞索隱、張守節正義：《史記》（北京：中華書局，1982年11月，二十四史點校本），卷6，頁337。

這種五行相勝的成套說法，在春秋中期雖然可能還沒有形成，但楚改行亥正，卻或許亦出於類似的心態。春秋中期以後，楚國的國勢雖有升降，但大體來看是日益增強的。至楚莊王時，更已有了問鼎中原的實力和野心。因此，這些揉合了政治及氏族的考量，也許就是楚國由早期奉行的子正周曆改為亥正的緣故。

（二）戰國時期

睡虎地秦簡《日書》中楚國紀時資料的出土，使得學者們重新檢討戰國時期楚曆行用夏正的傳統觀點，較早根據秦簡提出不同論點的是于豪亮。于氏根據「秦楚月名對照表」中帶有數詞的楚月名，向前推算，得出了「楚的一月又名冬夕，相當於秦的十月」及「楚以亥月為歲首」的看法。〔註56〕

就戰國時期的楚曆而言，于氏的論點，得到較多數學者的認同。對於屈原作品中明顯為夏曆的物候描寫，支持此說的學者則多半以民間並用夏曆的觀點予以化解。然而，「亥正說」其實並沒有足夠的證據支持，而我們更可以從一些相關資料，引導出不同的結論，以下即試作論述。

「亥正說」的主要論據，是「秦楚月名對照表」中帶有數詞的楚月名，但這個證據其實相當薄弱。像主張戰國時楚曆行用子正的學者，即著眼於帶有季節的楚月名來推算楚曆之建正、歲首，同樣亦言之成理。〔註57〕其實，「秦楚月名對照表」是按秦曆以十月為歲首編排，最多僅反映了楚月名各月的相

〔註56〕 參看：同註9，頁161。廣州中山大學中文系古文字研究室楚簡整理小組的〈戰國楚竹簡概述〉在談到望山簡中的幾個楚月名——[圅]屈之月、夏月及獻馬之月時，曾以括弧加註「四月」、「十一月」及「十二月」。（同註8，頁67）可見他們對戰國時期楚曆歲首、建正的看法，應該是與于豪亮相同的。不過，該文雖發表較早，卻並沒有對此問題提出論述，因此，這裡的討論舉于文為代表。此外，陳久金〈屈原生年考〉並未依據新出土材料，就已提出楚用周正的新論點。然而，其說並不正確。因前人已有駁正，為省篇幅，這裡就不再討論。參看：同註11，〈關於楚國曆法的建正問題〉，頁138～139。

〔註57〕 主張「子正說」的潘嘯龍，對於數詞楚月名的解釋，採取了何幼琦的說法。他們認為四個數詞月名，是秦人未打聽到楚月專名，而補充進去的。參看：同註7，〈從「秦楚月名對照表」看屈原的生辰用曆〉，頁75；同註19，〈論楚國之曆〉，頁80。在包山簡等資料出土後，我們當然知道這種解釋並不正確。不過，這並不是說「亥正說」較「子正說」可信。因為「子正說」的學者，還是可以採取像「亥正說」學者處理帶有季節的楚月名一樣的方式，即認為數詞月名是舊曆的孑遺。因此，僅從楚月名來推論，二說仍是難分高下，也無法得知戰國時的楚曆真相。

應月建，並不能從中看出楚曆以何月爲歲首，也不能作爲楚曆行用何種建正的證據。而且，「對照表」中的秦楚月名對應關係，究竟只是經過秦人加工的表面現象，還是確爲戰國時的楚曆實況，也曾有過不同的看法。〔註58〕所以單憑睡虎地秦簡的資料，並不足以論斷戰國時期楚曆的建正、歲首。

包山楚簡出土、公佈後，由於它保存較完整且有著豐富的紀時資料，使得楚曆問題的討論，進入了新的階段。其中，《包山楚墓》一書附錄中，收錄王紅星及劉彬徽的兩篇有關楚曆的論文，而二氏皆主張戰國時楚曆應行丑正，以冬柰爲歲首。根據「秦楚月名對照表」，可推知楚月名各月相應的月建，而與冬柰對應的應該是亥。王、劉二氏認爲冬柰建丑，卻沒有提出適當的說明。況且，他們的各項論證，也都很有問題。〔註59〕因此，「丑正說」很明顯地並不正確。王、劉二氏之說，雖與「亥正說」不同，但由於同樣認爲冬柰爲歲首，是故二文中有關歲首的大多數論述，若能成立，則亦可以作爲「亥正說」的證據。這方面的論述，主要在王紅星的文章中。

包山簡 207～208 記「東周之客響絕歸胙於栽郢之歲，遠柰之月」所舉行的「疾病貞」，其再占辭爲：「吉，習层且見王。」王紅星認爲：「據此可知，遠柰應在習层之前。」〔註60〕陳偉已指出，這兩條簡其實只顯示了遠柰、習层一前一後的相對順序，「但說這處習层也屬於響絕歸胙之歲而不是次年，卻缺少必要的證據。」〔註61〕

王紅星又說：

> 東周之客響絕歸胙於栽郢之歲，遠柰之月，癸卯之日（簡 207），首次出現邵𧾷「肪腹疾」，但病情還不太嚴重。同年夏月，邵𧾷病情已嚴重惡化，到了「不内飤」的地步（簡 221）……此年夏月，邵𧾷已病入膏肓，如冬柰晚於此月，則不可能不記。〔註62〕

實際上，「不入食」即吃不下東西，並不一定是多重的病症。而且響絕歸胙之

〔註58〕 我們現在根據包山簡，已基本證明睡虎地簡中楚月名相對排序的可靠性。又根據九店日書九十六號簡中，楚月名與星宿對應的記載，因而更進一步確認，「秦楚月名對照表」所記，確爲戰國時楚曆月份與秦曆月份對應關係的眞實寫照。相關的討論，可參看：同註3，〈新發表楚簡資料所見的紀時制度〉，頁 599～604。

〔註59〕 二氏「丑正說」的論據，林素清師已有詳細的檢討，這裡就不再贅述，請參看：同註20，頁 1109～1112。

〔註60〕 參看：同註17，頁 525。

〔註61〕 參看：同註3，《包山楚簡初探》，頁 3～4。

〔註62〕 同註17，頁 525。

歲亯月己酉之日的「疾病貞」，共貞問了三次，另有一次習卜。命辭所敘述的病況，前兩次是「以其下心而疾，少氣」；第三次及習卜則是「既有病，病心疾，少氣，不入食」，二者是對同一病情的不同描述。由此可見，「不入食」是可以省略的敘述，而這樣的病症，也未必比同年遠柰之月的「病腹疾，以少氣」嚴重。其實，楚簡中的病症敘述，頗爲簡略，有時並不易看出病情的演變；更何況，病況有可能時好時壞，以此類敘述來推論不同月份的卜筮簡之先後次序，不但沒有多大的證據力，甚至還有可能造成誤導。這由主張不同歲首的學者，卻都有引用卜筮簡中的病情記錄爲證，就可以看得很清楚。總之，這類證據，最多只能非常謹愼地作爲輔助證據。

陳偉在檢討了前人依據包山簡對楚曆歲首問題所提出的各種論點後說：

> 撇開上舉兩條可以有不同解釋的材料，我們對於同一年中楚曆月序，還是只了解鴲屎在前，夏屎……亯月依次爲序；以及冬柰居先，屈柰在後。這兩組月序之間的關係，以及此外獻馬、遠柰兩個月份的位次，尚待進一步排定。〔註63〕

陳氏所謂的「兩條可以有不同解釋的材料」，其一即前面討論的簡207～208；另一條則是簡103～114有關貸金糴種及迻期不賽的記錄。簡文記載於亯月貸金，而「期至屈柰之月賽金」。陳偉說：

> 亯月當夏曆三月，約爲水稻播種季節；屈柰當夏曆十一月，已在水稻收穫之後。因此，簡書所記大概是在春耕時貸款給各地購種種植，而於收穫後還貸；亯月、屈柰較有可能屬於同一年。但有學者懷疑這裡的屈柰應在次年。〔註64〕

以爲屈柰應在次年的是王紅星，這是王氏根據他所「確定」的楚曆月序所作的解釋。〔註65〕我認爲陳偉對於簡書的解釋大致正確，但所謂「亯月、屈柰較有可能屬於同一年」，應該僅是就季節而言。在沒有確定楚曆月份與季節的搭配關係前，還不能作爲「屈柰」是楚曆一年中的後段月份的證據。

由上述可知，陳偉檢討前人論點所作的結論，相當地謹愼、可取。不過，他根據「卜筮、禱祠簡之間的某些內在聯繫」，排定了所有月份的位次，其主

〔註63〕　同註3，《包山楚簡初探》，頁4。

〔註64〕　同註3，《包山楚簡初探》，頁3。

〔註65〕　參看：同註17，頁527～528。另外，王紅星說：「複查的結果，各地已於夏柰之月庚午之日『賽金』，並沒有『迻期』。」案：王說並不正確。因爲包山簡115的「夏柰之月庚午之日」是貸金的日期，而非「賽金」。

要證據，卻也是非必然條件下的論證。陳氏論證中主要問題的討論，請參看本論文第二章第二節的第二小節「卜筮與祭禱的關聯」，此處就不再重述。

那麼，這是否是說我們在擁有包山簡豐富的紀時資料後，仍無法判斷戰國時楚曆的歲首、建正呢？其實也不盡然，例如陳偉說：

> 疾病貞始見於響緹歸胙之歲。後來使邵𨻸致死的疾病大概就發作於這一年。當年疾病貞先後有兩次：一在遠柰之月癸卯之日；一在夐月己酉之日……在文書簡中，凡有具體時間記載的，均以響緹歸胙之歲夐月為下限。「所詎」簡一概不超過夐月己亥；簡 141～144 記於夐月乙巳，屬於最晚的一件文書。可見此後邵𨻸已不能視事。有四人施作疾病貞的夐月己酉，在同月己亥後的第十天，乙巳後的第四天。邵𨻸之病的發作，可能就在這一期間。這又是夐月當早於遠柰的又一條證據。〔註66〕

這類的推論，在陳氏的文章中還有三條，雖然都不能作為酅㞋為歲首的鐵證，但也顯然遠較王紅星等人的論述合理。而且我們還可以由包山簡中，理出一些其他的線索，補充陳氏的論證。

在所謂的「所詎」類簡中，自酅㞋至夐月連續無缺漏的月序多次出現，卻沒有出現獻馬、冬柰、屈柰及遠柰四個月份。此一現象，彭浩認為與《周禮》的「上計制度」有關。他贊成王勝利冬柰歲首之論點，並說：

> 那麼，歲末之月就是獻馬。各地當年的司法活動以夐月為終止，獻馬之月上計。〔註67〕

且不論彭氏對「所詎」類簡的理解是否正確，這樣的說法，仍不能解釋何以總是沒有冬柰、屈柰及遠柰三個月之記錄的疑點。

其實，「所詎」類簡應為左尹邵𨻸交代下屬官員辦案的記錄，〔註68〕和所謂的「上計制度」無關，而這些簡屬於「響緹歸胙之歲」，是包山文書簡最晚的一年。文書簡中共出現了六個年份，其中，「魯陽公以楚師後城鄭之歲」與「宋客盛公麴聘楚之歲」，都有冬柰或屈柰的文書記錄（2、4、125）。此外，簡 80～83 有四條冬柰之月的「疋獄」類簡，查劉信芳所復原的「包山楚簡楚曆朔閏

〔註66〕同註3，《包山楚簡初探》，頁7～8。
〔註67〕彭浩：〈包山楚簡反映的楚國法律與司法制度〉，收入：同註17，《包山楚墓》，附錄二二，頁554。
〔註68〕相關的討論，可參看：同註3，《包山楚簡初探》，頁64～65。

表」，並略作修正，知其應屬於「大司馬昭陽敗晉師於襄陵之歲」。〔註 69〕由於「ⓀⓁ歸胙之歲」是包山文書簡各年份中最晚的一年，因此被保存及隨葬的簡數也最多。在總數近兩百枚的文書簡中，屬於這一年的，大約佔一半。

「ⓀⓁ歸胙之歲」的大量文書，都沒有在冬栾、屈栾或遠栾這三個月的，但自𦋴层至奐月各月的文書，則皆數量頗多；然而，其他簡數較少年份的文書，卻常有冬栾等月的記錄，若冬栾爲歲首，這將是極不合理的現象。之所以如此的原因，應該就是陳偉所指出的：「ⓀⓁ歸胙之歲」奐月以後，卲𬺈已發病不能視事。也就是說，𦋴层爲歲首，而獻馬等四個月份在奐月之後，才應是當時楚曆的實際面貌。

對於包山簡中紀時資料的性質，何幼琦有不同的看法，以下附帶作簡單的討論。何幼琦認爲包山簡曆的性質是神曆，而絕非民用的楚曆，其主要的論述如下：

> 銅器的紀時和楚簡這一套大不相同。當時各國的銅器銘辭，都是用國君的年數紀年，以序列數詞紀月……都和歷史文獻一致，楚國也不例外。簡曆的紀時，僅僅見於楚墓的簡策，就是在楚國的貴族墓葬中也很少見，多數是只有銅器而沒有簡策。這是值得深思的……（案：簡策）製作的唯一目的就是入土，由死者帶往另一世界。簡文中的紀時只涉及巫師和死者二人，只要巫師不怕麻煩，所用語詞再詭譎一些，死者絕不計較。至於這類簡策在楚墓中少見的原因，主要不在於死者的財富和地位，而取決於死者對巫教迷信的程度。〔註 70〕

案：何氏的看法毫無憑據。首先，楚金文中也有與楚簡相同的紀時法。如：鄂君啓節銘有「大司馬昭陽敗晉師於襄陵之歲，夏层之月，乙亥之日」；燕客

〔註 69〕參看：同註 15，頁 73。劉氏所復原的「包山簡楚曆朔閏表」，與陳偉《包山楚簡初探》中的研究結果大致相同。因劉氏列爲表格，較便於查對，所以此處就直接參考劉氏朔閏表。需要說明的是：劉、陳二氏對於歲首的認定，有所不同，不過由於二氏所用曆表，均爲張培瑜《中國先秦史曆表》（濟南：齊魯書社，1987 年 6 月）中的「冬至合朔時日表」，因此各月實際的朔日干支，除少數的校正外，並無差異。需要斟酌的，僅有部分月份的歸年問題。根據劉氏朔閏表的楚月名排列方式，知其贊成歲首冬栾之說。然而當時楚曆的歲首應爲𦋴层，因此劉氏朔閏表中的冬栾、屈栾及遠栾皆應向前歸一年。簡 80～83 四條冬栾日辰的干支，僅可繫於劉表中的「陳豫之歲」，但冬栾需向前歸一年，故應屬於「昭陽之歲」。

〔註 70〕同註 19，〈論包山楚簡之曆〉，頁 67。

臧嘉量銘則有「燕客臧嘉問王於莪郢之歲，享月，己酉之日」；〔註71〕皆篱鐘銘亦有楚月名「屈欒」。這些銅器銘文的內容，很明顯地與所謂的「巫教」無關。其次，墓葬中少見簡策，主要的原因應是由於竹簡易腐壞，不容易保存下來，這也與此問題無關。更何況，就簡策而言，包山簡中的文書，亦與所謂「巫教」無關；而文書和卜筮祭禱記錄，也不是為了隨葬而臨時製作的。因此，「神曆」之說決不可信。

綜上所論，可知就包山簡而言，皆屎為歲首，確為相當可信而合理的推論。

1995 年 7 月出版的《江陵九店東周墓》中，正式公佈了九店五十六號墓的《日書》簡，〔註72〕這又替歲首皆屎之說，提供了新的證據。不過，率先就九店《日書》簡探討楚曆歲首、建正的武家璧，支持的卻是「亥正說」。武氏所提出來討論的是九十六號簡，下面就先迻錄李家浩所釋之該簡釋文：

> □□屎朔於璧，夏屎□，享月□，夏欒□，八月□，九月□遷，十月□□

武家璧說：

> 該簡按先後順序列舉了七個緊密相連的楚月名，其中排在最前面的月名缺一字，按楚月名的邏輯順序該月名應為「皆屎」，依楚月序當為楚曆四月。這樣一來，我們就得到了「皆屎朔於璧」，也就是楚曆「四月朔於璧」的曆法材料……「朔於璧」即「朔於營室」，也就是文獻上所說的「日月俱入於營室」……「皆屎朔於璧」實際上是指楚曆四月日月合朔於營室五度、朔旦立春。既然立春在四月朔旦，向前推 46 日，則冬至必在二月（案：是指所謂「楚曆二月」，即屈欒）之中……冬至既然在二月，那麼正月必是亥月無疑。〔註73〕

案：武氏的說法，其實並沒有跳脫一般「亥正說」證據的窠臼。因為他是先肯定皆屎為楚曆四月，再根據天文現象，推出正月必為亥月，他所謂「依楚月序當為楚曆四月」，仍是由數詞月名逆推的結果，而實際上，各月的位次問題

〔註71〕 參看：周世榮：〈楚郠客銅量銘文試釋〉，《江漢考古》1987 年第 2 期（1987年 5 月），頁 87～88。「燕」字的考釋，請參看：李零：〈楚燕客銅量銘文補釋〉，《江漢考古》1988 年第 4 期（1988 年 11 月），頁 102。

〔註72〕 參看：湖北省文物考古研究所編著《江陵九店東周墓》（北京：科學出版社，1995 年 7 月）卷末所附圖版。該報告附錄二並收錄了李家浩的〈江陵九店五十六號墓竹簡釋文〉（頁 506～511）。

〔註73〕 同註 14。

仍未解決。若眞能確定位次，僅依據「秦楚月名對照表」，已可知道其相應的
月建地支。

　　就這條簡探討楚曆問題最爲細緻的，應推陳偉。他根據《呂氏春秋》十
二紀、《禮記・月令》等文獻及睡虎地秦簡《日書》甲種〈除〉、〈玄戈〉中，
月名後記述星宿名的這類記載，指出：

> 九店簡 96 號於荊夷說「朔於營室」，而在隨後各月只記星宿名，當
> 是承前省略了「朔於」二字。《說文》：「朔，月一日始蘇也。」是指
> 每月初一新月始生的情景。由此可轉指月初並進而引申出初始的含
> 義。《釋名・釋天》：「朔，月初之名也。」《廣雅・釋詁一》：「朔，
> 始也。」就分別給出了這兩層意思。「荊夷朔於營室」，可能是說在
> 荊夷之月的月初，太陽處於營室的位置……也可能是說在荊夷之
> 月，太陽開始運行到營室。這句簡文的確切含意雖然還有待推敲，
> 但其與上引古書和秦簡所記大致類似，則基本可以斷定。〔註74〕

其說甚是。不過，陳氏又說：

> 在先秦所謂的「三正」中，冬至以及立春的時刻都是相同的；其差
> 異在於是以冬至所在之月爲歲首（周正），還是以冬至後一月爲歲首
> （殷正），抑或以冬至後二月（即立春所在之月）爲歲首（夏曆）。
> 因此，即使九店簡 96 號所說「荊夷朔於營室」是指荊夷之月立春，
> 也難以由此直接推導出楚曆歲首的所在。〔註75〕

這個結論，則可能過於謹愼。因爲該簡雖有殘泐漶漫，但由爰屖以下各月只記
星宿名，承前省略「朔於」二字，可知是以爰屖爲首排列。睡虎地秦簡《日書》
中，甲種的〈除〉、〈玄戈〉兩篇，有著與此簡類似的記載。值得注意的是，
兩篇中月份的排列方式並不相同——表格式的〈除〉以十一月爲首排列；〈玄
戈〉則以十月爲首排列。秦曆以夏正十月爲歲首，這也就是〈玄戈〉以十月
爲首排列的原因。至於〈除〉何以將十一月置於表格最前面？劉樂賢認爲「這
個問題比較複雜」，而暫不討論。〔註76〕其實，這個表格以地支爲主要部分，
因此首行的月份也是按十二支的順序排列，這樣的編排與曆法無關，並沒有
什麼深奧之處。在睡虎地秦簡《日書》裡，還有好幾篇也是依地支順序排列，

〔註74〕同註 3，〈新發表楚簡資料所見的紀時制度〉，頁 603。
〔註75〕同註 3，〈新發表楚簡資料所見的紀時制度〉，頁 604。
〔註76〕參看：同註 5，頁 28。

像《日書》乙種中，有一個內容與甲種〈除〉大致相同的表格，亦是由十一月開始編排的。酆屄相應的月建地支爲寅，以此爲首排列，應與地支順序無關。參照睡虎地秦簡的情況，對於九店《日書》九十六號簡月份排列最合理的解釋，即是：酆屄爲當時楚曆的歲首。

除此之外，陳偉還指出：九店《日書》簡13～24及25～36也都是將酆屄置於十二月之首，因此他說：

> 既然楚人在進行擇日一類活動時，是將荊夷排在一年各月的開頭，那麼荊夷之月很可能就是楚曆的歲首。〔註77〕

不過，陳氏也補充說：

> 睡虎地秦簡日書中屬於秦人自己的建除，即甲種〈秦除〉和乙種〈徐〉篇，以及天水放馬灘秦簡日書〈建除〉篇也都是將夏曆正月排在首位。不過，秦人採用顓頊曆，月份按夏曆計數，但歲首卻是十月，其建除將夏曆正月排在第一位，可能因爲這是當時日書的通行作法，與日書行用地區的歲首並無直接的關係。在這種情形下，楚人的建除類日書將荊夷排在前列，還不能看作荊夷爲楚曆歲首的當然證據。這方面比較可靠的結論，目前還只能從包山楚簡中推導出來。〔註78〕

還可以討論的是第97號簡。劉信芳比照睡虎地《日書》簡，指出該簡「往上歸死」應改隸爲「往亡歸死」。〔註79〕劉樂賢承劉信芳之說，並發現該簡與第105、106、107三殘簡有關，所記爲「往亡日」的日期，而指出：

> 從出土日書和傳世選擇類書籍看，描述「往亡」時，總是從正月開始，依次列出十二月的日數。引人注目的是，九店日書第94（案：應爲97）號簡「往亡歸死」後的第一個月名是「酆屄」。這說明，楚日書的編抄者是把「酆屄」當作每年的第一個月。〔註80〕

這應是正確的意見。

如上所論，雖然九店簡並沒有可供斷定楚曆歲首的鐵證，但多批資料皆以酆屄爲首排列，仍進一步顯示了歲首爲酆屄的可能。

〔註77〕同註3，〈新發表楚簡資料所見的紀時制度〉，頁607。

〔註78〕同註3，〈新發表楚簡資料所見的紀時制度〉，頁608。

〔註79〕參看：劉信芳：〈九店楚簡日書與秦簡日書比較研究〉，收入：張光裕等編輯：《第三屆國際中國古文字學研討會論文集》（香港：香港中文大學中國文化研究所、中國語言及文學系，1997年10月），頁542。

〔註80〕參看：同註4，頁92～94。

總的來說，由於包山及九店簡中的多批資料都指向相同的答案，因此，戰國時楚曆以型层爲歲首，應該已可成爲定論。不過，最後還有兩個問題需要注意：

第一、型层相當於夏曆正月，以其爲歲首，似乎顯示當時楚國行用夏正。然而，我們看到楚月名中，八月、九月、十月等數詞月名，仍沿襲行用亥正時的舊稱，並未隨著歲首的改變而更易，這讓我們考慮僅改歲首而未改建正的可能性。換句話說，當時楚曆雖改以型层爲歲首，但正月有可能仍是冬柰。倘若如此，則與秦國改曆的情況相同——同樣僅變更歲首而未改建正。但兩種曆法實際的歲首及建正，則恰好相反。不過，這只是一種猜測，實際情況爲何，還待進一步地探究。

第二、由於現在我們所能看到的戰國時期楚曆以型层爲歲首的紀時材料，皆屬於戰國中期以後。〔註81〕因此，從行用亥正，改以型层爲歲首，究竟始於何時，目前尚難斷定。

二、楚曆的其他問題

除建正與歲首外，因出土材料而引起討論的楚曆問題還有很多，可大致分爲紀年法與紀月法兩方面來討論。

（一）紀年法

劉彬徽認爲，楚國紀年，可歸納成「序數紀年法」、「星歲紀年法」及「以事紀年」三種方式。第一種方式「以楚王在位的年次紀年」；第二種方式「乃根據天象紀年」；第三種方式則主要以「他國使者來楚活動之事」或「某一次戰爭或楚軍的行動」等來紀年。其中，關於楚國使用「星歲紀年法」的例子，劉氏舉了〈離騷〉「攝提貞于孟陬兮」及兼陵公戈銘「獻鼎之歲」爲證。〔註82〕

劉氏所舉「星歲紀年法」的例子，似乎均有再商榷的必要，下面先討論〈離騷〉之例。《爾雅‧釋天》云：「大歲在寅曰攝提格。」〔註83〕「大歲」

〔註81〕據學者研究，包山簡的絕對年代爲西元前 322 到西元前 316，約相當於戰國中期後段。而根據考古報告，九店五十六號墓則約爲戰國晚期前段的墓葬（參看：同註 72，《江陵九店東周墓》，頁 407、414、451）。

〔註82〕參看：同註 18，〈從包山楚簡紀時材料論及楚國紀年及楚曆〉，頁 533～535。

〔註83〕〔晉〕郭璞注、〔宋〕邢昺疏：《爾雅注疏》（臺北：藝文印書館，1993 年 9 月，影印清嘉慶二十一年阮元重刊宋版十三經注疏本），卷 6，頁 95 下左。

即「太歲」，《淮南子・天文》、《史記・天官書》及《漢書・天文志》等文獻，也有類似的記載。〔註 84〕於是自王逸以下討論〈離騷〉此句的學者，多認爲「攝提」就是太歲年名「攝提格」，而此句即屈原對其生辰年月日的自述。朱子《楚辭辯證》對此句卻有不同的看法，他認爲「攝提」爲星名，並駁王逸「太歲在寅」之說。朱子云：

> 王逸以太歲在寅曰攝提格，遂以爲屈子生於寅年寅月寅日，得陰陽之正中。補注因之爲說，援據甚廣。以今考之，月日雖寅，而歲則未必寅也。蓋攝提自是星名，即劉向所言「攝提失方，孟陬無紀」，而注謂「攝提之星，隨斗柄以指十二辰」者也。其曰「攝提貞于孟陬」，乃謂斗柄正指寅位之月耳，非太歲在寅之名也。必爲歲名，則其下少一格字，而「貞于」二字亦爲衍文矣。故今正之。（案：朱子自注云：「劉向本引用古語，見《大戴禮》，注云：『攝提左右六星，與斗柄相直，恆指中氣。』」）〔註 85〕

朱子不爲成說所限的意見，是很值得重視的，「必爲歲名，則其下少一格字」尤其道出問題的關鍵。不過，後來的《楚辭》注家，還是有一些反駁的意見。例如蔣驥在《山帶閣注楚辭・餘論》中說：

> 古人刪字就文，往往不拘。如《後漢・張純傳》：「攝提之歲，蒼龍甲寅。」時建武十三年，逸尚未生，已有此號。可知攝提爲寅年，其來甚久。朱子謂若以攝提爲歲，便少格字，非通論也。〔註 86〕

案：根據《史記》、《漢書》的記載，西漢初年以來，誦讀、研究《楚辭》的風氣一直相當興盛。因此，這仍有可能是漢人誤解〈離騷〉文義，逐用爲典故，而並不能當作「攝提格」在戰國時可省略稱爲「攝提」的證據。更何況，即便「攝提格」可省略稱爲「攝提」，仍無法由此推導出屈原所說的「攝提」不是用其星名之義的結論。

〔註 84〕 《爾雅・釋天》的「大歲」，《淮南子》叫做「太陰」，《史記》叫做「歲陰」，《漢書》則叫做「太歲」。參看：劉文典撰、馮逸、喬華點校：《淮南鴻烈集解》（臺北：文史哲出版社，1992 年 10 月），卷 3，頁 117～118；同註 55，卷 27，頁 1313；〔漢〕班固撰、〔唐〕顏師古注：《漢書》（北京：中華書局，1962 年 6 月，二十四史點校本），卷 26，頁 1289。

〔註 85〕 〔宋〕朱熹：《楚辭集注》（臺北：文津出版社，1987 年 10 月，據南宋端平二年刊本點校排印），楚辭辯證上，頁 174。

〔註 86〕 〔清〕蔣驥：《山帶閣注楚辭》（臺北：洪氏出版社，1975 年 3 月，據清雍正五年原刊本排印），餘論卷上，頁 185。

　　因爲諸書所記的十二個太歲年名，其涵意頗不易索解，似乎是不能任意省略的專名、術語。朱子之說，有文獻根據，又能通讀上下文，已先立於不敗。因此，在沒有其他新的良證之前，任何根據此句推算出的屈原生年月日，最多也只能與朱子之說並存，即承認有無法確切推算其生年的可能，而不能斷定屈原生年月日必如其所推算。

　　另外，劉彬徽採用了李零的說法，而認爲兼陵公戈銘「獻鼎之歲」是「星歲紀年法」的例子。

　　案：李零在文章所說的「『獻鼎』，是歲名」〔註87〕這句話，語意雖含糊，但恐怕是指「以事紀年」的歲名，而非如劉氏所理解的意思。歲星紀年法與太歲紀年法，分別是以歲星所在星次，及太歲在十二辰中的位置或太歲年名來紀年。然而，十二星次和太歲年名，都沒有稱爲「獻鼎」的。因此，「獻鼎之歲」並非「星歲紀年法」的例子，而應該是某個「以事紀年」事件的簡稱，這種簡省的稱謂，在楚簡中，是常常見到的。

　　綜上所述，劉彬徽所謂楚國以天象紀年的「星歲紀年法」，目前似乎尚未發現十分確切的實際用例。

　　最需要討論的，應屬「以事紀年法」。這類的紀年材料相當常見，迄今已發現的楚國「以事紀年」的歲名，約有二十餘例，劉彬徽〈從包山楚簡紀時材料論及楚國紀年及楚曆〉一文中，即列舉了其中的十七例。〔註88〕除劉氏文中所舉歲名之外，楚國「以事紀年」的例子還有一些。如：天星觀簡有「郙客圍公頌逅楚之歲」和「左師虐聘於楚之歲」；秦家嘴一號墓簡有「周客䣄□王於宋東之歲」（1）；秦家嘴九十九號墓簡則有「秦客公孫□聘於楚之歲」（15）。〔註89〕另外，楚競尹戈銘有「都壽之歲」，學者認爲戈銘所記，可能

〔註87〕　參看：李零：〈楚國銅器銘文編年匯釋〉，《古文字研究》第 13 輯（1986 年 6 月），頁 390。

〔註88〕　參看：同註 18，〈從包山楚簡紀時材料論及楚國紀年及楚曆〉，頁 534～535。

〔註89〕　諸歲名皆根據滕壬生《楚系簡帛文字編》（武漢：湖北教育出版社，1995 年 7 月）所收句例。其中，「左師虐聘於楚之歲」已見於該書卷末所附「天星觀楚簡原大照片之四」（頁 1174）。要說明的是：「周客䣄□王於宋東之歲」，該書句例或寫作「周客䣄無王於宋東之歲」，然而「無」字及存疑字下，卻又未見此句例；又「秦客公孫□聘於楚之歲」，則或寫作「秦客公孫鞅聘於楚之歲」，但「鞅」、「䇨」等字及存疑字下，也未見此句例。這可能是由於該書漏收，或因原簡文字過於模糊，而略去不摹錄的緣故。實際情況究竟如何，要等到竹簡正式公布，才能確定。另外，秦家嘴十三號墓簡則有「▨□之歲」（3），亦應爲「以事紀年」歲名，可惜原簡已經殘斷。

就是楚考烈王二十二年遷都壽春之事，其年代爲西元前 241 年，〔註 90〕可備一說。又曾侯乙墓簡有「大莫囂鴋喿適豻之春」（1 正），則可能是楚附庸曾國「以事紀年」的歲名。這些用來紀年的事件，究竟是怎樣選取的？應該是探討「以事紀年法」需要解決的第一個問題。

王紅星認爲：「戰國時期楚官曆以頭一年之大事紀年。」〔註 91〕這個看法，爲絕大部分學者所贊同。然而，此說其實並不正確。林素清師指出：「以去年所發生的事來說今年是某某事發生之年，實有悖情理。」〔註 92〕林師認爲用來紀年的事件，其實皆是有規律地取自該年的歲首年初。因爲這些紀年的事件，依其內容與性質，大致可歸納爲兩類：一類是以他國使者來楚活動之事紀年；另一類則是以戰爭或楚軍行動來紀年。第二類的紀年事件，除部分原本就發生或戰勝於歲首年初之外，也許並非即指戰爭的那一年。如：「大司馬昭陽敗晉師於襄陵之歲」，可能是指戰爭結束後，戰敗國於下一年楚曆歲首年初至楚媾和，或他國爲此至楚朝聘慶賀。因此，西元前 323 年所發生之役，大事底定並做爲紀年，卻是第二年了。至於前一類的使者聘問、歸胙之事，則本多在歲首年初施行。〔註 93〕林師此說，合情合理，可以信從。

與各個紀年相應之絕對年代的推定，是關於「以事紀年法」的另一個重要問題。包山簡中的七個歲名，已有劉彬徽〔註 94〕、王紅星〔註 95〕、陳偉〔註

〔註 90〕 參看：周曉陸、紀達凱：〈江蘇連雲港市出土襄城楚境尹戈讀考〉，《考古》1995年第 1 期（1995 年 1 月），頁 75～76。

〔註 91〕 參看：同註 17，頁 527～531。劉彬徽的意見相同，參看：同註 18，〈從包山楚簡紀時材料論及楚國紀年及楚曆〉，頁 535。

〔註 92〕 同註 20，頁 1103。

〔註 93〕 詳細的論述及對王紅星、劉彬徽意見的辨析，請參看：同註 20，頁 1100～1105。

〔註 94〕 參看：同註 18，〈從包山楚簡紀時材料論及楚國紀年及楚曆〉，頁 542～544。

〔註 95〕 參看：同註 17，頁 527～529。

〔註 96〕 參看：同註 3，《包山楚簡初探》，頁 9～20。此外，對於包山二號墓的下葬年代，即「大司馬悼愲救郙之歲」的年代，學者們還有一些不同的意見。然而，這些文章的論證皆不可信，且部分顯然是已經放棄的舊說（如：包山墓、簡整理小組的意見，在正式的考古報告中就有所改變），爲省篇幅，這裡就不再一一細論。讀者可參看：包山墓地竹簡整理小組：〈包山二號墓竹簡概述〉，《文物》1988 年第 5 期（1988 年 5 月），頁 26；徐少華：〈郙國歷史地理探疑——兼論包山、望山墓的年代和史實〉，《華夏考古》1991 年第 3 期（1991 年 9 月），頁 93～95、78；王葆玹：〈試論郭店楚簡各篇的撰作時代及其背景——兼論郭店及包山楚墓的時代問題〉，《中國哲學》第 20 輯《郭店楚簡研究》（1999 年 1 月），頁 366～374。

96〕等人進行了考證，三氏推論的途徑雖有所不同，但都得到同樣的結論，而
他們所推定的年代是：

> 「大司馬昭陽敗晉師於襄陵之歲」為公元前 322 年；「齊客陳豫賀王
> 之歲」為公元前 321 年；「魯陽公以楚師後城鄭之歲」為公元前 320
> 年；「□客監固逅楚之歲」為公元前 319 年；「宋客盛公䜌聘於楚之
> 歲」為公元前 318 年；「東周之客鄦䋲至俵於蒯郢之歲」為公元前 317
> 年；「大司馬悼愲救郙之歲」為公元前 316 年。〔註 97〕

三氏所考訂的年代大致可信，然而，論證的過程卻似乎都有些需要商榷之處，
以下試著略加討論。

　　劉、王二氏論證的主要問題，在於誤以為所謂「冬柰建丑」，是當時楚曆的
歲首，因而在曆表檢驗方面，產生了不少的錯誤與瑕疵。王紅星的檢驗方式，
是先把楚月名各月相應月建，依所謂「冬柰建丑」重新排列，然後再將各紀年
諸月的干支日辰，查對張培瑜《中國先秦史曆表》「戰國朔閏表」中的殷正欄、
夏正欄。劉彬徽的檢驗方式，則是將他所認為的歲首冬柰，分別對應於《中國
先秦史曆表》「冬至合朔時日表」中的不同月建，一一查對各月各日辰曆點，
而以為這樣就是檢驗了不同的建正。〔註 98〕其實，楚月名各月相應的月建是固
定的，並不能如二氏那樣任意變更。至於以冬柰建丑來檢驗，卻大體仍能合曆，
則是由於曆數規律的緣故。冬柰相應的月建應該是亥，然而建亥與建丑剛好相
差兩個月，這使得用來紀日的六十甲子，幾乎是重新開始循環。因此，二者所
包含的日辰干支，絕大部分都是相同的。〔註 99〕

　　陳偉正確地將歲首改訂為䵮屈建寅，所以在曆表查驗上，更能正確相容。
也因為這樣，陳氏的結論，就不只是推定了各歲名相應之絕對年代，實際上
已相當於包山簡曆譜的復原。

　　不過，陳偉的論證，仍有一些值得進一步探討的問題。陳氏認為：除「大
司馬昭陽敗晉師於襄陵之歲」之外，「還有兩件紀年之事也可大致考求」，「從

〔註 97〕 參看：同註 17，頁 531～532。
〔註 98〕 詳細的論述，請參看：同註 17，頁 528～529；同註 18，〈從包山楚簡紀時材
　　　　料論及楚國紀年及楚曆〉，頁 542～544。何幼琦、陳偉等人，也曾認為劉、王
　　　　二氏在曆表檢驗方面有問題，但並沒有能清楚地指出二氏不同的檢驗方式及
　　　　真正失誤的原因。尤其是何氏的檢討，更是蕪雜而很少能切中要點。參看：
　　　　同註 19，〈論包山楚簡之曆〉，頁 66～67；同註 3，《包山楚簡初探》，頁 20。
〔註 99〕 以冬柰建丑來檢驗，卻大體仍能合曆的原因，何幼琦已先指出。參看：同註
　　　　19，〈論包山楚簡之曆〉，頁 67。

而得以對這兩個年份的絕對年代直接從歷史學角度進行推斷」。他根據《左傳》及陳璋圓壺、方壺銘文中的「燕亳」連稱之例，以為「亳」可能是燕國的別稱，「郙」可與「亳」通假，因此，「大司馬悼愲救郙」與《戰國策‧趙策三》所記淖滑存燕可能實為一事。此外，「東周之客酓䋻歸胙於䣾郢」，依周王室致胙原因及楚國國勢等推測，則應與懷王為從長伐秦有關。〔註100〕

燕國的「燕」，金文作「郾」或「匽」。包山簡145有「郾客」，劉彬徽等人說：「郾，讀作燕，國名。」〔註101〕這應該是正確的意見。陳偉認為「郙」可與「亳」通假，所指即為燕國；而包山簡中的「郾」，「也許是另外某一個國家」，可能就是《戰國策‧魏策四》所記述的「安陵」。〔註102〕這樣的說法，實嫌迂曲並缺乏證據，而且，我們更可以直接從年代上，證明此說是錯誤的。

〈趙策三〉「齊破燕趙欲存之」章的背景是這樣的：燕王噲仿傚讓賢故事，將王位讓給相國子之，最後釀成一場大亂，齊國趁機發兵，「五旬而舉之」。〔註103〕因而才有楚、魏等國救燕，即所謂「存燕」之事。「子之之亂」的年代，文獻上有不同的記載。陳偉認為：《史記‧六國年表》的說法（西元前314年）為孤證；另一種說法（西元前316年），則有大致相同的三條記載彼此印驗（〈燕

〔註100〕 參看：同註3，《包山楚簡初探》，頁11～19。

〔註101〕 劉彬徽等：〈包山二號楚墓簡牘釋文與考釋〉，收入：同註17，《包山楚墓》，附錄一，頁382，考釋270。

〔註102〕 參看：同註3，《包山楚簡初探》，頁12。朱德熙等人認為：簡文「郙」與郙王戈劍的「郙」寫法相近，為國名，當即《詩經‧大雅‧崧高》「生甫及申」之「甫」。徐少華則認為：「郙」並非「呂（甫）」，而應為妘姓偪陽國。晉滅偪陽後，楚又助其復國續祀，並將其遷至上蔡之郙亭、郙鄉一帶。顏世鉉指出：「包山、望山楚簡所見的『郙』是否為偪陽，因文獻未見有楚助偪陽復國的記載，故尚不能確信。」此外，何光岳則有「郙」在新蔡之郙亭，為呂國後期遷地的說法。這個問題，目前似乎還難有定論，相關的討論，請看：朱德熙等：〈一號墓竹簡釋文與考釋〉，收入：湖北省文物考古研究所、北京大學中文系編：《望山楚簡》（北京：中華書局，1995年6月），頁88，考釋11；同註96，〈郙國歷史地理探疑——兼論包山、望山墓的年代和史實〉，頁89～95、78；顏世鉉：《包山楚簡地名研究》（臺北：國立臺灣大學中國文學研究所碩士論文，1997年6月），頁192～193；何光岳：〈呂國的形成和遷徙〉，《史學月刊》1984年第3期（1984年5月），頁7～11。

〔註103〕 這是《孟子‧梁惠王下》所記齊宣王的說法。（臺北：藝文印書館，1993年9月，影印清嘉慶二十一年阮元重刊宋版十三經注疏本，卷2下，頁43上左）《戰國策‧齊策二》則說：「三十日而舉燕國。」（臺北：里仁書局，1990年9月，據清嘉慶八年士禮居叢書本點校，卷9，頁348），與《孟子》所載不同。

召公世家〉、〈趙世家〉及〈燕策一〉），當較爲可信。〔註104〕

　　這樣的推論並不夠嚴謹，因爲「大致相同的三條記載」，可能是來自相同的史料，而「史源同斯記載同，記載同斯爲是爲非，不可以互證」。〔註105〕更何況，〈燕召公世家〉記燕噲三年（西元前 318 年）讓國於子之，「三年，國大亂」，〔註106〕〈燕策一〉所記大致相同。〔註107〕因此，這兩條記載中的「子之之亂」，也很有可能是發生於西元前 315 年。換句話說，「子之之亂」的年代，實際上有西元前 316、315 及 314 年三種不同的記載。〔註108〕再進一步地說，根據包山簡文中各紀年先後關聯的線索，並查對曆表，可知「大司馬悼愲救郙之歲」應爲西元前 316 年。若「救郙」即「存燕」，也一定是發生在「子之之亂」與齊師伐燕之後。因此，即便是「子之之亂」發生在西元前 316 年，楚國也不可能來得及以「存燕」之事作爲此年的紀年事件。討論至此，我們可以斷定：「悼愲救郙」與所謂「悼滑存燕」絕非一事。

　　接著討論陳氏對「誓桯歸胙」事件背景的推測。據《史記・楚世家》的記載，楚懷王十一年（西元前 318 年），「蘇秦約從山東六國共攻秦，楚懷王

〔註104〕參看：同註3，《包山楚簡初探》，頁 13。

〔註105〕岑仲勉：〈補唐代翰林兩記〉，《中央研究院歷史語言研究所集刊》第 11 本（1971年 7 月），頁 193。

〔註106〕參看：同註 55，卷 34，頁 1555。

〔註107〕參看：同註103，《戰國策》，卷 29，頁 1058～1060。

〔註108〕「子之之亂」及齊攻破燕國的年代，學界尚無定論。陳璋方壺銘云：「唯王五年……陳璋入伐燕亳邦之獲。」後來發現的陳璋圓壺銘文略同。丁山、陳夢家等人認爲方壺銘所記，即齊國趁「子之之亂」攻破燕國之事，而以爲齊師伐燕應在齊宣王五年（參看：丁山：〈陳騂壺銘跋〉，《責善半月刊》第 2 卷第 6 期，1941 年 6 月，頁 2～4；陳夢家：〈陳□壺考釋〉，《責善半月刊》第 2 卷第 23 期，1942 年 2 月，頁 2～3、《六國紀年》，上海：學習生活出版社，1955 年 12 月，頁 93～96。壺銘釋文，以《六國紀年》所釋較爲正確）。但唐蘭指出：陳璋應是〈秦策〉中的田章，而非伐燕子之的匡章，壺銘所記並非此事（說詳氏著：〈司馬遷沒有見過的珍貴史料——長沙馬王堆帛書《戰國縱橫家書》〉，收入：同註103，《戰國策》，附錄，頁 1376、1385～1386）。由於《史記・六國年表》所載各國君主的世次年代，有許多錯亂，而年世、史事的考證譜排，牽一髮而動全身，這裡不可能詳論。綜觀各家對此問題的論述，我認爲似以楊寬的考證較爲細密（參看：同註54，《戰國史》，頁 34～36、47～48、723～731）。其餘較重要的相關考論，可參看：錢穆：《先秦諸子繫年》（臺北：聯經出版事業公司，1994 年），頁 424～426；周曉陸：〈盱眙所出重金絡蠶・陳璋圓壺續考〉，《考古》1988 年第 3 期（1988 年 3 月），頁 258～263；（日）平勢隆郎：《新編史記東周年表》（東京：東京大學東洋文化研究所，1995 年 3 月），頁 33～34、178～181、492～497。

爲從長」，﹝註109﹞而根據研究，「醬緢歸胙之歲」的絕對年代是西元前 317 年。
也就是說，周王室可能由於懷王爲從長伐秦，而在次年歲首年初致胙，楚國
即以此事紀年。因此，這樣的推測，似乎不無可能。不過，需要注意的是：
參與這次戰役的國家及組織合縱的人物，在《戰國策》和《史記》的其他篇
章中，有著不同的記載；﹝註110﹞而「楚懷王爲從長」之事，似乎未見於其他
的文獻。況且，這次聯軍攻秦以失敗告終，周王室是否會因此事致胙，也就
更值得商榷。如此看來，「醬緢歸胙」與懷王爲從長伐秦，二事之間，恐怕也
未必有那麼密切的關聯。

如上所論，包山簡中的七個歲名，除「大司馬昭陽敗晉師於襄陵之歲」
以外，其他的紀年事件，似乎未必能與文獻中的記載相印證。因此，除「昭
陽之歲」外，其餘紀年相應之絕對年代，目前還只能從簡文中所顯示各紀年
的先後關聯，並依據曆表，查對其月日干支來推定。

望山一號墓簡中，也有兩個「以事紀年」的歲名，並附有若干月日干支，
經過朱德熙等人的拼接、補缺，其中，年月日俱全的有以下四條簡（【】中的
字，爲朱氏等人根據上下文所補出）：

齊客張果問【王】於䢼郢之歲，獻馬之月，乙酉之日。（1）

【郙客】困【芻】問王於【䢼郢之歲，聞】屈之月，癸亥之日。（6）

【郙客困】芻問王於䢼郢之歲，聞屈之月，癸未之日。（7）

【郙客困】芻問王於䢼郢之歲，夐月，癸丑【之日】。（8）

這些歲名的絕對年代，已先後有曾憲通﹝註111﹞、平勢隆郎﹝註112﹞、劉彬徽﹝註
113﹞、劉信芳﹝註114﹞等人進行了推估，而諸家的考證，以劉信芳較爲精細。

﹝註109﹞ 參看：同註 55，卷 40，頁 1722。
﹝註110﹞ 《戰國策·秦二》記五國及義渠共攻秦，主其事者爲公孫衍；〈楚三〉則記楚、
魏等五國伐秦（參看：同註 103，《戰國策》，卷 4，頁 145～146；卷 16，頁
545～546）。《史記·秦本紀》云：「韓、趙、魏、燕、齊帥匈奴共攻秦。」而
〈六國年表〉與〈燕召公世家〉，則皆以爲攻秦的是三晉及楚、燕。又〈張儀
列傳〉所記，與《戰國策·秦二》相同（參看：同註 55，卷 5，頁 207；卷
15，頁 731；卷 34，頁 1555；卷 70，頁 2303）。
﹝註111﹞ 參看：同註 16，〈楚月名初探——兼談昭固墓竹簡的年代問題〉，頁 315～319。
﹝註112﹞ 參看：同註 10，頁 108～111。
﹝註113﹞ 參看：同註 18，〈從包山楚簡紀時材料論及楚國紀年及楚曆〉，頁 535～536、
545。
﹝註114﹞ 參看：同註 15，頁 74～76。

　　劉信芳結合學者們的研究，以西元前 350 年（楚宣王 20 年）至前 309 年
（楚懷王 20 年）爲選擇範圍，並按照其所復原的包山簡曆譜，找出了符合望
山簡曆點要求的幾種可能。除去已知爲「憇惛之歲」的前 316 年那一組，其餘
分別是：一、前 332 年（張果之歲）和前 331 年（困敔之歲）；二、前 306 年
（張果之歲）和前 305 年（困敔之歲）；三、前 305 年（困敔之歲）和前 304
年（張果之歲）；四、前 342 年（張果之歲）和前 341 年（困敔之歲）；五、
前 341 年（困敔之歲）和前 340 年（張果之歲）。劉氏進一步認爲，簡文中的
張果，應該就是史籍所載曾於楚威王時使楚的齊臣張丑，而果、丑之異，應
是一名一字。《史記·楚世家》記楚威土七年（前 333 年），張丑使楚，而「楚
以前一年的大事紀年，則張果之年應繫於前 332 年」，正與前面根據曆譜所推
選出的第一種可能相合。〔註 115〕

　　劉信芳的考證雖較爲細緻，但似乎仍存在下列四個問題。

　　首先，張果、張丑爲一名一字的說法，證據實嫌薄弱。劉彬徽另有類似
的論點，同樣也缺乏足夠的憑據。〔註 116〕況且，如前所論，楚國並非以前一
年之大事紀年。因此，即使張果、張丑確爲一人，還是不能與文獻所載楚威
王七年使楚之事相印證，而可能是另外一次的使楚之事，年代自然也就無法
確定。

　　其次，劉氏說：「目前已知『張果之年』與『困敔之年』是前後相連的。」
〔註 117〕這也是缺乏依據的說法。雖然兩個年份相連的可能性頗高，但是，根
據包山簡和天星觀簡，可知楚國的卜筮祭禱簡，有保存三、四個年份記錄的
例子。若以相差三年爲限，則劉氏所列的每一組選擇結果中的「困敔之歲」，
又都多了若干種的可能年份。

　　第三，望山一號墓六號簡是由六枚殘片所拼合的，朱德熙等人並在「問
王於」和「屎之月」之間，補出了五個字。〔註 118〕不過，「屎」字前所補的「習」
字，應有再斟酌的必要。從圖版上看，「屎」字前的殘斷處，並沒有留下前一
字的任何筆畫。因此，這個月名，除習屎外，也有可能是夏屎。而如果是夏屎，

<hr />

〔註 115〕詳細的論述，請參看：同註 15，頁 74～76。
〔註 116〕史籍中的齊臣又有張丐，劉彬徽採梁玉繩「丐疑即丑」之說，並經由「丐」、「果」
　　　　　上古音相通，得到「疑簡文中的張果即文獻中的張丐亦即張丑」的結論。參看：
　　　　　同註 18，〈從包山楚簡紀時材料論及楚國紀年及楚曆〉，頁 535～536。
〔註 117〕同註 15，頁 74。
〔註 118〕參看：同註 102，《望山楚簡》，頁 20、68、137。

那麼在劉氏的選擇範圍（前 350～前 309 年）中查對曆表，除去已知爲包山簡七個歲名的年份（前 322～316 年），「張果之歲」的可能年份，還有十二個之多。若再配上「困欵之歲」的可能年份，則可能的組合，幾乎已多到失去查驗選擇的價值。

第四，六號簡「王於」與「⿰厂豕之」兩殘片間缺字過多，朱德熙等人又未說明認定兩殘片原屬一簡的理由，而望山一號墓簡各簡的寬度又大致相同。這使得此簡的拼接究竟是否無誤，似乎也有再考慮的必要。

基於上述四點理由，我認爲「張果之歲」與「困欵之歲」的絕對年代，暫時還難有定論，甚至連提供幾個可能的答案都很困難。所以這個問題的解決，我們也只能期待於更多相關材料的出土。

（二）紀月法

一如紀年法，楚國的紀月法，也是多樣且特殊的。曾憲通指出，從現有的材料看來，楚國當時的月名，大抵有序數月名、「始陬終涂」的十二月名及「代月名」等三種。〔註 119〕楚人使用「始陬終涂」十二月名的例子，見於子彈庫帛書邊文「月忌」篇及〈離騷〉。鄭剛認爲：從《爾雅・釋天》和《史記・曆書》來看，「始陬終涂」月名就是星歲紀年法中與月陽名「畢、橘、修、圉、厲、則、窒、塞、終、極」相應的月陰名，〔註 120〕可備一說。另外，曾氏所說的「代月名」，是楚國獨特的月份名稱。由各類楚簡（無論是文書、卜筮祭禱記錄或遣冊等）皆用此種「代月名」來看，對楚人來說（至少是戰國中晚期），這可能是較序數月名更常用的月名稱謂。因此，我們或許可以直接稱之爲「楚月名」。

楚月名的具體涵義，及其得名的由來，是一個不易解決，卻又耐人尋味的問題。前人也曾對部分月名，作過一些嘗試性的探討。

鄂君啓節銘的「夏⿰厂豕之月」，是考古材料中最早發現的楚月名。〔註 121〕在

〔註 119〕同註 16，〈楚月名初探——兼談昭固墓竹簡的年代問題〉，頁 310～312。

〔註 120〕參看：鄭剛：〈論楚帛書乙篇的性質〉，收入：廣東炎黃文化研究會等合編：《容庚先生百年誕辰紀念文集（古文字研究專號）》（韶關：廣東人民出版社，1998年 4 月），頁 597～599。

〔註 121〕鄂君啓節發現於 1957 年 4 月間（參看：殷滌非、羅長銘：〈壽縣出土的「鄂君啓金節」〉，《文物參考資料》1958 年第 4 期，1958 年 4 月，頁 8），與信陽長臺關一號墓的「⿰甫卑篙鐘」，大約是同時出土（該墓發掘於 1957 年 3 月，至 5 月底田野工作結束。參看：河南省文物研究所：《信陽楚墓》，北京：文物出

早期的研究中，這個月名的釋讀，曾產生不小的爭議。如：殷滌非、羅長銘將「屌」隸定為「佀」，而殷釋為「祀」，羅讀如「禘」。〔註122〕郭沫若認為，「夏屌」是夏季「屌之月」的意思，《爾雅・釋天》「四月為余」之「余」，本當作「屌」。〔註123〕于省吾則以為「佀」應讀作「祈」，是用祈禮以紀月。〔註124〕現在看來，這些意見都不免缺乏證據，而不可輕信。

　　朱德熙在討論「䣜篙鐘」銘時曾說到：

> 屈㯶既然是楚月名，鐘銘「䣜篙」二字自當讀為「荊曆」。荊曆猶言
> 楚曆……雲夢秦簡楚月名有「刑夷」，又有「夏夷」，刑夏對舉，刑
> 讀為荊，猶鐘銘䣜讀為荊，兩者可以互證。〔註125〕

朱氏以為刑夷、夏夷兩月名是「刑（荊）夏對舉」，可見他認為夏夷的「夏」並非季節名，而應是「華夏」之義。不過，從楚月名中另有夏㯶、冬㯶來看，夏屌的「夏」，也有可能還是指季節。至於他將刑夷的「刑」讀作「荊」，則頗有見地。包山簡246有「舉禱䣜王」，「䣜王」即「荊王」。雖然這未必能視作戰國時楚人亦自稱為「荊」的例證，而也有可能是早期稱謂本是如此，〔註126〕但《左

版社，1986年3月，頁1）。不過，「䣜篙鐘」銘的「屈㯶」，一直要到1979年，才由朱德熙根據天星觀簡、睡虎地秦簡，辨認出其為楚月名（參看：朱德熙：〈䣜篙屈㯶解〉，收入：朱德熙著、裘錫圭、李家浩整理：《朱德熙古文字論集》，北京：中華書局，1995年2月，頁113〜114），而且此鐘銘文的讀法，學界也還有不同的意見（說詳後）。

〔註122〕參看：同前註，〈壽縣出土的「鄂君啓金節」〉，頁9。

〔註123〕參看：郭沫若：〈關於鄂君啓節的研究〉，《文物參考資料》1958年第4期（1958年4月），頁4。

〔註124〕參看：于省吾：〈「鄂君啓節」考釋〉，《考古》1963年第8期（1963年8月），頁443。

〔註125〕同註121，〈䣜篙屈㯶解〉，頁114。

〔註126〕「荊」與「楚」的涵義是否有別，是個較為複雜的問題，前人也作過不少的探討。限於體例、篇幅，在這裡並不準備討論舊說，而僅簡單地提出一些自己的淺見。在楚國古文字資料中，絕大多數皆自稱為「楚」，稱「荊」的僅有「䣜篙鐘」銘及包山簡246；至於他國的古文字資料中，則或稱「楚」，或稱「荊」，或「楚荊」連稱。包山簡246中所舉禱的「荊王」，是「自酓鹿以橐武王」。楚武王卒於魯莊公四年，而《春秋》在魯莊公之前，皆稱「荊」；至僖公元年以後，始改稱「楚」。因此，這未必能視作戰國時楚人亦自稱為「荊」的例證，而也有可能是早期稱號本是如此。「䣜篙鐘」銘云：「惟荊曆屈㯶，晉人救戎於楚境。」「荊」、「楚」似乎有所區別，而稱「荊曆」不稱「楚曆」，可能就是保留了早期的稱謂。《春秋經・莊公十年》杜注：「荊，楚本號，後改為楚。」（同註22，卷8，頁146上左）從文獻及古文字資料來看，杜預的說法，有一定的道理。不過，我們在西周時期的金文，已屢見稱「楚」之例，

傳·莊公四年》已有「荊尸」一詞，可見楚月名的起源很早。那麼，䚹层的「䚹」也應讀作「荊」，就相當有可能了。總之，䚹层的涵義雖然還不清楚，但朱氏將「䚹」讀為「荊」，卻是值得重視的意見。

在這裡應附帶一提的是：「䚹篙鐘」銘文，郝本性提出一種自左而右的新讀法。若依郝說，則鐘銘中其實並無「䚹篙」（荊曆）一詞，也沒有楚月名「屈奈」。〔註127〕

「䚹篙鐘」出於信陽長臺關一號楚墓，該墓所出編鐘共十三枚，只有最大的一枚（即所謂「䚹篙鐘」）有銘文，鑄於正反兩面的左右鼓，每鼓三字，計十二字。根據發掘報告的敘述文字及所附測量資料、圖表、圖版，〔註128〕仔細檢視、比較各鐘的尺寸、音分值差、鐘腔內壁剔鑿的槽、孔及紋飾等，我們看到：

一、第二至十二枚編鐘（以最大的為第一枚，最小的為第十三枚），相鄰兩鐘間的鐘身之高，均相差約 1 公分左右；但第十二與十三兩鐘則差至 1.8 公分，第一、二兩鐘更相差 3.2 公分之多。

二、第二至十三鐘各鐘的鐘鈕高度均大致相等，在 4.6～5 公分之間；而第一鐘的鈕高則有 6.6 公分。

三、第十二與十三兩枚編鐘的音分值差最大，達到 452；其餘相鄰兩鐘間的音分值差則在 115 至 347 之間。

四、各鐘的舞及內腔壁，皆剔鑿有剔槽或透孔，其作用可能是調節音高。其中，第一鐘舞部的剔槽有三個，其餘各鐘舞部的孔槽則只有一個；又第一鐘內腔壁的孔槽位置較低，略與第二排乳釘或鉦的中部對應，其他各鐘的孔槽則大體都位於最上一排乳釘的內側。

可見「楚」的稱號起源頗早。推測在西周時期，稱「荊」稱「楚」，可能並無差異。而約在春秋前期正式定名為「楚」，並為他國所公認之後，「荊」、「楚」二詞亦漸分化，稱地為「荊」，稱國曰「楚」。《公羊》、《穀梁》二傳，以為《春秋》在魯莊公之前稱「楚」為「荊」，是一種貶詞的說法，未必可信。但在定名為「楚」之後，他國或仍稱之為「荊」，甚至稱之為「荊蠻」、「蠻荊」，則明顯有著貶抑之義。總之，「荊」、「楚」名義，還有許多值得探索的空間，希望有機會能以專文討論。另外，關於「䚹篙鐘」銘文，也還有需要討論的問題，說詳下。

〔註127〕參看：郝本性：〈信陽楚墓出土屈篙編鐘新讀〉，收入：楚文化研究會編：《楚文化研究論集（第四集）》（鄭州：河南人民出版社，1994 年 6 月），頁 537～542。

〔註128〕參看：同註121，《信陽楚墓》，頁 21～27、圖版八至一一。

五、第一枚鐘的乳釘、獸面的紋飾和鐘鈕、舞部的紋飾等，也和其他各
　　鐘略有差異。

　　由以上五點，可知第二至十三鐘各鐘形制、孔槽、紋飾等均大致相同，僅有大小之別，唯第十二、十三兩鐘的身高差及音分值差，遠較一般相鄰二鐘的差距為大，而第一鐘則在各方面都和其餘各鐘有所差異。根據以上的現象，我們可以作如下的推論：第二至十三枚鐘為同組編鐘，但在第十二、十三枚鐘之間，原本很可能還有一枚。這一枚鐘後來因故毀壞或遺失，所以才用原屬於另一組編鐘的第一枚鐘，拼湊成組。而之所以需湊足十三枚，則或許與承掛原本編鐘的彩繪浮雕編鐘架，有十三個用來插鍵掛鐘的方銎有關。郝本性由該墓遣冊「樂人之器：一槃坐 𩹄 鐘，小大十有三」（18）的記載，就認為這是一套完整的編鐘，所以鐘銘自然也應是完整的一篇。而「左讀可使該銘敘事清楚，主人與事件交待明白，而且文意完備」。〔註 129〕其實，這並不是一套成組鑄造的編鐘，因此，屬於另一組編鐘的第一鐘的鐘銘也就未必是文意完備的完整銘文。由於鐘銘僅十二字，而朱德熙及郝本性的意見又似乎均可通讀鐘銘，所以究竟何說為是，目前或許還難以論定。也因為銘文讀法尚不能確定，因此，第一枚鐘似宜暫時稱為「長臺關一號墓大鐘」，而此鐘銘文問題的徹底解決，或許只能期待於發現真正與大鐘同組的編鐘。

　　梅祖麟認為：楚月名中的「夕（桼）」字的詞義是歲月的月，這是由共同漢藏語傳下來的。〔註 130〕饒宗頤覺得梅說可商，因為睡虎地秦簡日書在同簡之上，「月字和夕字區別得很清楚，分明不可把夕當月看待。」〔註 131〕

　　饒氏的看法是正確的。楚月名中，稱為「——月」的有享月及夐月，如果「桼」的詞義是「月」，何以不叫「冬月」、「屈月」等，而要換一個字。而且，帶有「桼」的楚月名，常稱作「——桼之月」，如：「冬桼之月」、「屈桼之月」等，這更顯示「桼」不能訓為「月」。因此，無論「夕」字是否有「月」這個古義，可以確定的是：楚月名中「桼」的詞義絕不可能是歲月的月。

　　曾憲通除指出「𥊆㞑」應即《左傳》的「荊尸」外，對於「夐月」得名的由來，也作了一些推測。曾氏懷疑《周禮‧春官‧龜人》「上春釁龜」的「釁」

〔註 129〕參看：同註 127，頁 541。
〔註 130〕參看：梅祖麟：〈古代楚方言中「夕（桼）」字的詞義和語源〉，《方言》1981
　　　　　年第 3 期（1981 年 8 月），頁 215～218。
〔註 131〕參看：同註 1，〈秦簡日書中夕（桼）字涵義初探〉，頁 53。

字，是「爨」字的形近之誤。而楚簡中的楚月名「夐月」，在睡虎地秦簡中寫作「爨月」，即「爨月」。因此，他認爲此一月名得名的由來，可能就是因爲楚國於該月行爨龜以卜之事。〔註132〕

案：曾氏形近之誤的說法，毫無根據。在後來發表的文章裡，曾氏似未再重提〈龜人〉「爨」字乃「爨」字因形近而誤之說，但仍主張「夐月」的得名，與灼龜開兆有關。〔註133〕曾氏認爲望山簡中，多次於「夐月」占卜，爲其說又添一佳證。其實，現在所能看到楚簡中的「特殊事件的不定期貞問」，幾乎每個月都有。所以，這實在算不上是證據。而楚人「歲貞」，則多在「腏屉」之月施行，戰國時楚以「腏屉」爲歲首，與《周禮》、《禮記》、《呂覽》於歲首卜問一年之事正相合。所以曾氏對「夐月」得名由來的看法，似乎有待商榷。曾氏指出「夐」即後代的「焌」字，應該是正確的意見；但「夐月」的具體涵義，及其得名的由來，是否確與龜卜有關，或許還需要再考究。

饒宗頤根據《尚書大傳》中，一年之間，得作爲「朝、中、夕」三段劃分的說法，認爲楚月名中的多夕、屈夕、援夕，正是年終的三個月份。因此，所謂「夕」，當即「歲之夕」的意思。〔註134〕

案：饒說雖看似合理，但其實頗爲可疑。首先，按照《尚書大傳》的說法，一年既分爲三段，則每段應如鄭玄注所云，各有四個月，多夎至遠夎僅三個月，二者不盡相合。其次，春秋前期，楚曆可能行用子正。因此，多夎等三個月，在楚月名創始之時，是否爲年終的三個月份，實有待進一步地研究。此外，更大的問題是：饒氏的討論對象，是秦人的楚月名寫法。楚簡中自有「夕」字，與「夎」字並不混用。所以，「夎」在睡虎地秦簡中，雖寫作「夕」，但二者應該只是音近通假的關係，未必有字義上的關連。

張君〈「荊尸」新探〉一文，對「荊尸」有相當深入的探討。他認爲「荊尸」這一概念的演進，似可作如下的表述：

〔註132〕參看：同註16，〈楚月名初探——兼談昭固墓竹簡的年代問題〉，頁306～308。另外，朱德熙等人也認爲「夐」即「爨」，他們並舉馬王堆漢墓帛書雜占書「塞火毋夐」語爲證，因爲末一字根據占書文義亦應讀作「爨」。參看：同註102，〈一號墓竹簡釋文與考釋〉，頁89，考釋17。

〔註133〕參看：同註12，〈楚文字雜識〉，頁1～6；曾憲通：〈楚文字釋叢（五則）〉，《中山大學學報》1996年第3期（1996年5月），頁58～60。

〔註134〕參看：同註1，〈秦簡日書中夕（夎）字涵義初探〉，頁56～58。除「夕（夎）」字外，饒氏對楚月名中的「屈」字，也提出了一些看法，但其說只能算是迂曲的臆測，並不可信，這裡就不再討論。參看該文，頁58～59。

荊尸最初即楚國宗廟和軍中所奉祖先的「神靈」，它是由生人裝扮
的，裝扮者或爲楚（君）王自己，或爲楚君代表「莫敖」……隨著
楚國軍事擴張活動的日益展開，滅國設縣採取新的統治方法，地域
關係逐漸取代血緣關係，楚王之民不再盡爲楚王之族，「荊尸」原來
的作用也就日益喪失，於是「荊尸」變爲楚武王始創的「陳兵之法」
的代名詞，繼而又成爲一切軍事活動的代名詞。由於春秋中期以前，
楚國歷代統治者均能恪守正月出兵、不誤農時的祖訓和傳統，加之，
隨著楚人軍事藝術的提高與陣法的日臻完善和多元化，作爲「陣法」
的「荊尸」也逐漸被淘汰並喪失其涵義，於是至於春秋中期時「荊
尸」遂又成爲楚正月的代月名，並單純地作爲代月名傳至戰國以迄
於秦。〔註135〕

詳細的論證，請參看該文。張氏之說的證據雖算不上充足，但推論大致上相
當合理，足備一說。

　　張君在另一篇文章中，則討論到了「獻馬之月」。他認爲「獻馬」原是楚
國早期徵集馬匹的制度，而春秋早、中期之交，楚國變貢爲賦，獻馬法也隨
之爲籍馬法所代。〔註136〕

　　案：張氏在文中徵引了相當繁多的古籍或考古資料，但幾乎沒有一條材
料可以真正證明楚國確曾實施獻馬法，且進獻的月份就在後來的獻馬之月。
因此，此說只能算是一種字面上的猜測，未必可信。

　　何琳儀〈長沙銅量銘文補釋〉認爲：楚月名中的紡月及爨月，可能與《爾
雅·釋天》、子彈庫帛書的「始陬終涂」月名有關。何氏說：

値得注意的是，楚代月名唯「紡月」、「爨月」稱「月」。「爨」、「夋」、
「臧」、「壯」聲紐均屬精系，爲雙聲通假；「紡」、「享」、「秉」、「痀」
韻母均屬陽部，爲疊韻通假。〔註137〕

由於楚月名與「始陬終涂」月名的具體涵義，都屬於「其事義皆所未詳通者」。
〔註138〕在這樣的情況下，討論二者間部分月名之聲母或韻部的關連，自然是

〔註135〕同註35，頁47。
〔註136〕參看：張君：〈楚國括馬制度綜論〉，《中國史研究》1989年第2期（1989年
　　　　5月），頁113～116。
〔註137〕何琳儀：〈長沙銅量銘文補釋〉，《江漢考古》1988年第4期（1988年11月），
　　　　頁98。
〔註138〕《爾雅·釋天》「始陬終涂」月名郭璞注語。參看：同註81，卷6，頁96下

很不可靠的。而且,「亯」、「臭」與「秉」、「臧」的聲音並不很相近,若二者確有相關,楚人又何以分別作如此不同的寫法,也不易說明。因此,楚月名與「始䇡終涂」月名,應該還是兩個不同來源的月名系統,彼此間並沒有什麼關連。

楚月名的發現與研究,迄今已有好幾十年的光景,然而,我們對其具體涵義及得名由來的認識,還是十分有限。若能破解這個謎題,相信必能使我們對楚文化內涵,有更深一層的認識。因此,在本節的最後,也試著對部分楚月名略作探討,希望能對後續的研究,稍有助益。

《周禮·夏官·校人》有「冬,祭馬步,獻馬」〔註139〕的說法,〈圉師〉亦云:「冬,獻馬。」〔註140〕前面提到,春秋前期楚曆可能行子正,那麼,冬季就是臭月、獻馬及冬夕三個月。而獻馬爲冬季,正與《周禮》「冬,獻馬」之說相合,不知這是否就是楚月名「獻馬」的由來。張君說:

> 《周禮·夏官·圉師》所曰:「……冬,獻馬。」這被「獻」的馬是國馬、王馬,而不是「公馬」。這種「獻馬」,是從王室牧苑中挑選體格優良、駕服熟練的好馬歸入「六閑」中備乘御,而非指民間或貴族向王室貢獻馬匹。〔註141〕

其實,所謂「民間或貴族向王室貢獻馬匹」,並沒有資料可證明其所在的月份,且楚月名「獻馬」所指,又何以見得必是所謂「公馬」。因此,本文認爲楚月名「獻馬」的由來,還是有可能與《周禮》的說法有關。

此外,春秋前期楚曆可能行子正,則歲首是屈夕,那麼,夏夕和冬夕就分別爲夏季及冬季的最後一個月,二者皆稱爲「夕」,或即與此有關。至於其他楚月名,似乎均難以索解,只好暫時闕而不論。

三、結　論

最後,再將本文所得主要結論,歸納如下,以清眉目。

一、「荊尸」一詞,至少在春秋前期就已經出現,它在當時雖未必即是月名,而可能只是指一種習制。但我們透過證明《左傳·莊公四年》的異文應

右。

〔註139〕〔漢〕鄭玄注、〔唐〕賈公彥疏:《周禮注疏》(臺北:藝文印書館,1993年9月,影印清嘉慶二十一年阮元重刊宋版十三經注疏本),卷33,頁495下右。

〔註140〕同前註,卷33,頁497下右。

〔註141〕同註136,頁115。

以「春王三月」爲是，而得知「荊尸」所出現的月份之月建，與後來楚月名「荊尸」相應的月建，是一致的。

二、至遲在春秋中期，楚月名應已出現，而各月相應的月建地支，似乎也一直都是固定的。

三、楚曆在春秋前期可能行子正；後期則可能行亥正。

四、蔿兒𦉦銘有「正月初冬吉」，進一步證實了春秋後期楚曆行亥正的可能，但也顯示出當時楚曆雖行亥正，四季劃分卻與夏曆相同。

五、欒書缶銘的曆法問題，與蔿兒𦉦銘相似。不過，此缶作器者是否爲晉執政者欒書的後裔，以及缶銘用曆屬於何國等問題，目前似乎還尚難論斷，而器名也未必應改稱爲「書也缶」。

六、戰國時楚曆以睯㞑爲歲首，應可成爲定論。但從數詞月名仍沿襲行用亥正時的舊稱看來，有可能僅改歲首而未改建正。

七、〈離騷〉「攝提貞于孟陬兮」的「攝提」，如朱子所言，有可能只是用其星名之義。因此，以天象紀年的「星歲紀年法」，在楚國似尚未發現十分確切的實例。

八、楚國「以事紀年」的歲名，已發現約二十餘例，這些紀年事件的選取，應以林素清師的意見爲是，即：用來紀年的事件，皆是有規律地取自該年的歲首年初。而學界流行的所謂「戰國時期楚官曆以頭一年之大事紀年」的看法，並不可信。

九、學者們對包山簡中七個歲名之絕對年代的考訂結論，大致可信，不過，論證的過程，則頗有值得商榷之處。而除了「大司馬昭陽敗晉師於襄陵之歲」以外，其他的紀年事件，似乎並不能與文獻中的記載相印證。

十、望山一號墓簡中「張果之歲」與「困𥷪之歲」的絕對年代，學者們雖也作了一些考證推估，但論據均嫌薄弱。因此，這兩個歲名的絕對年代，暫時還難有定論。

十一、「長臺關一號墓大鐘」與其他十二枚鐘並不是一套成組鑄造的編鐘，而屬於另一組編鐘的大鐘鐘銘，也就未必是文意完備的完整銘文。因此，郝本性以鐘銘爲完整的左讀新說，並不能成爲定論。由於朱德熙及郝本性的意見似乎均可通讀大鐘鐘銘，所以鐘銘中是否確有「睯篤」（荊曆）一詞及楚月名「屈柰」，目前還不能論定。

十二、張君認爲「睯㞑」（即「荊尸」）可能原指楚國祖先「神靈」，後

來後來又演變爲兵陣名及代月名，可備一說。至於其餘諸家對楚月名具體涵義及其得名由來的推測，則大多不甚可信。《周禮》有「冬，獻馬」之說，不知這是否與楚月名「獻馬」的由來有關；而夏夝、冬夝恰爲夏季及冬季的最後一個月，二者皆稱爲「夝」，則或與此有關。總的來說，關於楚月名的具體涵義，及其得名由來，我們的認識還十分有限。